Aux sources du goût

1re PARTIE

L'évolution du goût

Le goût de la bière a-t-il motivé nos ancêtres à devenir des agriculteurs pour ainsi fonder les premières civilisations ? Loin d'être loufoque, cette hypothèse est souvent retenue pour expliquer le changement radical du mode de vie de nos aïeuls.

L'homme « moderne » apparaît il y a environ 100 000 ans. Son mode de vie se base sur la chasse et la cueillette ; il connaît les cycles de reproduction des espèces et la durée des campements dépend de la générosité du territoire. Cette façon de vivre se poursuit pendant 85 000 ans. Il y a 13 000 ans, un groupe installe ses quartiers en Mésopotamie, maintenant l'Irak, et y reste. Il abandonne son style de vie relativement facile de cueillette dans l'éden terrestre pour le purgatoire des durs labeurs de l'agriculture. Quel avantage y gagne-t-il ? Les surplus des cueillettes sont entreposés et partagés avec les ron-

geurs et les oiseaux. Pour les préserver, on enterre les surplus ou on les dissimule dans des grottes. Certaines semaines humides ou pluvieuses, les céréales germent, produisant ainsi du sucre. La saveur agréable de ce grain malté plaît. Plus tard, c'est une réserve oubliée de grains maltés qui est inondée : cette fois-ci, une fermentation par des levures sauvages se produit. L'homme découvre l'ori-gine de l'alcool et les effets de sa consommation. Cette découverte le motive-t-il à faire pousser les céréales de ses mains ? Dans toutes les régions où l'agriculture s'est développée, il existe également une boisson alcoolisée faite d'une infusion de céréales : en

Amérique latine c'est la chicha, en Asie le saké, en Afrique le dolo... Le goût de la bière n'est peut-être pas la cause de la sédentarisation de l'homme, mais il y est étroitement associé. Cette transformation s'est opérée sur des centaines d'années : ni l'agriculture ni la bière n'ont été créés de toutes pièces. Il est ainsi impossible d'établir un lien de cause à effet : constatons simplement que le développement des civilisations et celui de la bière sont inextricablement liés.

À ses débuts, la bière est un aliment que l'on consomme non vieilli. Jusqu'à la révolution industrielle, la fermentation est empreinte de mystère et attribuée à une intervention

L'étoile du brasseur

Avant les connaissances scientifiques, l'étoile du brasseur ou touche à bière fait partie de l'équipement afin de conjurer le mauvais sort du surissement inexplicable de la bière. Elle est composée de symboles alchimiques : le feu, l'eau, l'air et la terre.

LE FEU

L'EAU

L'AIR

LA TERRE

L'invention d'instruments scientifiques, surtout celle du microscope, permet d'exorciser le brassage en dévoilant ses secrets. Plus tard, Louis Pasteur explique le mode d'action de la levure, notamment celui des agents pathogènes. Il propose de faire chauffer la bière afin de détruire les micro-organismes qu'elle renferme. À la même époque, d'autres innovations permettent un meilleur contrôle du brassage, comme le thermomètre et le densimètre. La machine à vapeur contribue aussi à la mécanisation des procédures de brassage, alors que les moyens de transport plus performants favorisent le développement de marchés éloignés. La technologie

divine. La mousse produite est d'ailleurs nommée en Angleterre « Dieu est bon » (*god is good*). On ne comprend pas pourquoi cette boisson surit de façon imprévisible. Est-ce une intervention des mauvais esprits ? Pour contrer le mauvais sort, trois moyens sont mis en œuvre : l'utilisation d'ingrédients divins, l'intervention des esprits et l'interdiction du brassage les mois estivaux.

Les ingrédients dont on se sert pour contrer le surissement sont considérablement différents de ceux d'aujourd'hui : viande, herbes, épices... Le plus connu est le gruyt, un mélange d'épices secrètes élaboré sous le contrôle de guildes ou de religieux, qui permet également à ces derniers de percevoir des taxes. Ailleurs, des matières douteuses sont quelquefois employées, telles des fèces de nourrissons. Des mesures sont petit à petit

mises en place pour assurer l'intégrité de la bière. Ainsi, la fameuse loi de la pureté de la bière (sur laquelle nous reviendrons) prend forme dans ce contexte. Les exorcismes sont aussi variés : on invoque les esprits, on procède à des rites, on récite des phrases incantatoires, on ajoute du sel, on fait bénir le moût... On développe aussi des signes cabalistiques telle l'étoile du brasseur qui fait partie de l'équipement de brassage à compter du XVIIIe siècle. Cette touche à bière est composée des symboles alchimiques : le feu, l'eau, l'air, et la terre. L'interpénétration parfaite des deux triangles forme l'essence même de l'alchimie : la pierre philosophale. Le maltage putréfie le grain, mais son esprit renaît dans une union avec l'eau. Les esprits de l'air fécondent le moût, procurant une boisson permettant de communiquer avec les êtres supérieurs.

Brasseuse égyptienne

et la science engendrent ainsi la première grande révolution brassicole, favorisant la compétition entre les brasseurs. Les premières études de marché indiquent que moins la bière est goûteuse, plus il est facile de la vendre à un plus grand nombre.

Après avoir conquis une région, les brasseries s'attaquent au pays, puis aux continents et enfin à la planète.

Les mouvements prohibitionnistes et les deux grandes guerres du XXe siècle accélèrent la croissance des géants de la bière. Des milliers de brasseries ferment en Amérique du Nord et en Europe. La saveur insipide des bières nationales constitue le tremplin de la révolution microbrassicole. Le développement des voyages internationaux et des exportations dans les années 1970 en sont les détonateurs. Plusieurs bières dites de dégustation existent déjà sans être

considérées comme telles. Il s'agit de particularités régionales éteintes ou en voie de l'être. Réagissant à la disparition récente ou prévisible de brasseries, des héritiers ou des rêveurs font revivre ou inventent des styles. Pierre Celis, en Belgique, sort de ses souvenirs la recette de la

« Boire de la bière » est un pléonasme

Le mot bière est relativement récent dans l'histoire. Selon le Petit Robert, son apparition date de 1429 et résulte de l'imposition d'un style issu de la Bohème alors qu'on y parlait allemand. Le mot bière provient du latin *bibere* et signifie originellement la même chose qu'*ale* et que *pivo* (en slave) : boire ! Boire de la bière, de l'ale ou du pivo est donc un pléonasme ! Si les Anglais avaient imposé leur boisson comme style de référence, nous parlerions plutôt d'ale. Si c'eût été les Gaulois qui avaient triomphé, nous parlerions de korma, si c'eût été des Celtes, ce mot serait cervoise. Ale et bière en seraient alors des variétés. Le mot ale est une évolution du mot baltique *alus* (devenu *õlu* en Estonie, *olut* en finlandais, *öl* en suédois et *øl* en norvégien et en danois). La langue anglaise a maintenu le mot ale pour identifier les anciens styles et *beer* pour les styles modernes. Pour sa part, le mot cervoise est composé de deux mots : Cérès, déesse des céréales, et *vis* signifiant force. Cervoise, *cervesa* et *cerveza* signifient donc : force donnée par la déesse des céréales. Vive la bière pour boire et vive la cervoise pour déguster !

blanche disparue qui devient la Hoegaarden Wit. Albert Moortgat pastiche les bières blondes alors en vogue. En conservant la même couleur, il insuffle à sa bière un caractère du diable et lui adjoint un verre de service. Il la baptise d'une marque populaire de son patelin : Duvel. En France, Robert Duyck s'inspire des anciennes bières de conservation et utilise des bouteilles de champagne recyclées pour

Porter un toast

Le roi Gambrinus fait la promotion du houblon dans la composition des bières. On dit qu'il fut le premier à porter un toast. Certains pensent que ce serait plutôt Jan Primus (Jean I, 1251-1294), le duc des Flandres, alors que d'autres optent pour le duc de Brabant, de Louvain, et d'Antwerp, mais il pourrait également s'agir de Jean sans Peur. Gambrinus, le roi de la bière, est toujours personnifié couronné, jovial, levant bien haut sa chope et portant un toast. ❧

Une révolution récente

La bière existe depuis les premières civilisations et connaît une lente évolution jusqu'à la révolution industrielle au XVIIIᵉ siècle. Le brassage quitte alors son cadre artisanal et domestique pour devenir une industrie. Si nous utilisions une grille d'une année pour illustrer ces changements, cette première

révolution se serait déroulée il y a seulement cinq jours !

La révolution microbrassicole serait née, quant à elle, il y a une douzaine d'heures ! L'éclosion des microbrasseries ne constitue donc pas un retour aux sources. Le brassage contemporain est basé à la fois sur des connaissances scientifiques et des équipements modernes, alors que par le passé le brassage reposait essentiellement sur des connaissances empiriques.

CUVES MATIÈRES PRÉ-INDUSTRIELLES

La pièce exposée au Musée de la bière de Stenay (en haut) et l'œuvre peinte sur le mur de la brasserie Weinhenstephan, illustrent l'importance de la main-d'œuvre avant la révolution industrielle.

créer sa Jenlain. Aux États-Unis, un jeune étudiant de San Francisco décide d'acheter sa brasserie préférée lorsqu'il apprend sa fermeture imminente. Fritz Maytag invente ainsi, quelques mois plus tard, la Anchor Steam Beer. Ailleurs, des groupes de consommateurs prennent forme. Campain for Real Ale (CAMRA),

en Angleterre, prend la défense des vieilles méthodes de conditionnement dans des casks. Les lettres de noblesse de la bière sont ensuite signées par un auteur britannique qui se coiffe humoristiquement de chasseur de bière (*Beer Hunter*). Le premier ouvrage de Michael Jackson, *The World Guide to Beer*, met en valeur

les grands styles de bière de la planète, particulièrement ceux en provenance d'Europe.

Une kyrielle d'auteurs marche sur la voie qu'il a tracée, et plusieurs défrichent les sentiers qui la bordent. La bière de dégustation possède maintenant ses véritables spécialistes.

Les saints payent la tournée

Arnould de Metz. Détail d'une toile exposée au Musée de la bière de Stenay

Jusqu'au XIIe siècle, la *vox populi* joue un rôle dans la désignation des saints.

Lorsque nous étudions leurs miracles, nous constatons que plusieurs saints sont ainsi nommés après une généreuse tournée !

L e premier exemple est offert par saint Benoît lui-même, le fondateur des abbayes. Les règles qu'il édicte obligent les moines à offrir aux visiteurs le gîte et les vivres, y compris la bière.

Columban, de son côté, dissuade des païens germaniques de sacrifier une réserve de bière à leur Dieu Wodan. Il leur explique que ce sacrifice est du gaspillage, et que Dieu aime la bière seulement lorsqu'elle est consommée en son nom. Les barbares deviennent croyants.

Au chapitre des grandes tournées offertes, mentionnons sainte Brigitte, patronne de l'Irlande, fondatrice du monastère de Kildare en Irlande et connue pour sa grande compassion. Pour le soin de lépreux, elle change l'eau d'un bain en bière. Elle est également en mesure d'abreuver dix-huit églises avec un seul baril de bière. Arnould, évêque laïc de Metz, a prononcé ces sages paroles : « Des bienfaits du ciel et de la terre, et du savoir des hommes, est née cette boisson divine, la bière. » Il a offert une tournée posthume, aux pèlerins qui transportaient sa dépouille : une seule cruche de bière a rempli le godet de tous les participants. De son côté, Arnould de Soissons est d'abord le patron des cueilleurs de houblon. Il possède à son actif une multiplication des cruches et des réserves de bière qu'on croyait perdues après l'effondrement du toit de son monastère. Il améliore également les méthodes de brassage par l'utilisation de la paille d'osier des ruchers comme lit de filtration pour la bière. Il est souvent illustré entouré d'abeilles, posant sa main sur un rucher. Arnould d'Oudenarde, ou encore Arnould le Fort, intervient auprès de Dieu afin que ses soldats puissent s'abreuver insatiablement de bière fraîche pendant les combats. L'armée américaine, aidée par Anheuser-Bush, s'en est inspirée lors de la Deuxième Guerre mondiale.

Arnould de Metz. Statue de l'ancienne brasserie de Gespansast, France

Arnould de Soisson

**Sculpture exposée à la
brasserie Ommegang, États-Unis**

Lorsque Hildegarde von Bingen, fondatrice et abbesse des monastères bénédictins de Rupertberg et d'Eibingen, apporte sa contribution au développement de la bière, la procédure de canonisation est déjà mieux articulée. Elle n'a pas eu la chance d'être élue par la voix du peuple. Cette herboriste reconnue, musicienne, féministe avant son heure, franchit les obstacles sexistes et devient la conseillère des évêques, des papes et des rois. Elle se spécialise dans le potentiel curatif de la végétation. Elle découvre les vertus du houblon dans la bière : il permet d'arrêter sa putréfaction et allonge sa durée de vie. Soulignons que l'eau souvent polluée des rivières au Moyen Âge provoque fréquemment des épidémies de choléra. Plusieurs moines constatent les bienfaits de la bière comme alternative et en recommandent la consommation à leurs fidèles, ce qui contribue également à leur sacralisation.

Les origines du goût

La bière est une boisson entièrement naturelle obtenue par la fermentation alcoolique d'un moût composé d'eau et de sucres puisés dans les céréales, principalement de l'orge germée, et enrichie de substances végétales sapides, habituellement le houblon.

Lorsque nous consommons une bière, environ 94,9 % de ce que nous dégustons est de l'eau, 5 % de l'alcool provenant des sucres des céréales et moins de 0,1 % est constitué du houblon, de substances extraites du malt et des empreintes de la levure. (Les bières filtrées ne gardent aucune trace de levure.) En d'autres mots, les caractéristiques gustatives de la bière n'occupent qu'une infime proportion de ce que nous buvons ! De légères variations dans les matières premières de la bière, la procédure de brassage ou les conditions d'entreposage influencent rapidement ses saveurs.

Si la bière est née plus ou moins accidentellement des mouvements de la création des civilisations, le brassage moderne requiert un savoir-faire qui combine l'art culinaire, la chimie et la microbiologie. S'improviser brasseur est devenu impossible.

Le goût de l'eau

Avant l'invention des instruments scientifiques, il était impossible d'analyser l'eau. Aussi, la source où elle était puisée jouait un rôle déterminant dans le profil gustatif de la bière qui allait en émerger. Les deux plus importants styles de bière, la pale ale et la svetle 12° (connue sous le nom de pilsener), portent la signature de leurs eaux phréatiques :

Burton Upon Trent, en Angleterre, pour son eau fortement minéralisée est associé au premier, et Plentz (ou Pilsen selon la langue), en Bohème, pour son eau d'une grande douceur caractérise le second. L'imitation des eaux de Burton par ajout de minéraux est d'ailleurs souvent appelée burtonisation. Une eau minéralisée favorise la dissolution des résines amères du houblon permettant ainsi de diminuer les quantités utilisées, alors qu'une eau douce retient moins les résines et permet aux huiles aromatiques de mieux s'exhaler. Elle peut ainsi être beaucoup plus houblonnée sans développer une amertume âcre.

Le goût de l'alcool

L'alcool n'est pas ajouté à la bière. Il s'y développe comme un produit résiduel de la fermentation de la levure. Il existe des milliers de types de levures, chacune ayant son originalité, son mode de vie et ses préférences de température. Certaines croissent mieux dans un environnement froid, d'autres préfèrent des températures plus clémentes.

L'alcool naît de la décomposition des sucres. Ces derniers proviennent habituellement de l'orge, mais aussi d'autres céréales. Chaque type de sucre possède sa configuration moléculaire et fermente à sa façon. Les récentes connaissances en matière de fermentation ont permis à des brasseurs américains de développer des bières titrant jusqu'à 25 % alc./vol. (comme la Utopias MMII de Sam Adams). Toutefois, la majorité des grandes bières du monde titrent entre 3,5 et 6 % alc./vol., même si certains grands crus offrent entre 6 et 12 % alc./vol. C'est l'alcool qui contribue à donner une rondeur moelleuse à la bière et favorise la production d'esters (voir la section consacrée à la dégustation en page 45).

Le goût de l'orge et des céréales

L'orge est à la bière ce que le raisin est au vin, c'est-à-dire la principale source de sucres fermentescibles. S'il suffit d'écraser le raisin et de le

Frédérick Tremblay,
microbrasserie Charlevoix

« La bière, c'est de l'eau agréable et saine »

M. IDE

Une bière titrant 5 % alc./vol contient :

94,9 % d'eau et 5 % d'alcool. Le 0,1 % résiduel est composé de matières solubles de céréales (surtout de la couleur), des matières solubles d'herbes ou d'épices (surtout du houblon) et d'empreintes résiduelles de l'action de la levure.

Une faible quantité de malts colorés suffit pour rendre une bière noire. Les nuances du goût sont concentrées dans une faible proportion de ce que nous consommons. Une petite variation dans le dosage d'ingrédients, dans la température lors du brassage ou de l'entre-posage, de la durée, peut provoquer de grandes différences dans les saveurs d'une bière.

Cette caractéristique souligne par ailleurs la grande perceptibilité de nos sens.

---

laisser fermenter pour obtenir le vin, les choses sont beaucoup plus complexes en ce qui concerne la bière. En effet, l'orge doit subir une série de transformations préliminaires et son sucre doit être dissout par action des enzymes dans l'eau. Elle doit d'abord être germée, ce que nous nommons le maltage. Les variations qui peuvent se produire fournissent une variété étendue de malts. Nous distinguons les malts de base des malts spécialisés. Les malts de base renferment les enzymes nécessaires pour convertir l'amidon en sucres fermentescibles lors de la saccharification. Les malts spécialisés procurent les couleurs, les flaveurs typiques et une consistance plus épaisse.

Le goût de la couleur

Généralement, la coloration de la bière lui est donnée par sa cuisson : la cuisson des malts, celle des sucres, ou pendant l'ébullition du moût. Elle peut également être produite par un fruit ou par un sucre moins raffiné.

Le blé

Jusqu'au XIXᵉ siècle, on reconnaît deux grands styles de bière en Europe : les bières de blé (dites blanches ou weissen) et les bières rouges (faites du malt régulier de l'époque). L'arrivée des bières blondes, en 1842, amorce le déclin de ces deux styles. Mais, grâce aux nouveaux équipements contemporains permettant le ralentissement de l'acidification des saveurs que provoque le blé, les bières tirées de cette céréale connaissent aujourd'hui une renaissance phénoménale. Malgré la dénomination bière de blé, la proportion habituelle de cette céréale n'est que d'environ 50 %. Il existe plusieurs styles de bières de blé : les blanches belges, les weissen bavaroises, les bières de blé américaines, les lambics et les berliner weisse.

Le goût des sucres

Le sucre peut être utilisé à titre d'adjuvant du malt ou encore comme son succédané. Les grandes brasseries utilisent pour leur part des sirops de maïs, moins coûteux. Ces deux options procurent au goût des résultats passablement différents et provoquent des débats orageux. Notons que les grandes bières britanniques font souvent un usage généreux de sucres. Plusieurs types sont utilisés : sucre d'amidon, sirop de maïs, dextrose, glucose, sirop de glucose, sucre à bonbon (candi)... Le sucre candi fait la gloire des bières belges. Il s'agit d'un sucre très pur que l'on trouve en version pâle et foncée, utilisé comme colorant et typique de plusieurs bières de style double. Le sirop de maïs procure pour sa part la signature sucrée typique de plusieurs bières-sodas nord-américaines.

Le sucre à titre d'adjuvant est essentiel pour la majorité des bières titrant plus de 8 % d'alcool par volume. Les bières fortes n'utilisant que des céréales deviennent lourdes et imbuvables. Le grit de maïs contribue également à donner une structure moelleuse à la bière. Le miel est de plus en plus utilisé, tout comme le riz qui sert à donner une saveur plus sèche en bouche. Le meilleur exemple de son utilisation est la Budweiser d'Anheuser-Busch.

Le goût des aromatisants

Le principal aromatisant de la bière est la fleur du houblon. Elle contribue au développement de saveurs amères et d'arômes floraux. D'autres épices et herbes peuvent également être utilisées.

L'emploi du houblon dans le brassage remonte à la nuit des temps, mais sa reconnaissance comme matière première est relativement récente. Sœur Hildegarde découvre, au XVIIe siècle, les vertus de cette plante à titre d'agent de conservation. En général, c'est la fleur femelle non fécondée qui est utilisée. Cette pratique a été instaurée pour contrecarrer l'influence du poids des graines sur le prix de revient de la bière. Les Britanniques préfèrent toutefois les plants fertilisés.

Le goût des épices

Les épices ont de tout temps été utilisées dans le brassage. Elles ont toutefois été interdites, en Allemagne

celui de dissimuler le surissement, à défaut de le prévenir — était sous le contrôle d'organismes privés ou d'organisations religieuses et constituait un moyen pour taxer les brasseurs. Les épices composant le gruyt étaient l'anis, l'aspérule, le buis, la cannelle, le coquelicot, la feuille de frêne, le genêt, le gingembre, le genièvre, la gentiane, le girofle, le laurier, la lavande, le lupin, la marjolaine, la menthe, le miel, le myrte, le pouliot, le raifort, le safran, la sauge et le trèfle d'eau. Toutefois, l'arrivée du houblon mis fin au règne du gruyt dans le brassage.

Le regretté frère Thomas, à Chimay

et dans certains autres pays limitrophes, aux bières de fermentation basse appliquant la loi de pureté de la bière. Les épices les plus populaires sont la coriandre, l'écorce d'orange, le gingembre et la muscade... Également le cumin, les graine de cardamone, le basilic et la menthe. Le chanvre et même le cannabis (où la consommation est légale) sont de plus en plus utilisés.

Le gruyt

Gruyt est un mot néerlandais signifiant herbes. Au Moyen Âge, ce mélange aux pouvoirs mystérieux – dont

Le goût des ferments

Le principal agent de fermentation est le champignon du sucre portant le nom de saccharomyces ou, plus simplement, de levure. Du latin *fongus*, le mot dérive de *funus*, signifiant funérailles ! Son rôle a en effet longtemps été associé à la putréfaction, mais l'invention du microscope a permis de comprendre que c'est plutôt le contraire qui se produisait. Il ne faut pas considérer la levure comme un ingrédient mais plutôt comme un employé au travail. Le résultat gustatif de son œuvre dépend directement des conditions que le brasseur lui procure. Par le travail qu'elle effectue et les besoins de son développement, la levure donne des saveurs nuancées.

Robert Shami, Northern Brewer, États-Unis

La majorité des brasseries éliminent complètement la levure avant le conditionnement de leurs produits, de telle sorte qu'elle ne se retrouve pas dans notre verre. Il existe toutefois un certain nombre de bières ayant subi une fermentation à l'intérieur de la bouteille ou du fût. Certains grands styles de bières subissent une fermentation qui fait appel aux bactéries. Il en est ainsi de la famille des lambics, des bières aigres des Flandres et des berliner weissen. Mais n'ayez crainte ! Les bactéries qui sont utilisées dans la fabrication de ces bières sont toutes propres à la consommation humaine.

La saccharification

La saccharification vise principalement à diluer le sucre dans l'eau pour l'obtention d'un moût primitif. On mélange le malt concassé à de l'eau et on fait chauffer. Les enzymes digèrent l'amidon et produisent des sucres

fermentescibles et des dextrines (sucres non fermentescibles donnant du corps à la bière). D'autres matières sont alors dissoutes : des acides aminés et des protéines. À la fin de cette opération, le brasseur ne retient que la partie liquide qui porte maintenant le nom de moût primitif. Le malt épuisé, qu'on appelle maintenant drêche, est destiné à l'alimentation du bétail.

Le brassage industriel de haute densité

Les grandes entreprises utilisent une méthode rentable de saccharification. Elles préparent un moût pour développer 8 % alc./vol. Il s'agit de la densité

Ron Keefe, brasserie Granite, Canada

optimale de fermentation : elle requiert approximativement la même durée de fermentation qu'une bière de 5 % alc./vol. Pour obtenir 9 %, on devrait doubler le temps !
Lorsque la bière est prête pour l'embouteillage, le brasseur ajuste alors la teneur en alcool en ajoutant de l'eau déminéralisée et désoxygénée. Les grandes brasseries brassent ainsi cinq

ou six recettes de base. Elles les mélangent et les diluent en des proportions diverses, ce qui leur permet de produire un nombre indéfini de marques sans pour autant modifier leurs opérations.

L'assaisonnement

Le moût de base est un liquide fade, aussi y ajoute-t-on des matières sapides pour donner du goût à la bière. Comme nous l'avons dit, la principale herbe utilisée à cette fin est la fleur du houblon qui renferme des huiles essentielles (très odorantes) et des résines (très amères). D'autres épices, herbes, fruits ou aromates peuvent également être utilisés. Lors de l'ébul-

lition du moût, les saveurs amères sont développées, tandis qu'en infusion ou pendant la fermentation, ce sont les arômes qui sont accentués.

La fermentation

Le moût est ensuite refroidi et inoculé de ferments. Il s'agit généralement de levures ou, très rarement, d'un mélange de levures et de bactéries.

La durée moyenne de la fermentation est de cinq jours, mais les moûts de très haute densité peuvent requérir plusieurs mois. Les ferments décomposent le sucre en combinaisons moléculaires plus ou moins complexes, produisant ultimement de l'alcool et du gaz carbonique. La

Batterie de soutirage, brasserie Rodenbach, Belgique

levure renferme plusieurs enzymes contribuant à la fermentation (invertase, maltase, glycogenase, phosphatase, amidase, oxydoreductase, hexokinase, carboxylase, protease et peptidase). Plusieurs autres composés sapides sont ainsi créés par la levure, les uns très agréables, les autres quelquefois répulsifs. En se nourrissant de façon sélective des nutriments présents dans le moût, la levure imprègne le goût de la bière de sa signature unique. On divise les levures en deux familles : de fermentation haute, qui fermentent à la température ambiante, et de fermentation basse, qui fermentent à froid.

Pour la fermentation haute, la température oscille habituellement entre 15 °C et 23 °C. Ce type de fermentation produit généralement des bières plus fruitées. Plusieurs auteurs utilisent ce type de fermentation comme synonyme de ale. Pour la fermentation basse, la levure s'active plutôt sous la barre des 14 °C. Elle produit généralement des bières plus douces, et la majorité des auteurs utilisent ce type de fermentation comme synonyme de lager, mot d'origine allemande signifiant entreposer. La fermentation spontanée est composée d'un mélange complexe de levures et de bactéries sauvages déposées par l'air pendant le refroidissement du moût. Ce type de fermentation produit des saveurs aigres. Les plus connues sont les lambics de la région de Bruxelles.

La fermentation initiale transforme les sucres en alcool, alors que la fermentation secondaire, dont la durée varie de trois jours à plusieurs mois vise à affiner les saveurs.

Le conditionnement

La bière est finalement soutirée afin d'être distribuée. On lui ajoute une dose de gaz selon une des quatre principales méthodes : la contre-pression,

l'ajout de gaz carbonique, l'ajout d'un mélange azote-gaz carbonique, la refermentation. Plusieurs contenants différents peuvent être utilisés : le fût, le cask, la bouteille de verre protecteur brun, la bouteille de verre translucide ou verte, la bouteille PET, la canette standard ou la canette à l'azote. Chacun influence le développement des flaveurs et constitue ainsi une source de saveurs tertiaires.

La méthode dite à contre-pression indique que la carbonatation est effectuée lors de la fermentation dans les cuves de garde. Il s'agit de la méthode la plus courante en ce qui concerne les bières de fermentation basse. Aucun ajout de gaz n'est fait dans le fût, la canette ou la bouteille, respectant ainsi parfaitement l'intégrité de la bière. L'ajout de gaz carbonique procure une aigreur tranchante à la bière, même si les molécules sont exactement les mêmes que celles produites lors de la fermentation. L'ajout d'un mélange d'azote et de gaz carbonique vise à imiter le cask : la mousse est plus belle, les bulles plus petites et stables, les saveurs plus onctueuses. Il s'agit néanmoins d'une dénaturation. L'azote influence les saveurs contribuant aux flaveurs de métal dans la bière.

La refermentation dans la bouteille ou le fût est une pratique courante en Belgique. Le pétillement se développe dans le contenant lui-même, alors qu'un peu de sucre ou de moût est ajouté au moment du soutirage.

Aux sources du goût

Le malt

Maltage sur plancher, Cerna Hora, République tchèque

Le malt est tout simplement de l'orge germée. Les enzymes visant initialement à la digestion de l'amidon nécessaire pour la croissance de la plante sont requis par le brasseur pour la production de sucres fermentescibles.

L'origine allemande du mot malt, *meld*, signifie assouplir ou digérer. Le but de l'opération du maltage est d'activer les enzymes de l'orge qui seront utilisés pour décomposer l'amidon en sucres lors du brassage. Cette germination contrôlée vise à stimuler les enzymes jusqu'au moment où elles amorcent la digestion de l'albumen.

La procédure comporte trois étapes essentielles :

1. **Le trempage** : le grain trempe dans l'eau de 40 à 60 heures.
2. **Le maltage** : on laisse le grain germer de 4 à 8 jours.
3. **Le touraillage** : on fait sécher le grain.

L'orge est maintenant devenue malt.

Il existe plusieurs façons d'effectuer le maltage des grains d'orge dont le maltage sur germoir ou sur aire (*floor malting*) est une méthode ancienne que l'on trouve à l'occasion en Angleterre et fréquemment dans les anciens pays du bloc de l'Est. À cause de son caractère artisanal et de sa rareté, cette méthode produit des malts coûteux mais qui donnent des signa-

tures exclusives aux bières. Le maltage pneumatique consiste pour sa part à répandre l'orge dans des caissons aérés et à y faire circuler un courant d'air humide. C'est la méthode industrielle la plus utilisée. Dans les deux cas, le malt est régulièrement retourné pour éviter que les racines ne s'entremêlent.

Les grands types de malt

Lors de l'assèchement du malt, la température est ajustée selon le type désiré. La chaleur provoque en effet la formation de pigments de plus en plus foncés sur le malt.

Les grands types de malt

Nous pouvons les regrouper dans ces grandes familles :

- **Le malt pâle** procure une teinte jaunâtre et des flaveurs de malt ou de céréales. On en trouve trois grandes variétés : de type lager (ou pilsener), de type Munich, de type pale ale. Il constitue au moins 90 % des matières sèches utilisées.

- **Le malt caramel** procure une couleur rousse et des flaveurs de caramel. En bouche, il offre une sensation de plénitude et de rondeur. Ses autres noms sont malt caramel, malt carastan, carapils, cara Vienne, cara Munich et malt Crystal.

- **Le malt fumé** procure une teinte rousse et des flaveurs de fumée particulières.

- **Le malt légèrement torréfié** donne un aspect brunâtre aux grains et des flaveurs de biscuit ou de toffee.

- **Le malt fortement torréfié** procure une couleur brune et des flaveurs de chocolat ou de caramel brûlé.

- **Le malt rôti** donne une couleur noire et des flaveurs de café noir.

Il est à noter que l'on peut également faire rôtir des céréales non maltées pour obtenir des nuances similaires.

L'assèchement du malt est aussi nommé touraillage en référence à la forme du séchoir, construit comme une tour. Cette ancienne touraille de la brasserie Rodenbach en Belgique, maintenant classée et devenue musée, illustre bien cette logique.

D'autres céréales, telles que l'épeautre (à gauche) et le sarrasin, peuvent être ajoutées afin de donner une personnalité unique à la bière, comme on le fait pour les bières de la Nouvelle-France.

L'eau de brassage

L'eau étant la principale composante de la bière, elle possède une importance capitale dans la configuration de ses saveurs. Avant l'arrivée des instruments scientifiques, la localisation des brasseries et le développement de styles géographiques liés à l'eau de brassage était déterminant.

L orsque nous visitons les brasseries traditionnelles en Europe, la plupart vantent à raison la source originelle qui explique leur succès historique. Avant la science, il était en effet important de bénéficier d'une eau de brassage stable. Cette caractéristique permettait de maximiser la stabilité de la bière produite. À la rigueur, toute eau peut être utilisée dans l'élaboration de la bière, même celle impropre à la consommation humaine ! Pourquoi ? Parce que les méthodes de fabrication prévoient une longue ébullition qui assure la destruction de tout agent pathogène. Cette particularité a fait la gloire de plusieurs moines au Moyen Âge, qui conseillaient de boire de la bière plutôt que l'eau polluée des rivières. Mais eux, où donc la puisaient-ils leur eau ? Les brasseries qui utilisent des eaux phréatiques ou des sources peuvent se considérer privilégiées, car cet approvisionnement leur assure une authenticité à laquelle la majorité ne peut prétendre. Mais ces célèbres eaux sont maintenant menacées par les contaminants chimiques, les engrais et les pesticides qui s'infiltrent souvent dans les profondeurs terrestres. De plus en plus de brasseries préfèrent utiliser l'eau... du robinet !

De nos jours, il est possible de configurer sur mesure l'eau de brassage peu importe l'emplacement. Les anglophones nomment alors cette eau dénaturée *liquor*, soulignant ainsi sa fonction spécifique. La principale variable définissant les eaux de brassage est leur teneur en minéraux. Plus une eau est douce, moins elle retient les résines amères du houblon. Ce type d'eau permet des houblonnages importants procurant habituellement des notes florales. À l'inverse, les eaux fortement minéralisées retiennent mieux les résines du houblon, permettant ainsi d'économiser sur les quantités à utiliser. L'utilisation de gypse, dont l'importance a été découverte à Burton, est devenue une pratique généralisée pour la plupart des bières de fermentation haute.

Le houblon

Les houblons aromatisants portent le nom de Cascade (fortement utilisé en Amérique), Fuggles Golding, Hallertauer, Hersbruck, Spalt, Tennang, ou Willamette. Les houblons amérisants se nomment pour leur part Brewer's Gold, Cluster, Comet, Eroica, Galena, Northern Brewer, Record ou Talisman. Les composés actifs du houblon sont les résines amères et les huiles aromatiques. Les brasseurs de lambic, en Belgique, utilisent de leur côté des houblons périmés qui ont perdu leur pouvoir amérisant, car l'amertume est incompatible avec l'aigreur de leur bière. Notons que de plus en plus d'auteurs mentionnent le type de houblon dans les bières qu'ils décrivent, de la même façon que les œnologues précisent le cépage pour les vins.

Le houblon est offert sous plusieurs formes aux brasseurs :

- **En granules :** (bouchon de houblon, granulé de houblon), que l'on obtient par broyage.
- **En cônes pressés**
- **En pastilles :** chaque pastille offre une mesure précise de poids. Cette forme est surtout utilisée pour le houblonnage à cru en Grande-Bretagne.
- **Isomérisé :** il s'agit d'un traitement par lequel on retire du houblon ses huiles. Celles-ci offrent la particularité de protéger la bière contre la dégradation par le soleil.
- **En extrait :** apparence de cire.

Les épices

L'utilisation des épices remonte à la nuit des temps. Elles contribuaient d'une part à lui donner des saveurs, mais aussi à masquer ses défauts, notamment ceux reliés au surissement. La découverte des bienfaits du houblon a relégué les épices au livre des souvenirs, surtout après la promulgation de la loi de pureté de la bière en Allemagne. Seuls les Belges continuaient d'utiliser des épices, comme l'illustre cette photographie de la brasserie De Kluis. De nos jours, leur utilisation est réhabilitée. Les épices servent maintenant non pas à masquer des défauts, mais à donner une personnalité unique.

Les brasseurs britanniques emploient du houblon qui a connu les joies de la fertilisation. Selon eux, la présence de graines n'affecte pas le pouvoir aromatisant de la fleur et, de surcroît, la couleur de la graine garantit que le plant a été récolté au meilleur moment.

Ancienne salle de brassage
de Stella Artois, Belgique

La fabrication

La fabrication de la bière est composée d'une série de procédures simples pouvant être regroupées en cinq étapes. Pour chacune de celles-ci, plusieurs options s'offrent au brasseur en focntion du pays où il est situé.

1 Maltage

eau + orge = malt

L'orge est trempée dans l'eau et est laissée ensuite à germer. Pendant la germination, les enzymes de croissance transforment l'amidon du grain et le rend soluble.

Maltage sur caisson, brasserie Pilsner Urquell, République tchèque

2 Saccharification

eau + malt = moût primitif

Le mélange eau-malt, nommé maïsche, est chauffé, ce qui active des enzymes. Ceux-ci décomposent alors l'amidon en sucres fermentescibles (qui donnent l'alcool) et sucres non-fermentescibles (qui donnent du corps). Les pigments de certains malts utilisés apportent la couleur. On ne retient que la partie liquide, alors nommée moût primitif.

3 Aromatisation

moût primitif + houblon = moût

Des substances sapides, comme le houblon et des épices, sont ajoutées au moût primitif pour le rendre savoureux. Le tout est porté à ébullition, favorisant le développement de saveurs amères. L'infusion, après le bouillonnement, encourage le développement des arômes.

Brasserie Young's, Angleterre

4 Fermentation

Brasserie Cerna Hora, République tchèque

moût + levures = production d'alcool

Pendant la fermentation le sucre est décomposé en alcool et en gaz carbonique. Trois grandes méthodes sont utilisées : la fermentation spontanée, la fermentation basse et la fermentation haute.

5 Conditionnement

bière + contenant = livraison

Après une période de garde, la bière doit être conditionnée pour son transport jusqu'à son lieu de vente. Plusieurs formats (le fût, le keg, la bouteille...) et plusieurs types de carbonatation peuvent être utilisés : en cuve de garde, par ajout de gaz, par refermentation...

Brasserie Weihenstephan, Allemagne

Les grandes méthodes de saccharification

La saccharification consiste en la dilution des sucres du malt dans l'eau afin de produire un moût fermentescible. Au carrefour de la révolution industrielle, les méthodes de saccharification se sont cristallisées autour de méthodes empiriques alors en usage dans les différents pays. Trois grandes influences ont ainsi été déterminées : allemande, belge et britannique.

Nous pouvons comparer l'amidon à une longue chaîne moléculaire composée de maillons de sucres plus ou moins complexes. Les maillons de une ou de deux unités sont fermentescibles. Les chaînons de trois unités et plus ne peuvent pas être convertis en alcool et demeurent alors dans la bière. Pendant la saccharification, des enzymes agissent comme des pinces produisant des maillons de différentes longueurs. Les enzymes alpha produisent des chaînes longues, les enzymes bêta des chaînes courtes. Les variations de température lors de la saccharification déterminent la proportion de sucres, fermentescibles ou non, alors produits.

La décoction
(influence allemande)

Il s'agit de la plus ancienne méthode et aussi de la plus coûteuse. Une partie du moût est prélevée, portée à ébullition et versée à nouveau dans le moût. Cette opération est répétée deux ou trois fois pour une élévation graduelle de la température. La procédure requiert plusieurs heures. Ce type d'équipement, plus coûteux à l'achat et à l'utilisation, est peu populaire chez les nouvelles petites brasseries en Amérique du Nord.

L'infusion à un palier
(influence britannique)

C'est à la fois la méthode la plus moderne, la plus simple, la plus efficace et la plus rentable. De l'eau chaude est ajoutée au malt dans des proportions calculées pour que la température atteigne instantanément le degré de saccharification. Aux États-Unis, la plupart des nouvelles microbrasseries utilisent cette technique.

L'infusion à paliers
(influence belge)

On élève la température du moût par circulation de chaleur, ou par ajout graduel d'eau chaude, jusqu'à l'obtention des températures de saccharification. Cette méthode contrôle de façon efficace la production de sucres et de dextrines.

Brasserie Cantillon, Belgique

Les saisons de la bière

Avant les découvertes de Pasteur sur la fermentation et les innovations apportées par Dreher et Hansen relativement à la fermentation basse, la fabrication de la bière était intimement moulée aux contingences saisonnières. Ces contingences sont à la source de plusieurs styles de bières, dont les fameuses saisons, toujours brassées en Belgique.

Les opérations de brassage sont, avant le grand bouleversement industriel, étroitement liées aux conditions climatiques. Le brassage s'amorce habituellement au mois d'octobre et se conclut au mois de mai. Surissement assuré si on brassait l'été !

Pour le brassage de l'automne, on épuise d'abord les réserves de l'année précédente (malt et houblon). Les nouvelles orges et les houblons fraîchement cueillis demandent de toutes façons quelques semaines pour compléter leur transformation avant d'être utilisables.

Les conditions optimales de brassage, tant au chapitre de la température ambiante que de la qualité des ingrédients disponibles sont réunies vers la fin du mois d'octobre. On brasse alors, outre la bière « courante « destinée à être consommée quelques jours plus tard, une bière spéciale pour Noël. Il s'agit de la première bière « de conservation » ou « de garde ». Elle est un peu plus alcoolisée et aromatisée. Lorsque les tonneaux de cette bière de festivité chrétienne sont vides, on brasse alors une autre bière de garde pour les festivités du printemps, une bière de mars ou marzen en Allemagne. Lorsque les tonneaux de ce brassin sont vides à leur tour, on brasse maintenant en grande quantité une bière de longue conservation, pour traverser l'été, saison où le brassage est interdit.

Lorsque l'automne revient, il faut vider les tonneaux pour que la saison de brassage puisse reprendre vie. On organise alors une grande fête d'octobre pour vidanger les dernières bières de mars. La plus célèbre de ces fêtes, toujours célébrée à Munich, se termine le premier dimanche d'octobre, d'où son nom Oktoberfest. On comprend maintenant mieux pourquoi il s'agit d'une fête de consommation de quantité plutôt que de qualité. Ses organisateurs rationalisent les agapes en affirmant que le festival honore le souvenir du mariage d'un prince et d'une princesse...

Allez demander aux festivaliers ce qu'ils honorent lorsqu'ils se laissent bercer par les orchestres de cuivres qui cadencent le mouvement de leurs gorgées, alors qu'ils « dégustent » immodérément.

Contrôles de qualité

Acides alpha du houblon, pouvoir enzymatique de germination de l'orge, dureté de l'eau de brassage... les nombreux contrôles exercés aux différentes étapes de la fabrication de la bière, du champ de céréales à votre verre, font de cette boisson l'une des plus analysées par la biochimie. Les nombreux phénomènes de transformation naturels à 100 % sont utilisés par l'homme depuis la nuit des temps. Nous trouvons donc de nos jours des écarts importants entre les différentes brasseries concernant leurs activités de contrôle aux différentes étapes de production. Certaines se laissent tout simplement guider par la nature tandis que d'autres appliquent des méthodes rigoureuses de contrôle.

La levure

La levure est à la bière ce que l'artiste est à son œuvre. La même recette soumise à l'action de trois levures donne autant de bières différentes. Par ses besoins alimentaires, son métabolisme et la température de la fermentation, chaque levure produit des flaveurs uniques.

Si nous poursuivons l'analogie, nous pouvons comparer la toile à l'eau. Certains matériaux conviennent mieux aux pastels, d'autres retiennent mieux les huiles. Les eaux plus minéralisées absorbent mieux les résines amères du houblon. Les couleurs évoquent les différents malts plus ou moins foncés donnant la couleur de la bière. Le houblon donne une amertume plus ou moins prononcée et, tel le pinceau de l'artiste, il creuse des sillons amers plus ou moins profonds. L'alcool produit par l'action de la levure est de son côté représenté par le cadre qui structure l'ensemble. Une bière sans alcool n'a pas de cadre. Notons qu'un certain nombre de bières offrent un cadre plus spectaculaire que l'œuvre elle-même et que certains amateurs s'y laissent prendre facilement .

Triple fermentation vs le style triple

Il existe des milliers de levures différentes, chacune conférant une signature unique aux saveurs de la bière. Par sa nature unicellulaire, la levure possède également la particularité d'être sensible aux mutations génétiques. Certaines brasseries utilisent systématiquement des souches mères, à partir d'une seule cellule, pour chacun de leurs brassins, tandis que d'autres peuvent utiliser plusieurs dizaines de générations d'une levure performante.

Plusieurs levures haut de gamme développées à grand budget par des brasseries servent à la fabrication de bières refermentées en bouteille. Il suffirait aux compétiteurs de cueillir celles-ci dans une bouteille pour économiser. Pour se protéger, certaines brasseries filtrent la bière avant son embouteillage et utilisent une levure anodine pour la refermentation dans le contenant. Elles parlent

Cellules de levure agrandies mille fois

alors de triple fermentation pour désigner leur produit. Le style triple fait habituellement appel à une triple densité, d'où les confusions.

La gestion de la levure

Il faut considérer la levure beaucoup plus comme une employée de la brasserie qu'à titre de simple ingrédient. Chacune possède sa personnalité et est sensible aux conditions de travail qui lui sont offertes : température du moût, volume de liquide à transformer, hauteur des cuves de fermentation, présence plus ou moins importante de nourriture, les acides aminés par exemple. Peu importe le type de fermentation, la levure est importante. C'est toutefois au chapitre des fermentations hautes que les variations sont décisives. Le pays qui se distingue le plus sur les conditions de travail offertes aux levures est sans aucun doute le Royaume-Uni (voir page 152).

Brasserie Orval, Belgique

Les grandes méthodes de fermentation

L'art et la science de la fermentation sont au service du brasseur afin qu'il puisse gérer le travail que la levure exécute pour lui. Les découvertes de Pasteur sur la fermentation ont permis de discriminer entre deux grands groupes de travailleurs : les levures et les bactéries. Les moines bavarois ont de leur côté découvert empiriquement un groupe spécialisé de levures : celles qui s'activent à température froide. Ces événements expliquent le développement des trois grandes méthodes de fermentation : la fermentation spontanée (impliquant des levures et des bactéries), la fermentation haute (des levures pures fermentant à la température de la pièce), et la fermentation basse (des levures pures à l'œuvre à une température refroidie).

Fermentation spontanée

La fermentation spontanée est la plus ancienne méthode de fermentation connue. Sous le nom de prépasteurienne, elle fait appel aux micro-organismes vivant dans l'environnement où la bière est brassée. Le moût bouillonnant est transvidé dans un grand bac peu profond favorisant son refroidissement rapide. Cette procédure se déroule habituellement dans le grenier de la brasserie pendant la nuit. Pendant cette période, une soupe de micro-organismes composée de levures et de bactéries se dépose à la surface du moût. Lorsque le refroidissement est complété, le moût est transvidé dans des cuves de fermentation, habituellement des tonneaux de chêne. La fermentation spontanée qui s'ensuit requiert entre six mois à un an. Les plus connues des bières de fermentation spontanée viennent de la région de Bruxelles en Belgique. D'autres brasseries ailleurs dans le monde procèdent néanmoins à des fermentations spontanées, par exemple Melbourn Bros, en Angleterre, et la ferme-brasserie Schoune au Québec.

Fermentation haute

La fermentation haute est la plus populaire des types de fermentation chez les nouvelles microbrasseries. Elle offre une grande amplitude de

Brasserie Melbourn Bros, Angleterre

Brasserie Cantillon, Belgique

FERMENTATION SPONTANÉE

Brasserie De Keersmaeker, Belgique

possibilités de flaveurs différentes, requiert un équipement beaucoup plus accessible que la fermentation basse, tout en permettant la production rapide de bière. Le mot haute fait référence à la température de fermentation (entre 15 °C et 25 °C).

La fermentation secondaire, ou de garde, se déroule habituellement dans des cuves de garde. L'utilisation de cuves cylindro-coniques permettant de procéder aux deux étapes de fermentation, évitant un transfert de liquide, est de plus en plus populaire.

Fermentation basse

La fermentation basse est la plus moderne des techniques de fermentation. Le mot basse fait référence à la basse température de fermentation (entre 0 °C et 12 °C). Dans les pays réputés pour les bières de fermentation basse,

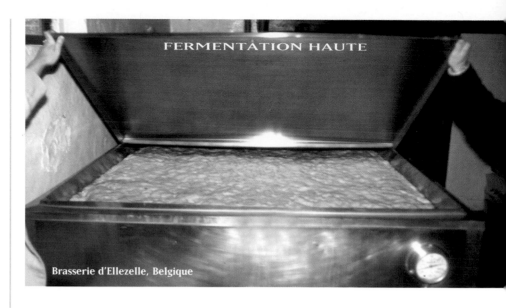

Brasserie d'Ellezelle, Belgique

la fermentation primaire prend habituellement place dans des bacs ouverts, peu profonds. De cette façon, le gaz de fermentation n'a qu'une faible distance à parcourir jusqu'à la surface, entraînant ainsi un minimum de composé aromatique de la bière. Plusieurs ouvrages affirment, à tort, que la fermentation basse réfère à la floculation au fond des cuves.

Brasserie Topvar, Slovaquie

Les contenants

Une même bière conditionnée dans des contenants différents n'offre pas le même profil gustatif. La méthode même de conditionnement jumelée aux contingences de vieillissement propres à chaque contenant, ainsi que le mode de distribution souvent différent selon que la bière est destinée à une consommation à la maison ou dans un établissement sont autant de variables qui affectent ses saveurs.

e fût est le contenant généralement utilisé pour débiter la bière dans les pubs et les estaminets. Comme nous l'avons vu, le gaz de soutirage influence les saveurs. Le plus utilisé ici est le CO_2, qui contribue au développement d'une saveur tranchante. Deux principales méthodes de refroidissement du produit existent : dans la ligne de soutirage elle-même ou dans un réfrigérateur où le fût est placé. Plus la bière séjourne longtemps dans le fût, plus elle devient pétillante, acide et tranchante. Une fois le fût percé, la bière vieillit très rapidement. Un fût fraîchement percé offre par ailleurs généralement la quintessence du produit.

André Poirier, La Diable

Le cask

Voici la méthode traditionnelle utilisée au Royaume-Uni, pour le service de la grande famille des ales et des porters/stouts. L'azote contenu dans l'air est aspiré par la pompe manuelle et contribue aux modulations des saveurs. Ce type de service fait vieillir très rapidement la bière. On utilise de plus en plus une couverture d'azote ou de gaz carbonique dans le récipient pour prolonger la vie du produit.

La canette standard

Pour la consommation à la maison, voici le meilleur format de la majorité des styles de bière, même si, l'été, ce type de contenant est plus vulnérable aux chocs thermiques. La canette produit souvent de grosses bulles dans le verre, rendant la mousse plus fragile que celle produite par la bouteille.

La canette à l'azote

Un réservoir d'azote est ici ajouté dans la cannette même. Au moment du service, l'azote sature le liquide pour former une mousse onctueuse. Cette nouvelle sorte de canette offre une texture très veloutée en bouche. Des saveurs métalliques sont souvent fréquentes, sauf pour les bières noires que le rôti dissimule bien.

La bouteille de verre brun

La bouteille opaque de verre brun offre un service plus noble, notamment lorsqu'il s'agit d'une bière refermentée. Il faut toutefois se méfier un peu des bouchons de liège qui peuvent à l'occasion transmettre leur goût au liquide.

La bouteille muselée

Cette bouteille, coiffée d'un bouchon de liège, est populaire en Belgique et dans le nord de la France. Alors qu'un liège de mauvaise qualité peut impartir ses saveurs à la bière, un liège de bonne qualité peut donner au produit une nuance de flaveur, tout au plus. Des agglomérés plastifiés sont quelquefois utilisés, copiant parfaitement les couronnes. On trouve deux types de bouteilles : la bouteille de champagne classique et, dans le nord de la France, le modèle populaire de verre brun, spécialement conçu pour la bière.

La bouteille PET

L'arrivée récente de la bouteille PET semble remplacer adéquatement la bouteille brune, offrant alors un avantage économique par sa légèreté : elle est moins coûteuse à exporter tout en étant plus résistante que le verre. La seule comparaison que nous avons été en mesure d'exécuter dans le cadre de la rédaction de cet ouvrage concerne la marque allemande Holsten, alors que le modèle témoin était une version en canette standard.

La version embouteillée dans le format PET offrait une plus grande finesse aromatique de houblon tandis que le format canette présentait un équilibre entre le malt et l'amertume la rendant plus douce au goût.

Les mini-fûts de 5 litres

Développés en Allemagne, les mini-fûts de 5 litres offrent ce qui se rapproche le plus du service par gravité, typique à l'Allemagne. Ces contenants sont de plus en plus populaires, notamment lors de l'organisation de fêtes.

Vive la canette

En règle générale, le meilleur contenant pour une bière destinée à être consommée à la maison est la canette. Il suffit de comparer les saveurs de la Pilsner Urquell en canette à celles qu'offre sa sœur embouteillée pour le constater. Le contenant d'aluminium n'a pas la même noblesse, mais si nous sommes soucieux de la qualité, nous devons le privilégier ! En visite en République tchèque, c'est le fût qu'il faut choisir. Pour les bières refermentées en bouteille, l'idéal demeure le verre brun.

Sur levure ou sur lie ?

Le gaz carbonique peut être inséré de plusieurs façons dans la bière. Il est produit pendant la fermentation de garde. La bière est ensuite soutirée sous pression. Plusieurs brasseries ajoutent alors du gaz pour ajuster la carbonatation. Dom Perignon inventa la refermentation à l'intérieur de la bouteille à l'abbaye de Hautvillers. Il suffit d'ajouter un peu de sucre ou de moût au moment du soutirage. Cette méthode est utilisée fréquemment en Belgique et favorise le dépôt de levure dans la bouteille, erronément nommé lie. Certaines bières développent effectivement une lie, habituellement par solidification des protéines ou par autolyse de la levure d'une bière mal entreposée. Le mot lie a parfois une connotation négative évoquant résidus et fèces.

Unique dans le monde alimentaire
L'utilisation volontaire de contenants qui dégradent le produit !

Un certain nombre de brasseurs utilisent sciemment des contenants favorisant la dégradation de leurs produits ! Toute bière blonde houblonnée développe des flaveurs de mouffette dans les bouteilles vertes ou transluscides, par dégradation du houblon à la lumière. Il existe quelques exceptions. Les gueuzes ne se dégradent pas car leur houblon est périmé. Les épices dans les bières de style saison jouent un rôle de dissimulateur de ces flaveurs animales. Pour d'autres styles, c'est souvent l'alcool qui masque la présence de la petite bestiole. Dans le cadre de la rédaction de cet ouvrage, la question suivante a été posée sous un pseudonyme par courriel à plusieurs brasseries : « J'ai remarqué une différence de saveurs de votre bière entre la version en canette et celle en la bouteille. Qu'est-ce qui explique cette différence ? Aucune brasserie n'a répondu... Les dirigeants affirment que plusieurs consommateurs affectionnent ce goût (sous-entendu : nous préférons les profits à la qualité). Pourquoi ces brasseurs n'expliquent-ils pas alors sur les canettes comment s'assurer du développement de la saveur évoquant les glandes anales du petit mammifère !

La classification

Plusieurs consommateurs se fient à la couleur pour classer les bières : les blondes, les rousses et les noires... Mais que goûte une rousse exactement ? L'utilisation de trois bières rouquines peut facilement initier les amateurs aux principales saveurs de base : une scotch ale pour le sucré, une rouge des Flandres pour l'aigre et une pale ale américaine pour l'amer ! L'effet est assuré. La couleur est donc un pauvre indicateur du goût en ce qui concerne la bière.

C omme le dit Gilbert Delos, le spécialiste français de la bière, « Le discours des brasseurs et des brasseries a quelque chose de fascinant, voire d'unique. Autant il peut être fleuri, riche de métaphores et d'un lyrisme poétique parfois étonnant, autant il se révèle pauvre en détails précis... » Il existe une seule façon infaillible de classer les bières : en utilisant le pourcentage d'alcool. L'établissement de deux grandes familles nommées ale et lager constitue une simplification ne respectant pas l'origine de plusieurs grands styles. Son plus important défaut est l'assimilation de toutes les bières de fermentation haute au mot ale. Historiquement, ce mot désigne un certain nombre de bières d'origine anglaise. Même dans la récente histoire, nous ne découvrons pas de bière identifiée comme ale en Allemagne ou en France. Ainsi, les seules utilisations de la désignation ale dans l'ouvrage de Kurt Maronde, *Bières du monde* (Allemagne, 1969), font référence aux produits anglais. *La route belge de la bière* (1984), réserve l'appellation ale aux bières d'origine ou d'inspiration anglaises. Jean-Louis Sparmont, dans *Les routes de la bière* (Belgique, 1995), précise pour sa part que ale fait référence aux bières anglaises de ce type adapté au goût belge. *L'ABCdaire de la Bière* (France, 1998) dit de ce style de bière qu'il désigne désormais « les bières chaudes britanniques de fermentation haute ». Même les ouvrages historiques sur la bière provenant de l'Angleterre établissent une différence entre l'ale et la porter. En d'autres mots, même la porter n'est pas historiquement une ale.

Une blanche ou une weisse ne sont pas des ales. La seule caractéristique qu'elles ont en commun avec les ales est la fermentation haute. Le même raisonnement s'applique entre autres aux bières d'abbayes ou aux alts... Les brasseries qui inscrivent ale sur leurs étiquettes le font surtout pour accroître leurs ventes en Amérique du Nord. Cette simplification marie souvent à tort le mot ale à une bière de qualité supérieure, tandis que le terme lager se trouve associé aux bières plus fades des grandes brasseries industrielles.

Le terme lager désigne de son côté une particularité technique de son brassage et peut effectivement être utilisé pour une nomenclature adéquate. Si nous respectons la logique technique pour désigner les styles, nous devrions plutôt utiliser le mot « hâtif » pour dénommer les bières de fermentation haute. Si nous utilisons également l'allemand, les trois grandes familles techniques seraient les suivantes : lager, hast (hâtif) et spontané.

Les styles de bière les plus faciles à différencier possèdent nécessairement l'une des caractéristiques suivantes : le produit est défini par rapport à une bière-phare mondialement connue et reconnue pour ses qualités (la Guinness ou la Pilsner Urquell) ; le style est fabriqué par des brasseries dans une région géographique délimitée (les rouges des

Flandres, l'alt de Düsseldorf) ; le style possède un faible relief gustatif (les bières-sodas des géants internationaux). La renaissance de la porter de fermentation haute, en Angleterre et en Amérique du Nord, a occasionné

Une double bock, techniquement une lager, étiquetée ale pour le marché américain. Cette pratique illustre l'aléatoire de la classification des bières.

le développement d'un nombre important d'interprétations. Nous nous retrouvons ainsi avec des dizaines de bières différentes, la majorité constituant des sous-styles.

La bière est un produit vivant. Certains profils de bière varient considérablement en fonction de leur vieillissement et de leurs conditions d'entreposage. Dans la littérature spécialisée sur la dégustation de la bière, la majorité des auteurs n'indiquent pas l'âge ou la durée de vie résiduelle de la bière goûtée ni son format (bouteille, canette, fût...). Il ne faut donc pas s'en faire si nos perceptions sensorielles diffèrent des leurs lorsque nous goûtons les produits qu'ils nous décrivent.

Entre les styles, la frontière n'est jamais étanche. La différence entre une bock de fermentation basse et une pale ale belge de fermentation

haute présente à l'occasion une frontière plutôt floue sur les papilles. Il suffit de servir une bock chambrée pour que son profil gustatif se rapproche de celui de la pale ale belge et, inversement, le service de certaines ales froides du Brabant les fait ressembler à certaines bocks ! Dans leurs recettes, les brasseurs ne sont pas limités par des définitions de styles. Il est ainsi possible de s'inspirer d'archétypes et de traditions de brassage tout en étant tout à fait original. La Chouffe de la Belgique est un bel exemple d'une bière d'influence typiquement belge, mais avec une exécution et un caractère originaux. Ce style se situe quelque part entre la constellation des bières d'abbayes blondes, des triples et des blondes du diable.

La classification ne constitue pas non plus un exercice scientifique ; il s'agit d'un travail empirique basé sur des perceptions humaines qui possède les qualités et défauts que comporte toute appréciation subjective. Sa plus importante limitation est sans doute la dimension culturelle de la perception des saveurs. Comment alors classer les bières ? L'organisation des styles se base tout simplement sur une ou des bières-phares. Plus un grand nombre de marques s'identifient à un modèle d'inspiration, plus un style est clair et précis. Il arrive toutefois que deux styles développés dans deux régions différentes se ressemblent beaucoup sur les papilles. Ainsi, la différence entre les alts de Düsseldorf et les pale ales devient souvent une simple question de nuances. Nous pourrions créer un nouveau style regroupant ces deux premiers : comment le nommer maintenant ? Une des plus importantes difficultés de la classification s'inscrit dans les vastes amplitudes de flaveurs qui existent à l'intérieur de chaque famille. Lorsqu'une bière correspond à l'archétype d'une catégorie, elle est facile à classer. Toutefois, lorsqu'elle se situe à la frontière de deux styles différents, la question soulève alors souvent un problème. Les nuances entre plusieurs stouts et porters (sur lesquelles nous reviendrons plus loin) illustrent bien cette difficulté.

La valeur accordée à la couleur de la bière dépend de contingences culturelles, comme l'illustre cette adaptation de l'excellente bière Griffon. Copiant les célèbres brown ale d'Angleterre, elle a d'abord été baptisée en français ale brune. C'est toutefois le mot rousse qui est rassurant et surtout vendeur dans la langue de Shakespeare. Fidèle au style, la dénomination anglaise n'a pas été modifiée.

Toutefois, lorsque nous regroupons les bières par la nature du goût, les choses se simplifient. Les perceptions de la bouche offrent en effet les références de base les plus simples. Peu importe nos connaissances, chacun de nous reconnaît facilement ces catégories : les bières douces, les bières aigres, les bières amères, les bières liquoreuses et les bières saugrenues.

Les dénominations de styles ne sont que de pauvres indicateurs du véritable style à l'intérieur de la bouteille. Aucun organisme ne gère ces appellations. Ainsi, cette triple se situe à des années lumière de ce qui est habituellement brassé en Belgique.

Mais lorsque nous souhaitons intégrer les caractéristiques olfactives à la classification des styles de bières — la plus importante source de plaisir en termes de dégustation — cela devient impossible. Une marque donnée peut à elle seule présenter de nombreuses variations de profil olfactif qui dépendent de son conditionnement pendant sa durée de vie normale et même au moment de sa dégustation !

Fût et canette...

La majorité des ouvrages présentent les grandes bières du monde retiennent habituellement les versions embouteillées du produit. Pour plusieurs styles, il existe une différence significative des goûts provoquée par les modes de conditionnement même si leur recette n'est pas différente. La majorité des bières sont à leur meilleur servies en fût. Le protocole de service en fût, qui influence significativement les saveurs des bières, est considérablement différent d'un pays à l'autre.

Dans la définition des grandes bières du monde, il importe de tenir compte de deux axes : l'origine historique du produit et la structure de ses saveurs. L'origine historique nous permet d'identifier les bières-phares pour ainsi décrire leurs saveurs communes. Celles-ci deviennent les étalons nous permettant d'ajouter d'autres marques produites dans d'autres pays. L'origine nous donne aussi habituellement un nom : pale ale, triple... Nous constatons toutefois qu'à l'exception des bières-sodas, rares sont les bières brassées en Amérique du Nord qui respectent les caractéristiques des styles d'origine dont elles s'inspirent. En général, elles constituent plutôt des interprétations et non des reproductions identiques.

Les pale ale et porter américaines constituent des styles à part entière. Nous pouvons même identifier deux styles de pale ale américain : la version atlantique (douce-amère) et la version pacifique (très amère). Par ailleurs, bien que les bières fumées de Bamberg, en Allemagne, connues sous le nom de rauchbier, fassent l'objet d'un consensus en termes de définitions, sur place, nous découvrons des variations considérables entre les marques, notamment pour celles qui utilisent le blé. Quelles bières-phares devons-nous utiliser pour définir le style ? Duvel Moorgat ne s'est pas tracassé pour trouver un style à sa Duvel. Quel nom pouvait-on lui donner dans une nomenclature digne de ce nom ? Jackson la baptise *belgian golden ale*. Les «Objectieve Bierproevers», de Belgique, la classe dans les bières nobles, à côté des Chimay et de la Busch 12 (trois produits considérablement différents !). Plusieurs auteurs classent la Duvel dans le style triple ou encore triple douce. Dans cet ouvrage, nous la nommons blonde du diable.

Qu'est-ce qu'une bière-phare ? Il s'agit d'une marque qui définit le style, une sorte d'étalon de comparaison. En nous basant sur une bière-phare, plusieurs styles classiques sont relativement faciles à déterminer. Les forces du marché poussant souvent à l'édulcoration des produits, celle-ci établit des distances plus ou moins grandes avec l'inspiration d'origine. Le plus bel exemple en est la Pilsener Urquell qui, en s'éloignant de sa source bohémienne, devient d'un caractère de plus en plus dissout jusqu'à devenir insipide dans les Antilles et en Australie. Le phénomène inverse s'est produit pour les pale ales qui sont devenues d'une amertume assez bien sentie en Nouvelle-Angleterre, mais poussée à son zénith sur la côte ouest des États-Unis. Une double bock, techniquement une lager, étiquetée ale pour le marché américain. Cette pratique illustre l'aléatoire de la classification des bières.

Signatures gustatives typiques des grandes familles de fermentation

FERMENTATION HAUTE

Complexité fruitée, la principale source de flaveurs est tertiaire (la fermentation) ainsi que quinquenaire (le temps et l'entreposage).

FERMENTATION BASSE

Douceur, simplicité, la principale source de flaveurs est primaire, les matières premières

FERMENTATION SPONTANÉE

Complexité sur l'acide, la principale source de flaveur est tertiaire ainsi que quinquenaire, le temps et l'entreposage.

Les cinq principales familles de bières par structure de saveur

L'être humain perçoit un nombre limité de catégories de saveurs. Les bières peuvent être regroupées en utilisant cette référence simple et facilement compréhensible par tous : les bières sucrées (ou douces), les bières acides (ou aigres) et les bières amères. Il n'existe pas suffisamment de bières salées pour justifier une catégorie. La présence plus ou moins prononcée d'alcool identifiée par les voies rétro-nasales constitue également une variable importante. Un certain nombre de bières amplifient les notes saugrenues à un point tel qu'elles doivent, à elles seules, faire l'objet d'une catégorisation.

LES BIÈRES DOUCES

Définies par la douceur, jusqu'à sucré.

LES BIÈRES AIGRES

Le goût acide peut s'accompagner de la présence de douceur, voire, de sucré, créé par l'utilisation de fruits ou de sucres.

LES BIÈRES AMÈRES

Le goût amer peut s'accompagner de la présence de douceur, voire de sucré, comme cela survient fréquemment dans les pale ales.

LES BIÈRES LIQUOREUSES

Elles explosent de douceur chaleureuse, sont souvent sucrées et possèdent un caractère d'alcool.

LES BIÈRES SAUGRENUES

Ce sont toutes les autres bières utilisant des ingrédients saugrenus ou encore des assemblages avec d'autres substances plus ou moins douteuses. Habituellement ces boissons sont plutôt sucrées, destinées à une vaste clientèle et ne constituent pas des bières de dégustation.

« Dis-moi ce que tu bois, je te dirai... »

Par les valeurs que nous attribuons aux aliments, nous ne nourrissons pas seulement notre corps, mais également notre esprit. Le raisonnement, la mémoire et l'imagination forment le creuset de nos perceptions sensorielles. Les grands pays que nous identifions comme des paradis de la bière (Angleterre, Allemagne et Belgique) offrent des choix nationalistes et conservateurs, ce qui explique pourquoi chacun offre des archétypes différents. Amateurs de bières anglaises, les Belges préfèrent celles qui sont brassées à leur goût, c'est-à-dire plus sucrées. Il est possible de brasser tous les styles de bière partout sur terre, mais, en règle générale, plus les saveurs d'un style sont typées, plus il s'agit d'une bière de terroir. Rares sont les brasseries qui se donnent la peine de reproduire un style issu d'un pays étranger de façon authentique, en important les matières premières. On peut dire que les bières inspirées de pays étrangers sont justement d'inspiration plus ou moins précise. Par ailleurs, certains grands styles développés dans des régions éloignées se ressemblent sur les papilles. Il en est ainsi des scotch ales et des double bocks ainsi que des alts et des pale ales. ✍

Les grands styles de bières

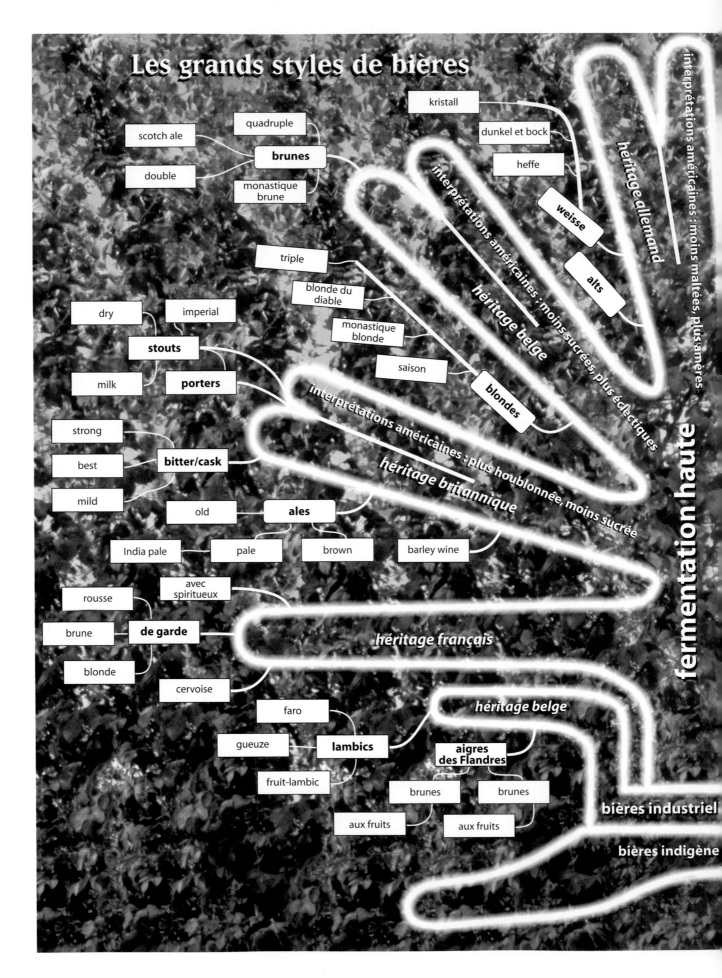

kristall

dunkel et bock

heffe

weisse

alts

scotch ale

quadruple

brunes

double

monastique brune

triple

blonde du diable

monastique blonde

saison

blondes

dry

imperial

stouts

milk

porters

strong

best

bitter/cask

mild

old

ales

India pale

pale

brown

barley wine

rousse

avec spiritueux

brune

de garde

blonde

cervoise

faro

gueuze

lambics

fruit-lambic

aigres des Flandres

brunes

brunes

aux fruits

aux fruits

interprétations américaines : moins maltées, plus amères

héritage allemand

interprétations américaines : moins sucrées, plus éclectiques

héritage belge

interprétations américaines : plus houblonnée, moins sucrée

héritage britannique

héritage français

héritage belge

fermentation haute

bières industriel

bières indigène

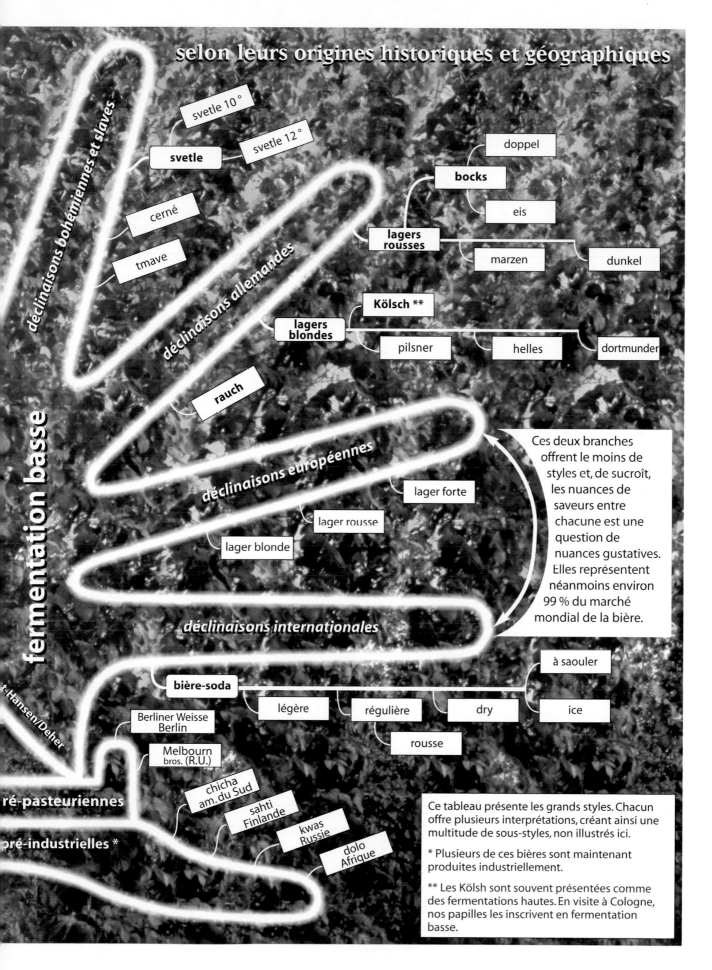

svetle 10°

svetle 12°

svetle

cerné

tmave

déclinaisons bohémiennes et slaves

doppel

bocks

eis

lagers rousses

marzen

dunkel

Kölsch **

lagers blondes

pilsner

helles

dortmunder

déclinaisons allemandes

rauch

déclinaisons européennes

lager forte

lager rousse

lager blonde

Ces deux branches offrent le moins de styles et, de sucroît, les nuances de saveurs entre chacune est une question de nuances gustatives. Elles représentent néanmoins environ 99 % du marché mondial de la bière.

déclinaisons internationales

à saouler

bière-soda

légère

régulière

dry

ice

rousse

Berliner Weisse Berlin

Melbourn bros. (R.U.)

chicha am. du Sud

sahti Finlande

kwas Russie

dolo Afrique

fermentation basse

t-Hansen/Deher

ré-pasteuriennes

oré-industrielles *

Ce tableau présente les grands styles. Chacun offre plusieurs interprétations, créant ainsi une multitude de sous-styles, non illustrés ici.

* Plusieurs de ces bières sont maintenant produites industriellement.

** Les Kölsh sont souvent présentées comme des fermentations hautes. En visite à Cologne, nos papilles les inscrivent en fermentation basse.

Un cellier à bières

Pour la majorité des styles, la bière est généralement au meilleur de sa forme dès qu'elle quitte la brasserie. Mais plus un produit est goûteux, plus son profil de saveurs évoluera au fil du temps. Il ne s'agit pas vraiment d'un affinage, au sens qu'il s'améliore, mais plutôt d'une métamorphose de ses saveurs. Comme pour sa version solide, le pain, la date de fabrication de la bière est plus importante que sa date de péremption. Après la date indiquée, toutes les bières peuvent être consommées sans danger.

Profil de vieillissement des bières

Peu de styles de bières s'affinent en vieillissant. En règle générale, toutes les bières sont au meilleur de leur forme lorsqu'elles sortent de la brasserie ! Certaines possèdent une double personnalité et peuvent ainsi être entreposées dans un cellier à bière à une température entre 10 °C et 18 °C). L'intérêt d'un cellier à bière est de disposer d'un vaste choix et de préserver sa collection dans le meilleur environnement : le froid ! Les bières qui doivent être servies chambrées seront tout simplement retirées du réfrigérateur un ou deux jours à l'avance.

Bières au potentiel d'affinage

TYPE	PROFIL DE VIEILLISSEMENT	DURÉE OPTIMALE
Scotch ale et **double** et autre **bière forte** en alcool (plus de 10 % alc./vol.)	complexification, madérisation miel-caramel	10 ans
Triple	complexification, madérisation sur fond de caramel	5 ans
Lambic et **gueuze** 100 % lambic	complexification sur nuances aigres	15-20 ans

TOUTES LES BIÈRES DE FERMENTATION BASSE
À garder au froid, se dégradent lentement. Madérisation possible.

TOUTES LES BIÈRES D'ASSEMBLAGE ET AUX FRUITS
À garder impérativement au froid, se dégradent rapidement.

PALE ALE ET TOUTES SES VARIATIONS (IPA…)
À garder impérativement au froid, se dégradent vite.

BIÈRES NOIRES FORTEMENT RÔTIES
D'une grande stabilité, mais ne s'affinent pas et ne se détériorent que lentement.

Contrairement au cellier à vin, le cellier à bières ne vise pas précisément l'affinage des produits entreposés, puisque seuls quelques rares styles ont la capacité de s'affiner. Pour la majorité des autres, le cellier aide tout simplement à les préserver afin de maintenir les saveurs qu'elles avaient au moment de l'achat. La température idéale du cellier doit être de moins de 15° C, mais elle peut à la rigueur monter jusqu'à 20 °C. De plus, comme les bières sont rarement millésimées, il est prudent d'inscrire la date d'achat sur la bouteille destinée à vieillir. Si vous ne disposez pas d'un cellier, sachez que la majorité des bières doivent être conservées dans un réfrigérateur et qu'elles doivent impérativement être conservées à l'abri de la lumière.

La dégustation

« En matière de goût, il est impossible de parvenir à une précision définitive. Le dégustateur qui analyse une bière procède par approximations en se servant d'un vocabulaire curieusement étranger à son sujet. De ces approximations, parfois brillantes et imagées comme une improvisation poétique, le profane ne retient que le souvenir d'une élégante jonglerie verbale autour d'un verre. Mais il s'agit, en fait, d'un encerclement progressif et sincère, pour serrer de près l'insaisissable vérité. » JORIS VAN GHELUWE

Est-ce que la bière peut être goûtée au même titre que le vin ? La bière est une source inépuisable de flaveurs et peut être goûtée au même titre que le vin ! La comparaison fait toutefois ressortir des préjugés négatifs :

- La religion chrétienne symbolise le vin comme étant le sang du Christ. La bière « païenne » est alors considérée comme une boisson inférieure. La bière des pays nordiques que les Romains conquièrent leur confirme cette noblesse.

- La bière est plus démocratique et, du fait, moins élitiste que le vin. La dégustation des vins chers permet d'affirmer un statut social. Les grandes bières sont accessibles à tous, il est impossible de développer une aristocratie de la bière.

- On associe la bière aux ventres bien replets en affirmant qu'elle fait prendre du poids, ce qui est pourtant faux !

- Les grandes campagnes de sensibilisation contre l'alcool au volant ou contre l'ivresse nous montrent habituellement un verre de bière mousseuse, rarement un verre de vin, renforçant ainsi l'image négative de l'or blond.

- La dégustation de la bière nécessite l'apprentissage des saveurs amères, ce qui n'est pas le cas pour le vin. L'appréciation du goût amer demande un effort plus soutenu. Le corps humain est ainsi fait qu'il rejette cette saveur de façon spontanée. Le mot amer est lui-même porteur de sentiments négatifs.

L'art de la dégustation de la bière ou du vin est à la portée de tous. Dans sa forme la plus dépouillée, la dégustation se limite à des choses simples comme « je goûte en avant de la bouche » ou encore « je goûte sur les côtés ». Il n'existe que sept zones d'observation buccale. Le nez peut identifier quant à lui près d'un millier d'odeurs exhalées par la bière ! La perception olfactive est continuellement perfectible. Dans toute dégustation, l'ordre d'arrivée des informations est le suivant : les yeux, le nez et la bouche. Il est toutefois beaucoup plus aisé de débuter par les perceptions faciles : les caractéristiques buccales. Elles deviennent des indices pour la reconnaissance des odeurs.

Palette de dégustation typique
retrouvée dans les bistro-brasseries
(ici, le Saint-Pub au Québec)

La bouche

« La main palpe des étoffes, flatte des encolures, caresse des visages. Elle est à la fois l'interprète et le juge du plaisir. C'est la langue qui joue ce double rôle dans la dégustation : elle palpe des soies, flatte des volumes et caresse des saveurs. »

JORIS VAN GHELUWE

Imaginez qu'on vous touche à l'épaule puis au genou. Même les yeux fermés, vous êtes en mesure de distinguer ces deux régions. Imaginez maintenant que le contact avec l'épaule se fasse du bout des doigts, tandis que votre genou est empoigné. Encore une fois, il est facile de distinguer entre la délicatesse de l'un et l'emprise de l'autre. Les perceptions sensorielles de la bouche fonctionnent selon les mêmes principes. La langue perçoit les saveurs de base : le sucré, le salé, l'aigre, l'amer. Les parois de la bouche sentent le pétillement, la texture, l'alcool, l'astringence et la salivation. Nous aimons d'instinct le sucre et détestons spontanément l'amer — les poisons sont d'ailleurs presque tous amers. Notre réceptivité à l'aigre varie selon nos besoins ; nous y sommes plus accueillants lorsque nous avons très soif.

Le sucré

Les saveurs sucrées et douceâtres sont perçues sur le devant de la langue. Parmi les saveurs de base, le sucré est celui dont l'absence a un nom : sécheresse. L'absence précise d'amertume ou d'aigreur ne porte aucune qualification, mais une bière dépourvue à la fois d'amertume et d'aigreur peut être qualifiée de douce.

La combinaison du sucré avec toute autre saveurs produit habituellement un résultat agréable. Un certain nombre de bières à forte personnalité, comme les Berliner Weisse, sont édulcorées avec un sirop sucré au moment du service. Un nombre étonnant de bistro-brasseries utilisent cette astuce pour nous proposer des bières aux fruits. Les bières titrant plus de 8 % alc./vol. offrent habituellement des saveurs sucrées.

Le salé

Dans la bière, la saveur salée est rare et dépend surtout du seuil de détection de chacun. Son origine provient essentiellement de minéraux dans l'eau de brassage. Une bière très amère (l'Orval, par exemple) donne parfois l'impression d'être salée.

L'aigre

L'acidité est perçue sur les deux côtés tout le long de la langue. Le mot acide fait peur à la majorité des brasseurs qui préfèrent parler d'aigreur ou de saveurs aigrelettes. Les nuances acides peuvent caractériser de grandes bières (les lambics, par exemple) ou encore être signe de grâves défauts (infection bactérienne). Cette touche d'acidité peut provenir de la fermentation ou de l'entreposage. Le gaz carbonique contribue également au développement de saveurs acides tranchantes. Cela survient parfois dans le cas de bières enfutaillées depuis plus d'une semaine. Certains aromates comme la coriandre développent également une aigreur citronnée.

Un certain nombre de bières de microbrasserie surissent, transformant leur profil gustatif semblable à celui des gueuzes. Considérée sous l'angle du produit originellement souhaité, la bière est ratée, mais en la comparant aux gueuzes, elle devient souvent d'agréable compagnie ! On rencontre ce comportement, à l'occasion, dans certains cafés dont l'entretien des lignes de soutirage laisse à désirer.

L'amer

La plus importante source d'amertume de la bière est le houblon, bien que les grains rôtis lui confèrent également une amertume typique. Certaines levures et l'alcool peuvent aussi contribuer au développement d'amertumes précises. L'amertume est perçue à l'arrière de la langue, près de la gorge. La perception des saveurs amères de la bière subit l'influence de certaines variables. Ainsi, plus la bière est vieille, plus son amertume devient âcre. Plus elle est servie froide, plus les saveurs amères dominent les autres.

La rondeur

La rondeur est la sensation de plénitude offerte par le liquide en bouche. Plus elle est épaisse, plus la bière donne l'impression de coller aux parois de la bouche. Cette sensation peut même quelquefois être huileuse. La rondeur d'une bière peut être amplifiée par sa teneur en gaz carbonique ou en azote.

L'alcool

L'alcool, quelquefois nommé saveur trigéminale, se perçoit partout dans la bouche, mais particulièrement sur les gencives et par les vapeurs rétronasales.

Le pétillement

La sensation de pétillement est associée à la présence de gaz carbonique. La perception en bouche est indépendante de celle que nous observons dans le verre. Des bières peu pétillantes mais minces offrent souvent un croustillant de gaz carbonique lorsque nous avalons. Certaines bières, très pétillantes en apparence, présentent pourtant peu de sensations de pétillement en bouche, notamment celles qui sont rondes et moelleuses. Cette perception est indépendante de la dimension des bulles. Les caractéristiques personnelles du buveur peuvent aussi influencer : plus une langue est rugueuse, plus l'effervescence est importante et plus l'effet de picotement est prononcé.

L'astringence

La perception de l'astringence produit une sensation de contraction des muqueuses et une sécheresse des parois buccales. La racine de nos dents et nos gencives sont particulièrement sensibles à cette perception. Rare dans la bière, on la retrouve cependant à l'occasion dans certaines gueuzes d'origine. Dans la plupart des styles de bières, l'astringence est vue comme un défaut provoqué par une trop haute température à l'empâtage ou par une mauvaise filtration du moût.

L'étalement du goût

Les perceptions sensorielles de la bouche se développent en trois étapes : la présence en bouche, l'arrière-goût et le post-goût. En bouche, les saveurs sont noyées dans l'eau. Seules les saveurs prononcées s'expriment aisément : c'est l'attaque. Après avoir avalé, l'eau se retire et les matières sapides imprègnent alors nos papilles. C'est l'arrière-goût. On

---

Initiation aux saveurs de base

La meilleure façon de se familiariser avec les perceptions de notre bouche est de prendre une gorgée en se bouchant le nez. Comparer plusieurs styles de cette façon facilite l'apprentissage. Il ne faut pas oublier de prendre une petite gorgée d'eau entre les lampées.

---

rencontre souvent des bières aux saveurs similaires mais qui expriment une très grande différence dans leur arrière-goût. Lorsque l'arrière-goût cesse d'être perceptible sur la langue, nous ressentons souvent une saveur dans notre mémoire gustative. Voici le post-goût. À ce stade, nous pouvons souvent identifier les défauts du produit, notamment son goût de carton et de cuir.

Avaler ou cracher ?

Le degré d'alcool généralement modeste de la bière, la présence de gaz carbonique et la grande variété de saveurs qu'elle propose entre ses différents styles sont autant de caractéristiques qui permettent la lecture des saveurs jusque dans les retranchements du post-goût. Il est impossible de bien analyser une bière si on ne l'avale pas !

Types de sucré
Fréquemment trouvés dans la bière

Sucre pur	Sucre de malt	Sucre d'orge	Sucre de maïs
Mielleux	Madère (ressemble au miel)	Caramel	Chocolat

Types d'aigreur
Différences entre les différents types d'aigreur

TYPES	INDICATEURS
Aigreur acétique	vinaigre
Aigreur ascorbique	fruit frais, légume
Aigreur citrique	agrume
Aigreur lactique	lait suri, yogourt
Aigreur malique	pomme, cerise
Aigreur oxalique	épinard, rhubarbe (rare dans les bières)
Aigreur tartrique	raisin (rare dans les bières)

Types d'amertume
Différences entre les différents types d'amertume

TYPES	INDICATEURS
De levure ou d'alcool	phénolique, terreuse ou métallique
De torréfaction	brûlé, rôti
De houblon	mordante, pamplemousse
D'azote	métallique
D'épices	basilic, romarin, sauge, thym...

L'amertume de la mousse

Les isohumulones du houblon contribuent à la formation de la mousse. Celle-ci offre ainsi une saveur toujours très amère. Trempez votre doigt dans la mousse, goûtez et observez.

Les qualités des perceptions buccales

Sucré
Douce, sucrée, sirupeuse

Absence de sucré
Sèche

Aigre
Acerbe, âcre, tranchante

Amer
Mordante, râpeuse, âcre

Absence d'amertume et d'acidité
Douce

TEXTURE

Minceur excessive
Insipide, aqueuse

Épaisse
Rassasiante, visqueuse, huileuse

Astringente
Rêche, tannique, poudreuse

Pétillement
Plate, piquante, soyeuse, croustillante

L'illustration du goût en utilisant des couleurs et des schémas est une façon de mieux comprendre et de faciliter le partage des connaissances. L'illustration permet également de mieux comprendre les similitudes et les différences entre les styles.

Sucré : jaune
Acide : rouge
Amer : vert pâle (de houblon)
Alcool : bleu
Texture : pêche
Pétillement : blanc
Autre particularité : vert foncé
(épice, herbe, fruit...)

Visualiser le goût

SAVEURS EN BOUCHE

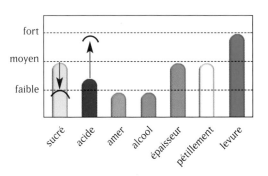

Les saveurs de la bière sont en constante évolution. Les flèches indiquent la direction habituelle de l'évolution des saveurs. Dans cet exemple, les flèches indiquent que le vieillissement accroît les saveurs acides et diminue le sucré.

Arrière-goût

La façon dont les saveurs s'éteignent après qu'on ait avalé varie considérablement, même avec des bières semblables .
Ces variations peuvent être illustrées à l'aide de courbes d'arrière-goût.

Le sucré de cette bière dissimule son amertume dès les premiers instants de son arrière-goût. L'amertume du houblon est plus facilement perceptible au milieu de l'étalement et disparaît ensuite lentement.

Bière complexe, d'abord sucrée, dissimulant une forte amertume. Sucré et amertume se fondent en finale. Nous pouvons remarquer une nette aigreur vers le milieu de l'arrière-goût.

Bière d'une grande complexitée où la douceur et l'alcool dominent. Une amertume bien sentie s'exprime continuellement. La ligne vert foncé désigne une autre saveur, ici, une épice.

Cette méthode est utilisée dans la présentation de plusieurs analyses présentées dans cet ouvrage.

Vocabulaire de base

Les perceptions sensorielles en bouche nous fournissent le vocabulaire de base de la dégustation en moins de quinze mots !

Saveurs de base
Chaque bière présente une, deux ou trois saveurs fondamentales : **sucrée, acide, amère.**

Sensations buccales
Sensations perçues pendant la présence du liquide : **alcool, pétillement, épaisseur, salivation.**

Arrière-goût
Saveurs perçues après avoir avalé : **durée, complexité.**

Post-goût Saveur imprégnée dans la mémoire gustative.

Le nez

L'identification des saveurs est un geste passif d'identification des zones de sensation dans la bouche. Celle des odeurs est un geste d'interprétation complexe et interactif.

Notre perception olfactive est sélective : nous enregistrons seulement les éléments facilement reconnaissables ou qui ont un sens pour nous. La seule façon de reconnaître une odeur est de l'avoir sentie dans le passé. Une des caractéristiques qui illustre le mieux ce principe est l'odeur de mouffette que tous les Nord-Américains peuvent facilement identifier. Cette petite bestiole n'existe pas en Europe et son cadavre ne parfume pas les autoroutes pendant la saison estivale. L'utilisation du mot mouffette est ainsi facile à comprendre pour les Nord-Américains et constitue du chinois pour les Européens. Comment alors expliquer la nature de cette odeur ? En Europe, les qualificatifs goût de soleil ou goût de chou cuit remplacent le mot mouffette. Que goûte le soleil, au juste ? Et le chou cuit est effectivement une odeur voisine de celle de la mouffette, mais pas identique, créant ainsi de nombreuses hésitations dans la description de cette odeur.

Philippe Voluer

L'identification des odeurs est facilitée en utilisant la méthode déductive. Faire la différence entre une bière fruitée et une bière herbeuse est facile. Il n'est pas nécessaire d'identifier le fruit ou l'herbe pour profiter pleinement de la dégustation. Par déduction, nous pouvons ensuite déterminer s'il s'agit de fruits rouges (fraises, cerises, framboises) ou autres. Avec un peu de pratique, la nature précise de l'odeur nous saute alors au nez !

Lorsqu'il détecte une odeur, le cil olfactif transmet l'information à deux endroits dans le cerveau : au cortex cérébral, pour l'interprétation et la mémorisation, ainsi qu'au siège de nos émotions, le système limbique. Notons qu'il est très difficile de confondre les odeurs. Nous pouvons facilement distinguer l'odeur du pain fraîchement sorti du four de celui en train de cuire. Ces images olfactives sont simultanément associées à nos états d'âme. Nous décrivons ainsi plus facilement une odeur selon ses effets et non selon sa nature. On l'aime ou on ne l'aime pas !

« L'intuition est un étonnant sixième sens. Avoir du nez renseigne mieux le dégustateur sur sa bière ou le chef sur ses hommes, que le meilleur des chimistes ou psychotechniciens. »

JORIS VAN GHELUWE

Comment déguster

1. Regardez. Observez la mousse, le pétillement, la texture du liquide et sa luminosité.

2. Humez. Sentez d'abord la bière sans remuer le verre. L'odeur alors perçue est la dominante. Faites tourner la bière dans le verre afin de libérer les odeurs de deuxième et troisième niveau. Répétez le mouvement après quelques gorgées afin d'identifier les arômes subtils pouvant être présents.

3. Goûtez. Déterminez les endroits où les perceptions tactiles sont perçues. Faite rouler le liquide dans votre bouche afin de favoriser la libération des molécules de saveurs. Prenez plusieurs petites gorgées plutôt que des grosses.

4. Avalez. Détectez les éléments de l'arrière-goût, surtout les saveurs de base, sur la langue. Portez également attention aux arômes rétro-nasaux.

5. Mangez du pain. Avant de déguster une nouvelle bière, mangez du pain en vous assurant qu'il touche toutes les parois buccales pour effacer les saveurs résiduelles de la dernière. Boire de l'eau en se rinçant la bouche exerce le même effet.

6. Vérifiez. Corroborez vos observations avec une deuxième et une troisième gorgée. Observez alors les flaveurs secondaires et tertiaires. Entre chaque gorgée, prendre de l'eau (ou une bouchée de pain) et sentez vos vêtements ou des grains de café.

7. Consignez. Notez vos souvenirs de dégustation sur une fiche d'appréciation.

8. Appréciez. Prenez un recul et essayez de définir ce que vous avez aimé ou non de la bière goûtée.

Sentir ses vêtements a le même effet sur le renouvellement de nos cils olfactifs que la gorgée d'eau sur nos papilles !

L'analyse olfactive
Principales catégories d'odeurs retrouvées dans la bière

ODEURS	INDICATEURS
Acide	pomme verte, vinaigre
Alcool	alcool, chaleur, ester, métal (vineux, éthéré, liquoreux)
Boisée	chêne, vanille...
Céréale	biscuit, blé, maïs, malt, orge...
Grasse	beurre, savonneuse, huileuse
Légume	céleri, chou, macédoine...
Levure	pain, sulfure (indique un défaut)...
Épice	cannelle, clou de girofle, muscade, poivre...
Florale	fleurs, houblon,...
Fruitée citrique	citron, orange, pamplemousse
Fruitée douce	banane, cerise, framboise, pomme, poire...
Fumée	bois fumé, saumon fumé...
Herbeuse	feuille verte écrasée, foin, luzerne, paille
Madérisée	miel de trèfle, mielleux...
Malt	malt fraîchement concassé, moût...
Noix	amande, massepain, noisette, noix, noix de coco...
Résineuse	bois de cèdre, sapin, boisé...
Rôti	café, brûlé...
Sucrée	biscuit, bonbon, chocolat, caramel (écossais, brûlé), mélasse...
Torréfiée	brûlé, café, carbonisé, rôti, rôti-brûlé, roussi...

DÉFINITIONS

Arôme : perçue par les voies rétronasales, alors que la bière est dans notre bouche.

Bouquet : ensemble d'odeurs regroupées, comme dans un bouquet de fleurs.

Flaveur : dérive du latin *flagrans*, signifiant brûlant et désigne l'ensemble complexe des propriétés olfactives et gustatives perçues pendant la consommation.

Odeur : perçue directement par le nez alors que la bière est dans le verre.

Parfum : odeur spécifique d'un ingrédient.

Nous ne goûtons pas tous de la même façon

La sensibilité d'un professionnel du goût peut varier jusqu'à 40 % d'un test à l'autre ! Certains sont plus en mesure que d'autres d'identifier de petites quantités de flaveurs.

Prenons une tasse de café contenant une cuillerée à thé de sucre. L'amateur de café noir le trouvera trop sucré tandis qu'un autre le trouvera trop amer. Il s'agit pourtant de la même boisson. Nous ne goûtons pas non plus de la même façon le matin, le midi ou le soir. Le meilleur moment pour goûter est trois heures après le réveil et le pire moment pour une dégustation est immédiatement après un repas.

Le goût est sexiste

Le sens du goût est en général plus développé chez la femme que chez l'homme. Certaines variables font en sorte que la capacité d'appréciation de la femme augmente durant l'ovulation et pendant les premiers mois de grossesse. L'amertume de la bière est généralement plus vite détectée par la femme et elle est moins susceptible de l'aimer. L'apprentissage de l'amer, souvent chargé de symboles à l'adolescence, interpelle plus les garçons que les filles. La dégustation elle-même comporte ses propres distorsions : le liquide se réchauffe, les odeurs quittent le verre et nous saturons nos sens. La première gorgée n'a pas le même goût que la dernière. Ainsi, plusieurs pièges nous guettent. Avec des bières sucrées, plus la dégustation progresse et moins nous goûtons le sucré : c'est l'accoutumance.

L'effet de succession est la gradation « prévisible » de l'intensité des saveurs : lorsque nous servons les bières plus riches en fin de séance, les goûteurs portent leur attention sur les éléments pouvant confirmer leurs attentes. L'établissement d'une relation entre la présentation (sa couleur, son collet...) et son goût réel peut occasionner l'erreur de stimulus. Un collet onctueux peut donner l'impression que la bière est épaisse. L'exemple de la Guinness conditionnée à l'azote est à cet égard probant. Cette bière donne l'une des mousses les plus épaisses au monde et

Willy van Drom

plusieurs consommateurs pensent qu'il s'agit d'une bière épaisse, alors qu'il s'agit pourtant d'une bière mince ! Dans la même veine, la couleur noire est souvent associée à une présence élevée de calories ou à une amertume plus prononcée. Nos préférences à l'égard de certaines saveurs peuvent aussi nous inciter à ne pas voir certains défauts que la

Saturation des papilles et des cils

Kiera Deneault

La perception des saveurs et des odeurs sert à identifier leur nature et non à pouvoir les sentir indéfiniment. Une cellule excitée se calme rapidement et cesse de transmettre le message au cerveau ; c'est la saturation. Le principe de saturation est fondamental dans l'identification des étages de saveurs. Au premier contact, nous détectons naturellement la dominante. Après l'avoir sentie pendant quelques secondes, nous percevons les notes intermédiaires puis les notes de fond.

bière renferme ! Il s'agit de l'effet de halo. Si nous aimons spontanément la signature caramélisée d'une bière, nous aurons tendance à aimer ses autres caractéristiques gustatives ou à être plus tolérants envers ses défauts éventuels. Nos connaissances exercent également une influence sur notre jugement. Deux exemples illustrent ce phénomène. Un grand nombre d'amateurs aiment le goût de mouffette jusqu'au moment où ils découvrent ce qui l'explique. Un certain nombre de microbrasseries vendent des bières dont les saveurs ont tourné ; elles ont alors des saveurs semblables aux gueuzes. Considérées comme des gueuzes, ces bières sont jugées bonnes. Mais une fois qu'on sait qu'il s'agit d'une erreur de brassage, elles ne nous paraissent plus aussi bonnes, même si on continue d'aimer les gueuzes ! Comme le dit si bien Joris van Gheluwe, il faut « savoir capter le message de nos sens, mais jamais se laisser capter par eux ».

Principaux ennemis

Notons que les principaux ennemis peuvent être contrôlés par le distributeur et le consommateur.

OXYGÈNE

Les équipements les plus sophistiqués n'assurent pas une protection parfaite contre les risques d'intrusion d'oxygène. Le goût de la bière perd alors de sa finesse.

LUMIÈRE

Le houblon réagit rapidement à toute source lumineuse. Trois altérations possibles : diminution de l'amertume, développement d'une flaveur de mouffette, assombrissement de la couleur. Ces phénomènes attaquent surtout les bières de couleur pâle, embouteillées dans des bouteilles vertes ou transparentes. Le goût de mouffette peut même survenir dans le verre de bière exposé au soleil !

CHALEUR

L'entreposage une température supérieure à 20°C accélère le déclin de la bière. Plus haute est la température, plus longtemps le produit est exposé, plus les dommages irréparables se produisent, notamment l'apparition de flaveurs de carton.

Défauts occasionnels de la bière en fût

Outre les défauts déjà énumérés, la bière en fût peut présenter des problèmes supplémentaires :

Acidification : habituellement due à une infection bactérienne se développant dans les soutireuses. Peut aussi résulter d'un fût mis en perce depuis trop longtemps (plus fréquent que nous pourrions le croire).

Âcreté : habituellement due à la présence de produits désinfectants résiduels dans les soutireuses (très rare).

Oxydation : diminution importante des flaveurs de la bière qui devient alors plutôt fade et insipide.

CONSEILS PRATIQUES

Demander depuis combien de temps le fût est ouvert amènera habituellement le serveur, si la bière a séjourné trop longtemps dans le fût, à vous en conseiller une plus fraîche...

Défauts occasionnels et causes probables

Âcreté, carton mouillé, papier, cuir : bière périmée, entreposage à plus de 30 °C, contact entre la bière finie et l'air.

Maïs sucré : problème de fermentation ou trop de sirop de maïs dans la recette, parfois une ébullition trop courte ou trop faible du moût.

Chevalin : utilisation de certaines souches de brettanomyces. À l'occasion, eau de rinçage du verre contenant trop de chlorine.

Couleur terne : bière périmée, offrira vraisemblablement des saveurs âcres ou madérisées.

Oxydée, rancie, éventée, moisie : conditions d'entreposage défavorables.

Soufre, sulfure, allumette : autolyse de la levure.

Œufs pourris : autolyse de la levure

Animale (moufette) : exposition à la lumière.

Pipi de chat ou de chien : problème de fermentation ou eau de rinçage du robinet.

Poil de chien mouillé : eau de rinçage du verre de service provenant du robinet.

Formol, solvant, plastique : température de fermentation.

Goudronneux : autolyse de la levure.

Fromage : vieux houblon.

Beurre rance : problème de fermentation.

Caoutchouc brûlé : infection bactérienne.

Diacétyle, beurre de caramel écossais : problème de fermentation, parfois une infection bactérienne.

Médicament : infection bactérienne.

Viande : autolyse de la levure.

Rancie, moisissure, vieille cave, cave humide, bois moisi : infection bactérienne ou problème de fermentation.

Métallique, encre : lié à l'alcool, le houblon ou l'azote.

Vinaigre : infection aux acétobactéries.

La présentation de la bière

« La lumière aussi se déguste, la lumière qui se traduit dans une bière par des reflets, des chatoiements, des éclats et transparences. Baudelaire prétendait, dans un même sens, que les yeux de Delacroix semblaient déguster la lumière. »

JORIS VAN GHELUWE

Une marque offre plusieurs couleurs selon que nous la dégustons dans un pub, dans notre salon ou dans un laboratoire. Comparons-la à celle sur un dépliant ou sur tout autre imprimé pour nous en rendre compte. L'idéal est de l'examiner en tenant le verre devant une surface blanche et sous un éclairage lumineux. La couleur en elle-même est un pauvre indicateur de qualité ; seul le reflet terne témoigne d'une bière périmée. Il existe trois autres indices de qualité que l'on peut observer avec les yeux : la luminosité, le pétillement et la mousse.

Deux variables affectent la brillance : les matières solides et les liaisons moléculaires. Les matières solides sont faciles à identifier : des grains ou des flocons semblent nager dans le liquide. Un trouble solide dans les bières filtrées survient à l'occasion, après un long entreposage à la température ambiante (entre 20 °C et 25 °C). Pour les bières non filtrées, habituellement refermentées en bouteille, un dépôt de levure se forme de façon naturelle. Certaines bières artisanales se brouillent lorsqu'elles sont refroidies. Cette opalescence est occasionnée par le resserrement des molécules de protéines et du tannin. Il s'agit du trouble homogène car il ne

comporte pas de particules solides. Ce phénomène n'altère toutefois pas ses saveurs.

La mousse

La force et la qualité de l'effervescence dépendent du type de bière et de la façon dont elle a été servie. Indépendamment du style, les bulles doivent être minuscules et se libérer à un rythme régulier. De grosses bulles qui s'accrochent ici et là aux parois sont des défauts et dénotent une bière trop mince ou contaminée par une bactérie.

Les facteurs qui favorisent une mousse crémeuse sont l'utilisation d'ingrédients de première qualité et un processus de brassage d'une grande rigueur. Trois caractéristiques témoignent de sa qualité : sa texture, sa stabilité et son adhérence à la paroi. Elle doit être à la fois compacte, riche et dense. La mousse idéale ressemble à de la crème, peu importe son épaisseur, et est proportionnelle au pétillement. Un collet de cinq centimètres (deux pouces) peut être mince et relâché. Un collet de quelques millimètres peut être compact et crémeux.

La couleur de la mousse est généralement le blanc ou d'une teinte qui peut revêtir plusieurs nuances : blanchâtre, brunâtre, rosée... Le brun est généralement occasionné par l'utilisation de malt caramel ou rôti. Le rougeâtre provient habituellement d'un sirop de fruits.

La bulle est entourée d'une pellicule visqueuse qui se maintient quelques secondes à la surface. Une belle mousse demande des bulles minuscules, de même volume et parfaitement sphériques. Les bulles moins visqueuses absorbent le gaz et prennent du volume, montent plus rapidement à la surface en se déformant, ce qui fait tomber la mousse. Les bières renfermant au-delà de 8 % alc./vol. nécessitent une carbonatation plus importante pour assurer une production de mousse, car l'alcool diminue la viscosité du liquide.

Lorsqu'une bière est « poussée » avec de l'azote, le gaz traverse rapidement le liquide, créant une multitude de bulles qui forment une belle mousse onctueuse. Le collet de la Guinness en fût en est un bel exemple. La volonté d'adapter ce procédé au service de la bière pour la consommation à la maison a conduit au développement d'un système pour canettes et les bouteilles ! La mousse doit laisser une trace sur la paroi du verre après chaque gorgée. Toute trace de graisse comme du rouge à lèvres ou un aliment (croustilles, arachides...) tue la mousse. Il en est de même si la salive du buveur est trop acide.

Indice de qualité : une mousse qui laisse une empreinte claire et bien définie à chaque gorgée.

Le verre

Dans tous les cas, le verre doit être d'une propreté étincelante, avoir été rincé avec l'eau la plus douce possible. Toute trace résiduelle de détergent, de minéraux, de fluor ou de chlorite peut influencer le goût de la bière. À la maison, il faut réserver les verres à bière à leur service exclusivement, car tout agent graisseux forme une fine pellicule sur la paroi, empêchant la mousse de se former. Il faut les rincer très soigneusement. Le détergent utilisé par les lave-vaisselle contient des produits antimoussant tuant la mousse de la bière. Pour se sensibiliser à l'effet « eau de rince », il suffit de faire le test suivant. En utilisant trois verres identiques, on rince l'un d'eux avec l'eau du robinet et les deux autres avec de l'eau distillée. On verse la même bière dans les trois verres. Il faut déterminer à l'aveugle laquelle des bières a un goût différent.

Par leur forme et leur contenance, les verres influencent grandement la libération des arômes. Lors des dégustations officielles, il importe de servir les différents produits dans le même type de verre. Le verre idéal se replie légèrement sur lui-même au niveau de son rebord, afin de concentrer les

---

Comportement de la mousse

Affaissement : disparition de la mousse.

Carbonatation : une bière très pétillante est très carbonatée ou, dans le cas inverse, peu carbonatée.

Drainage : coulée du liquide visqueux entourant les bulles qui amincit le film, fait éclater la bulle et disparaître le collet.

Coalescence : union de deux bulles à la suite du drainage provoquant une disparité de volume entre cette nouvelle bulle plus volumineuse et les autres (plus petites), favorisant l'affaissement.

Formation des bulles : pétillement, perlage ou noyautage.

odeurs. Le verre INAO pour le vin est acceptable, mais un vase à la paroi plus épaisse convient mieux à la bière (comme celui de la compagnie Libbey, le Teardrop 251 ml). Dans les dégustations professionnelles, on sert toutefois habituellement les échantillons dans des verres opaques.

La forme du verre de service sert d'abord à mettre en valeur ce qu'on y verse. On trouve cinq principaux styles : les gobelets, les tulipes, les flûtes, les coupes et les verres fantaisistes. Les gobelets (ou verres ordinaires) sont les plus couramment utilisés. D'une capacité d'une pinte (ou 500 ml), on y verse des boissons dont la teneur en alcool est égale ou inférieure à 5 % alc./vol. Plusieurs gobelets sont munis d'une anse qui les transforme en chope. Celles-ci sont très populaires en Bavière en format d'un litre. La flûte (que l'on voit de moins en moins souvent) est l'apanage des fermentations basses, blondes. Sa forme évasée met surtout en valeur la brillance du produit. Il y a également un style de flûte en forme de courge dont l'extrémité se referme, spécialement développé pour le service des bières de blé (blanches et weizen). Les coupes, pour leur part, sont particulièrement populaires en Belgique. On en trouve deux modèles de base : la tulipe et le calice. Les tulipes ont parfois, comme pour la Duvel, une écorchure au fond. Cette griffe stimule la libération du gaz carbonique. Il se crée alors une véritable cheminée d'effervescence contribuant à la formation et au maintien d'une mousse riche et épaisse.

Rappelant le vase sacré, le calice est évidemment le propre des bières trappistes et d'abbaye. Parmi les formes fantaisistes, les verres cochers ont une base ronde surmontée d'une tour. Ils doivent être maintenus par un support en bois. Ce verre est récent et ne répond qu'à une démarche publicitaire. Quoique pratiques lors de festivals, les verres en matière plastique absorbent les odeurs et représentent un très mauvais choix pour la découverte de nouveaux produits !

Soins à apporter aux verres

- La propreté est une condition essentielle. Tout résidu de graisse ou autre peut détruire la mousse.
- Il est indispensable de laver à l'eau très chaude en utilisant une très faible quantité de détergent domestique. Les établissements consciencieux utilisent un produit de rinçage spécialement adapté. À défaut, il faut rincer méticuleusement les verres à l'eau chaude, idéalement avec de l'eau distillée.
- Les verres doivent s'assécher par égouttement sur un grillage afin qu'ils respirent. Il ne faut pas faire sécher les verres sur un morceau de tissu ou sur une surface lisse. Ne jamais essuyer l'intérieur des verres à l'aide d'un linge. Même propre, celui-ci peut laisser des odeurs.
- Les verres propres inutilisés depuis un certain temps doivent être rincés à l'eau froide avant utilisation. Des odeurs ambiantes peuvent s'y être collées !

Bière et santé

« Mieux vaut boire avec modération que de s'abstenir avec exagération. »

Aucune boisson alcoolisée n'est aussi complète que la bière. Elle renferme cinq éléments nutritifs fort importants pour l'organisme : des hydrates de carbone, des protéines, des vitamines, des minéraux et de l'eau. Elle nourrit sans faire grossir. Il faut toutefois surveiller ce que l'on mange, car elle accroît l'appétit. Il y a plus de calories dans un petit sac de croustilles (environ 300 calories), une poignée d'ara-chides (environ 250) ou quelques morceaux de fromage (environ 300) que dans une bouteille de 330 ml titrant 5 % alc./vol. (environ 150).

La consommation modérée de bière est en outre considérée comme bénéfique pour la santé. Plusieurs recherches démontrent en effet que le buveur modéré vit plus longtemps que l'abstinent ou l'alcoolique. L'alcool semble favoriser une meilleure circulation sanguine, diminuant ainsi les risques de caillots dans les artères coronariennes. L'alcool augmente le taux de bon cholestérol. La consommation de petites quantités d'alcool exerce également des effets bénéfiques sur le stress.

Rendre opaques les verres de dégustation

L'utilisation de verres opaques lors des dégustations est un moyen efficace de développer des aptitudes personnelles. Peignez les verres d'une couleur foncée et numérotez-les. Apposez des lettres (A,B,C) sur les verres transparents et des chiffres (1, 2, 3) sur les verres opaques. Cette façon de procéder facilitera les consignes durant certaines épreuves.

Il est important de prendre des notes lors des exercices et de les compléter après la révélation des marques. Ces notes seront très utiles pour fins de comparaisons ultérieures alors que les mêmes produits seront dégustés dans des contextes différents. Des modèles de grille vous sont proposés gratuitement au site Internet :
http://www.bieremag.ca.

Le service de la bière

La meilleure façon de réussir le service d'une bière en lui donnant un beau collet de mousse est de verser les deux tiers de la bouteille en évitant de faire mousser. Remuez ensuite la bouteille pour favoriser la formation d'une mousse et versez-la dans le verre. Cette méthode s'applique également aux bières sur lie lorsque nous souhaitons verser cette dernière dans le verre.

Devant un invité ou un client il est possible d'offrir un plus beau spectacle. Cette méthode s'applique également lorsque nous souhaitons que la lie reste dans la bouteille. Versez d'abord délicatement les deux tiers de la bouteille en vous assurant qu'elle ne mousse pas et éloignez ensuite progressivement le verre de la bouteille afin d'accroître la turbulence. Arrêtez de verser lorsque la croissance « estimée » de la mousse arrive au bord du verre ou au moment où, dans la bouteille, la levure arrive près du goulot. Pour une bouteille grand format, il faut la maintenir dans le même angle et approcher un nouveau verre pour poursuivre le service de la même façon. On peut aussi boire la levure à même la bouteille. Il s'agit d'une excellente source de vitamine B.

La présence de levure dans le verre accélère la libération du gaz carbonique. La bière devient alors plate plus rapidement et la mousse s'évanouit prématurément. La levure influence également le goût par ses propres caractéristiques gustatives. Dans certains cas, particulièrement pour le style blanche,

elle ajoute une douce richesse d'arômes et de saveurs fruités.

Dans le style triple, la levure est généralement plus amère et sa présence

peut déséquilibrer la bière.

Lors de l'ouverture de la bouteille, tout jaillissement de liquide qui sort spontanément de la bouteille (le giclage) est un indice de sursaturation (léger débordement) ou

encore de fermentation bactérienne après la mise en bouteille (lorsque plus du quart de la bouteille se vide).

Le serveur Alain Geoffroy

Exercices pratiques

Il existe deux grandes approches de la dégustation : l'hédoniste et l'évaluative. Il ne s'agit pas d'objectifs incompatibles ; une grande source de volupté réside en effet dans la capacité d'expliquer de façon précise les raisons de notre plaisir et de notre satisfaction.

Les dégustations évaluatives visent à juger de la qualité de la bière. Tout doit être fait pour maximiser l'objectivité des participants. Deux lignes directrices gouvernent l'évaluation : la correspondance au style et le plaisir qu'elle procure. La première tente de disséquer le produit dans ses composantes essentielles alors que la deuxième rend compte de la jouissance personnelle. Il ne s'agit pas d'approches mutuellement exclusives, mais de deux forces qui déterminent le cadre d'analyse. La correspondance au style présuppose une définition observable et mesurable. C'est ce que fait le World Beer Championship (WBC) aux États-Unis. L'évaluation porte surtout sur les habiletés du brasseur. Le Beer Testing Institute de Chicago (BTI) évalue plutôt le plaisir procuré et relègue souvent les définitions aux oubliettes. On y trouve, par exemple, des bières aussi différentes que la Maudite (une sorte de double) et la

Rodenbach Alexander (une rouge des Flandres) dans la même catégorie (Belgium Brown Ale) !

Consignes générales

Pour une dégustation officielle, le nombre maximal de marques ne devrait pas dépasser sept. Des échantillons de 85 à 100 ml (de 3 à 4 onces)

Claude Boivin

par marque sont suffisants. Il faut prévoir du pain et de l'eau. Chaque verre doit être numéroté. Indiquez à vos invités le but de cette dégustation, le déroulement de la soirée, le fonctionnement des grilles et la façon de goûter. S'il existe une grande différence de saveurs entre les diverses bières, il est primordial de servir les moins goûteuses au début. Naturellement, si tel est le cas, le phénomène de création des attentes d'une bière plus racée au prochain service se produira, influençant ainsi la dégustation. Pour souligner la relativité des choses, servez en finale la première bière et observez les notes qu'elle récolte...

Quatre étoiles

L'échelle des étoiles est la plus efficace. Il est plus facile de comprendre la différence entre 3 et 4 étoiles que l'écart équivalent sur une échelle de 100 points. Le BTI utilise une grille de 100 points, mais ne considère recommandables que les bières de plus de 80 points ! Chaque catégorie est ensuite divisée en zones de 5 points, donnant au total... 4 catégories, ce qui nous ramène tout simplement au système des 4 étoiles !

Trois variables interviennent dans l'attribution des étoiles : la correspondance du produit à un style, les défauts et des qualités exceptionnelles. Chaque style ne naît pas égal ! Les membres de la grande famille des bières-sodas (ou désinvoltes) peuvent difficilement être couronnés du titre de grande bière. Pour elles, deux étoiles correspondent à la perfection. Une bière bien construite, bien entreposée, servie à la température idéale ne devrait présenter aucun défaut. Chaque imperfection (légère âcreté, par exemple) fait diminuer la note d'une demi-étoile, alors qu'un défaut marqué la fait diminuer encore plus, jusqu'à perdre toutes les étoiles (dans le cas d'une infection bactérienne, par exemple). Le même principe s'applique aux qualités du produit en lui ajoutant des étoiles. Les qualités résident souvent dans une présence plus généreuse des caractéristiques souhaitées par le style, tout en maintenant l'équilibre.

À trois verres

La technique de dégustation à trois verres offre un moyen efficace de développement des aptitudes personnelles. Elle permet de nous familiariser avec des nuances de saveurs. L'exercice lui-même nous sensibilise à nos seuils de perception en nous comparant aux autres participants. Chaque service demande trois verres numérotés. On peut déguster trois bières différentes ou encore verser la même bière dans deux verres et comparer avec une autre marque ou avec une version différente de la même marque (par exemple, dans un contenant différent).

Trois échantillons

Cette technique comporte trois applications : la gradation de certaines caractéristiques, la mémorisation gustative et l'identification des grands styles. Les caractéristiques à classer sont les suivantes : pourcentage d'alcool, amertume, aigreur, complexité, défauts, douceur, velouté, rôti... et même la couleur (dans les verres opaques). Le but de l'exercice est de classer par ordre de croissance la caractéristique désignée (à gauche, la moins présente ; à droite, la plus présente).

L'exercice de mémorisation se déroule en deux étapes. Dans un premier temps, les participants goûtent à trois marques différentes en connaissant les noms. Puis, les mêmes marques sont servies dans les verres numérotés. Le but est d'identifier les marques dans chaque verre.

L'utilisation de verres opaques accroît le degré de difficulté. Celui-ci est également augmenté en utilisant trois marques d'un même style ou en faisant l'exercice sans avoir goûté préalablement aux bières.

L'identification des grands styles consiste à verser trois bières de styles différents dans chacun des verres et de les identifier. Cette version est très intéressante pour valider les mentions de styles imprimées sur les étiquettes. Elle réserve plusieurs surprises aux participants. Enfin, une version amusante est l'identification du pays d'origine ou le style d'inspiration.

Deux échantillons

Deux bières identiques sont versées dans deux verres. On verse dans le troisième une marque témoin ou une autre version de la même marque (pouvant être une bière altérée). La consigne est simple : identifier celle qui est différente et expliquer pourquoi.

Comparer deux marques différentes permet de mieux définir les nuances d'une bière. Les brasseries utilisent cette technique pour mesurer leurs bières à une marque d'inspiration. Utile pour des dégustations dites verticales, elle permet de déterminer l'influence de variables sur le goût, comme son entreposage ou l'influence du type de conditionnement utilisé. On verse la bière témoin dans deux verres différents et l'autre dans le troisième.

L'évaluation des variables d'entreposage nécessite l'achat de plusieurs bières du même lot. Lors de l'achat, la moitié des bières doivent être entreposées au froid afin de les protéger au maximum alors que l'autre moitié subit un conditionnement précis, par exemple un entreposage à la chaleur pendant une période variant de quelques jours à plusieurs mois. Il y a aussi d'autres possibilités d'altération du produit : une exposition au soleil pendant quelques minutes, une décarbonatation avant le service ou une ouverture du récipient quelques heures avant de servir...

L'évaluation des variables de contenants consiste à les comparer entre eux : le fût, la bouteille (de différents formats), la canette classique, la canette à l'azote, la bouteille PET. On peut à l'occasion servir exactement la même bière dans les trois verres. On évalue alors l'effet placebo...

Méthode

Versez ou faites verser les échantillons dans les verres dans une pièce séparée. Il est important de bien rincer les papilles et d'effacer les odeurs résiduelles entre chaque gorgée. Faites rouler le liquide en bouche.

Comparer le **verre 1** avec le **verre 2**
Comparer le **verre 2** avec le **verre 3**
Comparer le **verre 3** avec le **verre 1**

Placez ceux que vous croyez identiques côte à côte et validez en les comparant de nouveau. Recommencez l'exercice à l'envers (comparez le verre 1 avec le 3, le 3 avec le 2, et le 2 avec le 1.)

Dégustation hédoniste

L'objectif de cette dégustation étant la recherche pure et simple du plaisir, il suffit d'organiser l'événement en fonction des intérêts des participants en choisissant un thème en particulier, par exemple :

• saveurs de base (sucrée, aigre et amère)
• découverte d'un pays (bières et mets)
• repas gastronomique
• dégustation bières et fromages
• dégustation bières et chocolat
• grandes bières du monde

Sources de flaveurs

Les flaveurs de la bière tirent leurs origine de six sources : ses matières premières, sa fabrication, sa fermentation, son conditionnement, son affinage et son service. Constatons que plusieurs sources sont hors du contrôle du brasseur.

Flaveurs primaires

MATIÈRES PREMIÈRES

Il s'agit des flaveurs qui proviennent des matières premières et qui se transmettent telles quelles à la bière, comme le sucré du malt ou l'arôme du houblon. La définition de flaveur primaire fait référence aux ingrédients utilisés dans la cuve-matière. L'orge et le houblon sont transformés avant d'être utilisés dans la procédure de brassage.

- **Malt de base**
- **Malts modifiés**
  caramel, rôti...
- **Autres céréales**
  maïs, riz...
- **Houblon**
  houblon de finition, floral.
- **Épices et aromates**
- **Levure**
  ne pas confondre avec les esters qui sont produits lors de la fermentation.

La frontière entre les flaveurs primaires et secondaires n'est pas toujours claire. Les effets de la transformation des matières premières amplifient à l'occasion des flaveurs primaires ou développent des flaveurs identiques.

Flaveurs secondaires

SACCHARIFICATION ET AROMATISATION

Flaveurs qui se développent lors de la saccharification et de l'aromatisation. Il s'agit des flaveurs qui proviennent de l'assemblage des matières premières dans la cuve-matière et la chaudière, comme le goût de moût, la caramélisation ou l'amertume du houblon.

Saccharification en cuve-matière
- Céréales et grains humides, goût de moût.
- Flaveurs douces ou sucrées, dextrines.

Aromatisation en chaudière
- Caramel brûlé
- Amertume du houblon
- Astringence

Saccharification

Aromatisation

Flaveurs tertiaires

FERMENTATION

Flaveurs produites par la fermentation. Les esters forment la principale catégorie de flaveurs tertiaires. Ils se forment par la combinaison des acides organiques et de l'alcool.
- Alcool, esters, fruité...
- Dextrines, sucres résiduels...
- Protéines

Flaveurs quaternaires

CONDITIONNEMENT

Flaveurs inhérentes au conditionnement. Chaque contenant et méthode de carbonatation influencent les saveurs.
- Aigre de gaz carbonique
- Métallique (notamment l'azote)

Flaveurs quinquenaires

AFFINAGE

La madérisation, la photolyse du houblon (flaveur de mouffette) et le développement de défauts comme le goût de carton se développent plus ou moins rapidement en fonction des conditions d'entreposage et du type de contenant utilisé pour le conditionnement. Bref, il s'agit de la principale source des défauts de la bière.

Flaveurs sextaires

SERVICE

Les soins apportés à l'entretien du verre, l'eau de rinçage, sa forme, sa contenance et la façon dont la bière est servie sont autant de variables qui peuvent affecter les flaveurs.
- Verre et ligne (en fût)
- Âcreté, poil de chien mouillé (souvent l'eau de rinçage)

Brasserie Orval : chaudière

Voyage aux pays des grandes bières

2e PARTIE

Voyage aux pays des grandes bières

Allemagne

Royaume de la fermentation basse et de la consommation « sans modération », l'image classique de l'Allemagne nous emmène à Munich pendant l'Oktoberfest où, au rythme d'un orchestre « oompapa », on boit de grandes rasades d'or blond. Ce type de bière s'impose dans toutes les régions du pays. Dans sa version peu houblonnée, nous trouvons les helles et, à l'opposé, les pilseners. Ce pays regorge par ailleurs d'un grand nombre de styles régionaux, certains provenant même du Moyen Âge ! Il faut toutefois se déplacer d'une région à l'autre pour les découvrir, puisqu'ils demeurent souvent des secrets plutôt bien gardés.

Les brasseries nationales allemandes font figures de nains comparativement aux géants internationaux. Les plus importantes brasseries mondiales sont toutefois allemandes par leurs fondateurs. Pensons entre autres à Anheuser-Busch, Miller, Coors, Stroh, Schlitz, Pabst aux États-Unis. Les vagues d'émigration du XIXe siècle ont favorisé l'essor de ces géants du brassage. Parmi les immigrants, des entrepreneurs apportent des recettes de bières originales. Combinées aux innovations de la révolution industrielle, leur potentiel de croissance semble presque infini. De nos jours, l'expertise allemande de brassage

domine toujours le monde en ce qui concerne les lagers blondes, surtout dans les pays tropicaux, l'Afrique, le Moyen-Orient et l'Orient. L'Allemagne n'échappe pas à la révolution micro-brassicole, notamment en ce qui a trait à l'établissement de bistro-brasseries. Depuis les années 1970, la bière de blé sur lie (Hefeweizen) connaît une popularité sans précédent dans toutes les régions de l'Allemagne. Dans ces petits établissements, trois principaux styles sont élaborés. Outre la Hefeweizen, on y brasse la lager blonde (pilsener ou helles) et la lager brune (dunkel). L'influence germanique dans le monde brassicole doit être considérée non pas en se basant sur l'unité

politique et géographique actuelle du pays, mais sur la langue. Le développement de la fermentation basse et l'invention de la bière blonde se sont faits en allemand, dans le triangle compris entre les villes de Munich (Bavière), Vienne (Autriche) et Pilsener (Bohème). Pilsener, le plus important style, est un nom allemand. En réalité, le véritable nom de cette ville est Plzen ! Toutefois, le mot

Carte postale stéréotypée du service et de la consommation de bière en Allemagne. Elle n'est toutefois représentative que de la région de Munich. Ailleurs, on trouve plusieurs autres protocoles de service, par exemple celui de l'alt de Düsseldorf (photo de l'encadré).

plzener est absent de toutes les références brassicoles.

La méthode de saccharification allemande, la décoction à plusieurs paliers, est la plus coûteuse de toutes les méthodes de brassage. Elle demande au minimum quatre heures, alors que l'équipement britannique peut produire le sucre en seulement vingt minutes. Jumelée à la longue fermentation que nécessite par définition la fermentation basse, et augmentant les coûts de production, on ne s'étonne pas de constater la faible influence allemande auprès des petites brasseries nord-américaines. Le principal style allemand d'influence internationale est une fermentation haute : l'Hefeweizen. Les bières fumées de Bamberg inspirent également plusieurs bistro-brasseries en Amérique du Nord, mais dans des styles de fermentation haute qui nous donnent des porters et des stouts.

Plus de 1 500 brasseries transforment l'eau en bière en Allemagne ! Pourquoi tant de producteurs différents ? Ce pays est l'aboutissement de l'union lente et tumultueuse de cen-

---

« Le dernier jour verra chaque brasseur classé d'après ce qu'en ce monde il nous aura brassé. »

MARTIN LUTHER

---

taines d'états indépendants. Après une série de conflits et d'allégeances aussi solides que les bulles d'une bière, Otto von Bismarck réussit une première unification à la fin du XIXe siècle. Ce n'est qu'après la Première Guerre mondiale que la Bavière accepte finalement de se joindre au pays. Les deux grandes guerres du XXe siècle constituent des chocs post-sismiques de ces ambitions souvent divergentes. L'Allemagne politique et géographique telle que nous la connaissons aujourd'hui n'existe que depuis 1993. On comprendra que ces instabilités ont nui au développement d'empires brassicoles. Affranchies des contingences de croissance, les brasseries n'ont pas eu besoin d'adoucir leurs produits pour conquérir leur part du marché.

Destination biérophile unique

L'Allemagne est une destination essentielle de pèlerinage brassicole pour plusieurs raisons. D'une part, pour ses produits typiques : ses bier-gardens, ses bières d'abbaye, ses nombreuses bières traditionnelles (alts); d'autre part, pour ses brasseries-hôtels et ses nombreux festivals. Les temples de la dégustation qu'on découvre en Allemagne n'offrent pas une grande variété de styles. Ces bierhalle se distinguent surtout par leur capacité à accueillir une nombreuse clientèle : des milliers de per-

---

La *Reinheitsgebot*
La loi de la pureté de la bière

La célèbre loi de la pureté de la bière fait l'orgueil des brasseries allemandes. La première version de cette loi est édictée en 1487 par Albrecht IV qui ordonne alors aux brasseurs de Munich de n'utiliser que du malt, du houblon et de l'eau dans la fabrication de la bière. Auparavant, la ville d'Augsburg avait  tenté la même chose en 1156, suivie de Nuremberg en 1293, de Munich en 1363 et de Landshut en 1409, mais toutes ces tentatives s'étaient avérées de cuisants échecs. Le 23 avril 1516, le fils d'Albrecht IV, Wilhelm, ajoute du muscle à cette loi en l'assortissant d'une amende bien amère et de châtiments corporels. La disposition la plus convaincante de cette loi était la destruction des barils impurs sur la place publique. Toutefois, la loi de la pureté de la bière ne devient une loi impériale de la Bavière que le 7 juin 1906. Cette législation comporte néanmoins des assouplissements : seules les fermentations basses sont assujetties aux contraintes d'ingrédients. Les bières de fermentation haute respectent la loi *de facto*... Les fermentations basses destinées à l'exportation, quant à elles, peuvent contenir des sucres. Même édulcorées, les bières exportées respectent la loi ! Par ailleurs, les brasseurs étrangers se buttent aujourd'hui à cette loi lorsqu'ils veulent exporter leurs produits en Allemagne. C'est pourquoi, en 1987, le conseil européen l'invalide. Solidement implantée dans les habitudes gustatives des Allemands, cette fameuse loi continue toujours d'être le principal obstacle à l'importation, puisqu'elle rend ce peuple enclin à bouder les produits s'éloignant de cette tradition.

sonnes peuvent s'y entasser ! Dans les habitudes de consommation, le service au fût dans les bistro-brasseries se fait souvent par gravité, c'est-à-dire en posant simplement le fût sur le comptoir pour ensuite le percer sans utiliser un réservoir de gaz carbonique. Cette pratique s'applique à l'ensemble des styles. Le goût est alors plus souple, moins tranchant et beaucoup plus agréable.

Un itinéraire de voyage basé sur les grandes bières à découvrir comporte obligatoirement le passage dans

Les plus importants brasseurs au monde sont allemands par leurs fondateurs

Pays hospitalier par excellence pendant les périodes d'incertitude politique du XIXe siècle, les États-Unis ont accueilli plusieurs millions d'immigrants en provenance d'Europe. Jusqu'alors, l'héritage brassicole suivait les sentiers tracés par les origines de ses fondateurs : l'Angleterre, royaume de la fermentation haute. Les nouveaux Américains nés dans un état germanique connaissaient déjà les vertus de la fermentation basse et des douces bières blondes. Au bon endroit, au bon moment, ces entrepreneurs jouissent alors de conditions favorables pour l'établissement de brasseries qui allaient devenir des empires.

Hofbräuhaus, Munich

quatre villes : Bamberg, Berlin, Düsseldorf et Munich. On peut également prévoir la visite de Dortmund, Cologne et de l'abbaye de Weltenburg, en Franconie. On trouve en Bavière et en Franconie la plus grande concentration de brasseries au monde. Le choix de base est composé des bocks, des helles, des dunkels, des heffe weisen et souvent de la keller. En saison, on rencontre différentes variations des bocks ou des bières de festivité telle la märzenbier.

Les Bierhalle

Les grands halls (*Bierhalle*) de consommation de bière de la ville de Munich sont fidèles à leur réputation et méritent quelques consommations

afin de se tremper dans cette ambiance unique de fête. Ils sont tous rattachés par contrat d'exclusivité à des brasseries, limitant ainsi le choix. Malgré leur importance touristique, les gens du coin les fréquentent également, ce qui est bon signe. L'amateur de bières de dégustation s'en lasse vite toutefois. Il existe plusieurs Hofbräuhaus (brasseries du roi) en Allemagne, autant de témoignages du glorieux passé monarchiste de ce pays. La plus célèbre est située à Munich et appartient toujours à l'État. Les voûtes sont peintes de fresques illustrant des scènes de fêtes traditionnelles. On ne s'y rend pas pour déguster. Comme le dit si jovialement Jean-Claude Colin :

Le prince de Bavière

Au moment d'abandonner ses pouvoirs lorsque la Bavière se joint à l'Allemagne en 1918, la famille Witteisbach règne sur la Bavière depuis 1180. Le prince actuel, Luitpold, possède un château-brasserie sur la colline celtique (Kaltenberg) à l'ouest de Munich. Lorsqu'il prend en main la destinée de la brasserie en 1976, il mise sur la Dunkel, un style peu populaire. Ce produit constitue maintenant une bière-phare d'un grand style bavarois. Le prince brasse également des helles, des Hefeweizen et des Diätpils dans une deuxième brasserie, à Furstenfeldbruck. L'entreprise connaît aujourd'hui une vaste expansion internationale. Il a assisté son ami Michael Hancock à construire une brasserie à Toronto (Canada), a ouvert des établissements au Colorado (États-Unis) et en Afrique du Sud. La maison a fusionné avec la brasserie Warsteiner.

Les Brauereigasthöfe

En Allemagne, plus d'une centaine d'auberges disposent d'une brasserie dans leur enceinte. Certaines ont été fondées il y a plusieurs siècles. Il est possible d'organiser son voyage en fréquentant ces endroits très accueillants. Une association en regroupe plusieurs et fourni de l'information sur son site Internet.
http://www.braugasthoefe.com/bgenglish

Décrypter les étiquettes

Bock : bière forte qui, sur les étiquettes allemandes, ne désigne pas un style à proprement parler . Seuls les bocks avec un qualificatif semblent représenter un style : doppelbock, eisbock et Weizenbock.

Diätpils : bière renfermant peu d'hydrates de carbone grâce à une fermentation complète développée spécifiquement pour les diabétiques.

Dunkel : bière foncée ou brune.

Eis : glace.

Hefe : levure (notons que peu de bières allemandes sont refermentées, même lorsqu'elles sont servies ou conditionnées sur levure).

Hexenbräu : brassin de la sorcière.

Keller : signifie tout simplement non filtré. Directement du cellier.

Kräusen : indique l'addition de moût dans le réservoir de conditionnement afin de saturer la bière en gaz carbonique. Lorsque la bière est ensuite soutirée sans être filtrée, elle porte alors le nom de Kräusenbier.

Landbier : bière du pays.

Leicht : légère.

Naturtrüb : non filtrée.

Reinheitsgebot : loi de la pureté de la bière (voir en page 64).

Schwarzbier : bière noire ou très foncée.

Urweiss : bière blanche originale.

Urtyp : style original.

Weisse : signifie blanche et est habituellement attribué aux bières de blé (Weizen).

Weizen : signifie blé.

Wiesen/Wies'n : bière de festivités ou régionale.

Zwickelbier : bière non filtrée.

source : http://www.steincenter.com

On y va pour devenir roi ! La lager blonde douce qu'on y sert titre 5,1 % alc./vol. Elle est ainsi décrite par Karl Rudolf : « Une mousse blanche et onctueuse se développe délicatement devant vous formant ainsi une couche uniforme sur le dessus de la bière dorée. Vous pouvez sentir la subtile coordination du malt, du houblon et de la levure. Après quelques respirations, vous serez en mesure de découvrir la fragrance florale qui exulte. Onctueuse en bouche, ses saveurs délicatement maltées sont escortées de la subtile amertume du houblon. En résumé, une bière superbement équilibrée. » Les autres bierhall se nomment Altes Hackerhaus (Hacker-Pschorr), Augustiner Gaststätte (Augustiner), Mathäser Bierstadt (Löwenbräu), Weisses Bräuhaus (Schneider, le must des amateurs de Weissbier).

Les allergiques aux pièges touristiques trouvent réconfort au Nürnberger Bratwurst Glöckl, une maison typiquement munichoise, ou au premier bistro-brasserie de la révolution microbrassicole fondé en 1987 par le prince Luitpold, le Bambergerhaus. Le sud-ouest de Munich, près des frontières autrichiennes et suisses, regorge de destinations palpitantes pour l'amateur de bières. Le musée de la chope Brauereigasthof Schussenrieder Bierkrugmuseum, de Bad Schussenried, près de Kempten, propose un choix incroyable de steinkrug. On peut loger tout près à l'ancien monastère Brauereigasthof d'Irseer dont le complexe hôtelier comporte une brasserie et un petit musée de la bière d'une grande beauté. L'image classique du moine contemplatif, connue internationalement, orne la décoration de tous les produits. Tout près, Ettal abrite un monastère loin des circuits touristiques. On ne déguste pas au monastère lui-même mais au pub Ludwig der Bayer près de Nesselwang, le château ayant inspiré celui de Cendrillon à Disneyland. L'auberge-brasserie Postbrauerei offre pour sa part une appétissante palette de dégustation en format quart de litre.

Au nord-est de Munich, la ville romaine de Ratisbonne est une destination touristique bucolique. La famille royale Thurn und Taxis y opérait une brasserie jusqu'en 1997. Leurs produits font maintenant partie du groupe brassicole Josef Schorghuber (Paulaner et Hacker-Pschorr). Sur la place d'Arnould (Arnulfsplatz), la Kneitinger Brauerei, fondé en 1530, jouit d'une solide réputation. Sa bock est renversante d'onctuosité de mélanoïdes. Enfin, il ne faut surtout pas manquer le rustique Wurstkuch'l, une cantine de saucisses ayant ouvert ses portes il y a plus de 850 ans !

Les Steinkrug

L'Allemagne se distingue par ses fameux steinkrug, ces pierres à boire munies d'un couvercle articulé. Cette innovation du XVIe siècle a pour simple fonction d'empêcher les mouches et abeilles de venir s'abreuver à la même chope que nous, les humains. Depuis leur invention, le marché des steinkrug s'est considérablement développé, y intégrant l'art de la décoration. Il existe toujours de véritables steinkrug pour la consommation de bière, mais la pratique est plutôt rare. La protection contre les petites bestioles est toujours pertinente lorsque nous consommons l'été. À défaut de ce verre spécialisé, on peut toujours utiliser un sous-bock qui devient alors un sur-bock. On dit aussi que l'avantage des steinkrug est de ralentir le réchauffement de la bière dans le vase.

Les monastères allemands

Lorsque nous évoquons les bières d'abbaye, nous imaginons aussitôt la Belgique. Pourtant, il y a aussi en Allemagne des abbayes produisant leur bière ainsi que des brasseries établies au sein d'anciennes abbayes. Dans les deux cas, elles portent la mention klosterbier. Dans les abbayes conventuelles, les opérations de brassage sont exécutées ou supervisées par des moines ou même des sœurs ! Aucune ne brasse des styles hors normes comme c'est le cas chez leurs cousins belges (pensons aux inclassables Westvleteren et Orval). La

L'Oktoberfest

Le festival d'octobre mérite son surnom de festival de la bière à cause des quantités absolument incroyables d'or blond qu'on y boit, mais il ne s'agit pas, à proprement parler, d'un festival de la bière. Il a été instauré lors du mariage du Prince Ludwig à la princesse Theresa en 1810. Pour l'occasion, on avait vidé les réserves de bières de mars. L'aspect pratique de cette célébration a incité les brasseurs de Munich à en souligner le premier anniversaire... et tous les suivants. Avant l'utilisation du froid dans le brassage, on ne brassait pas l'été. Les derniers brassins de mars étaient entreposés puis, lorsque la nouvelle saison de brassage s'amorçait au mois d'octobre, les fûts remplis de bières de mars devaient être vidés pour faire place aux nouvelles bières. On comprendra que le mariage princier offrait un prétexte pour inciter les amateurs à se lancer des *Ein Prosit* ! Lorsque nous considérons les cinq cents mille litres de bières servies quotidiennement sous les gigantesques tentes lors de ce festival, nous ne pouvons nous empêcher de penser au dicton qui dit que « si on en boit une, on en pisse deux ! »

Le nom Klosterbräu est utilisé par toutes les brasseries monacales, héritières d'un monastère, ou encore installées dans un ancien monastère. Klosterbräu n'est donc pas une garantie de brassage par des moines !

gamme de produits est typique de ce que la majorité des brasseries bavaroises offrent à leurs clients : helles, pilsener, bock, dunkel....

À l'exception de l'abbaye d'Ettal, il est possible de se rendre sur place et de consommer dans leurs pubs ou biergardens. Fondé quelques siècles avant la découverte de l'Amérique, en 1050, le monastère des frères Asam, à Weltenburg, est la plus ancienne abbaye brassant au monde. Son emplacement sur un coude du Danube est à couper le souffle. La très moderne salle de brassage et ses équipements sont visibles grâce aux grandes fenêtres qui ornent cette bâtisse. Plutôt sobre, elle contraste avec sa jolie chapelle dont les dizaines d'anges sculptés nous étourdissent. La Klosterbrauerei Andechs, située au sud-ouest de Munich, fait l'éloge du malt dans toute sa somptuosité. Son église du XVe siècle présente des

reliques des croisades. Ses bières complètent bien le fromage bleu qu'on y trouve. Les autres abbayes confessionnelles sont :

Klosterbrauerei Ettal
Klosterbrauerei Darguner
Klosterbrauerei Fürth
Klosterbrauerei Kreuzberg
Klosterbrauerei Scheyern
et les monastères des sœurs franciscaines,
Klosterbrauerei Mallersdorf
Klosterbrauerei Ursberg.

Le service par gravité

Pendant que les Anglais développaient une façon de pomper la bière entreposée dans la cave refroidie à l'aide d'une pompe qui a éventuellement mené au développement des casks, aujourd'hui reconnus comme un des protocoles majeurs de service de la bière (*cask condioned*, voir p. 154), les Allemands jugeaient plus efficace de tout simplement placer le fût sur le comptoir et de le vider...

Une des caractéristiques du service de la bière dans plusieurs pubs

En haut : service de la Kölsch, par gravité

À gauche : fût moderne
chez Weinhenstephan.
Également service par gravité

témoigne de cet héritage : le service par gravité, c'est-à-dire sans utilisation de gaz pour le soutirage. Cette pratique s'inspire des mêmes contingences que le cask au Royaume-Uni, le respect de l'intégrité de la bière. C'est d'ailleurs d'Allemagne que viennent les petits barillets de service de la bière en format de 5 litres !

La plus ancienne brasserie au monde
est aussi l'une des plus modernes !

La plus ancienne brasserie au monde, Weihenstephan toujours en opération, a été fondée en 1040. Rattachée à l'Université de Munich, les équipements actuels sont maintenant installés dans un édifice moderne et utilisent du matériel à la fine pointe de la technologie et de la science. Les conditions de travail demeurent profondément imbibées des valeurs germaniques et la consommation sur place, pendant le travail, est normale !

Styles classiques de bières allemandes

Famille des lagers blondes

· Interprétations régionales : Cologne (Kölsch) ; Dortmund (dortmunder, dort ou export) ; Bavière (hell, aussi helle ou helles). La terminologie lager blonde est rarement utilisée.

· Pilsener

Famille des bières de blé

· Hefe, dunkel (aussi dunkle, dunkles), kristall, Weizenbock, weizen sans alcool[1]

Famille des lagers rousses ou foncées[1]

· Dunkel et porter de la Baltique[1]

Famille des Bocks[2]

· Bock, Doppelbock et eisbock

Bières de festivités ou bières saisonnières

· Maibock, Märzenbier[2]

Particularités régionales

· Altbier[3]

· Rauchbier[4]

· Weisse de Berlin[5] (Berliner Weisse)

· Schwarzbier

· Roggen (seigle)

· Gossbier[6]

---

(1) Bière d'origine bavaroise, que l'on trouve de plus en plus au pays.
(2) Bière d'origine bavaroise, que l'on trouve surtout en Bavière et en Franconie
(3) Les plus connues sont les altbier de Düsseldorf, mais plusieurs régions offrent leurs propres interprétations.
(4) Famille typique de la ville de Bamberg, mais on rencontre quelques variations en Bavière.
(5) Bière rare, saisonnière de Berlin.
(6) Bière très rare.

Analogie de styles

dunkel (p. 76), bock* (p. 79), double belge (p. 123), double bock* (p. 77), porter de la Baltique (p. 203), quadruple (p. 127), scotch ale (p. 203), stout tropicale (p.243), schwarzbier (p. 77)

Lorsque les grands amateurs de bière goûtent à l'aveugle des styles classiques, ou du moins reconnus comme tels, en ayant pour consigne d'identifier les styles (et non les marques de commerce), nous constatons qu'il est possible de les regrouper selon deux axes : le caractère chocolaté des malts utilisés et la force de l'alcool. Remarquons que certains sont de fermentation haute et d'autres de fermentation basse. Ces deux variables transcendent l'influence de la température de fermentation. Dans certains styles, des nuances de saveurs de caramel s'ajoutent aux caractéristiques que nous pouvons identifier à l'occasion dans certains produits, notamment les scotch ale et les double bock.

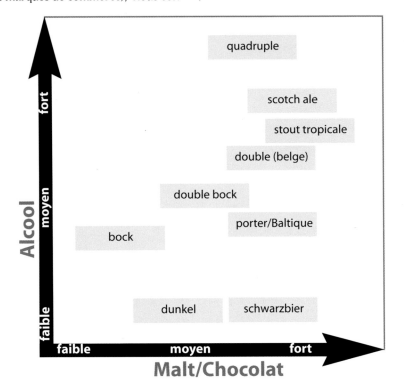

* Même si le mot bock peut inciter à tracer une gradation de style entre la bock, la double bock et l'eisbock, sur les papilles la différence est généralement importante. Les eisbock se rapprochent beaucoup plus des barley wine que des double bock !

Évolution internationale des styles

Lager blonde (p. 71), pilsener (p. 74), svetle 12° (p. 200) et désinvolte internationale (p. 242)

L'invention de la bière blonde scintillante en 1842, par la brasserie Pilsner Urquell en Bohème, a amorcé une importante révolution dans le monde du brassage. À l'époque, l'usage de marques de commerce était relativement nouveau et les bières étaient souvent identifiées par leurs origines géographiques. La « bière de Pilsen » connaissant un vaste succès, plusieurs

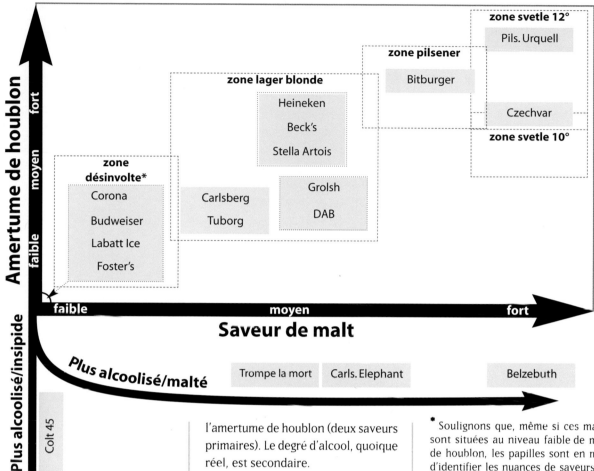

Amertume de houblon (vertical axis: faible, moyen, fort)

Saveur de malt (horizontal axis: faible, moyen, fort)

zone svetle 12°
Pils. Urquell

zone pilsener
Bitburger

Czechvar

zone svetle 10°

zone lager blonde
Heineken
Beck's
Stella Artois

zone désinvolte*
Corona
Budweiser
Labatt Ice
Foster's

Carlsberg
Tuborg

Grolsh
DAB

Plus alcoolisé/insipide — Plus alcoolisé/malté

Colt 45

Trompe la mort — Carls. Elephant — Belzebuth

l'amertume de houblon (deux saveurs primaires). Le degré d'alcool, quoique réel, est secondaire.

Ce tableau présente quelques repères en utilisant des marques de commerces internationales. ∎

* Soulignons que, même si ces marques sont situées au niveau faible de malt et de houblon, les papilles sont en mesure d'identifier les nuances de saveurs entre ces marques lorsqu'elles sont goûtées côte à côte à l'aveugle !

brasseries des pays voisins ont tout simplement baptisé leurs nouvelles bières blondes pilsener. Le pays où l'on retrouve le plus souvent la mention pilsener sur une étiquette est l'Allemagne. Dans les pays européens plus à l'ouest, c'est l'abréviation pils qui est la plus populaire. En Amérique du Nord, les termes lager, pilsener et bohemia sont utilisés. On constate que plus nous nous éloignons de la source originale, plus les intensités de malt et de houblon diminuent dans les décoctions. La saveur des grandes versions nationales américaines se rapproche beaucoup plus de l'eau que du malt ou du houblon.

La majorité des bières blondes de fermentation basse sont construites sur deux caractéristiques : le malt et

Les lagers blondes

Présentation visuelle : blond scintillant, au pétillement moyen et à la mousse moyenne qui colle bien à la paroi du verre.

Alc./vol. : varie de 4 à 5 %.

Saveurs caractéristiques : texture ronde et veloutée, moyennement sucrée, avec des notes de malt facilement perceptibles. L'amertume de houblon varie de faible à moyen. Lorsque cette amertume est forte, elle devient alors une pilsener. Finale maltée peu ou moyennement sucrée.

Température de service : froide.

Verre de service : chope ou flûte (désuète). Dans la ville de Cologne, un verre particulier fait partie intégrante du service.

Conditionnement idéal : le fût ou la canette. Les bouteilles brunes sont acceptables, mais accroissent le risque de développement de saveurs de carton.

Péremption : elle perd rapidement sa finesse. Une fois affadie, ses saveurs restent stables longtemps si elle est conservée au froid.

À la table : servie froide, elle est parfaite en apéritif. Elle accompagne également bien les salades et les crudités. Servie tiède ou fraîche, elle fait bonne figure à côté du poulet grillé ou en sauce blanche. Accompagne très bien tous les types de saucisses. Servie tiède ou même à la température de la pièce, la lager blonde se marie avec presque tous les fromages. Ce style de bière, souvent servi au petit déjeuner, est aussi celui qui se rapproche le plus de l'impression de « pain blanc liquide ».

Saveurs en bouche

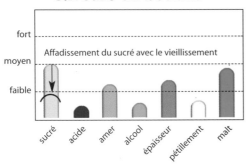

* * *

Le terme lager est rarement utilisé en Allemagne pour désigner un style. Il est fréquemment inscrit sur les étiquettes des bières exportées, surtout vers l'Amérique du Nord. Le type que nous identifions comme une lager blonde est habituellement nommé *bier*, et dans certaines régions, porte souvent le nom de la ville ou encore de sa couleur (*hell*).

La liste de lagers typiques, brassées en Allemagne ou à l'extérieur, est longue. Les marques nationales suivantes en sont cependant de beaux exemples : Heineken et Grolsch (Pays-Bas), Stella Artois (Belgique), Giraf (Danemark), Holstein, Warsteiner et Paulaner (Allemagne) et la plupart des marques nationales des pays de l'Europe de l'Est. Ce n'est pas style très populaire, ni chez les experts ni chez les amateurs.

Interprétations régionales des lagers blondes

La majorité des brasseries allemandes offrent une lager blonde dont le houblonnage varie de presque rien à très prononcé. Les moins houblonnées d'entre les lagers portent la mention hell, en Bavière, alors que pilsener est habituellement utilisé pour les versions plus houblonnées. Les lagers blondes ne portent souvent aucune mention de style. Les noms de ces bières qu'on aperçoit les plus souvent à l'étranger sont Bitburger, Warsteiner et Beck's.

Interprétation bavaroise : la helles

Dans le sud du pays, les bières blondes les moins houblonnées portent la mention hell. Ces bières sont comparables aux Heineken et Stella Artois, bien connues à l'étranger. L'Aktien-Brauerei Hell, de la brasserie Kaufbeuren, offre une solide base de malt, bien parfumée au houblon, mais dénuée de véritable amertume.

Interprétation de Cologne et de Bonn : la kölsch

D'après les informations offertes par les brasseries de la région de Cologne, le style kölsch subit une fermentation haute. Il est ainsi classé, dans la majorité des nomenclatures, au sein des ales ou des bières de fermentation haute. Cette interprétation subit toutefois une fermentation secondaire à froid. Cette fermentation secondaire doit ici se faire assez rapidement, car la majorité des marques de style kölsch présentent une signature typique de lager blonde, peu estérifiée, avoisinant à l'occasion le

Cette étiquette illustre bien les nuances qui déterminent les différences entre les différents styles de bière et la difficulté de classification. S'agit-il d'une dortmunder, d'une pilsener ou tout simplement d'une lager blonde ?

Excursion à Cologne

Avec ses saveurs discrètes, la Dom Kölsch (cathédrale de Cologne) flirte avec les lagers blondes, alors que la Früh Kölsch fait de son côté le pont entre les lagers blondes et les pilseners. On peut facilement reconnaître la signa-

COLOGNE BEER ORGAN
KOELNER BIER ORGEL

ture de sa levure. Gaffel Kölsch est sans aucun doute la plus pilsener de toutes les kölsch avec sa morsure de houblon et sa finale sèche. Gilden, quant à elle, est très maltée, délicatement houblonnée et facile à boire. La Kurfürsten représente la plus helles de toutes les kölsch, avec ses notes sucrées et son corps un peu sirupeux. Enfin, la Reissdorf Kölsch constitue un bel exemple de témoignage de fermentation haute avec ses esters fruités qui évoquent les pommes et qui ajoutent au plaisir de déguster cette belle pilsener.

style pilsener. Comme le style porte le nom d'une ville, plusieurs interprétations sont possibles. Peu exportées, il est conseillé de se rendre sur place afin de les découvrir.

Interprétation de Dortmund : dortmunder

Les bières de Dortmund jouissaient au Moyen Âge d'une réputation très enviable et étaient exportées dans les états voisins (maintenant presque tous intégrés à l'Allemagne contemporaine), d'où la dénomination export. La légende raconte que certains convois devaient être escortés. La ville de Dortmund est un important centre brassicole réunissant une demi-douzaine de grandes brasseries. Située au cœur d'une province fortement industrialisée, le phénomène de la croissance y a créé un cercle vicieux favorisant leur développement. Certaines d'entre elles décoctent une interprétation moins houblonnée, moins maltée et plus sèche. Cette version est considérée comme la Dortmunder authentique dans les classifications de styles. L'appellation Dortmund inspire des brasseurs voisins de la Hollande et, exceptionnellement, de la Belgique dans la fabrication d'une bière plus sèche, légèrement houblonnée et qu'ils classifient pour leur part sous le nom Dort . ■

Analyse

BECK'S

Comparaison entre les versions en canette, en bouteille et en fût.

Alc./vol : 5 %
Canette : 330 ml
Péremption : dans 6 mois
Température : froide

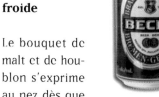

Le bouquet de malt et de houblon s'exprime au nez dès que la languette saute. Belle présence onctueuse en bouche, croustillante et rafraîchissante par son houblon floral. L'arrière-goût se distingue par une expression tissée de la délicatesse de son houblon.

Bouche (BECK'S, CANETTE)

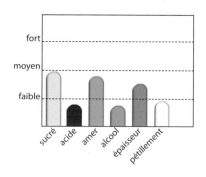

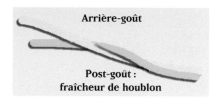

Arrière-goût

Post-goût : fraîcheur de houblon

Bouteille : 330 ml
Péremption : dans 3 mois
Température : froide
Achetée dans une épicerie sur une tablette.

Malheureusement, la bouteille verte teinte nos dégustations d'une incerti-

BOUCHE (BECKS, BOUTEILLE)

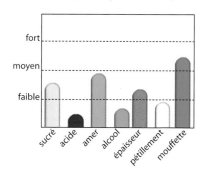

tude concernant la présence de flaveurs mouffette. L'amertume semble moins expressive au sortir de la bouteille qu'en provenance du fût ou de la canette. Finale ambivalente sur une note de bestiole odoriférante.

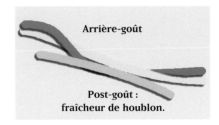

Arrière-goût

Post-goût :
fraîcheur de houblon.

En fût (froide)

Au nez, ses notes de céréales sont facilement reconnaissables. Plutôt mince tout en étant soyeuse en bouche, l'amertume de son houblon se colle à la douceur de son malt. Une légère aigreur citronnée s'exprime au moment d'avaler.

AUTRES LAGERS BLONDES

Une des brasseries allemandes qui exporte le plus, Holsten, offre plusieurs styles dans la famille des fer-

mentations basses. L'amertume moyenne de la Holsten pils et son malté bien souligné en font une bière se situant à la frontière entre la lager blonde et la pilsener. Bien que l'association de Löwenbräu avec les géants internationaux démotive les

amateurs de bière lorsqu'ils visitent son pays d'origine, la Löwenbräu Original constitue une agréable surprise. Une autre bière célèbre est la St-Pauli Girl, pâle et croustillante. La Trompe la Mort, de la brasserie Egel (impossible à trouver en Allemagne), demeure une bière rafraî-

chissante malgré ses 7 % alc./vol. Bien maltée et agréablement arrondie par son alcool, elle peut être classée dans le style lager blonde forte (voir en page 191). ∎

▪ Les pilseners*

Présentation visuelle : robe blonde scintillante, au pétillement moyen, coiffée d'une mousse moyenne, plutôt fugace et qui colle bien à la paroi du verre.

Alc./vol. : varie de 4 à 5 %.

Saveurs caractéristiques : texture veloutée sans être épaisse, faiblement ou moyennement sucrée, présentant des notes de malt facilement perceptibles et une amertume de houblon variant de moyenne à forte. Finale habituellement sèche, peu sucrée.

Température de service : légèrement refroidie ou froide.

Verre de service : chope (la flûte est désuète).

Conditionnement idéal : le fût ou la canette. Les bouteilles accroissent en effet le risque de développer des saveurs de mouffette ou de carton.

Péremption : elle perd assez rapidement sa finesse. Une fois affadie, ses saveurs restent stables longtemps si elle est conservée au froid.

À la table : servie froide, elle est un apéritif hors pair. Elle accompagne bien les entrées douces ou sucrées.

Saveurs en bouche

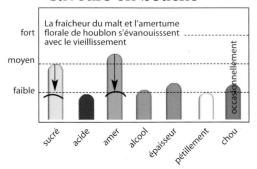

La fraîcheur du malt et l'amertume florale de houblon s'évanouisssent avec le vieillissement

Évitez les plats amers ou acides qui risquent d'entrer en conflit avec l'amertume de son houblon. Servie fraîche, elle accompagne dignement les viandes douces, en sauce et peu épicées. Elle accompagne également bien les saucisses douces ou grasses. Pour les fromages, elle est en bonne compagnie avec les pâtes molles à croûte fleurie, très doux et jeunes, les pâtes persillées très jeunes, les croûtes fleuries à pâte persillée (jeunes) et les cheddars doux. Le succès de l'accord réside dans l'enrobage onctueux de la crème autour du houblon de la bière. Les croûtes salées peuvent également avoir du succès si la bière est servie à la température de la pièce. La difficulté de marier ce style réside dans l'accord parfois difficile avec son amertume florale. Il est d'ailleurs plus facile de lui trouver un complément contraire que de l'associer à un semblable.

* * *

Comparativement aux pilseners d'origine tchèque, les allemandes offrent une robe plus pâle, sont plus minces en bouche, aux

* Pilsener est une marque de commerce en République tchèque et est synonyme du nom d'une ville de ce pays. Il ne peut donc pas être retenu pour désigner une famille de bières provenant de ce pays. D'autres appellations sont proposées dans la section traitant de la République tchèque. En Allemagne, le mot désigne une famille véritable.

saveurs moins caramélisées et s'avèrent moins sucrées (donc plus sèches). La perception d'amertume est ainsi plus forte en bouche, même si leur intensité est semblable à celle de leurs cousines.

En dehors de leur région de production, les quelques marques internationales allemandes sont souvent plus faciles à trouver à l'extérieur du pays qu'en Allemagne même. Nous nous en voudrions de ne pas mentionner quelques autres marques de bière fort intéressantes. La Fürstenberg est moelleuse, bien houblonnée et propose une finale sèche. La Jever Pilsener, qui souffre malheureusement d'une image un peu fade, explose de saveurs sur les papilles et exprime des notes très houblonnées, boisées et maltées. La König Pilsener est croustillante et rafraîchissante. Pfungstädter, une pilsener très houblonnée comme on en attend du style, est longue en bouche et dénuée de sucré.

Mentionnons aussi la Veltins, houblonnée avec des notes de verdure et bien maltée et la Wernesgrüner, plus mince en bouche et floralement houblonnée. Une des classiques du style est bien la Bitburger qui ne fait plus mention sur ses étiquettes de l'appellation pilsener.

À l'instar de plusieurs bières de fermentation basse, le style est moins populaire parmi les amateurs de bières de dégustation. Au chapitre des bières de soif, elles trônent bien haut. ■

Analyse

BITBURGER
Canette : 500 ml
Alc./vol : 4,6 %
Péremption : dans 6 mois
Température : fraîche

Visuel

Couleur paille, scintillante. Sa mousse épaisse et onctueuse s'affaisse assez rapidement.

Nez

Nez généreux de malt agrémenté de houblon floral.

Bitburger annonçait auparavant le style pils sur ses étiquettes.

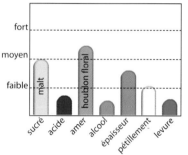

Bouche (BITBURGER, CANETTE)

Description

Nez de céréales fraîches, vite rejoint de houblon champêtre. Le contact en bouche s'amorce par la douceur du malt qui tisse un voile onctueux quoique mince. Le houblon s'exprime vite sans équivoque dans une amertume florale succédant habilement à la douceur du malt. Très rafraîchissante.

Dans la version en bouteille goûtée (péremption dans trois mois), le nez de houblon frais et de céréales fraîches s'équilibrent. L'amertume vient vite se superposer au malt dans son étalement et le domine longtemps. Vers la fin, on note que le malt réapparaît pour un dernier baiser avant de s'évanouir. La version en canette est une excellente bière désaltérante.

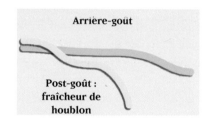

Arrière-goût

Post-goût : fraîcheur de houblon

Analyse d'experts

Issue de la fermentation basse, le type pilsener allemand ne suscite pas l'enthousiasme de tous les spécialistes. La Bitburger est toutefois une bière allemande reconnue pour la finesse de ses saveurs primaires, comme en témoignent ces deux auteurs.

JAMES D. ROBERTSON

« Dorée, un nez généreux de houblon, houblon brillant en rétro-olfaction, un corps onctueux, finale de houblon et long arrière-goût de houblon. »

MICHAEL JACKSON

« Cette bière semble d'abord offrir un accent de malt sucré bien défini, mais se termine avec une sécheresse de houblon ferme et élégamment arrondi. Toutefois, c'est plutôt la présence généreuse du houblon qui retient l'attention. » ■

Les fermentations basses : rousses et brunes
märzen, dunkel et famille des bocks

LA MÄRZEN
(ou Oktoberfest)

La märzen moderne, créée par Gabriel Sedlmayr de la brasserie Spaten, est inspirée de la bière rousse développée par Anton Dreher à Vienne. Voisine des dunkels et des bocks, elle est cependant moins chocolatée. Ses saveurs de houblon sont ainsi plus facilement perceptibles. Avant la révolution pasteurienne, le terme ne désignait pas précisément un style, mais plutôt la dernière cuvée de la saison. La märzen porte également le nom d'Oktoberfest car, traditionnellement, on vidait les tonneaux de märzen afin de les utiliser pour la nouvelle saison de brassage. Soulignons aussi qu'un certain nombre de brasseurs américains élaborent aujourd'hui leurs propres interprétations de la märzenbier sans nécessairement copier le style original.

Présentation visuelle : varie de blond-cuivré à roux, scintillante, avec une mousse moyenne qui tient bien au verre.

Alc./vol. : varie de 5 à 6 %.

Saveurs caractéristiques : texture ronde et veloutée, faiblement sucrée, exprimant des notes de caramel per-

ceptibles et une amertume de houblon variant de faible à moyenne. Finale maltée, peu ou moyennement houblonnée.

Température de service : servie froide ou tempérée, ses notes sucrées sont mieux mises en valeur.

Verre de service : chope.

Conditionnement idéal : le fût, alors que ses flaveurs de houblon sont plus facilement perceptibles. Les bouteilles et les canettes offrent aussi une bonne protection.

Péremption : se conserve longtemps au froid mais sans bonification de saveurs. Les flaveurs de houblon sont plus facilement perceptibles dans les bières fraîchement sorties de l'usine.

À la table : servie froide, elle excelle en apéritif. Elle accompagne bien les salades et les crudités. Servie tiède ou fraîche, elle fait bonne figure à côté des poissons à chair blanche et du poulet sous toutes ses formes. Elle accompagne bien les saucisses douces ou un peu piquantes. Servie tiède ou à la température de la pièce, elle complète presque tous les styles de fromages.

* * *

LA DUNKEL
(lager brune)

Aussi connu sous le nom de Münchener ou Münchner (signifiant de Munich), ce style est voisin des porters de la Baltique et des brunes tchèques.

Présentation visuelle : varie de roux à brun foncé, pétillement moyen, coiffé d'une mousse onctueuse qui tient bien et laisse une belle empreinte sur la paroi du verre.

Alc./vol. : varie de 4 à 5 %.

Saveurs caractéristiques : texture ronde et veloutée, de moyennement à

fortement sucrée, présentant des notes de caramel et de chocolat facilement perceptibles et une amer-

tume de houblon variant de faible à moyenne, enrobée du sucré. Finale maltée, peu ou moyennement sucrée.

Température de service : froide ou tempérée, afin de mettre en valeur ses notes sucrées.

Verre de service : chope.

Conditionnement idéal : le fût, alors que ses flaveurs de houblon sont plus facilement perceptibles. Les bouteilles et les canettes offrent une toutefois bonne protection.

Péremption : Se conserve longtemps au froid mais sans bonification de saveurs. Les flaveurs de houblon sont

Saveurs en bouche

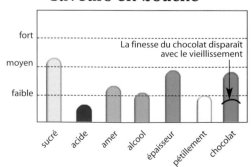

La finesse du chocolat disparaît avec le vieillissement

plus facilement perceptibles dans les bières fraîchement sorties de l'usine. **À la table :** servie fraîche ou à la température de la pièce, elle accompagne bien les viandes rouges, épicées ou non. Sa douceur enrobe élégamment les saveurs d'accompagnement. Servie à la température de la pièce elle peut se faufiler jusqu'au dessert, surtout s'il est constitué de tartes aux fruits. Une Dunkel accompagne bien les saucisses moyennement piquantes. Son style flexible convient bien aux fromages (on la servira alors à la température de la pièce), mais il fera particulièrement fureur avec les fromages à pâte ferme affinés dans la masse (cheddar, emmental, gouda...) ainsi qu'avec les croûtes fleuries du chèvre.

Le style Dunkel puise ses sources dans le développement de la fermentation basse alors que la couleur de la bière est d'un roux-brun. Ce style connaît un regain de popularité depuis la révolution microbrassicole. Il utilise la plus importante proportion de malts spécialisés dans sa confection. Plus de 60 % des matières sèches nécessaires à sa fabrication sont habituellement constituées de malt de Munich, une variété légèrement rôtie.

* * *

LA SCHWARZBIER
(bière noire)

Schwarzbier signifie tout simplement bière noire. Malgré la popularité croissante de cette désignation, il ne s'agit pas à proprement parler d'un style. La schwarzbier varie de la Dunkel à la

porter de la Baltique en passant par les doubles et les brunes des Flandres. L'originale Köstritzer Schwarzbier se distingue du lot par ses saveurs de torréfaction rôties, mais dénuées de houblon. On pourrait la définir comme une stout sèche moins amère que la Guinness Pub Draught. L'Einbecker Schwarzbier, une sorte de brown ale noire, offre pour sa part des notes agréables d'amandes et de noix, le tout enrobé de sucre.

Le bistro-brasserie Altstadthof de Nuremberg nous propose quant à lui son interprétation noire, opaque, se distinguant par des notes somptueuses de toffee dénuées de rôti, faisant d'elle une interprétation des scotch ale ! La Klosterschwarzbier, de la brasserie Kulmbacher, observe la même présentation gustative : plutôt douce, aux notes de chocolat, le tout enrobé d'un corps velouté. La Steiger Schwarze est plutôt mince et fruitée

dans sa robe noire : une porter classique dans la veine de la Taddy de Samuel Smith en Angleterre. La Klosterbrauerei Neuzelle offre une

Neuzeller Badebier noire, aux notes de rôti, de café cappuccino et de noix, respectant ainsi l'interprétation de plusieurs microbrasseries américaines. La Black Abbot, très sucrée, aux notes de cassonade, évoque de son côté les doubles de Belgique. Kulmbacher Kapuziner Schwarze Hefeweizen mise sur ses saveurs de chocolat intenses enrobé de fruits, de levures et de banane, le tout sur des notes aigrelettes. La Bernauer Schwarzbier de Berlin, noire, somptueuse, complexe est empreinte de réglisse, de prune et de noix sur des vagues de mélasse. Inclassable ! Devrait-on alors établir le style schwartzbier sur ce modèle original ?

* * *

LA DOUBLE BOCK
(Doppelbock)

Présentation visuelle : variant de roux à brun foncé, pétillement moyen et mousse moyenne qui tient bien en laissant une belle empreinte sur la paroi du verre.

Alc./vol. : varie de 6 à 9 %.

Saveurs caractéristiques : texture ronde et veloutée, moyennement sucrée avec des notes de caramel facilement perceptibles, une amertume de houblon relativement faible, le tout enrobé dans le sucré du malt souvent agrémenté de notes de sucre d'orge. Finale maltée.

Saveurs en bouche

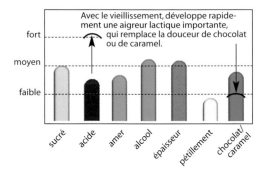

Avec le vieillissement, développe rapidement une aigreur lactique importante, qui remplace la douceur de chocolat ou de caramel.

fort
moyen
faible

sucré · acide · amer · alcool · épaisseur · pétillement · chocolat/caramel

Température de service : froide pour boire seule, ou tempérée aux repas.

Verre de service : chope.

Conditionnement idéal : le fût. Les bouteilles et les canettes offrent une protection adéquate.

Péremption : se dégrade rapidement si elle n'est pas conservée au froid. Développe rapidement une aigreur lactique importante avec le vieillissement, qui remplace la douceur chocolatée ou de caramel.

À la table : servie fraîche, elle excelle avec le porc. La doppelbock accompagne bien les fruits de mer. La température de service doit être en accord avec celui des plats (servie froide avec des mets froids ou à la température de la pièce avec des plats chauds). Servie à la température de la pièce elle se marie bien aussi aux desserts, notamment ceux à base de crème ou de caramel. Tous les styles de saucisses lui vont bien, même les piquantes. Du côté des fromages, les plus crémeux (brie, camembert..) ainsi que ceux affinés dans la masse (surtout les cheddars jeunes, mais aussi les emmentals et édams jeunes) sauront mettre en évidence son caramel chocolaté.

* * *

En allemand, Bock signifie fort dans le sens de plus alcoolisé. Il apparaît sur plusieurs styles de bières lorsque leur proportion d'alcool dépasse 6,25 % alc./vol., peu importe sa couleur et son goût. Bref, le mot ne désigne pas un style particulier en Allemagne. L'interprétation bavaroise est celle reconnue pour définir le style par les amateurs de bières. Ses flaveurs très maltées proviennent de la mélanoïdine développée pendant le maltage, amplifiées par la décoction et par la longue ébullition. La mélanoïdine s'oxydant facilement, la bock est une bière fragile qui peut se dégrader rapidement.

Le style double bock prend naissance dans la brasserie monastique franciscaine Paulaner, fondée à Munich en 1634. On y jeûne deux fois par année. Les moines développent une bière plus nourrissante (plus alcoolisée) pour ces recueillements afin de compenser l'absence de nourriture solide : une bière « du salut » (*Salvator*) ! Sa densité originale n'a pas changé depuis sa création, mais les techniques modernes de fermentation font grimper son pourcentage d'alcool. La Paulaner est brassée toute l'année, mais une cérémonie souligne la saison du double bock lors de la fête de saint Joseph, le 20 mars. Se ressourcer dans le Biergarten de la brasserie est appelé la cure de la bière.

La doppelbock d'une brasserie peut être moins alcoolisée que la bock régulière d'une autre. Le terme *doppel* signifie aussi la deuxième. On baptise les double bocks en ajoutant souvent *ator* au nom, ce qui occasionne de jolis jeux de mots. Nous découvrons chez Löwenbräu la Triumphator, chez Spatenbräu l'Optimator, à la Hofbräuhaus la Delicator, chez Augustiner la Maximator alors que Hacker-Pschorr nous propose une Animator. Aux États-Unis, la Procrastinator, de la brasserie Bell Tower's dans l'état de Washington, fait référence au report continuel du soutirage final.

L'EISBOCK

Voici un style exceptionnel que l'on trouve surtout dans la ville de Kulmbach. Son pourcentage très élevé d'alcool est obtenu par une distillation par le gel.  La température de la bière est abaissée sous le point de congélation pour qu'une partie de l'eau forme des cristaux de glace. On retire alors cette glace, ce qui concentre la proportion d'alcool. L'eisbock Kulminator 28° « culmine » aux environ de 14 % alc./vol. et se distingue par ses notes de café-cognac. C'est une bière riche et généreusement maltée à la robe ambre rosée, très veloutée, aux notes d'agrumes et de cognac. On y discerne des touches de noisettes et des notes tranchantes d'alcool enrobées de sucre. Bourrative, elle ne stimule pas vraiment l'appétit. Il s'agit d'une bière honnête dont la réputation est un peu surfaite. Elle dégage des notes plutôt éthérées pour une fermentation basse. L'eisbock, de la brasserie Reichel de la même ville, vieillie dans des fûts de bois, est étiquetée comme étant une *Bayrisch G'frorns* (bavaroise congelée) et se distingue avec ses quelques notes lactiques.

* * *

LA MAIBOCK

La Maibock est une bière de festivité, titrant entre 6 et 8 % alc./vol., généralement blonde et brassée au mois de mai pour célébrer le printemps. Son caractère malté s'épanouit dans les arômes et les saveurs. Onctuosité moyenne à forte. Faible amertume de houblon aux arômes délicats. L'amertume croît avec la densité et des esters fruités sont perceptibles en faible concentration. La Maibock ne devrait pas se voiler lorsque refroidie et la présence éventuelle de diacétyle devrait être très faible le cas échéant. La majorité des marques qui portent la mention Maibock peuvent également être classées parmi les lagers blondes fortes. ■

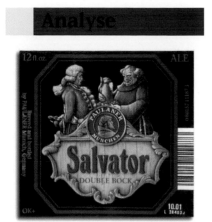

SALVATOR
Bouteille : 330 ml
Alc./vol : 5,4 %
Péremption : dans 6 mois
Température : fraîche

Visuel

Rousse scintillante, mousse modeste et persistante. Pétillement moyen.

Nez

Nez généreux de toffee aux notes de chocolat.

Description

Belle rondeur soyeuse en bouche, avec sa texture un peu huileuse aux arômes légèrement fumés. Une amertume tressée de houblon et de malt légèrement rôti s'exprime au fil des gorgées. Elle s'allonge longuement dans l'arrière-goût, insistant pour nous faire la conversation un peu plus longtemps.

Bouche (SALVATOR, BOUTEILLE)

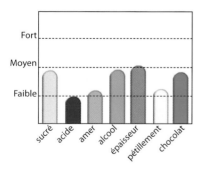

La légende du bock

On attribue l'utilisation du terme bock à une déformation du nom de la ville d'Einbeck. La bière était là-bas moins taxée et moins contrôlée, et les brasseurs jouissaient ainsi de conditions favorisant l'exportation de leurs bières. Sa popularité a augmenté aux XIVᵉ et XVᵉ siècles lorsque Martin Luther, fondateur du protestantisme, en a fait sa bière de prédilection. En Bavière, où elle est très populaire, Einbeck se prononce *Einbock*. La légende raconte de son côté que le mot bock provient d'un étrange duel opposant en 1540 le chevalier de Brunswick au duc Christophe de Bavière. Buvant la bière de l'autre, le vainqueur était celui qui parvenait à se tenir debout le plus longtemps. Mais les duellistes ont tous deux tenu bon. Pour déterminer le vainqueur, on a ajouté l'épreuve de l'enfilade d'une aiguille ! Alors que Christophe n'éprouva aucune difficulté à réussir l'épreuve, son rival échappa l'aiguille trois fois pendant qu'un chevreau lui tournait autour. Le chevalier justifia son inhabileté par la faute du bouc, Bock en allemand. La réplique du duc cristallise le mot pour décrire le style : « Ce bock qui vous a fait tomber, c'est moi qui l'ai brassé ! » Par ailleurs, comme il

s'agit d'une bière d'hiver, certains attribuent plutôt le nom au signe astral du capricorne. De nos jours, il ne reste qu'une seule brasserie dans la ville d'Einbeck, l'Einbecker Brauhaus. Elle revendique naturellement l'originalité du genre en apposant le préfixe *ur* (original) à ses marques. Elle propose trois interprétations : une dunkel, une helles et une mai. Cette simple constatation nous prévient de la relativité des choses dans la définition des styles. Sa situation géographique lui permet de prétendre au suffixe *ur*, mais ses produits ne définissent pas le genre. Einbecker Ur-Bock offre quelques notes de mélasse enrobées d'un corps mince et, disons-le, décevant. Les styles composant la famille reconnue par les amateurs sont toutefois définis en utilisant les bocks élaborés en Bavière : la bock, la double bock, la maibock, l'eisbock. On trouve également une Weizenbock. Mais cette dernière est une variation de la bière de blé (voir Weizen, en page suivante).

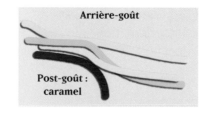

Analyse d'experts

Les trois textes suivants soulignent la complexité de cette bière par les variations de leur analyse sensorielle. Les saveurs de ce type de bière, d'une grande fragilité et évoluant rapidement, sont bien difficiles à cristalliser dans un archétype définitif.

STEPHEN BEAUMONT

« Une riche combinaison de toffee, de chocolat et de brandy à l'orange au nez et un corps de caramel très onctueux. La finale, quoique plus sèche que sa texture, laisse l'impression d'avoir mangé plutôt que d'avoir avalé. »

MICHAEL JACKSON

« Cette lager très forte offre une mousse évoquant la crème fouettée ; une couleur riche et profonde ambre-brun ; des arômes de malt et de beurre ; des flaveurs de toffee qui s'assèchent dans un long arrière-goût séduisant. »

JAMES D. ROBERTSON

« Brune foncée, arômes complexes de malt et de houblon, saveurs amples de malt frais, ronde et onctueuse en bouche, arrière-goût très long et de malt sec et présence manifeste d'alcool. » ■

Les bières de blé pâles

Weissbier ou Weizen, et Kristallweizen

Présentation visuelle : bière jaune pâle, voilée par un nuage de levure non floculante, très pétillante, avec une mousse onctueuse qui tient longtemps et marque bien le verre de son passage.

Alc./vol. : varie de 4 à 5,5 %.

Saveurs caractéristiques : texture soyeuse, ronde et veloutée, peu maltée et légèrement aigre-citrique de blé. Elle offre des notes typiques de banane facilement perceptibles, surtout lorsque consommé jeune. On décèle souvent des flaveurs de clou de girofle et, à l'occasion, d'autres esters fruités comme la pomme et la poire. Finale longue et veloutée.

Température de service : froide de préférence.

Verre de service : flûte en forme de courge.

Conditionnement idéal : le fût ou la bouteille.

Péremption : ne s'affine pas mais se conserve relativement bien au froid (mieux que les blanches belges). À consommer de préférence jeune.

À la table : servie froide, il s'agit d'un apéritif remplaçant le champagne. Elle est excellente comme bière de petit déjeuner, notamment en accompagnement de crêpes. Elle se marie très bien aux salades, aux crudités et aux fruits de mer. Tous les styles de saucisses lui vont à ravir, mais elle fait un malheur avec les saucisses de veau. Avec les fromages, on la sert froide avec des fromages de chèvre frais également servis froids. Tempérée ou à la tem-

pérature de la pièce, elle sait comment compléter les fromages à croûte lavée les plus salés ou piquants et donne alors tout son sens à l'expression « les contraires s'attirent ».

* * *

Le développement de la Weissbier s'effectue à la fin du XVe siècle à la brasserie Degenberger, dans la ville de Schwarzach. Ses douces saveurs ainsi que son pouvoir désaltérant en font un succès immédiat. Son brassage, octroyé à l'origine par une autorisation exclusive du duc, est considéré comme un très important privilège et a fait de la Weissbier une bière royale destinée à la noblesse de Munich. Maximilien Ier ordonne à tous les pubs « de bière brune » d'offrir également la Weissbier et de s'approvisionner à la Weisse Bräuhaus. La Weissbier connaît une popularité telle, qu'elle est à l'origine de la construction d'une route de quarante kilomètres reliant Ingolstadt à Munich ! Bien qu'elle demeure très populaire pendant les XVIIe et XVIIIe siècles, elle subit un

déclin important après les améliorations apportées à la bière par la fermentation basse. Un nouvel intérêt naît après la Deuxième Guerre mondiale, mais s'estompe rapidement. L'explosion que l'on connaît aujourd'hui du style weizen a débuté au début des années 1990 et a été entraînée par la révolution microbrassicole. Comme pour les blanches, voilà une recette ancienne, interprétée à la moderne, destinée à être consommée jeune et souvent accompagnée d'une tranche de citron. Le style a main-

Saveurs en bouche

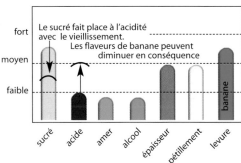

tenant conquis toutes les régions d'Allemagne et est également intégré à des recettes traditionnelles comme dans certaines rauchbiers. La weizen emploie environ 50 % de malt de blé dans la maische (alors qu'on utilise du blé non malté pour les blanches belges). Malgré la présence de levure dans le produit, cette bière n'est pas refermentée. On laisse tout simplement des levures non floculantes dans le liquide au moment du soutirage. ■

Les Kristallweizen

Présentation visuelle : jaune pâle, scintillante, très effervescente, à la mousse généreuse mais fugace.

Alc./vol. : varie de 4 à 5 %.

Saveurs caractéristiques : texture veloutée en bouche, douce, légèrement aigre et piquante. Prend de l'âge rapidement, augmentant ainsi son aigreur et son tranchant. On remarque chez elle des notes discrètes de banane, surtout chez les jeunes échantillons. Sa finale est douce et aigrelette.

Température de service : froide, même en accompagnement de repas ou de fromages.

Verre de service : chope.

Conditionnement idéal : le fût, la bouteille ou la canette.

Péremption : ne s'affine pas et se dégrade très rapidement, développe une acidification marquée.

À la table : voici un apéritif très désaltérant bu froid et dans sa jeunesse. Accompagne bien les crudités et préfère les saucisses douces ou grasses aux piquantes. On la sert froide avec des fromages de chèvre frais également servis froids. Si l'échantillon est d'une grande fraîcheur, il saura briller avec les cheddars et les emmentals pour en faire jaillir la finesse de la crème.

* * *

La kristall weizen est une version filtrée de l'Hefeweizen et se révèle ainsi très scintillante. La différence avec l'Hefeweizen est cependant frappante sur les papilles. En effet, elle est beaucoup moins moelleuse, plus tranchante, plus sèche et dévoile des notes poivrées, piquantes et florales. Moins complexe que sa sœur, elle est beaucoup plus désaltérante, mais sa durée de conservation est également très courte.

Analyses

SCHNEIDER WEISSE
Bouteille: 500 ml
Alc./vol : 5,4 %
Péremption : dans 6 mois
Température : fraîche

Visuel

Couleur ambre-sombre, troublée, presque boiteuse, sa robe est voilée de levure. Très pétillante, sa mousse épaisse et onctueuse s'affaisse assez rapidement.

Nez

Nez généreux de banane agrémenté de blé et de citron.

Description

Texture mince mais très soyeuse en bouche, la banane retrouve notre nez en rétro-olfaction. Nous observons en

Bouche (SCHNEIDER WEISSE, BOUTEILLE)

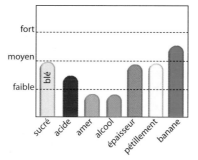

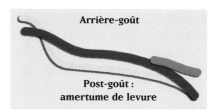

Arrière-goût

Post-goût :
amertume de levure

finale quelques notes d'agrumes sur des airs de citron et d'orange.

En fût, à Munich

Bouche (SCHNEIDER WEISSE, FÛT)

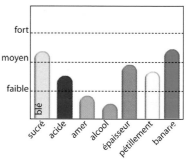

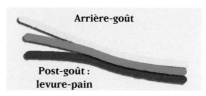

Arrière-goût

Post-goût :
levure-pain

Description

Presque rousse coiffée d'une mousse très onctueuse, épaisse et insistante. Nez généreux de blé, d'épices et de citron. Veloutée en bouche, sans toutefois être épaisse. Sa généreuse effervescence lui confère une texture moussante. Arrière-goût long et doux.

Analyse d'experts

Dans les descriptions de la Schneider Weisse, nous notons des variations importantes, faciles à interpréter si nous considérons le fait qu'il s'agit d'une bière sur levure très sensible aux conditions d'entreposage. Les composantes fruitées et épicées ne sont pas présentes dans le texte de l'Allemand Josh Leventhal. Ce dernier observe de l'amertume dans le goût alors que nous l'observons plutôt en post-goût. Elle provient en fait de la levure. Par ailleurs, notons que Leventhal ne détecte pas la présence de clou de girofle, ce qui reflète chez lui un seuil très élevé de perception de cette épice. De son côté, Stephen Beaumont est le plus sensible à distinguer les épices, ce qui reflète des seuils de perception relativement bas, le rendant alors plus apte à nuancer ses observations.

STEPHEN BEAUMONT

« Délicieusement épicée (clou, cannelle, noix de muscade) et fruitée (agrumes et bananes). » L'échantillon dégusté était en fût, mais l'auteur affirme que le contenu de la bouteille est d'un goût semblable.

MICHAEL JACKSON

« Le meilleur exemple des saveurs de clou [de girofle], épicée et très aromatique.[...] Elle est très effervescente, aux flaveurs complexes, fruitées, maltées, d'amandes et de clous. »

JOSH LEVENTHAL

« Une bière trouble relativement sombre faite à partir de 60 % de blé qui dégage des arômes complexes dont le goût est amer et savoureux. » ∎

Les bières de blé rousses ou fortes
dunkelweizen et weizenbock

La weizenbock est également une Dunkelweizen. Les bières de blé bavaroises plus alcoolisées sont en général rousses ou brunes (dunkel). Les deux dénominations sont ainsi utilisées en tenant d'abord compte du positionnement de marketing que veut bien lui donner le brasseur.

DUNKELWEIZEN

Voilà une Hefeweizen comprenant du malt torréfié pour lui donner une couleur foncée et des saveurs de chocolat et de biscuit. La Dunkles Weizen, sortie de l'imagination créatrice des brasseries devant le succès remportée par les bières de blé, est un produit directement issu de la révolution microbrassicole.

Présentation visuelle : rousse, voilée par un nuage de levure non floculante, très pétillante, présentant une mousse généreuse qui colle bien à la paroi du verre.
Alc./vol. : varie de 4 à 5,5 %.
Saveurs caractéristiques : texture soyeuse, ronde et veloutée, moyen-

nement maltée et légèrement aigre-citrique de blé. Elle offre des notes de chocolat, de biscuit et de banane facilement perceptibles, surtout lorsqu'on la consomme alors qu'elle est jeune. On y décèle à l'occasion

Saveurs en bouche (WEIZENBOCK)

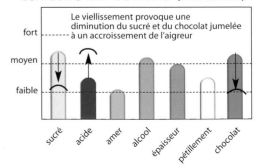

d'autres esters fruités comme la pomme et la poire, mais sa finale est toujours longue et veloutée.

Température de service : froide pour boire seule, fraîche en accompagnement de repas.

Verre de service : flûte en forme de courge.

Conditionnement idéal : le fût ou la bouteille.

Péremption : bière d'une grande fragilité qui développe vite des défauts si son entreposage ou même le comptoir de vente où on se la procure offre une température au-dessus de 25 °C.

À la table : servie froide, il s'agit d'un apéritif savoureux. Elle accompagne très bien les salades, les crudités et les fruits de mer servis froids. Tous les styles de saucisses lui vont à ravir, surtout les semi-fortes. Au dessert, elle peut accompagner les gâteaux citronnés, noisettées, aux bananes ou aux carottes. Avec les fromages, on la sert froide en accompagnement de chèvres frais également servis froids. Tempérée elle complète bien les fromages à croûte fleurie ainsi que ceux à croûte lavée les plus salés ou piquants.

* * *

LA WEIZENBOCK

La weizenbock est une dunkel weisen forte. Elle offre des saveurs complexes : elle joue les notes traditionnelles des weissen, le clou de girofle et la banane, qu'elle combine à des bémols de caramel et de chocolat et enrichit de dièses d'alcool. Bref, on peut dire qu'il s'agit d'une weissen d'hiver. L'exemple type de la weizenbock est l'Aventinus de Schneider, baptisée en l'honneur d'un historien épris de la Bavière.

Présentation visuelle : rousse, brunâtre, très pétillante, d'une mousse généreuse qui colle bien à la paroi du verre.

Alcool : varie de 7 à 8,5 %

Saveurs caractéristiques : très veloutée en bouche, douce, présentant des notes de caramel, de chocolat et quelquefois de toffee. Bière fragile qui ne doit pas être exposée à la chaleur et qui ne s'affine pas. À l'instar des bières de blé, doit être consommée dans sa jeunesse.

Température de service : froide ou chambrée.

Verre de service : chope.

Conditionnement idéal : en fût ou en bouteille.

Péremption : ne s'affine pas et est très vulnérable aux conditions d'entreposage si la température est supérieure à 25 °C.

À la table : servi fraîche, elle accompagne très bien les salmonidés. Tous les styles de saucisses lui vont à ravir, notamment les piquantes. Avec les fromages, les échantillons jeunes sont très flexibles et s'accommodent de presque tout. On la sert avec des fromages de chèvre, des croûtes fleuries, des croûtes lavées et des cheddars vieillis. La combinaison blé et alcool fait ressortir la douceur des fromages, peu importe leur âge. Au dessert, servie à la température de la pièce, elle accompagne bien les gâteaux.

Analyse

AVENTINUS
Bouteille : brune de 500 ml
Alc./vol : 8 %
Péremption : inconnue
Température : fraîche

Visuel

Pétillement champenois qui fait scintiller sa robe rousse. La levure voile son corps. Mousse onctueuse, généreuse, qui colle bien à la paroi.

Nez

Son nez sucré évoque la cassonade, le blé et la banane. L'alcool manifeste

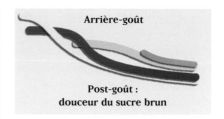

Arrière-goût

Post-goût :
douceur du sucre brun

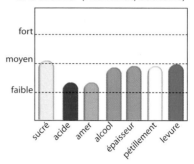

Bouche (Aventinus, bouteille)

également sa présence dans des élans facilement perceptibles.

Description

Texture ronde et veloutée, moussante dans la bouche. Goût riche et complexe tissé de la fine aigreur du blé. Une délicate amertume d'alcool se faufile entre les gorgées.

Analyse d'experts

La description des experts souligne les très grandes variations que cette bière peut offrir en bouche en fonction de l'âge lors de sa consommation. Manifestement, les saveurs aigres présentes dans l'échantillon de Robertson indiquent un vieil échantillon, tandis que la présence fruitée, notée par Michael Jackson, parle d'une bière fraîchement sortie de l'usine. Celle que Beaumont a dégustée semble de son côté vivre un moment charnière de son existence : sans le fruité de sa jeunesse ni l'aigreur de sa vieillesse, mais simplement d'une fraîcheur épicée (due à sa levure). Notons la grande fragilité de ce type de bière durant son entreposage alors qu'elle est très vulnérable à l'acidification.

MICHAEL JACKSON

« Chaleur alcoolisée et des étages complexes de malt, équilibrés par des flaveurs épicées aux notes de clou de girofle, de figues et de raisins et l'aigreur de sa champagnisation et pétillement. »

STEPHEN BEAUMONT

« Comme la Hefeweizen, l'Aventinus possède les qualités rafraîchissantes, épicées des autres bières de blé allemandes. Toutefois, comme bière titrant à la force des doppelbock, sa force de 8 % alc./vol. devrait ralentir quiconque serait tenté d'en descendre quelques-unes lors des journées ensoleillées. »

JAMES D. ROBERTSON

« Une couleur cuivrée, trouble, mousse dense et généreuse, appétissant nez de malt-blé légèrement lactique, flaveurs de malt, épicées/lactiques, fortement alcoolisée, ronde et onctueuse, très savoureuse et équilibrée, arrière-goût long et complexe ; une weizenbier dorlotante, peut-être la meilleure que j'aie goûtée en bouteille. » ■

Les altbier de Düsseldorf et d'ailleurs

Alt signifie vieux ou ancien, et fait référence aux vieilles méthodes de brassage d'avant la révolution lager. L'appellation alt ne désigne donc pas un style, mais plutôt une méthode de brassage. Ainsi, il en existe plusieurs variations et, à la rigueur, il serait possible d'accoler ce terme à la plupart des fermentations hautes, y compris aux Weizen. À peu près tous les ouvrages concentrent leur définition du style sur les bières de Düsseldorf. En plus des cinq brasseries industrielles qui y élaborent également une alt, on en trouve dans cette ville quatre petites qui en font une destination très intéressante pour l'amateur de bière. Un certain nombre de marques produites à Düsseldorf sont exportées, mais il serait étonnant que le style altbier prenne une grande ampleur en Amérique du Nord. Il est en effet beaucoup plus simple pour les brasseurs américains de vendre des pale ales qui possèdent une signification plus enracinée dans l'esprit des consommateurs.

Les altbier de Düsseldorf pourraient très bien être intégrées à la grande famille des pale ales britanniques, notamment en regard de ses versions destinées à l'exportation. Les deux styles suivent d'ailleurs l'évolution naturelle d'une inspiration semblable. Pour véritablement connaître ce qu'est l'altbier, il faut toutefois se rendre sur place pour la consommer. Il s'agit d'un style dont le protocole de service fait partie intégrante des saveurs.

Sticke Altbier

La *Sticke Altbier* (bière secrète) est brassée deux fois l'an par les pubs-brasseries de Düsseldorf en signe de reconnaissance envers les patrons. Elle est présentée sans trop de publicité, secret oblige... Une version plus alcoolisée d'altbier est également offerte par plusieurs pubs, dont la Latzenbier, qui signifie bière provenant du bois.

D'autres alt

Plusieurs autres brasseries allemandes brassent des bières de vieille tradition portant la dénomination alt. Les altbier du nord de l'Allemagne regroupent des bières plutôt douces, rousses, quelquefois brunes, légèrement maltées et houblonnées. À Frankfurt, au sud, l'altbier Kutscher se distingue par ses notes de caramel et de toffee, et par sa texture plus

Habituellement, l'étiquette des alts destinées à l'exportation porte la mention *traditional dark*, mais à l'intérieur de la bouteille ou de la canette, le style peut être bien différent selon l'origine géographique du produit.

Excursion à Düsseldorf

L'intérêt de l'altbier de Düsseldorf réside dans le plaisir la consommer sur place pour s'imprégner de l'ambiance unique que nous y retrouvons, particulièrement entre 17 heures et 20 heures. Les barils de bois, d'une capacité d'environ vingt litres, sont apportés du cellier et déposés sur le comptoir. On les perce tout simplement avec un robinet, on dégage la bonde et on laisse ensuite l'air s'infiltrer. On verse l'altbier dans de petits verres de vingt centilitres que le barman remplit régulièrement selon l'achalandage du moment. Durant les périodes de pointe, il prépare plusieurs verres, ouvre le robinet et les remplit dans une seule séquence. Ce spectacle est impressionnant. Le serveur emplit alors son plateau et poursuit sa ronde dans la salle ou sur la terrasse. C'est sur le sous-bock que le serveur inscrit le nombre de verres laissés à chaque table. Le client n'acquitte sa note qu'à son départ.

Brasserie Uerige

Le bistro-brasserie préféré des amateurs de bière est le très attachant Zum Uerige, sur Bergerstraße. Un baudelot y est toujours en service. Ce commerce propose une alt relativement complexe, plutôt alcoolisée et faisant grimper l'aiguille des IBU à 50. Le Zum Schlüssel (la clé), sur Bolkerstraße, offre une version de l'altbier très florale mais d'amertume moyenne. Le Im Füchschen (le renard), sur Ratingerstraße, on peut boire probablement la plus douce de toutes les alts, très maltée et aux notes de caramel et de vanille agrémentées de houblons floraux discrets. Un peu en retrait, situé à une quinzaine de minutes de marche de l'Altstadt, le Schumacher (sur Oststraße) sert une bière plutôt maltée et fruitée qui courtise les pale ales anglaises. D'autres pubs servent de l'altbier selon le même protocole (fût de chêne, par gravité...) sans toutefois la brasser sur place. Parmi ceux-ci, notons le Im Goldenen Kessel sur Bolkerstraße, la Brauerei zur Uel sur Ratingerstraße et la Brauerei im Goldenen Ring, au Burgplatz.

Du côté des grandes brasseries de Düsseldorf, Diebels est la plus connue internationalement. Cette maison propose une interprétation de l'Alt douce aux notes de biscuit. Les autres producteurs de la ville sont Frankenheim (avec une bière plus légère et dont les notes fruitées de pamplemousse évoquent les pale ales anglaises), Gatzweiler (proposant un produit ressemblant également aux pale ales), Hannen (très pétillante et tranchante de gaz carbonique), Rhenania (plus moelleuse et sucrée) et Schlösser (avec une alt plus sucrée, aux notes de malt et plus ronde en bouche).

---

sèche en bouche. L'Alt-Bamberger Dunkel, de la brasserie Kaiserdom de Bamberg, évoque de son côté les porters de la Baltique en exprimant des notes sucrées évoquant le chocolat, alors que l'altbier de Münster de la brasserie Pinkus contient du blé. Sa robe cuivrée s'ouvre sur des saveurs aigrelettes et fruitées. Elle est habituellement servie comme les berliner, c'est-à-dire accompagnée d'un sirop de fruits. ■

■ Les bières fumées de Bamberg
les rauchbier

Présentation visuelle : variant de rousse à brune, pétillement moyen, mousse moyenne qui colle bien à la paroi du verre.

Alc./vol. : varie de 4 à 7 %.

Saveurs caractéristiques : texture soyeuse, veloutée, moyennement maltée et flaveurs intenses de fumé qui évoquent le saumon. Très longue en bouche et d'étalement.

Température de service : froide ou tempérée.

Verre de service : chope.

Conditionnement idéal : le fût ou la bouteille.

Péremption : les rauchbier sont très

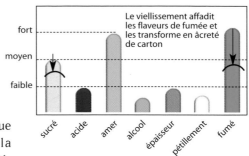

Saveurs en bouche

Le viellissement affadit les flaveurs de fumée et les transforme en âcreté de carton

fort

moyen

faible

sucré · acide · amer · alcool · épaisseur · pétillement · fumé

fragiles et leur goût de fumée disparaît très rapidement avec l'âge. La différence entre deux rauchbier n'ayant que quelques semaines de différence est remarquable.

À la table : excelle avec les plats fumés, le saumon par exemple. On sert alors la bière légèrement refroidie. Bière capricieuse avec les fromages, mais qui peut toutefois convenir aux fromages affinés dans la masse, de préférence ceux qui sont jeunes comme le cheddar et gouda. Il faut éviter les fromages à croûte lavée, persillée ou fumée, qui pourraient accentuer les défauts.

* * *

Rauch signifie fumée et fait référence à la méthode d'assèchement du malt au-dessus d'un feu de bois de hêtre. Les nombreuses interprétations locales et la faible popularité des marques exportées font en sorte qu'il s'agit plutôt d'une famille que l'on doit découvrir sur place, à Bamberg, puisque seulement deux marques sont irrégulièrement exportées : Schlenkerla et Kaiserdom. Leur signature originale est conférée par un type de malt et non par la fermentation. Auprès des microbrasseries américaines, l'utilisation de malts fumés est populaire dans les styles porters et stouts. On constate en effet que les saveurs des grains rôtis sont complémentaires de celles des grains fumés. D'autres brasseries se sont inspirées de cette tradition, mais en lui donnant une facture toute écossaise par l'emploi de malt à whisky fumé à la tourbe. Il en est ainsi de la brasserie du Pêcheur en France (avec

l'Adelscott) et d'Unibroue au Québec (avec la Raftman). Une des meilleures interprétations de la rauchbier est sans aucun doute la Charbonnière que l'on trouve Au Dieu du Ciel, à Montréal. Pour en revenir à la magnifique ville de Bamberg et de sa douzaine de brasseries, il importe de souligner qu'elles brassent, presque toutes, les styles populaires en Bavière (notamment les variétés de weizen et de lagers blondes).

Analyse

SCHLENKERLA
Schlenkern est un mot ancien signifiant tituber.
Bouteille: 500 ml
Alc./vol : 4,8 %
Péremption : non indiquée
Température : fraîche

Visuel

Belle robe rousse au pétillement moyen, dont la mousse tient et colle bien à la paroi du verre.

Nez

Dès que nous décapsulons, la fumée envahit le nez, suivie d'un arôme huileux évoquant le saumon. Cette lourdeur aromatique contraste avec la relative minceur en bouche, puisque cette bière se révèle, en fait, soyeuse.

Description

Elle marque ses origines fumées sans inhibition et imprègne une saveur amère sur notre langue, ce qui la rend désaltérante. L'arrière-goût joue les notes de fumée dansant sur l'amertume du houblon. Mais la fumée domine toujours.

Analyse d'experts

Chez les experts, la sensibilité différente aux saveurs fumées est bien illustrée par les deux extraits suivants. Pour Beaumont, c'est plutôt le caractère terreux et boisé qui ressort, tandis que pour Robertson les nuances de fumée dominent la dégustation. La différence entre ces appréciations peut aussi s'expliquer par l'affadissement de la finesse du fumé qui se perd rapidement dans ce type de bière pour laisser place à un fumé plus lourd et boisé.

STEPHEN BEAUMONT
« Une bière presque viandeuse, d'aromates fumés qui s'expriment tout au long et des flaveurs généreuses de bois évanescent avec un soupçon de réglisse. »

JAMES D. ROBERTSON
« Brune, nez appétissant de malt fumé qui évoque un peu les saucisses délicates estivales, mais beaucoup plus le fumé délicat du saumon, saveurs légères et délicates de fumé, corps onctueux, finale longue houblonnée et délicieuse,

Bouche (Schlenkerla, bouteille)

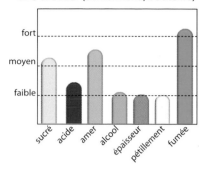

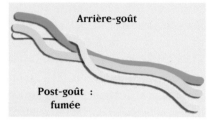

Arrière-goût

**Post-goût :
fumée**

arrière-goût de malt sec dissimulant le fumé à l'arrière plan. » ■

Brasserie Schlenkerla

■ Autres styles régionaux ou en développement

La Berliner Weisse

La mention berliner sur une étiquette signifie simplement de Berlin et peut désigner toutes les bières provenant de cette ville. Le style reconnu sous cette appellation est de fermentation hybride : haute et lactique. Il ne s'agit pas d'une fermentation spontanée : des ferments lactiques, lactobacilus delbrückii, sont utilisés. Ce style était décrit comme le champagne du nord par les troupes de Napoléon. De toute évidence le champagne s'est considérablement amélioré ! Très pâle, elle

offre un pétillement champenois, et une mousse moyenne et fugace. Elle titre entre 2,5 et 3 % alc./vol. Mince en bouche, très acide, tranchante, on l'adoucit au service d'un sirop sucré (de framboise ou aux herbes), on nous demande alors rouge ou vert pour désigner les deux possibilités. À cause de sa grande acidité, elle se conserve longtemps sans toutefois s'affiner. On ne trouve, à toutes fins utiles, que deux marques : Kindl Weisse aux timides notes de banane ensevelies sous une acidité tranchante, difficile à laisser passer derrière la luette, et la Schultheiss Berliner Weisse, encore plus aigre.

La gosbier

La gosbier est une cousine de la Berliner Weisse ressuscitée par la Bayrischer Bahnhof de Leipzig. Elle subit une fermentation spontanée et offre des saveurs à la fois aigres et épicées. Comme pour les Berliner Weisse, elle est servie accompagnée

d'un sirop de fruits. Le terme gosbier lui-même provient de la ville de Goslar.

La kellerbier

Kellerbier signifie bière de cellier et indique qu'elle est soutirée de la cuve de garde sans avoir ete filtree. La désignation fait ainsi référence à un mode de service, bien qu'il existe des versions en bouteille ou en canette. Toute définition de style est donc ici imparfaite. Par exemple, la Maisel's Kellerbier de Bamberg propose une bière très amère et fruitée aux notes de pêches et de poire. De son côté, la St-Georgen Bräu Kellerbier, de Büttenheim, nous présente une lager brune très houblonnée.

La Roggen

L'utilisation du seigle (Roggen) dans le brassage remonte à la nuit des temps, mais son emploi a ensuite été réservé à la fabrication du fameux pain de seigle allemand. La brasserie royale de

Ratisbonne, Thurn und Taxis, propose une Roggen composée à 50 % de malt de seigle, très pétillante dans sa robe brune, délicatement épicée et légèrement aigre. On pourrait la considérer comme une weissen légère. Elle est maintenant brassée par la brasserie Paulaner. Bien qu'elle soit peu exportée, elle est distribuée dans tout le pays, stimulant les copies et le développement d'un nouveau style.

La steinbier

L'éclectique brasserie Franz Joseph Sailer (Rauchenfels) de Marktoberdorf offre des bières sorties directement des livres d'histoire, notamment la célèbre bière de pierre (steinbier). Avant d'être en cuivre, les cuves étaient construites en bois. Pour

accroître la température du moût, on ajoutait dans la cuve des pierres chauffées. La brasserie utilise du granite chauffé à plus de 1 000 ºC, produisant une caramélisation des sucres du moût autour des pierres qui équilibre les saveurs de fumé. Les pierres étant chauffées sur des feux de hêtre, on goûte dans la steinbier des notes fumées qui s'apparentent à celles des rauchbier. D'un roux foncé, cette bière très désaltérante offre un nez complexe de caramel, de fumé et de houblon. Très maltée, caramélisée, piquante en bouche, elle a une présence très agréable. Le style steinbier est ainsi une spécialité exclusive à un seul brasseur qui fabrique maintenant une weizen à la pierre. La maison offre également des bières herbales ou épicées, comme les hopfig-herb et urig-würzig. La merveilleuse bière d'Halloween de ce brasseur, la Neewollah Bier, est très fruitée, caramélisée et explose de saveurs épicées. ■

Monastère de Weltenburg

Une destination bucolique en Franconie.
Les frères Asam y brassent de sublimes bières de fermentation basse.

Voyage aux pays des grandes bières

Belgique

Voici le pays le plus diversifié de la planète Bière. Certaines brasseries belges appliquent toujours des méthodes prépasteuriennes de fermentation, d'autres utilisent les techniques les plus rigoureuses de la science actuelle, tandis que plusieurs sont de véritables virtuoses du traitement de la levure. La consommation de bière dans ce pays est à la hauteur de la dévotion à son égard et reflète les nombreuses façons de célébrer la joie de vivre. Le plaisir visuel du service est porté à son summum en Belgique, et son protocole dans les estaminets est véritablement un modèle à suivre.

La majorité des grands styles de bière y sont brassés ou importés. Les bières des deux autres grandes influences (anglaise et allemande) y sont bien représentées. Un nombre important d'établissements belges offrent un choix impressionnant de bières, la petite surface du pays permettant d'avoir accès à la plupart des bières de qualité. C'est aussi un pays où un nombre respectable de cafetiers possèdent des connaissances suffisamment développées pour permettre aux amateurs de partager leur passion avec eux, d'en apprendre un peu plus sur la noble boisson et d'obtenir quelques gorgées, souvent gratuites,

d'un nectar unique « oublié » dans leur réserve privée. Rares sont les endroits, ailleurs dans le monde, où l'on peut rencontrer une si grande passion. Parmi tous les paradis de la bière, la Belgique en est le royaume céleste.

La Belgique est un pays relativement jeune. Sur l'échiquier des monarchies et des duchés, elle a été protégée ou gouvernée par plusieurs royaumes : français, espagnol, autrichien, hollandais... Les brasseurs belges ont donc hérité d'influences et d'accessibilité à des ingrédients provenant quelquefois de loin. L'utilisation populaire du curaçao par exemple, une boisson à l'écorce d'orange amère, remonte à l'époque

espagnole de la Belgique. Stratégiquement localisée au cœur de l'Europe, coincée entre l'Allemagne, la Grande-Bretagne et la France, la Belgique a vu passer sur son territoire bien des armées. Après la défaite de Napoléon devant Wellington à Waterloo, en 1815, le territoire belge est confié à l'administration hollandaise. En 1830, à la suite d'une révolution pacifique, un pays indépendant est créé. On le baptise en l'honneur du peuple qui a donné le plus de fil à retordre aux soldats de César : belgæ. Les Belges entretiennent des relations privilégiées avec les Britanniques par leur proximité géographique : ce sont eux qui apportent le houblon sur l'île. Ce sont aussi des armées insulaires anglaises et écossaises qui libèrent la Belgique lors des deux grands conflits du XXe siècle. On brasse alors des bières en leur honneur, bières inspirées de leurs traditions, certes, mais interprétées à la belge, c'est-à-dire plus fortes en alcool ou plus sucrées. Pendant que l'Europe s'unifie, Flandre et Wallonie sont par ailleurs plus divisées que jamais. Seule la bière réconcilie ces deux peuples fondateurs. La bière soulève passion et fierté dans l'inconscient collectif belge.

Révolution microbrassicole

Toutes les brasseries belges semblent avoir été fondées sur des fermes et, encore aujourd'hui, plusieurs nouvelles brasseries choisissent, de poursuivre cette tradition, comme en témoignent les brasseries d'Achouffe et d'Ellezelle ! Au début du XXe siècle, on dénombre près de 4 000 brasseries en Belgique, mais la rationalisation qui s'opère pendant les quatre-vingt années qui suivent élimine 3 850 d'entre elles ! Alors qu'une centaine de brasseries contre-attaquent au front de la sauvegarde du patrimoine, la cinquantaine d'autres poursuivent la rationalisation commerciale sur des airs de fusions et d'achats. Comme partout ailleurs, le train de la rationalisation roule sur les rails de la lager blonde, nommée ici pils.

Le déclin des brasseries reçoit un coup de main des occupants du pays voisin pendant les deux guerres lorsqu'ils en réquisitionnent une bonne partie. Ils saisissent l'équipement utile (de cuivre) pouvant être fondu et transformé en munitions. Le style pils permet à plusieurs brasseries de croître pendant la période d'influence allemande. À compter des années 1950, les prises de contrôle exercent une pression considérable sur les brasseurs, sauf

L'estaminet Mort Subite. Il tient son nom d'un jeu de dés d'un coup (l'addition étant payée par la personne qui perd le coup) et non de l'effet de la consommation sur le buveur ! Jacques Brel l'a fréquenté. Estaminet est un mot dérivé du mot wallon, *staminé*, signifiant salle à poteaux. L'estaminet désigne maintenant les cafés populaires.

pour les producteurs de bières aigres et les abbayes trappistes qui y sont moins beaucoup moins vulnérables. Ayant déjà traversé la révolution de la pasteurisation sans broncher, les brasseurs de lambics et des brunes des Flandres possèdent une attitude conservatrice fortement enracinée.

Pour protéger le patrimoine familial, plusieurs brasseurs s'en sortent en misant sur des bières d'inspiration traditionnelle. L'exemple offert par les moines trappistes qui ne se sont jamais converti à la fermentation basse est alors très stimulant pour les autres brasseurs. L'expansion des

Extirpée du siècle dernier :
la brasserie-musée *A vapeur*

On rencontre en Belgique plusieurs brasseries utilisant encore des équipements développés au début du XXᵉ siècle. Il en est ainsi du musée-brasserie À Vapeur, à Pipaix. Le mécanisme de brassage de la maïsche durant la

bières d'abbaye est éclatante. Pendant les années 1970-1980, des passionnés fondent leurs propres brasseries. La plupart d'entre eux utilisent de simples casseroles dans leurs cuisines : Pierre Celis et sa blanche de Hoegaarden, Jean-Pierre Eloir avec l'abbaye des Rocs, Pierre Gobron et Christian Bauweraerts proposent leur Chouffe, André Graux invente la Binchoise... Ces gens deviennent rapidement les leaders de ce renouveau. Le plus célèbre d'entre eux, Pierre Celis, réussit à sortir de l'oubli un style éteint : la blanche. Lorsque la révolution microbrassicole frappe l'Amérique du Nord, les exportations des bières spéciales belges connaissent du coup une croissance fulgurante.

saccharification est articulé par un système de courroies mu grâce à l'énergie produite par une machine à vapeur. La cuve de saccharification accuse un âge avancé. Malgré la rusticité de cet équipement, la fermentation respecte les normes modernes et se déroule dans des cuves en acier inoxydable. Les recettes que la maison brasse s'inspirent des bières de saison et intègrent un grand nombre d'épices.

Ses bières sont élaborées en intégrant deux fonctions essentielles : désaltérer et accompagner les repas.

Les épices

L'utilisation d'épices est une des principales caractéristiques du brassage belge. Leur emploi remonte à la nuit des temps, mais tombe en désuétude avec l'avènement du houblon et est même interdit dans les fermentations basses de plusieurs pays voisins. L'art de la préparation de mélanges d'épices, nommé le gruyt, soutient au

Moyen Âge de puissantes corporations. Aujourd'hui encore, la maison du gruyt (Gruuthus Museum) de Bruges témoigne de leur richesse. Les plantes composant le mélange requièrent une préparation toute spéciale que seul un expert est autorisé à élaborer. Il n'existe pas de mélange classique. Plusieurs compositions secrètes protègent la corporation. La méthode d'utilisation, dans la cuve-matière ou la chaudière, varie d'une région à l'autre. Lorsque la révolution microbrassicole frappe, leur utilisation est ennoblie par la réputation dont les bières belges jouissent.

Les bières fortes

Pourquoi trouve-t-on tant de bières denses et fortes en Belgique ? Voilà une conséquence de décisions administratives : d'abord à cause du système de taxation du XIXᵉ siècle et ensuite par le biais des mesures prohibitionnistes du début du XXᵉ siècle. En 1821, la taxation de la bière est basée sur la capacité de la cuve-matière elle-même et non sur les ingrédients qu'on y ajoute, comme on le fait partout ailleurs. Pour maximiser son rendement, le brasseur est porté à élaborer des empâtages épais. Ainsi, on utilisait en Belgique habituellement 30 % plus de céréales

que les voisins allemands. Cette pratique contribue au développement de bières à plus haute densité et à l'utilisation de la centrifugeuse comme matériel de brassage afin d'extraire un maximum de liquide. La lutte contre l'alcoolisme voit ensuite apparaître, en 1919, une loi interdisant la vente de spiritueux pour consommation dans les débits. Pour compenser, les brasseurs développent des bières plus fortes !

Brasseries typiques... et atypiques

La Belgique regorge de brasseries et de bières plus originales les unes que les autres. Voici une brève présentation des musts belges.

La brasserie **Achouffe,** fondée au début des années 1980, propose une interprétation du style triple très orangée et houblonnée : La Chouffe.

Affligem (anciennement De Smedt) : fondée en 1832 et faisant maintenant partie de l'empire Heineken. L'abbaye Affligem a brassé jusqu'en 1950. Les autres marques connues de cette maison sont l'abbaye d'Aulne, Napoléon, Op-Ale et Postel.

Bavik : la plus importante brasserie de la Flandre occidentale, mieux connue par ses marques Wittekerke, Petrus (Triple, Old Brown, Aged Pale), et la Bavik Pils. Une des premières fermes-brasseries à s'industrialiser, en 1894.

De Blaugies : cette petite brasserie offre des bières originales intégrant des ingrédients comme le jus de figues ou l'épeautre.

De Block : la plus connue des bières de cette brasserie est une blonde du diable justement nommée Satan.

Du Bocq : brasserie spécialisée dans les bières « à contrat » aussi nommées « à façon » en Belgique. Parmi ses produits, mentionnons la Saison Regal et la Regal Christmas, la Blanche de Namur, la Deugniet, la Saint Benoît, et la Triple Moine.

Abbaye des Rocs : une des premières brasseries de la révolution microbrassicole belge qui tire son nom d'une ancienne abbaye ayant existé sur ses terres.

La Binchoise : issue de la révolution microbrassicole, elle occupe une ancienne malterie dans la vieille ville de Binche.

Boon (Franck) : dernière-née des brasseries de bières à fermentation spontanée, sa première gueuze 100 % maison n'est produite qu'en 1990. La formule traditionnelle de la gueuze Boon comporte 90 % de lambic d'au moins 18 mois, 5 % de lambic de 3 ans et 5 % de lambic jeune.

La brasserie-restaurant *Straffe Hendrik,* au cœur de Bruges, se fait discrète, dissimulée au fond d'une cour derrière l'arche d'une maison privée. Il faut porter attention à la sculpture engravée dans la façade de l'édifice : il s'agit de la seule indication.

Bosteels : se distingue par deux marques : la Pauwel Kwak et son spectaculaire verre de type cocher, ainsi que la Triple Karmeliet.

Brunehaut : fondée en 1992 dans le village du même nom près de la frontière française, elle allie tradition et innovation avec sa bière aux baies de genièvre, par exemple. Elle fut aussi une des premières brasseries belges à tenter l'aventure de la stout.

La Caracole : signifie escargot en dialecte local. La maison se spécialise dans l'élaboration de bières très corsées et complexes.

Caulier : un distributeur amoureux de son produit et qui décide de faire partie de cette révolution microbrassicole.

De Dolle Brouwers : signifie les brasseurs fous. Une petite brasserie menée par deux passionnés excentriques qui, détachés du besoin de maximiser les profits, proposent l'amour de la bière dans sa plus belle expression.

Dubuisson : on brasse depuis 1933 une bière alliant le goût belge au goût anglais. On a traduit en anglais son nom : Bush Beer. Celle-ci devient la bière-étendard de la brasserie et détient le plus haut pourcentage d'alcool (12 %) lorsque la révolution microbrassicole déferle sur le monde. On doit la nommer Scaldis sur le marché américain parce que le nom Bush y est déjà célèbre.

Dupont : une ferme qui s'est par la suite spécialisée dans trois secteurs impliquant la fermentation. Outre la bière, elle fabrique en effet du pain et du fromage, dont un à croûte lavée à la bière. Les bières de cette maison se nomment Moinette (blonde qui est en fait une triple et brune qui est en fait une double), Bière de Beloeil et, surtout, la merveilleuse Saison Dupont.

Cantillon : en 1969, Jean-Pierre Van Roy, achète patriotiquement la brasserie pour ce qu'elle représente et devient par la suite le porte-étendard pur et dur du lambic authentique. Il crée le Musée bruxellois de la Gueuze, en 1978.

Ellezelloise : fondée dans les années 1990 dans une ancienne ferme pour le plaisir de la bière bien houblonnée. Le nom Ellezelles évoque les sorcières chevauchant des balais volants.

Fantôme : petite brasserie produisant des bières aromatisées aux plantes et aux épices qui se démarquent. Il ne faut pas se fier aux étiquettes qui reflètent le côté anticommercial du propriétaire.

Girardin (Louis) : la maison est un des principaux fournisseurs de lambics jeunes aux négociants (blenders).

Gouden Boom : derrière son arche d'entrée datant du XVIe siècle, la brasserie de « l'arbre d'or » est un hommage à la ville. Elle offre une excellente blanche aux notes citronnées, la Blanche de Bruges, et les bières d'abbaye Steenbrugge (double

Brasserie « l'arbre d'or », De Gouden Boom, au cœur de Bruges.

et triple). Elle propose également la Triple de Bruges, une bière excentrique d'une grande complexité.

De Keersmaeker : la brasserie, qui appartient maintenant au groupe Alken-Maes, est beaucoup moins connue que ses marques de commerce Mort Subite, d'étonnantes bières de la famille des lambics, adoucies avec des sirops de toutes sortes et des sucres, mais dont la méthode de fermentation respecte rigoureusement l'héritage séculaire du lambic. Il faut goûter à la gueuze-lambic que l'on sert à l'estaminet du même nom, à Bruxelles, pour le constater.

De Koninck : brasserie étroitement associée à la ville d'Antwerp (Anvers en français, mais essayez donc de parler cette langue dans cette ville !). Nous en buvons un petit bol, un *boleke*. Cette bière supporte difficilement le temps et doit être consommée dans son plus jeune âge. Elle est ainsi difficile à exporter et réserve même des surprises décevantes lorsque nous la rapportons comme souvenir de voyage.

Duvel Moortgat : Duvel marque un moment fort du développement de la bière de dégustation à cause de

Brasserie Achouffe

l'excellence de ses produits et de son influence dans le monde de la bière. Orgueilleuse de sa levure, la brasserie a le meilleur élevage qui soit. La salle de reproduction de ces levures est à elle seule une petite brasserie très performante ! La maison brasse également une lager blonde d'une grande finesse, la Bel Pils.

Palm : conservateur, le propriétaire de la brasserie, Arthur Van Roy, laisse passer le train des fermentations basses au début du XXᵉ siècle pour se concentrer sur les fermentations hautes. En 1929, il célèbre la palme de la victoire avec la Speciale Palm, qui devient un classique du style ale du Brabant. La maison remporte une autre victoire en 1947, avec la Dobbel Palm. Cette brasserie anciennement régionale se trouve en pleine expansion : portant, depuis 1993, le nom de « Palm Breweries », elle regroupe les brasseries Gouden Boom et Rodenbach ainsi que Browar Belgia en Pologne. Palm a également une participation de 50% dans les brasseries Boon et Steendonk.

Haacht : entreprise familiale dont les bières portent le nom de pils Primus, Adler, Tongerlo (double, brune, blonde, triple et christmas), Charles Quint et Gildenbier. Haacht brasse aussi plusieurs bières de table : la Maltosa (Pater Brune), la Bavaro, la Blonde et la Eupener Caramel.

Het Anker : le complexe brassicole est aménagé sous forme d'un musée vivant et actif et se situe au grand béguinage de Malines. Le toit de la brasserie offre d'ailleurs un superbe panorama sur la ville.

Huyghe : spécialiste de la bière d'étiquette, la maison connaît une importante croissance due à la révolution microbrassicole. Sa marque la plus connue, la Delirium Tremens, est une virtuose du marketing. S'inspirant des blondes du diable, elle offre un houblonnage minimaliste et une douceur de saveurs qui la rend d'une grande facilité à boire. Elle est présentée dans une bouteille peinte en blanc, ce qui lui permet de devenir vite très populaire auprès des nouveaux amateurs de bières de dégustation. La maison brasse également les marques Artevelde, Campus, Corsaire, Florisgarden, Poiluchette et St-Idesbald.

LeFebvre : spécialiste de la fermentation haute, la maison fermente plusieurs bières d'étiquettes et nous fait découvrir entre autres les Bonne Espérance, Floreffe et Malmedy.

Lindemans : spécialiste du lambic, la maison connaît une importante expansion lors de la révolution microbrassicole. Notons qu'il s'agit de la brasserie choisie par le visionnaire Charles Finkel aux États-Unis. Sa production grimpe de 5 000 hectolitres à 30 000 dans les années 1980. Il s'agit de l'une des rares

Prière du Matin
Mon Dieu, donnez
nous la santé pour
longtemps.
De l'amour de temps
en temps.
Du travail pas trop
souvent.
Et de la Bière tout
le temps.
Amen...

maisons productrices de lambics traditionnels qui grandit.

Oleye : brasserie artisanale joviale, à l'image de sa propriétaire, une femme maître-brasseur qui offre un large éventail de styles célébrant des fêtes locales ou des organismes de sa région.

Riva : la famille De Splenter, propriétaire de la brasserie Riva, brasse depuis plusieurs générations. Elle s'est portée acquéreur de deux petites brasseries au patrimoine noble, spécialisées dans le brassage de brunes des Flandres : Straffe Hendrik (à Bruges) et Liefmans (à Oudenaarde). La brasserie Riva est bien connue pour ses marques Dentergem Wit, St. Arnoldus, Lucifer et Vondel.

Roman : se spécialise dans les brunes des Flandres avec la Adriaen Brouwer. Elle lance en 1983 la Sloeber, une blonde du diable refermentée en bouteille, avant de diversifier sa production, en 1990, avec les bières d'abbaye Ename (double, triple, Cuvée 974, puis blonde).

Rodenbach : les recettes de ce brasseur sont développées après un voyage en Angleterre où on y apprend l'art des assemblages et du mûrissement dans des fûts de chêne. Plusieurs experts pensent ainsi que la Rodenbach Grand Cru est un reflet des porters d'antan. La salle de garde de la brasserie, avec ses foudres de chêne, est spectaculaire. Rodenbach offre aussi les plus célèbres rouges des Flandres.

St. Bernardus : on dit que ses recettes sont issues de l'abbaye Mont des Cats, dernière abbaye trappiste à avoir brassé en France jusqu'au début du XXᵉ siècle. Ses marques les plus connues sont la Pater 6, la Prior 8 et la Abt 12.

St-Feuillien : elle brasse plusieurs produits bien connus : Du Rœulx et Friart, par exemple.

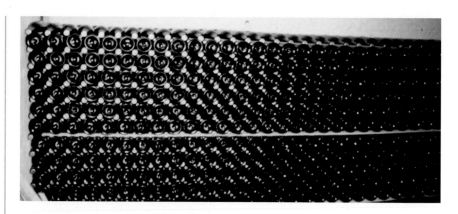

Silenrieux : fondée en 1994 par Éric Bedoret sur la ferme de ses parents, la maison se spécialise dans l'utilisation de céréales ancestrales : l'épeautre (la Joseph) et le sarrasin (la Sara).

Silly : la brasserie tire son nom de la ville et du ruisseau appelés la Sille. Elle brasse les célèbres marques Double Enghien (blonde et brune), en plus d'une blanche, la Titje, qui se démarque par ses franches saveurs d'agrumes et de la sublime Scotch Silly. Elle s'est associé avec les Bières de la Nouvelle-France au Québec.

Straffe Hendrick : est également un estaminet, au cœur de Bruges. Elle offre une monastique blonde plutôt fruitée ainsi qu'une brune des Flandres classique délicatement aigric.

Timmermans : brasserie traditionnelle de lambic, mieux connue pour ses marques populaires, plutôt douces, dont la Gueuze Caveau.

Van Eecke : brasse la très houblonnée Poperings Hommelbier. Ses marques les plus célèbres regroupent la famille des Het Kapittel, signifiant le chapitre. Voilà un exemple typique d'une bière d'abbaye qui n'évoque aucune abbaye, mais qui y fait habilement référence en utilisant l'image du moine sur ses étiquettes.

Van Honsebrouck : se distingue avec les premières gueuzes belges non bruxelloises présentées sous les marques de commerce St-Louis.

Également bien connue pour sa Brigand et sa bière du château (la Kasteelbier, brune ou blonde).

Van Steenberge : célèbre pour les marques Augustijn, Piraat et Gulden Draak, voilà l'une des brasseries les plus modernes de la Belgique qui se spécialise dans une cinquantaine de bières contractées, en plus de la Sparta Pils, une des rares bières non-pasteurisées de ce style en Belgique.

À Vapeur : la maison exécute un brassin public tous les derniers samedis du mois à compter de 9 heures du matin. Elle présente une version classique des bières de saison, la Saison de Pipaix et, en une version plus épicée, la Vapeur en Folie, ainsi qu'une version osée, la Vapeur Cochonne. Cette maison est étroitement associée au bédéiste Louis-Michel Carpentier.

Les deux grands
Alken-Maes

Dans les présentations de bières, Alken-Maes offre les descriptions les plus précises, habituellement dénuées de superlatifs ou de romance. Nous devons lui accorder une médaille de platine pour cette simplicité empreinte de respect à l'égard de ses clients. Elle doit son existence à la fusion en 1988 de deux brasseries ancestrales : Maes, fondée en 1880, et Van Alken, datant de 1928, avant que le groupe alimentaire

Danone ne l'achète à son tour, en 1994. Six ans plus tard, une nouvelle association avec le géant britannique Scottish & Newcastle est conclue. Malgré cette tourmente commerciale, le goût des bières n'est pas affecté et continue d'enjoliver les papilles. Les autres marques connues sont Grimbergen (incluant l'Optimo Bruno et la Cuvée de l'Ermitage), Judas, Watneys Scotch et Zulte. Notons la récente Maes Nature, une bière composée de plusieurs céréales, dont l'orge, le froment, l'avoine et le seigle, épicée de coriandre et d'un zeste d'orange et n'offrant qu'un discret 1,5 % alc./vol.

Interbrew

En dénombrant les brasseries sous l'aile Interbrew, on se rend compte que ce géant est en fait un des plus importants brasseurs au monde ! Son origine remonte à 1366, mais son véritable fondateur linéaire, Sebastien Artois, n'arrive qu'en 1708 et ne donne son nom à la brasserie qu'en 1717. Il ne brasse manifestement pas de pils à ce moment, puisqu'il faudra attendre 1926 pour qu'une bière por-

Brasserie Dubuisson

tant son nom (vendue d'abord comme christmas) puisse être classée dans ce style classique. La marche de ce géant s'amorce lors d'une fusion avec la brasserie Piedboeuf en 1968, maison connue pour sa marque Jupiler. On nomme cette union Interbrew. Sa croissance phénoménale intègre, dans une première vague, Belle-Vue, St. Guibert (brasseur de la Leffe et de la Vieux Temps), Hoegaarden et, plus tard sur le plan international, Labatt au Canada, Banks en Angleterre... Ses installations à Hoegaarden méritent

la visite. La petite brasserie de Pierre Celis, appartenant maintenant au géant, est devenue un centre interactif combinant tourisme, plein air et gastronomie de la bière, sans oublier la visite des installations et la possibilité d'obtenir un diplôme de service de la blanche ou de la Stella Artois. L'expérience que propose ce musée peut faire sourciller les puristes par son décorum et sa mise en scène dont les détails sont minutieusement calculés sous l'angle du marketing. Par ailleurs, le restaurant Hoegaards

Les sous-bocks

Le protocole de rincer les verres avant le service de la bière en fût conduit à la nécessité d'absorber l'eau qui s'écoule de la paroi afin de protéger les tables de bois. Plusieurs brasseries en profitent pour émettre des séries de sous-bocks pour collectionneurs, ou illustrant des histoires, des mises en valeur culturelles, ou sportives. Les sous-bocks de la brasserie De Koninck, par exemple, font toujours preuve d'une conception originale et artistique. Ils sont célèbres partout dans le monde, et chaque nouvelle édition est impatiemment attendue des collectionneurs. Le protocole du sous-bock s'étend partout en Europe. La particularité de la Belgique à cet égard est que, sauf exception, le sous-bock utilisé est toujours celui de la marque servie et que plusieurs estaminets s'en servent en guise de carnet sur lequel les garçons calculent la note.

Kouterhof, aménagé dans l'ancienne étable de la ferme, rappelle non seulement les modestes débuts de la maison, mais également le fait que la bière, même celle dite de dégustation, est la boisson du peuple. Le Kouterhof mérite une visite pour son service soigné, la qualité de ses plats et l'art des accords avec les mets.

Des brasseries belges hors Belgique

L'adjectif belge est souvent associé à des produits gastronomiques : le chocolat, les frites, les moules... Dans le monde de la bière, l'Union des Brasseurs Belges (BB) est jalouse de l'appellation belge qu'elle souhaite réserver strictement aux bières fabriquées en Belgique. Les BB poursuivirent en justice le géant américain Coors relativement à son utilisation du terme Belgium White. Pourtant, en marge de ces considérations légales, les reproductions de bières belges authentiques sont beaucoup moins populaires que les inspirations britanniques et allemandes ailleurs dans le monde. Les coûts de production et les difficultés reliées à la refermentation en bouteille constituent aussi des sources de difficultés importantes pour les brasseurs désirant copier les styles belges. On en retrouve néanmoins quelques excellents exemples

Brasserie Rodenbach

aux États-Unis et au Canada, avec entres autres Ommegang, New Belgium, les brasseurs R.J. (Cheval blanc) et Unibroue.

Bières contractuelles

Nous entendons souvent les amateurs s'exclamer devant le nombre incroyable de styles de bières en Belgique. En fait, comme nous l'avons vu, il existe une douzaine de styles, mais plusieurs centaines de marques. Plusieurs brasseries acceptent de produire des marques pour d'autres compagnies, des individus, des regroupements, et certaines font même de ce marché une spécialité, contribuant à projeter cette image d'abondance. Bien entendu, plusieurs recettes sont originales, mais un certain nombre sont offertes derrière plus d'une étiquette ! Cela est bien embêtant pour les consommateurs soucieux de savoir qui a véritablement brassé certaines de leurs bières préférées : il serait bien ennuyeux de détester et d'aimer simultanément le même produit emballé sous deux étiquettes différentes !

Établissements attachés

En Belgique, un système semblable à celui du Royaume-Uni favorise la mainmise des brasseries sur les débits de boisson et limite le choix de bières que ces derniers proposent. Contrairement à leurs voisines britanniques, les brasseries ne sont pas propriétaires des établissements, mais 80 % des estaminets et restaurants sont attachés à l'un ou l'autre des géants du brassage par entente contractuelle. Alken-Maes et Interbrew se partagent ainsi le marché de la consommation dans les débits. Il est relativement facile d'identifier l'allégeance de chacun par l'affiche qui orne l'entrée de l'établissement. Le choix de bières est néanmoins toujours complet, car, peu importe son allégeance, chacune des

Café In de Vrede (Saint-Sixtus)

maisons offre tous les styles de bières. En outre, plusieurs autres bières régionales ou trappistes sont habituellement au menu. Les seules véritables restrictions pour le consommateur sont reliées à l'absence totale des marques du compétiteur. Ainsi, dans les débits contrôlés par Alken-Maes, ce sont les bières monastiques Grimbergen qui sont à l'honneur, et l'on n'y trouve jamais de Leffe. L'inverse est également vrai. Mais, dans les deux cas, on peut raisonnablement s'attendre à voir par exemple au menu de l'établissement les produits de l'abbaye de Westmalle ou ceux de Chimay.

Des nombres historiques

Les chiffres sur certaines étiquettes, notamment sur celles des bières monastiques, évoquent l'ancien système de mesure de la densité initiale. Il n'existe pas de facteur d'équivalence entre ce nombre et le pourcentage d'alcool par volume, car la densité finale est souvent différente à cause du rôle de la levure. Ainsi, plus la densité initiale est élevée, plus l'écart par rapport à la densité finale peut être important. Par exemple, Le nombre 6 équivaut approximativement à 7 % alc./vol. tandis que le nombre 12 peut se traduire par une bière aussi légère que 10 % ou même s'élevant à 14 % alc./vol.

Le paradis du service de la bière

Rémi Parenteau

Le protocole de service en Belgique est le plus songé que l'on puisse trouver sur terre. Il accorde une grande attention à l'habillage du verre. Il comporte aussi plusieurs gestes discrets témoignant du souci du serveur de satisfaire le client.

L e rituel est le suivant. Le serveur salue d'abord le client, puis procède ensuite à des gestes rituels : enlever le cendrier, laver la table, remettre un cendrier propre et s'enquérir enfin du choix du client. Il retourne choisir le verre approprié à la bière souhaitée et vérifie sa propreté en le mirant dans un geste que le client peut apercevoir. S'il s'agit d'une bière en bouteille, le serveur doit essuyer le verre pour ensuite le toiletter, c'est-à-dire lui mettre un col en papier. S'il s'agit d'une bière en fût, il s'agira du travail spécialisé du tireur. Celui-ci doit d'abord nettoyer le verre dans une solution spéciale et

bien le rincer dans un bassin d'eau claire. Il remplit ensuite le verre d'un seul trait et s'assure de la formation d'une mousse débordante. À l'aide d'un couteau conçu à cet effet, il coupe la mousse du dessus puis rince le verre dans le bassin d'eau. Il dispose ensuite le verre sur le plateau de service après l'avoir toiletté. Le serveur apporte le verre à la table du client et dépose le sous-bock approprié (portant la même marque que

celle de la bière demandée). S'il sert une bouteille, il doit maintenant verser la bière dans le verre en prenant bien soin, le cas échéant, de laisser la levure dans la bouteille. Il dépose le verre sur le sous-bock, le logo face au client. Il place enfin la bouteille à côté du verre, l'étiquette face aussi au client, puis conclut la séance avec une formule de politesse : « s'il-vous-plaît » ou « à votre bonne santé ».

L'utilisation du coupe-mousse pour le service en fût est typiquement belge. Le principe est simple : pour que la bière offre une bonne tenue de mousse, il faut que celle-ci soit uniforme, constituée de bulles de même dimension. De grosses bulles s'effondrent rapidement et contribuent à l'affaissement des bulles des étages inférieurs. Le soutireur les élimine donc à l'aide de cet instrument.

Bière monastique plutôt que bière d'abbaye

Les styles monastiques modernes sont liés aux méthodes modernes de brassage. Ces bières s'inspirent des méthodes de dénomination anciennes utilisées dans les monastères, mais n'en constituent pas des reproductions authentiques. Les méthodes actuelles de saccharification et de fermentation sont considérablement différentes. Lorsque nous examinons la création des bières-phares, nous constatons que le développement des styles est plutôt laïc alors que leur mise en marché s'inspire de celle des religieux. La majorité des bières d'inspiration monastique sont faciles à nommer, car elles n'incluent pas le mot abbaye : la double, la triple et la quadruple, de même que la bière conventuelle (la simple), moins vendeur. La logique nous porte à classer les doubles et les triples dans la même famille mais, sur les papilles, ces deux styles sont considérablement

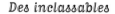

La Straffe Hendrik blonde est un excellent exemple d'une bière qui ne porte pas la mention « d'abbaye », mais dont le profil de saveurs s'inscrit parfaitement dans le style.

différents. Il importe ici de regrouper les différentes interprétations en grandes familles : les blondes, les rousses ou brunes et les aigres, soit l'utilisation de deux variables qui se chevauchent. En terme de saveurs, la brune des Flandres se rapproche beaucoup plus de la gueuze (blonde) que de la double (également brune), tandis que la double ressemble beaucoup plus à la scotch ale qu'à la triple.

Des inclassables

La grande liberté qu'autorise le brassage par infusion à paliers, l'utilisation régulière d'épices et l'existence d'un marché important pour les bières de haute densité accorde une grande flexibilité aux brasseurs. En Belgique, il y a des bières qui sortent vraiment de l'ordinaire, même dans leurs styles respectifs : l'Orval, les Westvleteren, les Rochefort, la Chouffe, la bière des sorcières d'Ellezelle, la Triple de

Westmalle, la Glüh-kriek (qui peut se boire chaude !) pour n'en nommer que quelques-unes. Précisons que dans chacun des styles, on découvre une grande variation de saveurs.

Pasteur et la bière

Les découvertes de Pasteur sur les méthodes de stérilisation partielle des liquides fermentescibles, dans le but d'empêcher la prolifération bactérienne, constituent un point tournant dans l'histoire de l'humanité. C'est en effectuant des recherches pour la

Verre sec ou mouillé ?

En général, les verres servis à la pompe sont servis mouillés, c'est-à-dire rincés juste avant d'être remplis de la précieuse boisson. Cela contribue à la formation et à la bonne tenue de la mousse.

Styles classiques de bières belges LES PRINCIPAUX STYLES DE BIÈRES EN BELGIQUE

Bières monastiques	Régionales historiques	Influence britannique	Influence bohémienne	Styles récents	Hors de l'ordinaire
Simple[1] Monastique blonde Monastique brune Double Triple Quadruple	Lambic (gueuze, fruits, faro...) Saison Aigre des Flandres (brune et rouge) Blanche	Ale du Brabant (pale ale belge) Scotch ale[2]	Pils	Blonde du diable Bière de table Interprétations libres de styles classiques, saugrenus et libertaires	Saisonnières Christmas Orval et bien d'autres...

(1) Désigne les bières de consommation courante dans les abbayes, il ne s'agit pas d'un style. Il faut se rendre sur place pour les découvrir.

(2) Porte le qualificatif d'un pays, mais a été créée en Belgique !

La révolution blanche

Si nous devions couronner la reine des bières de dégustation depuis la révolution microbrassicole, nous élirions la blanche, timidement réintroduite par Pierre Celis en 1965 après avoir complètement disparu du paysage commercial de la Belgique.

On brasse depuis des lunes à Hoegaarden en utilisant les matières premières de cette région : de l'orge, de l'avoine et surtout du blé en grande quantité. Devant la popularité des pils, le style blanche s'éteint en 1957 avec la fermeture de la brasserie Tomsin. Son ancien propriétaire se vante d'ailleurs d'avoir été le dernier brasseur de blanche. Un ouvrier de Tomsin, Pierre Celis, décide de prouver qu'il est toujours possible de faire cette bière. Il se bricole un modeste équipement d'une capacité de 200 litres. Il utilise une marmite de lessive en guise de cuve-matière et scie un fût de porto pour en faire deux fermenteurs. La popularité de son produit et les encouragements de ses amis le poussent à brasser commercialement pour son village en 1967. Il baptise sa blanche, en respectant les traditions, du nom de sa ville : *Oud Hoegaards Bier*, la bière de Hoegaarden. Sa popularité lui permettant de décupler sa production deux ans plus tard, il embouteille manuellement quelques centaines de bouteilles qu'il expédie ici et là en Belgique. Un marchand hollandais découvre cette nouveauté dans un café d'Antwerpen. Impressionné, il se rend à la brasserie dès le lendemain afin de se procurer quelques caisses pour les vendre dans son pays. En moins d'une semaine, il renouvelle sa commande ! Cette bière remporte un tel succès qu'un journal belge raconte l'histoire. Le même phénomène se répète à Paris, sur les Champs-Élysées. Ce sont ensuite les étudiants de l'Université de Leuven qui l'adoptent, en partie parce que cette bière est différente de celle de leurs parents : ils ne savent pas qu'ils affectionnent la bière de leurs grands-parents !

Quelques années plus tard, un Brugeois, passionné de sa ville et se souvenant du délicieux goût de la blanche qu'on y produisait, choisit également de faire revivre un ancien style de la ville. Paul Vanneste achète la brasserie de ses ancêtres, De Gouden Boom (l'arbre d'or), en s'inspirant de l'histoire de Pierre Celis. La Blanche de Bruges est née. D'autres brasseries s'inspirent également de Celis et nomment toutes leurs blanches du nom de la ville où elle est brassée. Mais le succès remporté par la Hoegaarden dépasse vite la capacité de production de la petite brasserie, ce qui l'entraîne dans un cycle d'accroissement infernal. Celis achète les équipements de la brasserie Aacht de Zolder et installe cette nouvelle salle de brassage dans une vieille étable qu'il baptise l'ermitage (De Kluis). Après un incendie, plus habile à manier le fourquet qu'à jongler avec les chiffres, il accepte de s'associer à Interbrew. Inconfortable dans la bureaucratie, il se résigne à vendre ses actions au géant. Ce dernier ennoblit le produit et fait croître ses ventes à des sommets insoupçonnés. Le nombre de brasseries offrant maintenant une bière du style blanche, non seulement en Belgique mais ailleurs dans le monde, consacre aujourd'hui le style.

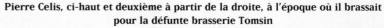

Pierre Celis, ci-haut et deuxième à partir de la droite, à l'époque où il brassait pour la défunte brasserie Tomsin

brasserie Tourtel que Pasteur décou-vre le rôle que jouent les bactéries dans le surissement de la bière. Jusqu'alors, le concept de la généra-tion spontanée postule que la nature est en mesure de créer des orga-nismes *ab initio*, à partir de rien ! On interprétait ainsi souvent la fermen-tation comme une intervention divine, comme en témoigne le nom que portait la mousse de levure en Angleterre, *God is good* (Dieu est bon). L'application de ses recherches à l'alimentation a permis le développe-ment d'une grande industrie et a con-tribué à l'amélioration de la santé générale de la population. De nos jours, grâce aux méthodes techniques de filtration de la bière, la pasteuri-sation est souvent perçue comme négative. On dit à raison que la bière perd un peu de sa finesse gustative. Pourtant, compte tenu des risques de mauvais traitements que doivent affronter les bières de dégustation (conditions d'entreposage inadé-quates, durée d'exposition dans des entrepôts non climatisés l'été...), la pasteurisation assurerait une meilleure protection de la bière pour les consommateurs. Il s'agit alors d'un moindre mal !

Le petit pot de confiture

À Hoegaarden, la population avait pris l'habitude d'uti-liser des pots de confiture comme verres dans lesquels elle versait la bière blanche. La forme de ces contenants a inspiré le déve-loppement de ce verre de service pour la nouvelle blanche et porte le nom de petit pot de confiture. La

statue du petit bonhomme qui verse la blanche dans le petit pot de con-fiture nous accueille dans la cour intérieure du Kouterhof, restaurant spécialisé dans la cuisine à la bière, jouxtant le musée. L'endroit mérite la visite.

Bières trappistes

Abbaye de Westmalle

Six monastères possèdent des équipements de brassage opérationnels en Belgique, tous de l'ordre des trappistes, une rare dénomination d'origine contrôlée dans le monde de la bière. Seulement deux brasseries fonctionnent selon les rites monastiques. Les quatre autres sont opérées par des laïcs sous la stricte supervision des moines. Dans tous les cas, les bières produites respectent les normes les plus rigoureuses de brassage qui soit et plusieurs offrent des produits d'une qualité telle qu'il est impossible de les classer dans un ou l'autre des grands styles de bière.

Benoît de Nursie établit les bases de la vie monastique au VIᵉ siècle en déterminant les deux principales occupations des moines : *ora* et *labora*, la prière et le travail. Ils doivent aussi vivre de façon autarcique. Ainsi, « les moines n'auront pas à circuler au dehors, ce qui n'est pas bon du tout pour leur âme ». Ils doivent vivre comme le siècle, c'est-à-dire comme le peuple et donc consommer les mêmes boissons que les laïcs. Au sud, c'est le vin que

tout le monde boit, au nord, c'est la bière. Les monastères intègrent verticalement toutes les étapes brassicoles, de l'agriculture jusqu'au débitage dans l'auberge-hospice. Ils

Abbaye d'Orval

cultivent l'orge et déterminent les meilleures conditions pour le faire pousser et en extraire le maximum de bonté. Leur rigueur et leur savoir permettent d'apporter des améliorations considérables aux techniques brassicoles. Les monastères du bas Moyen Âge participent activement à la vie économique des sociétés. On y trouve des hommes de lettres, un emplacement pour négocier et un lieu d'hébergement. Certains monastères deviennent des lieux du savoir, de la culture, du brassage, de la fabrication du fromage ou de la vinification. Il arrive toutefois que l'on s'y éloigne de « l'obéissance, la pureté et la pauvreté » au profit d'un train de vie plutôt jovial. Des réformes s'avèrent nécessaires. Deux d'entre elles occasionnent la fondation de l'ordre des trappistes. D'abord la réforme de Cîteaux, en Bourgogne, puis celle de l'abbaye de la Trappe, en Normandie. Le pouvoir exercé par les églises ainsi que le partage inégal de la richesse entre religieux, rois et population civile mène aux révolutions en Europe. Les moines fuient donc vers des lieux plus accueillants, plus paisibles : en Suisse, en Belgique, en Allemagne, outre-mer. Lorsque les moines peuvent regagner leur abbaye, la plupart des ordres cessent alors de brasser.

Le mot trappiste constitue une appellation contrôlée, en Europe. Un logo (*Authentic Trappist Product*) certifie d'ailleurs l'origine du produit. L'ordre trappiste n'est pas d'un ordre mendiant. Les moines doivent donc nécessairement vivre du travail de leurs mains et non d'une redevance sur la charité. Ils participent ainsi aux activités économiques de leur communauté, notamment à travers l'industrie alimentaire. L'utilisation de la dénomination trappiste est soumise à des règles aussi sévères que leur rigueur à observer la règle de saint Benoît. Il n'est pas permis de concéder des droits d'utilisation du nom à des tiers, comme le font d'autres abbayes. Pour porter la mention trappiste, une bière doit être brassée *intra-muros* sous la supervision directe d'un membre de la communauté. Cela ne veut pas dire que la bière a été brassée par des moines. Dans certaines abbayes, les opérations sont exécutées par des employés civils. Les moines souscrivent également à la charte de charité (*Carta Caritatis*) élaborée au Moyen Âge. Ils doivent ainsi faire preuve de solidarité économique à l'égard de leur prochain. Aucune structure pyramidale n'existe dans la communauté trappiste, et chaque abbaye est autonome. Les traditions économiques sont ainsi différentes et les liens sociaux ne s'expriment pas de la même façon.

Abbaye de Westvleteren, anciennement et maintenant.

Westvleteren (ci-haut) et Rochefort (à gauche) démontrent quotidiennement que, quelle que soit la demande, la brasserie n'est que l'accessoire du principal qu'est la vie monastique de leur communauté. Les opérations de brassage sont partie intégrante de l'horaire monastique.

Abbaye de Westmalle

Il existe présentement six brasseries trappistes certifiées dans le monde, toutes en Belgique : Achel, Chimay, Orval, Rochefort, Westmalle et Westvleteren. L'abbaye de Konings-hoeven aux Pays-Bas faisait partie du groupe jusqu'à la fin du XXᵉ siècle. En confiant le brassage de ses bières à l'administration d'une brasserie laïque (Bohemia), elle perdait ses droits d'utilisation du logo de certification. Les bières qui portent le nom sont néanmoins brassées au sein du monastère et les marques portent toujours la mention trappiste.

Westvleteren dispose d'une ligne téléphonique offrant un message enregistré qui indique, au jour le jour, les marques de bière en vente. Les jours de libération de la Twaalf (à capsule jaune), de longues files de voitures se forment pendant la nuit !

Abbaye d'Orval. Dans la majorité des brasseries trappistes, le brassage est effectué par des civils, sous la supervision des moines

Le savoir-faire de leurs moines-brasseurs est notoire. Pensons au frère Thomas de Westmalle, au père Théodore, au frère Louis à Chimay et à Dom Hubert et au frère Antoine de Rochefort. Les deux plus importantes brasseries trappistes, Chimay et Westmalle, produisent environ 130 000 hectolitres par année chacune.

Quelle que soit la demande pour leurs produits, les brasseries West-vleteren et Rochefort maintiennent une production régulière et stable qui demeure indépendante de la demande. Pour Chimay, Rochefort, Westmalle et Westvleteren, le brassage est une activité monastique, c'est-à-dire exécutée par des moines, en respect des horaires monastique et liturgique.

Leur intérêt principal est la vie monastique de leur communauté. Paradoxalement, ils entretiennent ainsi un phénomène de rareté qui élève la valeur de leur production et de toutes celles qui portent l'appellation trappiste. Westvleteren ne pratique la vente de ses produits que sur place. Un comptoir de vente derrière l'abbaye accueille les clients en respectant l'horaire monastique. Chaque client est limité à un achat de 10 casiers de 24 bouteilles à la fois.

Pour Achel et Orval, le brassage est une activité essentiellement économique. Le brassage intra-muros, supervisé par des moines, y est exécuté par des employés laïcs. Avec une production semblable à celle de Rochefort, la brasserie d'Orval fonctionne comme une petite industrie intra-muros afin de soutenir la reconstruction et l'entretien de l'abbaye. Ce sont des brasseurs laïcs qui la brassent depuis 1931. L'activité monastique de l'abbaye d'Orval est concentrée sur une ferme, une boulangerie et une fromagerie. Notre-Dame d'Orval ne brasse qu'un seul produit, mais quelle bière ! Ode au houblon, elle s'imprègne de toute sa richesse jusque dans le fermenteur. Titrant 6,2 % alc./vol., cuivrée, elle offre une amertume très prononcée de houblon et de levures. L'utilisation de brettanomyces lui confère à l'occasion un caractère chevalin.

saint Benoît

Sa bière conventuelle pour consommation journalière est offerte partout où l'Orval est vendue. Il suffit d'y ajouter 50 ml d'eau distillée par bouteille. À Orval même, on utilise plutôt l'eau de la source de Mathilde. Le produit porte le nom d'Orval verte, à la mémoire de l'époque où ce produit était embouteillé dans une bouteille de cette couleur. On peut la dénicher à

Contribution des moines à l'essor de la bière

Par leur rigueur, les moines ont grandement contribué au développement des méthodes de brassage au Moyen Âge. Malgré l'image traditionnelle que les moines projettent, ils utilisent les meilleures méthodes pour élaborer leurs produits. Outre la rigueur dans le développement de leurs recettes, les moines ont contribué au développement de la bière par :

✢ l'utilisation du houblon dans la bière (introduit par sœur Hildegaard en Allemagne) ;
✢ l'invention du conditionnement par refermentation dans la bouteille (par dom Pierre Pérignon, en France) ;
✢ le développement de levure en Belgique (que l'on doit notamment au père Théodore de Chimay).

De nos jours, les moines appliquent toujours les meilleures normes de production alimentaire (ils ne produisent pas seulement de la bière), que ce soit en Belgique ou ailleurs dans le monde.

l'auberge L'Ange gardien devant l'abbaye. Achel s'est jointe aux groupes trappistes en 2000 pour répondre à la demande de sa clientèle qui se présente au petit café de l'abbaye, situé le long d'une piste de randonnée. Elle fait appel à l'un des brasseurs trappistes les plus réputés qui vient de prendre sa retraite, le frère Thomas de Westmalle. On lui donne une très grande latitude et ce dernier s'en donne à cœur joie en développant des versions plus légères de ses célèbres double et triple.

Soulignons pour terminer que les Grimbergen et Leffe sont souvent annoncées comme trappistes dans les débits ! La mention trappiste est contrôlée par l'étiquetage des bouteilles, mais les griffonnages avec un crayon marqueur ou une craie échappent à la vigilance du législateur.

Dégustation trappiste

Westmalle nous offre trois bières merveilleuses : la Westmalle extra (la simple, de 4 à 5 % alc./vol.), réservée aux moines, la Westmalle double (avec 6,5 % alc./vol., d'un brun rubis, aux arômes de chocolat et de malt, ronde, très douce en bouche et dont on reconnaît facilement la présence d'alcool), ainsi que la sublime Westmalle triple, titrant 9 % alc./vol. Celle-ci est d'un cuivre ambré, aux arômes puissants de malt, d'alcool et de levures, moyennement fruitée, ronde en bouche avec des saveurs prononcées de caramel brûlé et d'alcool, légèrement amère, avec long arrière-goût qui met en valeur l'alcool et le caramel présent par ses nuances sucrées et brûlées.

Respectant le principe que dès

que la bière est soutirée en bouteille elle ne s'affine pas de la même façon selon qu'elle est embouteillée dans un petit ou dans un grand format, les bières Chimay ne portent pas le même nom. Ainsi, la bière rousse titrant 7 % alc./vol. porte le nom de Chimay rouge, dans le format 330 ml ou Chimay première, dans le format 750 ml. Elle est fruitée, aux arrière-goûts doux-amers. La Chimay triple (330 ml) se nomme Cinq cents dans le grand format. Elle a été élaborée afin de souligner les 500 ans de la ville de Chimay célébrés en 1986. Titrant 8 % alc./vol., celle-ci est cui-vrée, complexe et généreuse. La Chimay bleue (330ml) ou Grande réserve (750ml), très douce et vineuse, offre l'onctuosité de ses 9 % alc./vol. et des notes délicates de chocolat. Les Westvleteren sont généreusement construites sur le malt, aux notes aiguës de chocolat, rondes et veloutées en bouche. Elles sont uniques et inclassables. On retrouve la Zes (capsule rouge), à 6,2 % alc./vol., brun foncé, douce et fruitée, et la Acht (capsule bleue), titrant 8 % alc./vol., elle aussi brun foncé, douce et fruitée. La capsule jaune, la Twaalf, titre 11,5 % alc./vol., et revêt en verre le même aspect que ses sœurs. La brasserie Saint-Rémy de Rochefort offre pour sa part les bières suivantes : la Rochefort 6, à 7,5 % alc./vol., brun rouge, fruitée et épicée, la Rochefort 8, titrant 9,2 % alc./vol., brune, exprimant des flaveurs de raisin, et la Rochefort 10, à 11,3 % alc./vol., d'un brun profond, aux reflets rubis et très vineuse.

Bières d'abbaye

Le brassage monastique s'est adapté à l'évolution de la société. Certaines abbayes brassent toujours, d'autres confient la fabrication à des entreprises laïques. Plusieurs brasseries louent des droits d'utilisation du nom d'une abbaye pour certaines marques. Soulignons que le mot abbaye sur une étiquette est plutôt source de confusion qu'une indication du goût du produit.

Lorsque la brasserie Veltem de Louvain-la-Neuve décide de nommer une bière du nom de l'ordre conventuel trappiste, l'abbaye d'Orval réagit afin de protéger l'utilisation du nom. Deux ans plus tard, un tribunal lui donne raison et la dénomination devient alors protégée. Aucune autre dénomination n'est par ailleurs sollicitée (bénédictins, prémontrés...). C'est le concept de bière d'abbaye qui est retenu par tous pour la désignation de certains styles de bière. Cette dénomination abbaye est utilisée de façon anarchique et est source de confusion. Les débats concernant l'appellation d'abbaye font

rarement référence à un ou des styles, mais au lien qui existe ou pas avec une abbaye réelle. Des abbayes bénédictines et norbertines (prémontrées) choisissent de faire brasser leurs bières par des brasseries commerciales. Une partie des profits de la brasserie est alors versée au trésor de ladite abbaye. D'autres brasseries donnent à leurs produits un nom évoquant une abbaye réelle ou fictive, sans toutefois verser de droits.

Il existe seulement sept brasseries opérationnelles situées dans des abbayes en Belgique : six trappistes et une brasserie laïque louant un espace dans l'abbaye de Val-Dieu. C'est en 1997 qu'un brasseur passionné, Benoît Humblet, conclut une entente de location des bâtiments de la ferme afin d'y installer une brasserie. L'endroit est exigu et ne dispose ni d'aqueduc ni d'égouts. Qu'à cela ne tienne, il fait livrer l'eau qu'il utilise pour le brassage et les opérations de nettoyage par ci-terne. Il récupère l'eau souillée et l'envoie se faire recycler, également par citerne ! Les bières qu'on brasse à l'abbaye de Val-Dieu s'inspirent des bières monastiques classiques : une blonde, une double et une triple. Les

L'utilisation du mot trappiste par la brasserie Veltem força l'abbaye d'Orval à intenter des poursuites judiciaires afin de protéger l'utilisation du nom. Elle gagna sa cause deux années plus tard.

bières actuelles qu'on y fabrique sont donc de véritables bières d'abbaye.

Une certification d'abbaye est offerte depuis quelques années. Elle assure un lien entre une bière et une abbaye, même si celle-ci est disparue. Le cas échéant, le lien s'établit avec l'association qui gère le site (comme c'est le cas d'Ename). La brasserie doit alors payer des droits. Les sommes recueillies sont utilisées pour des bonnes œuvres.

Lorsque nous examinons les bières brassées en Belgique en observant strictement ce qu'elles goûtent, nous constatons que plusieurs bières ne portant pas la mention d'abbaye ressemblent à plusieurs bières d'abbaye et que, inversement, plusieurs bières portant cette mention sont inclassables ou ne portent pas le nom ! Impossible de s'y retrouver. Dans cet ouvrage, nous avons retenu le mot monastique pour désigner certains styles.

L'inspiration des facteurs multiplicatifs double et triple pour dénommer certains styles de bière prend naissance dans les abbayes. Elle semble remonter à 816, à l'abbaye de Saint-Gall, en Suisse. Dès sa fondation, on y installe trois brasseries produisant autant de styles. La plus faible, l'*hic*

Hiérarchie monastique

Pater désigne, en néerlandais, et en allemand, un prêtre membre d'une communauté religieuse. En français nous disons Père suivi du prénom monastique. Un membre qui n'est pas ordonné prêtre est qualifié de Frère, en néerlandais Broeder. Prior désigne le Prieur : le Père, le second rang après le Père Abbé. Lorsqu'une communauté n'est pas érigée canoniquement en abbaye, son supérieur n'a pas le rang de Père Abbé, et il en est le Prieur. ABT désigne finalement le Père Abbé, le « patron » de l'abbaye.

fratibus conficiatur cervisa, est destinée aux moines. Une version plus forte sert à attirer les voyageurs à l'abbaye, la *domus conficiendae celiea*. La bière de luxe, de son côté, est réservée aux pèlerins et aux grandes occasions, c'est la *bracitorium*. On développe éventuellement une méthode afin de produire ces

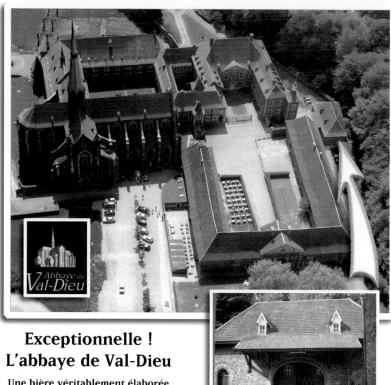

Exceptionnelle !
L'abbaye de Val-Dieu

Une bière véritablement élaborée dans une abbaye, due à la détermination d'un rêveur qui souhaitait brasser au sein d'une institution noble. La brasserie est située dans un petit bâtiment au sein de l'abbaye

styles dans une seule brasserie. La bière élaborée avec le rinçage de la drêche devient la bière de base (la simple, à environ 3 % alc./vol), la bière produite avec la première infusion de malt est la bière de luxe (la double, équivalant de nos jours à 4 ou 5 % alc./vol), tandis que la bière fortifiée de matières fermentescibles (comme le miel) ou ayant un empâtage plus épais est la bière des pèlerins et des grands événements (plus de 5 % alc./vol). Les techniques de fermentation moderne accroissant le pourcentage d'alcool, l'appellation quadruple est récente, proposée par l'abbaye de Koningshoeven dans les années 1990.

Exemples de liens entre l'abbaye et les marques

Réelle, confie le brassage à une brasserie
• Maredsous
• Grimbergen

Réelle, accorde des droits d'utilisation
• Affligem
• Ename
• Corsendonck
• Leffe
• Steenbrugge
• Tongerlo
• Val-Dieu

Ancienne
(souvent en ruines)
ou fictive, sans droit d'utilisation
• Bonne Espérance
• Bornem
• Cambron
• Dendermonde
• Des Rocs
• Floreffe
• Keizersberg
• Postel
• Villers
• Saint-Martin
• Sint-Pietersabdij

Évocation seulement
• Augustijn
• Het Kapittel
• Pater Lieven
• Petrus
• St-Benoît
• St. Bernardus
• St. Paul
• Triple Moine
• Witkap

Les lambics

Alors que les découvertes de Louis Pasteur sur la fermentation, et les applications de la méthode de la fermentation basse développée dans le triangle Munich-Vienne-Plzen (incluant l'élève Hansen de la brasserie Carlsberg au Danemark), révolutionnent le monde, un certain nombre de brasseurs entêtés de la Belgique poursuivent l'application des traditions ancestrales. D'autres développent des techniques de compromis, combinant la fermentation spontanée et la fermentation à l'aide de levures sélectionnées. Deux grandes familles de bières sont ainsi créées en Belgique : les lambics et les bières aigres des Flandres.

L'origine du mot lambic est ambiguë : on l'attribue à des paysans qui, à cause de sa saveur très acide, pensent que cette boisson est distillée. Il s'agirait alors d'une déformation du mot alambic. L'ancien nom donné à la cuve-matière dans cette région est également alambic. Certains auteurs suggèrent que le mot provient du latin *lambere* signifiant prendre une gorgée. Cette explication est compatible avec d'autres synonymes, dans d'autres langues, faisant du mot bière un synonyme de boire. Finalement, nous devons souligner l'existence de ce village de Lembeek, au sud de Bruxelles. Cette hypothèse respecte les traditions anciennes qui nomment les bières par leurs villes d'origine. Michael Jackson retient cette hypothèse dans ses ouvrages.

Alors qu'un nombre important de brasseries partout dans le monde affirment brasser des recettes qui remontent au Moyen Âge, celle qui est à la source du lambic est probablement la plus médiévale de toutes !

La naissance de ce style remonte en effet à la nuit des temps et a surtout survécu à l'implantation de la pasteurisation. Boire l'une d'elles, c'est goûter au témoignage vivant de cette époque où l'action de la levure n'était pas encore connue. Le lambic est le refus de l'évolution scientifique, bien qu'il importe de noter que la méthode de saccharification applique maintenant les principes éprouvés de la science.

L'histoire du lambic, tel que nous le connaissons, débute en 1897 lors de l'Exposition universelle de Bruxelles. On attribue la cause de sa popularité à l'utilisation des bouteilles de champagne résiduelles des célébrations pour l'embouteiller. Cette pratique est aujourd'hui devenue une tradition. De nos jours, plusieurs producteurs affirment que le lambic est une particularité spécifique à la région entourant Bruxelles. Une de leurs grandes réussites a sans aucun doute été de convaincre les consommateurs que l'originalité gustative de ce produit est due à la flore microbiologique de cette région, aussi nommée le Pajottenland. Cela est faux. La législation belge sur la lambic ne renvoie pas à une particularité géographique, mais à des caractéristiques reliées aux matières premières, aux méthodes de brassage et, surtout, à celles de la fermentation. Ce type doit être obtenu par la fermentation d'un moût cuit, inoculé de façon naturelle à partir de l'air ambiant durant son refroidissement. L'article précise que « les levures et les bactéries caractéristiques indispensables à la réussite du processus des fermentations propres aux bières dénommées lambic, gueuze et gueuze-lambic doivent être apportées par l'air ambiant. Cette fermentation ne peut être obtenue par l'inoculation au moyen de levures pures, ni par le recours à d'autres milieux fermentants ». Toute bière subissant une fermentation selon le même protocole développe, partout dans le monde, des saveurs semblables ! On trouve incidemment en Belgique d'autres brasseries à l'extérieur de cette région qui brassent des lambics. La plus connue est Van Honsebrouck d'Ingelmunster (marques St-Louis), située près de la mer du Nord. Pour les microbrasseries d'ailleurs dans le monde, il s'agit d'un style risqué à produire. Certains accidents de brassage sont à l'occasion récupérés en nommant la bière fortuitement produite lambic ou gueuze, ou en les vendant à des assembleurs.

La température plus chaude de l'été transporte des micro-organismes indésirables pouvant donner des flaveurs putrescentes à la bière. Le lambic n'est traditionnellement brassé que pendant les saisons dites froides, d'octobre à avril. Quelques brasseries ont développé des techniques permettant de brasser l'été : cueillette de l'air froid d'hiver qui est comprimé dans des réservoirs, ou utilisation des bières riches de cette flore micro-biologique en pleine fermentation pour inoculer un nouveau brassin.

La complexité de la fermentation spontanée déroute les scientifiques et les brasseries qui aimeraient bien exercer un meilleur contrôle sur ce phénomène qui fait intervenir environ 70 micro-organismes ! Elle connaît quatre phases successives. Pendant la première, d'une durée d'un mois, les ferments kloeckera fermentent le glucose. Les saccharomyces interviennent dans la deuxième phase, pour une période variant de quatre à six mois. Les pediococci entrent ensuite en action. Finalement, les brettanomyces complètent l'œuvre : *Brettanomyces lambicus* et *Brettanomyces bruxellensis*. D'autres types de levures et de bactéries interviennent aussi à un moment ou l'autre de la fermentation. Ce sont les brettanomyces qui, en oxydant l'alcool, développent les flaveurs d'acide lactique et les esters subséquents, comme ceux de la pomme. Chaque brasseur vante les qualités uniques de la flore bactérienne qui flotte dans l'air de sa brasserie, puisque chaque communauté bactérienne s'est adaptée à son environnement. Les brasseurs entreprennent donc peu de travaux de rénovation de leur usine, de crainte de perturber l'équilibre invisible.

Le lambic est brassé à partir d'un mélange approximatif de 70 % d'orge et de 30 % de blé. Seul le houblon suranné, c'est-à-dire périmé, est utilisé. Le brasseur ne s'intéresse qu'aux vertus antiseptiques du houblon, ses saveurs amérisantes étant considérées incompatibles avec l'aigreur de la fermentation. Notons au passage qu'il existe une bière de fermentation spontanée pur malt de la brasserie Cantillon, Iris, qui emploie du houblon amérisant dans sa prépa-

Cuve d'inoculation du lambic à l'étage supérieur de la brasserie. Le moût y est pompé et laissé refroidir une nuit. La soupe de micro-organismes (bactéries et levures sauvages) apportés par l'air ambiant, l'inocule. Au matin le moût est soutiré dans des tonneaux de bois. La fermentation débute lentement, pour se poursuivre pendant au moins six mois avant que la bière puisse être utilisable dans des assemblages pour produire la gueuze.

ration. Ses saveurs amères faiblement perceptibles sont noyées par l'aigreur de la fermentation spontanée.

Le lambic est rarement vendu pur. Le cas échéant, il possède habituellement au moins trois ans d'âge. Les coûts élevés de cet affinage ainsi que la sévérité de ses saveurs aigres le rendent peu vendable. Plusieurs moyens sont donc utilisés pour adoucir ses saveurs : y ajouter du sucre (il est alors nommé faro), l'assembler avec de jeunes lambics (sucrés) pour produire une gueuze-lambic, le mélanger avec des bières douces afin de le transformer en

Lambic hors Belgique

Plusieurs amateurs pensent que le lambic est une particularité régionale propre au Pajotten-land en Belgique. Ce qui est faux. En Angleterre, la brasserie Melbourn respecte les normes de procédure du style, sans toutefois utiliser la dénomination lambic pour identifier ses produits. Aux États-Unis, plusieurs petites brasseries font appel aux *brettanomyces lambicus*, mais non à la fermentation spontanée, pour donner la signature typique du style. Par exemple, le Vermont Pub and Brewery, aux États-Unis (Vermont), offre une Forbidden Fruit (Fruit défendu) qui n'a rien à envier aux fruits-lambics de Belgique. La ferme-brasserie Schoune, au Québec, porte elle aussi très haut le flambeau du style lambic pour plusieurs de ses produits.

gueuze, ou y ajouter des fruits (ou du sirop de fruit), ce qui donne le fruit-lambic. Il est à noter que les repères entourant ces dénominations ne sont pas contrôlés. Plusieurs gueuzes-lambics, par exemple, sont faites de bières douces. D'ailleurs, ces pra-tiques d'édulcoration soulèvent des débats légitimes parmi les producteurs et les amateurs.

Le lambic pur

Il s'agit d'un style mûri pendant au moins trois ans. Les coûts de production et sa forte aigreur font en sorte qu'il est très rare. La meilleure façon de le découvrir est lors d'une visite de brasserie, directement d'un baril, mais il faut habituellement en faire la demande explicite. Ce type de bière offre une grande finesse et une complexité inouïe, et constitue une expérience gustative absolument incomparable.

Pour découvrir un chef-d'œuvre de l'héritage vieux lambics, il faut se rendre à la brasserie Cantillon au cœur de Bruxelles. Jean-Pierre se fait alors un plaisir de percer un vieux fût pour faire jaillir la quintessence du lambic façonnée par les années. Mousse évanescente comme celle du champagne. Au nez, les notes de bois humide, de cidre de pomme et de champagne s'expriment. L'aigreur en bouche est facile à reconnaître. Elle offre une complexité d'une grande finesse, moins tranchante qu'on l'aurait cru et très désaltérante. Elle semble aussi moins acide que sa sœur, la Gueuze Cantillon. Elle se déguste facilement chambrée, légèrement refroidie.

Le faro

Le faro est un lambic dans lequel on a ajouté du sucre, habituellement candi, au moment du service. Le faro n'est donc pas vraiment un style, mais un protocole de service. Traditionnellement, il s'agit d'une version pour consommation sur place, mais elle est devenue presque absente de la carte des estaminets. Plusieurs tenanciers se font un plaisir de nous servir une gueuze selon la tradition faro lorsque nous le leur demandons. Le dégustateur utilise un pilon, un geuzestoemper,

Jean-Pierre van Roy

pour dissoudre le sucre. La brasserie Timmermans propose une version embouteillée qui réjouit nos papilles. Elle présente une mousse timide malgré son effervescence soutenue. Ses arômes fruités affirment d'entrée de jeu son caractère, une généreuse présence de sucre enrobe l'acidité continuellement perceptible.

La gueuze

Le nom gueuze naît à Lembecq lorsque le maire de la ville, en collaboration avec son maître brasseur,

Le lambic n'est pas une dénomination territoriale, mais plutôt une procédure de fermentation. Le lambic hors Bruxelles le plus connu est celui de Van Honsebrouck d'Ingelmunster (marques St-Louis et Vieux Bruges), située près de la mer du Nord.

décide de produire un lambic selon la méthode champenoise, c'est-à-dire avec refermentation en bouteille. Le maire baptise le nouveau produit en l'honneur des Fils de la liberté, qui formaient jadis le parti politique des gueux. Le lambic des gueux est devenu la gueuze.

Il existe une distinction entre la gueuze-lambic (100 % lambic), issue d'un assemblage, et la gueuze adoucie, issue d'une dissolution du produit avec de la bière sucrée. Il n'existe aucune définition légale en Belgique. La gueuze pur lambic est un produit raffiné, pouvant s'affiner pendant au moins trente ans (l'âge des plus vieux échantillons que j'ai eu le plaisir de savourer à différentes occasions en Belgique). Ces différences creusent le fossé entre les traditionalistes et les modernistes. Ainsi, les bières de la brasserie Van Honsebroucks, appartenant maintenant au groupe Interbrew et connues sous la marque de commerce Belle-Vue, ont subi une évolution tenant compte de la demande des clients. Après une période relativement édulcorée, les marques de la maison offrent maintenant des saveurs nettement plus aigres.

Les sculpteurs de gueuze

Le métier de blender existe depuis que le lambic est né. Il s'agit d'un spécialiste qui se procure des lambics de différents âges et de différentes sources, et les assemble pour en faire des gueuzes à son image. De rares passionnés se lancent encore dans cette aventure, comme Armand Debelder qui utilise le bois des anciennes cuves de fermentation de Pilsner Urquell pour l'affinage de ses œuvres. Par ailleurs, De Cam est l'un des plus fameux mélangeurs qui se transmettent cet art de père en fils depuis plusieurs générations. Une des plus récentes brasseries de lambic, fondée dans la foulée du mouvement révolutionnaire microbrassicole de la fin des années 1980, a été mise sur pied par un assembleur, Frank Boon.

Les fruits-lambics sont adoucis avec des fruits et en portent alors le nom : Frambozen lambic, Kriek lambic... Traditionnellement, de véritables fruits locaux étaient utilisés, surtout la cerise (*kriek*) et la framboise (*framboos*). De nos jours, les brasseurs utilisent surtout des arômes naturels (et parfois artificiels) pour adoucir le goût des fruits-lambics. Il ne faut surtout pas croire que de véritables bananes entrent dans la composition des lambics de la maison De Troch (marques Chapeau). Une minorité de brasseurs entêtés continuent d'utiliser de véritables fruits.

Refroidisseurs d'hier et d'aujourd'hui

Dans le refroidissement par ruissellement Baudelot, de l'eau circule à l'intérieur des tuyaux pendant que le moût ruisselle à l'extérieur. Cette invention remplace les grands bacs de refroidissement. Son utilisation favorise la protection du moût contre les infections bactériennes, sans toutefois la garantir. La brasserie Liefmans l'utilise pour ses brunes des Flandres. Les refroidisseurs contemporains fonctionnent sous vide (en mortaise : brasserie Young's, Angleterre). Ni le moût ni l'eau ne sont exposés à l'air.

Les bières aigres des Flandres

Les bières aigres des Flandres se déclinent en deux versions : la brune et la rouge, même si elles offrent toutes deux sensiblement la même coloration : rousse. Notons au passage qu'à cause de leurs saveurs aigrelettes, les deux styles sont quelquefois vendus en Amérique du Nord sous l'appellation lambic.

Malgré les découvertes de la fermentation, les améliorations apportées aux équipements de brassage ne sont pas appliquées de façon uniforme partout dans le monde. Voisins des brasseurs des lambics, qui rejettent en bloc les principes de l'utilisation de levure pure et de la pasteurisation, des brasseurs de bières aigres mettent en pratique des méthodes intermédiaires ou mixtes. Nous pouvons distinguer deux interprétations similaires, reflétant des variations dans les méthodes de fermentation : les rouges et les brunes. En règle générale, rouges désignent des bières plus fruitées élaborées dans la région de Roulers ; brunes fait référence aux autres bières, notamment de la région d'Oudenaarde. Rouges et brunes possèdent les traits communs suivants : leur acidité est habituellement bâtie par une maturation dans des foudres de chêne ; elles sont souvent assemblées en utilisant des brassins de dif-

férents âges ou encore adoucies avec des fruits ; leur texture varie de mince à moyennement ronde en bouche; elles sont peu houblonnées et rarement amères. Leur principale différence se situe dans la fermentation que chacune d'entre elles subit. Les rouges de Flandres connaissent une fermentation moderne, sans utilisation de levures sauvages dans le moût. L'acidification provient d'un affinage dans des foudres de chêne alors que des ferments sauvages contenus dans les pores du bois s'inscrivent dans la bière. La fermentation principale des brunes des Flandres, bien qu'ensemencée de levures, renferme en outre des levures sauvages. Son acidification s'amorce dès la fermentation principale. L'affinage se fait également dans des foudres de chêne creusant un peu plus profondément leurs signatures aigres. Alors que les rouges des Flandres portent un caractère aigre dominé par le lactique, les brunes sont souvent plus complexes,

Salle de garde de la brasserie Rodenbach. La flore bactérienne contenue dans les pores du bois acidifie la bière affinée dans ces tonneaux.

Cuve de fermentation de la brasserie Liefmans en Belgique. Nous apercevons, à l'arrière-plan, les ouvertures dans les murs, laissant entrer l'air de l'extérieur.

Des fruits gorgés de soleil

L'utilisation de cerises pulpeuses et gorgées de soleil a, dans les assemblages des bières aigres des Flandres, la même fonction que pour les lambics : équilibrer l'aigreur et la douceur. Notons que la bière aigrie est maintenant gardée dans des cuves en acier inoxydable. On n'empêche pas le progrès !

abritant non seulement le lactique, mais également le citrique (citron), l'acétaldéhyde (pommes vertes) et l'acétique (vinaigre).

La majorité de ces bières sont assemblées, ce qui implique le mélange de brassins d'âges différents au moment de l'embouteillage. Elles sont donc conçues pour être bucs dès leur sortie de la brasserie, alors qu'elles offrent une acidité très plaisante. Comme pour les lambics, les brasseurs ont développé l'art de l'infusion de fruits dans leurs bières afin d'en adoucir les saveurs.

Les monastiques blondes

Présentation visuelle : robe blonde pouvant être cuivrée, au pétillement effervescent soutenant une mousse généreuse qui colle bien au verre.

Alc./vol. : varie de 5 à 7 %.

Saveurs caractéristiques : nez fruité, estérifié et de levure. Elle offre en bouche des saveurs complexes enrobées d'une grande douceur. L'amertume qu'elle suggère à l'occasion est signée de sa levure et de la présence timide de houblon.

Température de service : tempérée ou froide.

Verre de service : calice.

Conditionnement idéal : excelle en fût, mais la bouteille de couleur brune lui convient aussi parfaitement.

Péremption : style qui peut s'affiner dans de bonnes conditions d'entreposage. Il peut toutefois se dégrader par autolyse si les conditions sont inadéquates. Les dates de péremption sur les étiquettes semblent assez lointaines comme en témoignent nos notes de madérisation dans plusieurs échantillons annonçant des validités de plus de 6 mois.

À la table : servie tempérée, elle convient très bien aux entrées chaudes. Un des rares styles qui

Saveurs en bouche

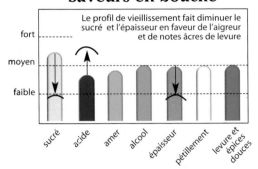

Le profil de vieillissement fait diminuer le sucré et l'épaisseur en faveur de l'aigreur et de notes âcres de levure

convient aux plats à base de tomates, comme les pizzas et les pâtes (particulièrement pour les échantillons jeunes) et qui se marie bien avec la majorité des saucisses. Bière très généreuse avec les fromages, mais qui semble exprimer une préférence pour les croûtes lavées odoriférantes comme l'époisses de Bourgogne.

* * *

Que goûte une bière d'abbaye blonde ? En Belgique, le concept de bière d'abbaye est très populaire, et couvre plusieurs styles. Comment les classer alors que les débats font rage sur l'existence réelle de l'abbaye évoquée sur l'étiquette. Peu importe si l'abbaye des Rocs a-t-elle vraiment exitée, que goûte sa bière ? Une façon de contourner le débat et de réunir sous un style des produits aux saveurs semblables mais sans référence directe ou indirecte aux abbayes, est d'utiliser le mot monastique. Certaines marques n'offrent aucune référence à l'inspiration monastique, mais offrent des saveurs semblables : la Straffe Hendrik Blonde et la De Koninck Antoon Blond en sont de beaux exemples.

Une des méthodes de conditionnement typique en Belgique est la refermentation en bouteille. Voilà en effet comment sont présentées les premières bières qui portent la mention abbaye sur leurs étiquettes. Il en existait déjà plusieurs lors du début de la révolution microbrassicole. De nos jours, elles sont quelquefois

filtrées. Nous remarquons deux grands styles qui se distinguent par leur couleur : la blonde et la brune. Au sein de chacun, les variations de saveurs fluctuent considérablement et il est bien difficile de désigner une bière-phare ou une première marque ayant inspiré les autres brasseries. La marque la plus connue sur le plan international, Leffe, prend naissance dans les années 1950.

Analyse

LEFFE BLONDE
Bouteille : 330 ml
Alc./vol : 6,6 %
Péremption : dans 2 ans
Température : fraîche

Visuel

Mousse onctueuse et généreuse qui colle bien à la paroi du verre.

Nez

Nez floral qui évoque la rose et l'oranger.

Bouche
(Leffe blonde, bouteille)

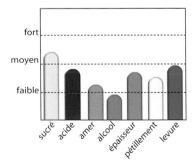

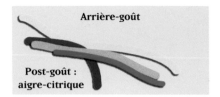

Description

Ronde et veloutée en bouche, elle donne des saveurs sucrées de bonbon, vite enrobées de la chaleur de son alcool qui offre subséquemment son amertume délicate. Nous pouvons noter en finale quelques relents aigres qui évoquent le citron.

EN FÛT

Visuel

Mousse généreuse, tenace, qui coiffe un corps voilé de levure.

Nez

Nez complexe, mielleux, d'alcool et de foin.

Description

En bouche, elle présente un corps velouté et nous pouvons facilement reconnaître des notes de champignons

Bouche
(Leffe blonde, fût)

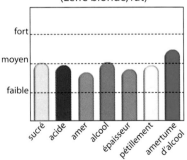

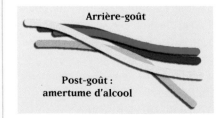

évoquant la croûte d'un brie frais. L'amertume d'alcool suit et se prolonge dans un arrière-goût qui insiste.

Analyse d'experts

Nos collègues Deglas et Jackson, ayant manifestement accès à des échantillons frais, sont en mesure de noter la présence de houblon qui semble peut-être s'atténuer dans le transport de cette bière sur la côte occidentale de l'Atlantique. L'échantillon de Robertson semble accuser un certain âge, les notes mielleuses qu'il observe sont vraisemblablement dues à la madérisation. Nonobstant l'âge du produit, nous constatons que les épices utilisées traversent l'effet du temps.

JAMES D. ROBERTSON

« Or opalescent, carbonatation très fine, arômes de malt très subtils relevés d'herbes et de miel ; flaveurs délicates de malt et d'herbes mais intéressantes ; arrière-goût sec d'herbes un peu sucré, mais la sensation générale sous le palais est sec. »

MICHAEL JACKSON

« Elle possède un arôme épicé, sec, évoquant timidement les clous ; un palais sec, citrique (quelques notes d'oranges amères ?) ; et des notes de houblon de fermentation en finale. »

CHRISTIAN DEGLAS

« Façonnée d'un malt clair, saupoudrée d'une moyenne dose de houblon, ne rectifiant que d'un ton son amertume juste normale mais pas exagérée. Elle s'amplifie en bouche et laisse une amertume à peine plus prononcée en arrière-garde. » ■

Abbaye de Leffe

Les saisons

Présentation visuelle : couleur variant d'or à cuivré, son pétillement généreux soutient une mousse épaisse et tenace qui colle avec insistance à la paroi du verre.

Alc./vol. : varie de 6 à 8 %.

Saveurs caractéristiques : son nez de citron et de houblon évoque la fraîcheur. Plutôt mince en bouche, on remarque facilement son amertume de houblon et une légère aigreur citrique. Flaveurs complexes de houblon, d'herbes, d'épices, souvent rehaussées de celles du chêne et de la cave humide.

Température de service : tempérée ou froide. Servie froide, ses saveurs sont plus distinctes les unes des autres. Tempérée, son malt réunit les saveurs sur un fond onctueux.

Verre de service : coupe, tulipe.

Conditionnement idéal : son conditionnement classique est une bouteille de type champagne, muselée, de 750 ml. La couleur verte du verre n'est pas idéale. On peut y observer à l'occasion des notes de dégradation dissimulées dans les épices et l'alcool. On trouve quelques versions en bouteille dans les estaminets de la région de production de chaque marque.

Péremption : malgré qu'il s'agisse d'une bière théoriquement élaborée

Saveurs en bouche

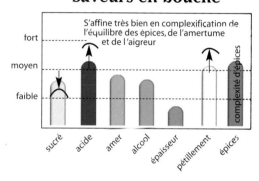

l'hiver pour consommation estivale, elle s'affine bien. Ses saveurs s'arrondissent et s'harmonisent pendant environ cinq ans. Jeune, elle offre une explosion de saveurs bien découpées : épices, houblons et levures semblent offrir des saveurs parallèles.

À la table : servie froide, il s'agit d'un apéritif très stimulant qui accompagne bien canapés, crudités et salades. Tempérée, elle complète joliment les poissons à chair blanche. Avec les saucisses, elle préfère les douces ou les grasses. Près des fromages, elle aime bien la compagnie des croûtes lavées mais déteste les fromages persillés. La complexité de ses saveurs peut nous réserver des surprises, puisqu'un accord réussi un jour peut tourner au désastre le lendemain !

* * *

Compte tenu du nombre élevé de brasseries qui proviennent d'une ferme en Belgique, nous pourrions affirmer que tous ces types de bières constituent une évolution du style saison ! Un seul style toutefois peut prétendre en être l'héritier direct tel qu'il existait au début du XXᵉ siècle. Presque disparue au moment de la révolution microbrassicole, la bière de saison doit sa renommée actuelle à l'intérêt que lui portent les experts internationaux. Quelques petites brasseries du Hainault produisent toujours des bières de saison, notamment Dupont, Vapeur et Silly.

Les bières de saison sont des bières fermières traditionnelles, brassées l'hiver pour donner de l'emploi aux ouvriers agricoles alors moins occupés. Une des bières qu'ils préparent sera consommée par eux l'été suivant, dans les champs. Elle doit donc offrir un pouvoir désaltérant même chaude. Une légère portion de blé, d'avoine ou de riz est habituellement ajoutée lors de son brassage. La fermentation est ralentie par l'utilisation de plusieurs types de levure qui agissent rapidement mais de façon incomplète. La bière de saison est généralement conditionnée dans une bouteille de type champagne, et scellée à l'aide d'un bouchon de liège. ■

Analyse

VIEILLE PROVISION SAISON DUPONT
Bouteille : verte, muselée 750 ml
Alc./vol : 6,5 %
Péremption :dans 3 ans.
Température : fraîche

Visuel

Mousse abondante, onctueuse, soutenue par des bulles fines et libérées à un rythme champenois.

Nez

On reconnaît d'abord l'aigreur citronnée suivie d'une complexité composée de malt, d'alcool et d'épices.

Description

La force de son pétillement en bouche crée une sensation très onctueuse. Très longue, elle développe au fil des gorgées plusieurs profils gustatifs sur le thème de l'aigreur désaltérante. Elle propose aussi, à l'occasion, une fine amertume houblonnée. C'est du grand art que de pouvoir combiner aussi harmonieusement l'amertume de houblon à l'aigreur citronnée, le tout dans une harmonie agréable et savoureuse.

Analyse d'experts

Le caractère houblonné de cette bière se manifeste dans toutes ses conditions, comme en témoigne les appréciations de tous les spécialistes. La forte présence d'amertume perçue par l'auteur et son cousin belge reflète les sensibilités culturelles de la perception des saveurs, puisqu'ils sont seuls à souligner l'amertume de cette bière. Bien définie, mais délicate, elle peut ne pas être observée par des experts habitués à une présence plus généreuse d'amertume dans plusieurs bières britanniques et américaines.

STEPHEN BEAUMONT

« À la fois rafraîchissante et satisfaisante, la Saison Dupont combine un houblonnage distinct à un fruité délicat mais complexe ayant une touche discrète de poivre. »

MICHAEL JACKSON

« Saison de Dupont est une bière vivante, houblonnée, classique. »

CHRISTIAN DEGLAS

« L'amertume est incontestablement la grande personnalité de cette bière [...] Son nez est riche d'arômes discrètement acides et doux, mais se jumelant avec un bouquet d'amertume omniprésent. Au goût disparaissent les aromates pour ne laisser qu'en avant et arrière impression d'amertume sur amertume. » ■

Bouche (Vieille provision bout.)

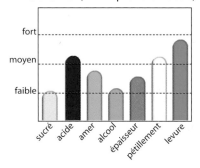

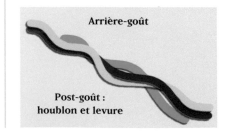

Arrière-goût

Post-goût : houblon et levure

Les blondes du diable

Ales dorées de Belgique, bières nobles ou triples douces

Présentation visuelle : sa couleur varie de blond pâle à légèrement doré. Très effervescente dans le verre, elle est habituellement coiffée d'une mousse blanche onctueuse et persistante qui colle avec insistance à la paroi du verre.

Alc./vol. : varie de 7,5 à 9 %.

Saveurs caractéristiques : construite sur des malts pâles, de sucre candi ou des grits de maïs, elle s'ou-

vre sur des notes généreusement houblonnées soutenues par un alcool évanescent. Sa rondeur varie de moyen à onctueux et elle offre des saveurs fruitées (surtout constituées de pommes douces et de poires) et alcoolisées, quelquefois vineuses, alors que sa finale est habituellement sèche. En bouche, l'effervescence généreuse se traduit par une sensation de velouté plutôt que par un tranchant aigre de CO_2. Le goût de la refermentation en bouteille est important, comme nous le démontre la comparaison entre les deux versions de la Duvel en Belgique.

Température de service : ce type de bière est versatile et peut être servi à différentes températures, chacune sculptant son profil de saveurs de façon unique. Chambrée, elle est plus ronde et moelleuse, et l'équilibre entre l'alcool, l'amertume et une douceur moelleuse de céréales est

parfait. Elle constitue alors un digestif hors pair. Froide, elle présente une texture plus mince et ses saveurs sont davantage mises en relief. L'alcool et la délicate amertume de son houblon dominent alors.

Verre de service : tulipe.

Conditionnement idéal : refermentée en bouteille de 330 ml. On trouve également de plus en plus souvent des 750 ml muselées. Les versions en fût sont rares, présentes surtout autour des brasseries, tandis que les versions en canette ou en PET n'existent tout bonnement pas.

Péremption : bière qui s'affine et dont le profil de saveurs évolue considérablement pendant les cinq premières années. Jeune, elle offre des saveurs douces, moelleuses, alors qu'un caractère houblonné plane sur les flaveurs sans jamais les dominer. De un an à trois ans, cette bière devient plus tranchante, avec des notes aigres qui se profilent. L'amertume du houblon domine de façon croissante les deux premières années, puis fait place à une madérisation si les conditions d'entreposage sont respectées. Si la bière subit de trop grandes chaleurs, elle développera également des saveurs âcres et, à l'occasion, des flaveurs de carton. Après trois ans, une madérisation se produit, accompagnée d'une perte de l'amertume du houblon.

À la table : lorsque servie froide en apéritif, elle accompagne bien les crudités et les salades. Servie tempérée ou chambrée au repas, elle aime bien côtoyer les viandes blanches, les

Saveurs en bouche

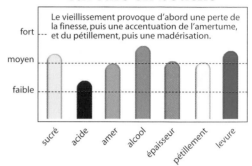

Le vieillissement provoque d'abord une perte de la finesse, puis une accentuation de l'amertume, et du pétillement, puis une madérisation.

fort — moyen — faible

sucré · acide · amer · alcool · épaisseur · pétillement · levure

poissons à chair blanche ainsi que les fruits de mer. Elle fait aussi fureur avec les moules et s'accommode bien des saucisses douces ou moyennement épicées. Avec les fromages, on la présentera avec des croûtes lavées aux notes salées ou avec des croûtes fleuries. Enfin, elle exerce également une influence favorable sur les fromages à pâte persillée, enrobant suavement leur crème.

L'image évocatrice du diable coiffe plusieurs styles de bières de couleurs différentes. L'utilisation du terme blonde du diable pour coiffer ce style belge est un hommage à son créateur. D'autres marques n'utilisant pas l'évocation du diable constituent également d'excellents exemples du style comme la Hapkin, la Hoegaarden Grand Cru et la Fin du Monde.

* * *

Voici un style plutôt récent dans l'histoire de la bière. Aucun nom dans l'histoire ancienne du brassage ne permet aux auteurs de la nommer. Chacun y va donc de sa contribution. Les buveurs objectifs néerlandais la nomment bière noble, Michael Jackson l'appelle ale dorée belge (*Belgian golden ale*), et le World Beer Championship opte plutôt pour ale pale forte belge (*Belgian-style pale strong ale*). Elle peut à l'occasion être appelée triple douce, à cause de sa grande ressemblance avec le style triple. En apposition de la mention du diable utilisée par plusieurs pour nommer leurs produits, il est beaucoup plus amusant de baptiser ce style « blonde du diable ». Il est facile d'attribuer l'origine de ce style à la brasserie Duvel-Moortgat. Nous savons que c'est bien la mise en marché de la nouvelle Duvel, en 1970 — et surtout son succès — qui a incité un grand nombre de brasseries à s'inspirer non seulement du style, mais également du nom pour leurs propres bières. Devant la compétition avec la pils qui gagne inexorablement du terrain en Belgique, Moortgat décide d'y aller avec sa propre interprétation en utilisant les mêmes malts et houblons. Elle double son pourcentage d'alcool et l'anime d'une effervescence champagnisée. En vertu de ce principe, nous pourrions aussi nommer ce style double pilsener de fermentation haute champagnisée. Forte de son savoir sur le comportement de la levure à haute température, Moortgat développe des procédures complexes de fermentation et divise également ses brassins en deux pour des fermentations parallèles avec des levures différentes.

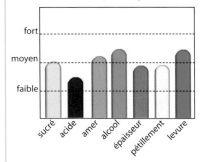

Analyse

Bière de haute fermentation, refermentée en bouteille
Top fermented beer, second fermentation in the bottle
Bière forte - 8,5% alc./vol - 330 ml ℮ - Strong beer

DUVEL
Bouteille: 330 ml.
Alc./vol. : 8,5 %
Péremption : dans 3 ans
Température : fraîche

Visuel

Robe blond pâle, au pétillement champenois, étourdissant, qui soutient une mousse généreuse et onctueuse.

Nez

Le houblon s'exprime dans toute sa finesse, floral et champêtre. Quelques notes citronnées sont perceptibles en deuxième nez.

Description

Envahissante en bouche, elle tapisse d'un voile onctueux où la douceur de son malt soulève d'abord la générosité de son houblon floral, puis sa délicate amertume. En arrière-goût, un fondu semble s'opérer entre son malt et son houblon sous les auspices du volet floral de ce dernier. Une bière soyeuse, satinée.

Bouche (DUVEL, BOUTEILLE)

fort						
moyen						
faible						
sucré	acide	amer	alcool	épaisseur	pétillement	levure

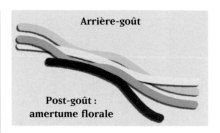

Arrière-goût

Post-goût :
amertume florale

Analyse d'experts

Cette bière internationalement acclamée permet de comparer des textes d'auteurs de plusieurs pays. Ces descriptions soutiennent la dimension de l'influence de notre culture sur la perception des saveurs. La perception de l'amer est ici uniquement présente dans les textes des experts de la Belgique et de la France, et les notes de bonbon ne sont dévoilées que par les auteurs américains. Notons également la présence régulière de superlatifs qui dénotent, dans la prose de chacun, le grand respect témoigné à son égard.

MICHAEL JACKSON

« Lorsqu'on me demande qu'elle est ma bière préférée, l'une de celles qui me vient spontanément à l'esprit est la Duvel, de la Belgique, le pays le plus coloré de tous les paradis de la bière. Le caractère de la Duvel est d'une sophistication incroyable. Une pâleur trompeuse, florale et d'une saveur douce, elle est habitée d'un périlleux 8,5 % alc./vol. »

STEPHEN BEAUMONT

« Ce qui fait de la Duvel une bière si remarquable est son caractère relativement sec et délicat. En fait, elle a beaucoup plus de choses en commun avec la kölsch de Cologne en Allemagne qu'avec sa compatriote belge plus foncée comme la Rochefort 8° ou encore la pâle Pauwel Kwak »

GILBERT DELOS

« Attaque généreuse, avec du pétillement et une certaine astringence. Très bonne structure avec une ambivalence permanente entre l'amertume et la rondeur. Du corps, de l'amplitude, avec une finale plutôt sèche, mais où se prolonge l'acidulé des notes d'agrumes. Très longue persistance marquée par le malt. »

CHRISTIAN DEGLAS

« Une des plus fortes blondes belges. Très amère, elle dégage un arôme puissant et capiteux à travers une abondante mousse. Sa saveur est corsée mais guidée par un ton amer omniprésent. Son approche au nez rappelle le parfum de la pomme. Elle se boit très fraîche (58 °C) et est extrêmement digestive. »

LE PARTI DES BUVEURS DE BIÈRE (BE)

« Amère à souhait, elle dégage un arôme puissant et capiteux, à travers une mousse abondante et en perpétuelle régénération. Son approche de nez laisse une pointe de parfum de pomme. Sa saveur est corsée mais guidée par le ton amer omniprésent. Très active sur son perlé, elle est aussi extrêmement digestive. [...] Son arrière-goût est tout aussi amer et sec, libérant une saveur d'alcool. »

JAMES D. ROBERTSON

« Flaveurs complexes et généreuses, aux notes de bonbon et de malt torréfié en début de bouche, fumé au milieu et finale propre, long arrière-goût, très parfumé. »

CARL HADLER (Nouvelle-Zélande)

« Je ne vais pas tenter de décrire son goût, elle est trop complexe pour que je puisse la déchiffrer et trop près de mon cœur. [...] Boire cette bière est comme embrasser les larmes sur les joues d'un ange. [...] Elle titre 8,5 % alc./vol. Ne vous laissez pas intimider. Il s'agit d'une bière bien équilibrée. » (Nouvelle Zélande)

RICHARD STEVEN (États-Unis)

« Or brillant, très saturée, mousse moyenne. Arômes de banane, malté et épicé. Consistance moyenne, saturation qui remplit la bouche. Beaucoup d'ester épicés. Sèche et chaleureuse, rafraîchissante et forte. »

STEVE GALE (États-Unis)

« Lorsque je les ai dégustées la première fois, je sentais une différence, je croyais que l'étiquette blanche était un peu plus sèche, mais je n'étais pas assuré. Après avoir pris plusieurs gorgées, j'étais convaincu que je pouvais faire la différence dans un test à l'aveugle. Les yeux recouverts, j'ai demandé qu'on me serve les deux dans un ordre aléatoire. Après cinq tentatives, je n'ai pas été en mesure de déterminer laquelle était l'étiquette blanche et laquelle était l'étiquette noire (vendue aux État-Unis). » ∎

Les triples

Présentation visuelle : couleur variant de blond à doré, conditionnée en bouteille (rarement en fût), très pétillante et d'une mousse généreuse et persistante.

Alc./vol. : varie de 7 à 10 %

Saveurs caractéristiques : nez complexe à plusieurs niveaux où les notes de caramel et d'alcool dominent souvent. En deuxième plan, nous découvrons fréquemment le houblon (surtout lorsque la bière est jeune), les agrumes, le malt et les épices (lorsqu'ils ont participé à sa fabrication). En deuxième ou troisième plan, la levure signe son œuvre. Comme il s'agit de bières complexes, les odeurs peuvent varier considérablement chez une marque donnée en fonction de son âge et de la température de son service. Son sucré en bouche varie de moyen à moyen-fort (pour les modèles jeunes ou très madérisés) et se couple de notes aigres qui demeurent habituellement dissimulées derrière la complexité fruitée et maltée ainsi que par une texture de malt et d'alcool. On reconnaît souvent dans ces produits des notes fruitées de poire, de citron ainsi que de bonbon.

Température de service : à la température de la pièce, tempérée ou froide. Chaque température souligne un aspect distinct de sa personnalité. Plus elle est froide, plus son amertume et son alcool sont soulevés. Plus elle est tiède, plus elle s'harmonise dans une complexité tissée de malt aux notes de caramel.

Verre de service : calice.

Conditionnement idéal : refermentée en bouteille. Quelques brassins sont offerts muselés.

Péremption : ce style se conserve très bien pendant des années. Plusieurs marques s'affinent en cellier. Les notes de madérisation s'enrobent souvent de nuances de caramel. Il faut éviter de les exposer à la chaleur, car la levure risquerait de se dégrader.

À la table : style très flexible qui remplace les vins (rouge ou blanc)

Saveurs en bouche

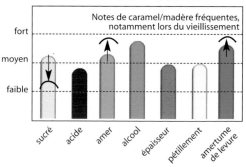

Notes de caramel/madère fréquentes, notamment lors du vieillissement

fort

moyen

faible

sucré · acide · amer · alcool · épaisseur · pétillement · amertume de levure

dans la majorité des situations. Il combine la versatilité du pain et de l'alcool dans ses accords. La générosité de ce style en fait également un accompagnement de choix pour le gibier. Tous les types de saucisses lui conviennent. Du côté des fromages, une attention particulière doit être portée aux pâtes persillées alors que les risques de conflit sont continuellement présents.

* * *

Triple (aussi nommée *tripel*, en néerlandais) fait référence à sa triple densité par rapport à la densité de base ancestrale qui donnait une bière d'environ 3 % alc./vol. Plusieurs amateurs confondent ce style avec la notion de triple fermentation qui fait référence au fait que la levure utilisée dans la refermentation en bouteille est différente de celle de la fermentation principale. Ce procédé était utilisé pour se protéger contre le vol de levure. La confusion est encouragée par les brasseries qui ont tendance à ne mentionner « triple fermentation » que sur des bières qui appartiennent également au style triple.

Michael Jackson indique que la première triple est produite après la Deuxième Guerre mondiale par la brasserie De Drie Linden, près d'Antwerp et se nomme la Witkap. Celle-ci est brassée de nos jours par la brasserie Slaghmuylder. Toujours selon Jackson, la consécration du style survient lorsque l'abbaye trappiste de Westmalle apporte sa contribution à ce qui deviendra par la suite l'emblème de la perfection brassicole. Brassée à partir de pilsener au malt, l'ajout du sucre candi augmente la densité. Très fruitée, elle dévoile des notes de pomme, de poire, de levure et de houblon. L'harmonie des matières premières se fait dans la générosité. Il s'agit véritablement de ce que l'univers de la bière a de plus

noble à nous offrir. Sa configuration est déterminée par sa couleur variant de pâle à cuivré, son alcool et ses notes plus ou moins caramélisées. Une grande variation de saveurs existe entre les différentes marques. De plus, il s'agit d'un style au profil de saveurs évolutif, habituellement à l'avantage du produit : on rencontre une grande amplitude de saveurs au sein de la même marque. Il s'agit d'un rare style qui donne lieu à l'organisation de dégustations verticales, c'est-à-dire de brassins d'âges différents. ∎

Analyse

TRIPLE DE WESTMALLE
Cette bière est considérée par les experts comme une des meilleures bières au monde
Bouteille : brune, 330 ml
Alc./vol. : 9,5 %
Péremption : dans 6 mois
Température : fraîche

Visuel

Mousse généreuse soutenue par un pétillement très animé dans une robe cuivrée.

Nez

Nez de levure et d'alcool complexe jouant des notes fruitées de poire et de pêche enrobées dans un coulis de beurre de caramel. On remarque également l'expansivité du houblon très bien défini derrière les fruits et le caramel.

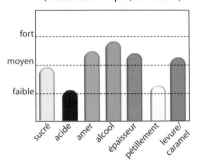

Bouche
(Westmalle Triple, bouteille)

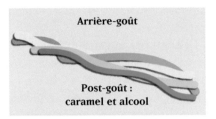

Arrière-goût

Post-goût :
caramel et alcool

Description

Ronde et veloutée en bouche, la puissance de son effervescence lui confère une texture moussante. L'alcool et le malt tissent dans la bouche une toile sur laquelle le houblon vient s'exprimer. Arrière-goût long et généreux qui joue les notes du caramel et de l'alcool.

Cette bière possède un profil de vieillissement positif. Ses saveurs évoluent considérablement sans dégradation et sans madérisation pendant les cinq premières années de sa vie. Les saveurs sucrées de sa jeunesse se transforment alors en une complexité de caramel, d'alcool et de houblon, alors que son amertume se métamorphose. Mordante de houblon dans sa deuxième année, elle devient florale et puissante d'alcool et de levure dans les trois années qui suivent. Après cinq ans, la madérisation et la décomposition éventuelle de sa levure peuvent la rendre plus âcre ou tranchante.

Analyse d'experts
La grande complexité de cette bière, jumelée à son prestige, rend sa description difficile. Observez le

respect évident que chaque auteur manifeste à son égard ainsi que la grande différence entre leurs descriptions. La principale difficulté lorsque nous analysons cette bière réside dans le fait qu'elle est tellement agréable à boire que même les professionnels préfèrent se laisser porter par les sensations indescriptibles qu'elle procure plutôt que de se concentrer sur la rédaction de textes qui tracent une frontière entre leurs papilles et le plaisir de déguster ce grand cru.

CHRISTIAN DEGLAS

« D'un blond doré, elle possède tous les atouts d'un grand cru. Sa forte teneur en alcool (9 %), alliée à un savant dosage de houblon et de malt clair en ont fait un véritable délice [...] Légèrement fraîche, elle se découvre un tempérament désaltérant [...] Son arrière-goût laisse une impression très agréable d'amertume douce comme du beurre. Sa saveur libère un fort goût d'alcool qui renforce son arôme fruité. »

STEPHEN BEAUMONT

« Les arômes de la Westmalle sont le premier signe qui font hésiter le goûteur. Est-ce des épices ? Des fruits ? De la poire-bonbon ? Non, orange. Ces diverses composantes du nez de cette triple sont tellement bien cousues ensemble dans un tout homogène qu'il est frustrant et difficile de les définir. Puis vient son goût, avec sa force directe de 9 % alc./vol. mais également sa bienveillante douceur sucrée et sa facilité à boire perverse. »

MICHAEL JACKSON

« La Triple de Westmalle est devenue un exemple classique, souvent imité pour sa couleur orangée et sa combinaison de force et de facilité à boire, ses arômes et saveurs complexes. La fraîcheur de son nez, provenant des houblons Saaz, aux notes herbales évoquant la sauge et un fruité d'écorce d'orange, [ne] sont que quelques-uns de ses éléments. » ■

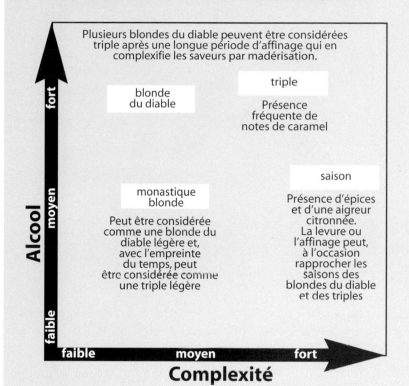

Analogies entre les styles blondes refermentées en bouteille

MONASTIQUE BLONDE, BLONDE DU DIABLE, SAISON, TRIPLE

Plusieurs blondes du diable peuvent être considérées triple après une longue période d'affinage qui en complexifie les saveurs par madérisation.

blonde du diable

triple
Présence fréquente de notes de caramel

monastique blonde
Peut être considérée comme une blonde du diable légère et, avec l'empreinte du temps, peut être considérée comme une triple légère

saison
Présence d'épices et d'une aigreur citronnée. La levure ou l'affinage peut, à l'occasion rapprocher les saisons des blondes du diable et des triples

Alcool — fort / moyen / faible

Complexité — faible / moyen / fort

Ces styles se voisinent sur nos papilles. Possédant un profil gustatif évolutif, refermentées en bouteille, elles portent le dénominateur commun d'être particulièrement influencées par la levure utilisée. Ainsi, plusieurs traits semblables peuvent unir plusieurs marques différentes, étiquetées dans chacun de ces styles !

Les monastiques brunes

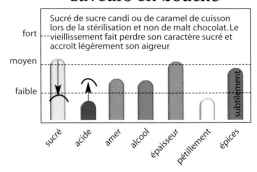

Saveurs en bouche

Sucré de sucre candi ou de caramel de cuisson lors de la stérilisation et non de malt chocolat. Le vieillissement fait perdre son caractère sucré et accroît légèrement son aigreur

fort

moyen

faible

sucré · acide · amer · alcool · épaisseur · pétillement · épices

Présentation visuelle : robe variant de roux à brun. Son généreux pétillement est coiffé d'une mousse onctueuse qui persiste longtemps et laisse son empreinte sur le verre.

Alc./vol. : varie de 5 à 6 %.

Saveurs caractéristiques : plutôt douce aux notes de cassonade, de caramel et quelquefois de chocolat, elle est parfois d'une légère aigreur, notamment chez les échantillons plus âgés. Une timide amertume est aussi occasionnellement présente.

Température de service : tempérée ou froide.

Verre de service : calice.

Conditionnement idéal : en fût ou en bouteille brune.

Péremption : ne s'affine pas, mais se dégrade lentement si elle est conservée dans des conditions idéales.

À la table : sa douceur en fait une bière très flexible aux repas. Elle sait toutefois se mettre en valeur devant les épices orientales comme le cari, devenant alors très onctueuse. Elle se marie bien avec les saucisses douces, mais sait comment apaiser le piquant des plus fortes. Elle affectionne particulièrement les fromages à croûte fleurie et ceux affinés dans la masse s'ils sont jeunes.

* * *

On utilise de plus en plus le mot rousse au lieu de brune, marketing oblige. Une proportion de malt chocolat ou encore du sucre candi est ajouté à la trempe pour donner une coloration plus foncée ainsi que des saveurs plus douces à la bière. Le modèle original semble introuvable, perdu dans l'histoire du style. Deux grandes marques courtisent aujourd'hui les consommateurs en Belgique : la Leffe et la Grimbergen. ■

Analyse

ST. BERNARDUS PATER 6
Bouteille : 330 ml
Alc./vol : 6,7 %
Péremption: dans 6 mois
Température : fraîche

Visuel

Brune opaque, coiffée d'une mousse généreuse et persistante.

Nez

Dégage une odeur corsée d'alcool et de toffee.

Description

Dès la première gorgée, malgré son relativement modeste 6,7 % alc./vol., une chaleur réconfortante d'alcool pose son empreinte. Puis, au fil des gorgées qui s'enfuient, les notes rythmées d'alcool, de noisette, de chocolat et de caramel exécutent un concerto savoureux.

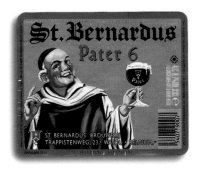

Analyse d'experts

Cette bière est absente des présentations de plusieurs spécialistes. L'analyse du Belge Deglas diffère de celle de l'auteur : on ne dirait pas qu'il s'agit de la même bière ! Même le % alc./vol. est différent. L'explication la plus plausible réside dans le fait que la bière exportée n'est pas la même que celle qui est vendue dans son pays d'origine.

Bouche (St. Bernardus Pater 6, bout.)

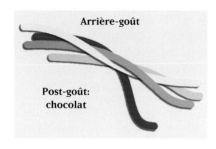

Arrière-goût

Post-goût:
chocolat

CHRISTIAN DEGLAS

« Bien que son volume alcool soit de 7,1 %, elle est cependant légère dans sa saveur avec un arrière-goût un rien fruité, de quoi rappeler qu'il s'agit d'une bière de la Flandre occidentale. » ■

Analogies entre les styles
brunes, rousses...
MONASTIQUE BRUNE, DOUBLE, SCOTCH ALE, QUADRUPLE

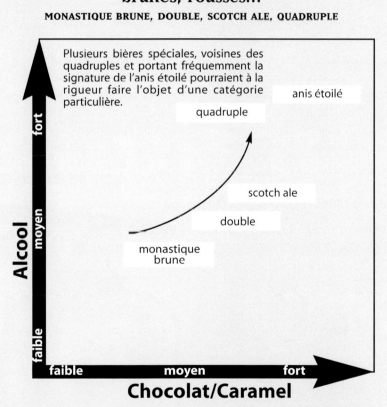

Plusieurs bières spéciales, voisines des quadruples et portant fréquemment la signature de l'anis étoilé pourraient à la rigueur faire l'objet d'une catégorie particulière.

anis étoilé

quadruple

scotch ale

double

monastique brune

Alcool — fort / moyen / faible

Chocolat/Caramel — faible / moyen / fort

La signature de ces bières est partiellement suscitée par la caramélisation en chaudière. La couleur de la majorité de ces bières est ainsi scintillante de reflets rouges rubis. On ne détecte pas souvent de notes de torréfaction dans les bières foncées belges. En portant attention, après quelques gorgées, il est possible d'observer la présence de houblon.

Les doubles

Présentation visuelle : varie du roux ambré au brun foncé, la couleur provenant surtout des sucres caramélisés plutôt que des malts, et sa mousse, soutenue par un pétillement moyen ou généreux, est généreuse, consistante, épaisse et durable.

Alc./vol. : varie de 6,5 à 8 %.

Saveurs caractéristiques : au nez, elle diffuse des arômes fruités (souvent de banane et de pomme), de malt chocolaté et de chocolat. En bouche, elle est douce et veloutée par son alcool. On peut souvent y reconnaître des notes de sucre d'orge. Rarement amère, la perception gustative de son alcool est moyenne. Son pétillement contribue au développement de sa sensation de velouté.

Température de service : froide, tempérée ou à la température de la pièce.

Verre de service : calice.

Conditionnement idéal : le fût ou la bouteille.

Péremption : la madérisation de l'affinage lui donne une personnalité intéressante, quoique le sucré de sa jeunesse soit irrésistible.

À la table : style qui convient très bien aux plats épicés ou même très épicés. Sa douceur enrobe le piquant d'un baume sucré apaisant et lui permet de bien accompagner le porc et le canard. Aucune saucisse ne lui résiste. Auprès des fromages, son

Saveurs en bouche

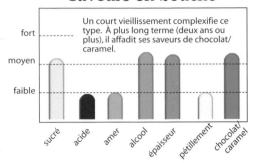

Un court vieillissement complexifie ce type. À plus long terme (deux ans ou plus), il affadit ses saveurs de chocolat/caramel.

caractère sucré en fait une bière très flexible. Elle sait mettre en valeur les saveurs contraires, comme l'amer et l'aigre. Des mesures de prudence doivent être toutefois observées dans le cas des fromages fumés et salés.

* * *

Malgré l'utilisation très ancienne de la désignation double, le style tel que nous le connaissons maintenant semble avoir été développé par la brasserie Alken (devenue Alken-Maes). Cette brasserie s'inspire alors de deux autres styles populaires en Belgique, la bock et la scotch ale, et nomme son produit tout simplement double. Enfin, l'entente conclue par la brasserie Union (également intégrée à Alken-Maes) avec l'abbaye de Grimbergen en 1962, pour le brassage de la double et de la triple, confirme le style. ■

Analyse

WESTMALLE DOUBLE
Bouteille : 330 ml
Alc./vol : 6,5 %
Péremption : dans 2 ans
Température : fraîche

Visuel

Bière rousse, foncée, coiffée d'une mousse brunâtre qui colle bien à la paroi du verre.

Nez

Nez généreux de bonbon dont le caramel et le chocolat sont soulevés par l'alcool. Nous pouvons observer en deuxième nez quelques notes fruitées, notamment de banane mure.

Description

Ronde, sucrée et soyeuse en bouche, elle donne une impression légèrement huileuse. La timide amertume ressentie est celle de l'alcool. On peut noter ici et là, au fil des gorgées, une tout aussi timide présence d'anis étoilé. Long arrière-goût qui fait ressortir la douceur de cette bière soutenue par un alcool réconfortant.

Bouche
(Westmalle double, bouteille)

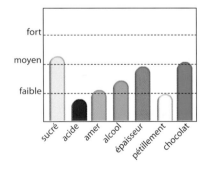

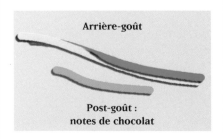

Arrière-goût

Post-goût :
notes de chocolat

Analyse d'experts

Les grandes variations de description parmi les auteurs indiquent que cette bière présente un profil évolutif important. Son caractère sucré n'est pas précisé tel quel dans la majorité des appréciations, laissant croire que les échantillons goûtés avaient déjà un âge respectable.

MICHAEL JACKSON
« Voici une délicieuse bière maltée et chocolatée, avec des soupçons de banane et de fruit de la passion s'inclinant vers une finale sèche. »

JAMES D. ROBERTSON
« Couleur orange-brun profond, nez complexe et délicieux de malt, texture riche et pleine ; saveur ample de malt rôti complexe [qui] semble se modifier au fil des gorgées, longue en bouche et très long arrière-goût, une véritable grande bière trappiste. »

CHRISTIAN DEGLAS
« Elle est plus agressive en bouche (que la Triple) avec un arrière-goût d'anis. [...] Son arrière-goût est moins puissant, mais plus mémorable, ce qui lui autorise un accompagnement de fromage. » ■

Avant les camions et les carrioles, la brasserie ne desservait que son quartier. Le tinet aidait les transporteurs à porter la précieuse boisson à bon port.

Les scotch ales

Présentation visuelle : brune pouvant même être noire, mousse onctueuse, souvent teintée de beige.

Alc./vol. : varie de 8 à 9 %.

Saveurs caractéristiques : ronde et veloutée, douce, sucrée, elle joue des notes bien senties de caramel, souvent agrémentées de dièses de caramel légèrement brûlé. Peu houblonnée, on peut y déceler à l'occasion quelques partitions fruitées.

Température de service : froide, tempérée ou à la température de la pièce.

Verre de service : le calice ou encore le verre stylisé à la forme de la fleur nationale de l'Écosse, le chardon.

Conditionnement idéal : en fût ou en bouteille.

Péremption : la madérisation de l'affinage peut lui donner une grande personnalité tout en rondeur onctueuse et veloutée. On peut même l'intégrer à un cellier pour une période de dix ans.

À la table : à l'instar des doubles, il s'agit d'un style qui convient très bien aux plats épicés ou très épicés, puisque sa douceur enrobe le piquant d'un baume sucré apaisant. Il accompagne bien le porc, le canard et toutes les saucisses. Il sait mettre en valeur les saveurs contraires, l'amer et l'aigre. Avec les fromages, son caractère sucré en fait une bière pouvant s'accommoder de tout, même si elle fait merveille auprès des fromages persillés. Il faut considérer cette bière comme un porto lors des accords avec les fromages. Des mesures de prudence seront observées dans le cas de fromages fumés et salés. Elle fait également sensation aux desserts, notamment avec ceux à base de crème, et peut enfin constituer un excellent digestif.

* * *

Voici un style de bière très large qui fait le lien entre les doubles et les quadruples, dans une zone très flexible d'interprétation gustative. Il importe ici de faire une distinction entre les scotch ales et les scottish ales. Les premières constituent une interprétation élaborée pour un marché situé à l'extérieur de l'Écosse (qu'elles soient brassées ou non dans le pays d'origine). Ainsi, elles sont souvent déclinées en tenant compte des goûts culturels du pays où elle sont d'abord destinées. Les deuxièmes représentent les ales telles que nous les retrouvons lorsque nous visitons l'Écosse. Quand nous concevons ce style comme une zone d'influence gustative, nous devons alors considérer l'inclusion de marques qui ne portent pas la mention scotch, comme la Leffe Vieille Cuvée et sa compétitrice la Cuvée de l'Ermitage ainsi que la Vondel. À l'extérieur de la Belgique, la Mc Andrews originelle s'inscrivait dans la même ligne gustative que la Scotch de Silly actuelle. L'interprétation de McAuslan, au Québec, prend de grandes libertés

Saveurs en bouche

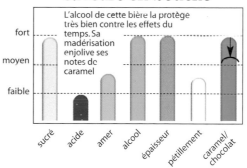

L'alcool de cette bière la protège très bien contre les effets du temps. Sa madérisation enjolive ses notes de caramel

pour la faire côtoyer les pale ales nord-américaines fortes.

Pourquoi proposer les scotch ales comme formant un style belge ? C'est que la Belgique a joué un rôle important dans le développement du style tel que nous le connaissons maintenant. Avant même la révolution microbrassicole, des bières portant une image ou un label écossais sont élaborées spécifiquement pour le marché belge. Ce sont d'ailleurs ces modèles qui sont d'abord découverts par les amateurs de bières de l'Amérique. L'armée écossaise a joué un rôle déterminant dans la libération de la Belgique lors de la Deuxième Guerre mondiale. Reconnaissantes, plusieurs brasseries honorent cette implication en brassant une bière musclée, plus forte, réconfortante, libératrice des esprits... Certaines brasseries décident éventuellement de l'importer directement d'Écosse ou d'Angleterre pour faire plus authentique. Peu importe où il est brassé, ce style est d'abord développé pour satisfaire les papilles belges ! On peut dire qu'il s'agit de la version laïque de la double. Elle s'inspire des ales anglaises, mais est fortifiée d'alcool. ■

Analyse

DOUGLAS
Scotch Ale
Brassée par Scottish and Newcastle en Écosse, exportée en pinardier à Antwerp pour John Martin, elle est ensuite distribuée sur le marché local et exportée. Voilà un exemple typique du style scotch ale.
Bouteille: 330 ml
Alc./vol. : 8,6 %
Péremption: : depuis 2 ans
Température : fraîche
Cet échantillon fait partie des expériences d'analyse de l'effet d'affinage en cave portant sur plusieurs styles. En règle générale, rares sont les bières qui s'améliorent en s'affinant (voir en page 44). Voici un bel exemple d'amélioration gustative.

Visuel
Mousse généreuse persistante qui colle bien à la paroi du verre.

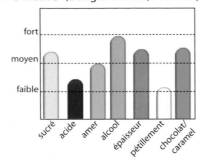

Bouche (Douglas Scotch, bouteille)

fort
moyen
faible

sucré / acide / amer / alcool / épaisseur / pétillement / chocolat/caramel

Nez
Elle explose d'arômes capiteux de chocolat et de caramel, amplifiés par l'alcool. Nous observons un voile de madère en arrière plan.

Description
Ronde et chaleureuse en bouche, elle remplit toutes les aspérités et stimule nos papilles en dévoilant sa complexité : moka, caramel brûlé, amertume d'alcool. Arrière-goût long et somptueux jouant des airs de whisky.

Analyse d'experts
Un consensus s'établit parmi les auteurs sur le caractère agréable de son alcool. Beaumont évoque le brandy, Robertson le sherry et, pour notre part, le whisky. De toute évidence nous ne sommes pas amateur de spiritueux !

STEPHEN BEAUMONT
« Riche et réconfortante avec son 8,5 % alc./vol., la Douglas/Gordon ne possède pas le caractère sirupeux de sa sœur McEwans Scotch, et

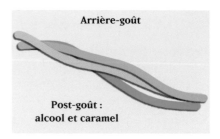

Arrière-goût

Post-goût :
alcool et caramel

démontre une plus grande complexité. Un léger rôti de départ se transforme agréablement en corps rond et onctueux subjuguant de notes fruitées, un rôti plus profond, du sucre brûlé et des épices légères. Elle se termine avec une saveur d'alcool évoquant le brandy s'allongeant paresseusement. »

JAMES D. ROBERTSON
« Ambre profond, arômes qui évoquent le sherry ; le concentré de café-sherry est l'une des nombreuses saveurs qui s'expriment lorsqu'elle se réchauffe; corps ample; l'arrière-goût est brièvement malt/sec mais s'estompe rapidement pour laisser la chaleur de l'alcool s'exprimer. » ■

Les quadruples ou ABT

Présentation visuelle : brune/rousse, très pétillante, à la mousse généreuse qui s'affaiblit lentement, laissant une belle marque sur le verre.

Alc./vol. : au-delà de 9 %.

Saveurs caractéristiques : nez d'alcool facilement perceptible qui évoque le whisky ou le cognac, en plus des notes de caramel qui soutiennent cet alcool. Ronde en bouche, elle couvre bien les parois buccales. L'amertume de l'alcool domine, apaisé par la douceur du caramel ou du chocolat.

Température de service : tempérée.

Verre de service : calice.

Conditionnement idéal : en bouteille, surtout à cause de la noblesse.

Saveurs en bouche

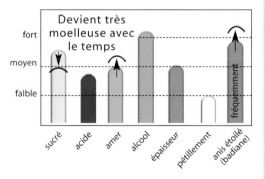

Péremption : s'affine longtemps. La madérisation de l'affinage peut lui donner une grande personnalité ronde, onctueuse et veloutée.

À la table : convient parfaitement au moment du digestif, servie à la température de la pièce.

* * *

La forte concentration d'alcool de ce style le rapproche des autres bières poussées au maximum. Elle possède les caractéristiques gustatives suivantes : très douce, d'un alcool évoquant le whisky ou le cognac. Elle se déguste préférablement chambrée. ■

Analyse

CHIMAY GRANDE RÉSERVE
Bouteille : muselée, 750 ml
Alc./vol : 9 %
Péremption : : dans 5 ans
Température : fraîche

Bouche

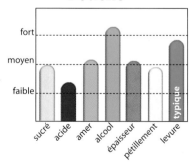

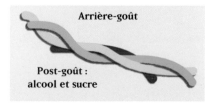

Arrière-goût

Post-goût : alcool et sucre

Le même brassin est vendu sous le nom Chimay Bleue en bouteille de 330 ml. Dans son livre, James D. Robertson les traite, à raison, comme deux bières différentes .

Visuel

Mousse onctueuse et généreuse qui se fixe bien à la paroi du verre.

Nez

On reconnaît au nez l'alcool et sa levure typique.

Description

Ses flaveurs complexes s'intercalent au fil des gorgées : outre l'alcool et la levure, le boisé, le caramel et l'herbe laissent s'échapper des demi-notes de thym, de chocolat et de brûlé. Ronde, veloutée, onctueuse. Le sucre

s'exprime plus ou moins intensément au fil des gorgées. Long arrière-goût sur le thème de l'alcool.

Analyse d'experts

Nous pouvons noter le consensus, relativement à son alcool chaleureux, parmi les auteurs l'ayant dégusté, ainsi qu'une reconnaissance des épices composant cette quadruple. De toute évidence Jackson est un fin cuisinier, si on en juge par la précision de sa description comparée à celles de ses collègues.

MICHAEL JACKSON

« Cette bière aromatique, vivante et riche offre un sucré moyen en milieu de bouche, accompagné d'agréables notes qui évoquent le thym, le poivre, le bois de santal et la muscade en finale. Les flaveurs de porto se développent lorsque la bière est conservée plus de cinq ans. »

JAMES D. ROBERTSON

« Couleur orange-brun profond, mousse généreuse, nez complexe d'agrumes et de malt, saveurs prononcées de malt sucré, épicé, fruité, onctueuse et bien équilibrée, très complexe ; les notes épicées sont plus prononcées en finale, arrière-goût très long. »

CHRISTIAN DEGLAS

« Son arôme est très complexe mais très puissant aussi. Les épices qui interviennent dans son brassage n'ajoutent que plus de piment à sa saveur. Malgré sa densité lourde, elle se digère aisément. » ■

Les bières Chimay

Les marques Chimay sont les bières trappistes les plus reconnues sur le plan international, particulièrement la Chimay Rouge (en petit format), nommée Chimay Première en grand format. Cette pratique de baptiser la même recette d'un nom différent en tenant compte du format de conditionnement illustre bien le fait que les saveurs n'évoluent pas de la même façon selon le volume dans la bouteille. Sa grande sœur, Chimay Bleue (en petit format) ou Grande Réserve (en grand format), porte la même signature gustative dans un enrobage plus alcoolisé. Les comparaisons horizontales (de formats différents) et verticales (d'âges différents), selon la méthode des trois verres (voir en page 58), constituent toujours une expérience éducative très efficace pour l'apprenti dégustateur.

Les bières aigres des Flandres

Rouges et brunes des Flandres

Présentation visuelle : couleur rousse dont le collet moyen est plutôt fugace malgré une saturation moyenne.

Alc./vol. : varie de 5 à 8 %.

Saveurs caractéristiques : moyennement saturée et de rondeur moyenne, elle se démarque par son aigreur adoucie par le malt ou le sucre. La complexité de son aigreur joue des notes lactiques et acétiques. Dénuée d'amertume de houblon, nous pouvons observer à l'occasion quelques notes de caramel et de rôti. Habituellement boisée, on y reconnaît fréquemment la vanille, le tanin ou le chêne. Ses saveurs sucrées sont évolutives et diminuent en force avec le temps, laissant leur place à une acidité acétique (notes de vinaigre). Moyennement saturée, rondeur moyenne.

Température de service : fraîche. Trop froide, son acidité devient trop tranchante.

Verre de service : coupe.

Conditionnement idéal : en bouteille.

Péremption : ne s'affine pas et peut même se dégrader. Ses saveurs aigres évoluent considérablement vers le tranchant acétique, sans complexification. Conserver au froid afin de maintenir les saveurs.

À la table : servie froide, elle constitue un apéritif de choix, surtout l'été. Elle accompagne bien les salades rehaussées de vinaigrette aigre et les saucisses douces. Avec les fromages, elle est une bière idéale pour confirmer l'adage « qui se ressemble s'assemble » et convient

Analyse

LIEFMANS GOUDENBAND
Bouteille : 350 ml
Alc./vol. : 7,5 %
Péremption : dans 4 1/2 ans
Température : fraîche

Visuel

Robe rousse coiffée d'une mousse généreuse mais fugace.

Nez

On reconnaît facilement le boisé, la vanille, les pommes et les petits fruits rouges, surtout la cerise sûre.

Description

Dès l'attaque, ses notes acides excitent les deux côtés de la langue, vite enrobées de la douceur réconfortante de son malt légèrement chocolaté. Elle s'efface rapidement en arrière-goût, laissant une sensation aigrelette.

Analyse d'experts

Compte tenu de la nature très évolutive des saveurs de ce type de bière, les auteurs ont identifié plusieurs caractéristiques communes, surtout la cerise. Deux hypothèses : d'une part, cette marque de bière offre probablement une grande stabilité de saveurs ou, d'autre part, les trois auteurs ont dégusté des produits du même âge.

STEPHEN BEAUMONT

« Les arômes offrent de généreuses notes de cerises aigres, au point où plusieurs pensent que cette bière est aux fruits. En bouche, elle offre des

Saveurs en bouche

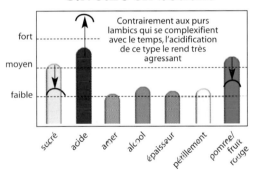

parfaitement aux chèvres frais et au feta. Ses versions aux fruits, jeunes, conviennent également très bien aux gâteaux au chocolat.

* * *

Deux principales techniques de aigrissement de la bière sont utilisées. La fermentation principale à l'intérieur d'un local ouvert, dans des bacs peu profonds, et le aigrissement en cuve de garde. La première option définit généralement les brunes des Flandres. Les levures sauvages présentes dans l'air amorcent dès ce moment le aigrissement de la bière. Les exemples typiques de la brune des Flandres offrent des flaveurs évoquant les olives, le raisin et les épices. La deuxième option est attribuée aux rouges des Flandres. Elles sont élaborées en respectant les règles contemporaines de l'art brassicole. Elles subissent un aigrissement en cuve de garde, dans des foudres de chêne. La flore bactérienne présente dans les pores du bois développe alors des acides lactiques. Des cultures lactiques peuvent également être utilisées par certains producteurs.

On trouve trois versions principales des bières aigres des Flandres : la classique (un assemblage de bières affinées en foudre de chêne et de bières ordinaires, non suries) ; le grand cru (un assemblage de bières de différents âges, affiné dans les foudres de chêne) ; aux fruits (une bière affinée dans un foudre de chêne, aromatisée aux cerises ou aux framboises). Notons enfin qu'une sous-variété de la brune des Flandres a récemment été développée par la Brasserie Liefmans en Belgique : la Glühkriek, inspirée des vins chauds allemands. ∎

Bouche
(Liefmans Goudenband, bouteille)

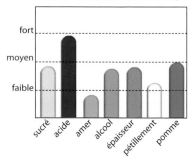

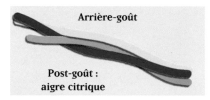

Arrière-goût

**Post-goût :
aigre citrique**

saveurs douces-aigres accompagnées de saveurs dignifiées de malt légèrement noisettées à l'arrière-plan. »

JAMES D. ROBERTSON

« Couleur voilée de l'acajou ; des arômes complexes comportant des herbes, des agrumes, des prunes, de la sauce Worcestershire et des cerises noires (mais il ne s'agit pas d'une bière aux cerises), qui deviennent graduellement maltés sur un fond acide ; un peu vineuse ; arrière-goût long malt/acide. »

* * *

RODENBACH
Grand Cru

La plus connue des rouges des Flandres est la Rodenbach. Ce type de bière est répandu dans les Flandres, notamment sur la côte, alors qu'elle représente un choix populaire pour désaltérer pendant la saison estivale.

Bouteille : 330 ml

Alc./vol. : 5,4 %

Péremption : dans 2 ans

Température : fraîche

Visuel

Cette bière d'un roux brunâtre produit une mousse moyenne qui s'efface rapidement.

Nez

Ses arômes de chêne mouillé sont facilement perceptibles au nez.

Description

Elle surprend d'abord par sa minceur en bouche, puis éveille avec ses notes aigres bien découpées. Des saveurs boisées apaisent son tranchant et un voile de chocolat mi-amer est apposé pour assurer un plaisir doucereux. L'arrière-goût fait danser son aigreur et sa douceur chocolatée.

Analyse d'experts

Nous constatons l'empreinte du chêne de la fermentation de garde sur cette bière à travers des notes de vanille et des notes acides bien

définies. Elle fait fureur l'été sur la côte belge à cause de cette caractéristique particulière qui, de toute évidence, a séduit même Stephen Beaumont.

MICHAEL JACKSON

« Un bouquet vif, accompagné de notes vanillées de chêne qui se poursuit jusqu'au palais ; saveurs de fruit de la passion ; et une belle acidité tranchante évoquant celle que nous trouvons dans la crème sure. »

STEPHEN BEAUMONT

« Un bouquet convaincant de cerises sures et de vieux chêne remplit les narines et fait saliver. Puis les saveurs, d'abord crispantes, sont suivies par une aigreur généreusement fruitée qui nettoie le palais et épanche la soif. » ∎

Les blanches

Wit, en flamand, mot souvent retenu aux États-Unis pour désigner ce style

Présentation visuelle : robe jaune pâle, laiteuse, opalescente, au pétillement généreux et coiffée d'une mousse onctueuse qui colle bien à la paroi du verre. Présence de levures dans la bière.

Alc./vol. : varie de 4 à 5 %.

Saveurs caractéristiques : texture veloutée sans être épaisse, faible-

Saveurs en bouche

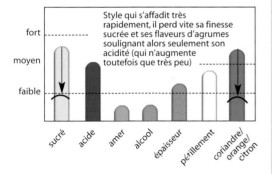

ment ou moyennement sucrée, présentant des notes de blé et de citron facilement perceptibles.

Température de service : légèrement refroidie ou froide.

Verre de service : tulipe évasée.

Conditionnement idéal : en fût ou en bouteille.

Péremption : elle perd très rapidement sa finesse. Après une période fade d'environ six mois, elle développe des saveurs madérisées. Voici une bière où le concept de « date d'embouteillage » est le plus important. Il faut considérer ce type de bière de la même façon que l'on considère la baguette française. Ici plus que jamais, une date de fraîcheur (c'est-à-dire la date d'embouteillage et non de péremption) devrait figurer sur les étiquettes. La date de péremption ne devrait habituellement pas dépasser trois mois.

À la table : bière qui remplace facilement le champagne au petit déjeuner ! Apéritif hors pair. Accompagne merveilleusement bien les hors-d'œuvre. À l'instar du pain baguette, il s'agit d'une bière flexible qui peut

facilement accompagner une grande variété de repas. Elle excelle avec les fruits de mer, particulièrement les moules. Il s'agit d'une bière facile avec une grande variété de fromages. ■

Analyse

HOEGAARDEN

La recette du modèle original du style a considérablement évolué au fil du temps. Elle est brassée industriellement, c'est-à-dire à haute densité, et la maison a réussi à stabiliser ses saveurs sur une plus longue période que ses compétiteurs artisanaux : elle offre une grande fraîcheur même plusieurs mois après son embouteillage. La levure que l'on retrouve dans la bouteille n'est pas celle de la fermentation principale.

Le style blanche de la Belgique est un bel exemple de marque-phare définissant un style encensé par les experts, mais dont les saveurs évolutives font en sorte que les descriptions qu'on peut en offrir diffèrent considérablement. Les nombreuses analyses de la blanche de Hoegaarden l'illustrent d'ailleurs bien. Périmée, la Hoegaarden devient aigre et des notes de miel ou de madère s'y développent. Tous les experts font état de la présence ou de l'absence de l'aigreur de cette bière dans leurs textes.

Bouche
(Hoegaarden, bouteille)

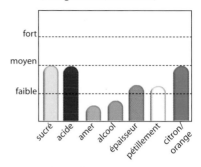

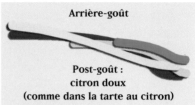

Arrière-goût

Post-goût : citron doux
(comme dans la tarte au citron)

Bouteille : 330 ml
Alc./vol. : 5 %
Péremption : dans un an
Température : froide

Visuel

Pâle et opalescence homogène, d'une mousse généreuse qui s'affaiblit rapidement.

Nez

Nez d'agrumes qui évoquent le citron et l'orange.

Description

Minceur soyeuse en bouche, sa douce aigreur est d'agréable compagnie. On goûte les épices sans pouvoir les nommer. Étalement long et rafraîchissant sur le thème citron-blé.

En fût, servie froide

Elle présente une belle homogénéité opalescente. Les arômes sucrés et citronnés évoquent la tarte au citron. Elle se présente en bouche sur des notes de fraîcheur désaltérante très agréables autour du thème de l'aigreur de citron. Longue finale aigre-douce qui dévoile une amertume d'écorce.

Analyse d'experts

Lorsque cette bière est jeune, son aigreur citrique est équilibrée par la douceur du blé. Vers six mois et jusqu'à sa première année, la douceur disparaît tandis que l'aigreur citrique est remplacée par une aigreur plutôt acétique, ce qui la rend moins agréable au goût. Puis, sa madérisation s'amorce et des saveurs mielleuses viennent enrober son aigreur, voire la dissimuler complètement. À quel moment cette bière est-elle la meilleure ? À quel âge doit-on considérer l'exemplarité du style ? Il importe ici de préciser que la vitesse de vieillissement de ce type de bière varie considérablement selon les conditions d'entreposage. Les bières de blé doivent être comparées aux baguettes de pain : elles sont à leur meilleur fraîchement sorties de l'usine. Certaines bières élaborées de main de maître et rencontrant parfaitement un style copié ne possèdent

pas nécessairement la même vigueur de vieillissement. Un produit peut être identique à la bière-phare initiatrice de sa mise en marché, mais plus le temps passe, plus sa dégradation l'éloigne des caractéristiques du modèle original.

JAMES D. ROBERTSON

« Un nez tutti frutti, une saveur tranchante ; sa finale est plus douce mais son goût dure longtemps en arrière-goût. »

ROGER PROTZ

« Un nez épicé comportant une note évidente d'orange. Sensation aigre et rafraîchissante en bouche, suivie par une finale amère-douce bien définie. Elle s'améliorera pendant environ six mois et développera un doux caractère mielleux. »

TIM WEBB

« Elle peut être quelque peu visqueuse, mais demeure une bonne bière de blé solide la plupart du

temps, qu'elle soit servie en fût ou, plus sèche, de la bouteille. »

MICHAEL JACKSON

« Alors qu'elle s'affine, elle développe une caractéristique connue sous le nom de double shine, et son aigreur fruitée se transforme en douceur mielleuse. »

MICHAEL JACKSON (2000)

« L'arôme de la Hoegaarden est parfumé et épicé, accompagné d'un palais fruité et d'un fond mielleux. »

STEPHEN BEAUMONT

« La beauté de la blanche de Hoegaarden réside dans l'équilibre délicat qui s'établit entre les épices et le fruité. Le nez offre une explosion de coriandre qui trône sur une base de fruit doux, tandis que sa texture inverse cette relation avec ses notes d'agrumes orangées sur un fond délicat d'épices. » ∎

■ Les gueuzes gueuze-lambic

Présentation visuelle : sa couleur exhibe des nuances de jaune-or aux reflets orangés, souvent voilés, sauf dans les échantillons industriels filtrés. Sa mousse onctueuse est toutefois fragile à cause de son acidité et coiffe une explosion de petites bulles qui donnent l'impression de piquer la langue.

Alc./vol. : varie de 4,5 à 5,5 %.

Saveurs caractéristiques : plutôt mince en bouche, l'importance de son sucré est considérablement différente selon la pureté du produit. Les purs lambics sont tissés d'aigreur enveloppée d'une mince couche de douceur, alors que les interprétations modernes peuvent de leurs côtés être très sucrés. On trouve aussi des versions intermédiaires qui dissimulent derrière leurs saveurs sucrées une complexité d'une belle finesse. Les

Saveurs en bouche

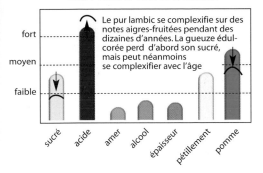

Le pur lambic se complexifie sur des notes aigres-fruitées pendant des dizaines d'années. La gueuze édulcorée perd d'abord son sucré, mais peut néanmoins se complexifier avec l'âge

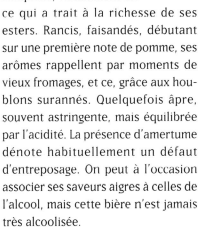

marques Mort Subite sont très habiles à cet égard. Son amertume est faible, voire absente. Très pétillante, piquante, mousseuse en bouche, la bière jaillit souvent de la bouteille lorsqu'on fait sauter son bouchon. Son pétillement s'éteint toutefois rapidement. Bière très complexe, notamment en ce qui a trait à la richesse de ses esters. Rancis, faisandés, débutant sur une première note de pomme, ses arômes rappellent par moments de vieux fromages, et ce, grâce aux houblons surannés. Quelquefois âpre, souvent astringente, mais équilibrée par l'acidité. La présence d'amertume dénote habituellement un défaut d'entreposage. On peut à l'occasion associer ses saveurs aigres à celles de l'alcool, mais cette bière n'est jamais très alcoolisée.

Température de service : tempérée ou froide.

Verre de service : godet ou coupe.

Conditionnement idéal : en bouteille de type champagne. Le vert de la bouteille n'affecte pas le houblon suranné de cette bière.

Péremption : les styles d'origine pur lambic peuvent s'affiner pendant plusieurs années, jusqu'à 30 ans ! Ils développent alors une grande complexité tissée de plusieurs variations d'aigreur.

À la table : servie légèrement refroidie, il s'agit d'un excellent apéritif. Les purs lambics s'associent difficilement aux mets. Ils conviennent toutefois aux salades et aux saucisses douces. Avec les fromages, ils ne proposent que rarement de grandes épousailles, mais s'accommodent bien des fromages doux et ont tendance à rejeter les pâtes persillées.

*   *   *

Le lambic d'origine et la gueuze purlambic sont des styles de passion qui ne laissent personne indifférent : on les aime ou on les déteste. La façon de juger la qualité des lambic et gueuze pur lambic inverse les grilles d'évaluation : plusieurs caractéristiques considérées comme des défauts dans l'ensemble des autres styles sont ici tenues pour de très grandes qualités. À cause de ses saveurs acides souvent très tranchantes, le style impose une estime élevée parmi les spécialistes. Les ventes sont toutefois inversement proportionnelles. En fait, plus le style est rigoureusement fidèle à la tradition prépasteurienne, plus ses saveurs aigres sont fortes et plus elle est difficile à se faire aimer. Seuls quelques amateurs sont en mesure de développer une préférence pour ces produits et rares sont les personnes qui s'enivrent avec des lambics traditionnels. ■

Analyse

GUEUZE CANTILLON
Bouteille : 750 ml
Alc./vol. : 5,4 %
Péremption : dans 5 ans
Température : fraîche

Visuel

Robe dorée aux reflets d'ambre.

Nez

Dès le retrait du bouchon, un feu d'artifice illumine l'univers de flaveurs de

Bouche (Gueuze Cantillon, bouteille)

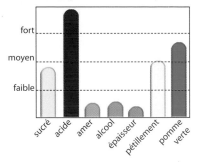

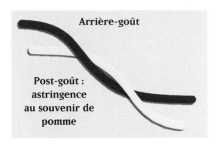

Arrière-goût

Post-goût : astringence au souvenir de pomme

pomme et de bois humide qui évoquent la vanille, contraste éloquent avec sa mousse généreuse qui s'écrase rapidement.

Description

Bouche aigre tranchante évoquant le cidre et le champagne qui s'enfouit dans notre intimité sans jamais renier sa personnalité complexe.

Analyse d'experts

Notons la grande différence entre les deux commentaires de nos collègues. Jackson est d'une très grande discrétion, surtout lorsque nous comparons son texte à l'exubérance de Beaumont. Retenons toutefois qu'il utilise une comparaison noble avec le champagne.

MICHAEL JACKSON

« Cette gueuze classique est complexe, « zesteuse » et évoque le champagne. «

STEPHEN BEAUMONT

« La gueuze Cantillon est sans aucun doute la plus agressive au monde. [...] Le véritable plaisir survient derrière l'acidité, au travers une complexité terreuse, fruitée et d'étable. » ■

Les cousins lambic et blanche

Le lambic et la blanche sont proches parents puisqu'ils utilisent à peu de choses près les mêmes céréales dans leur élaboration. Le profil évolutif de la blanche lui confère en effet des saveurs aigres, voisines du lambic. Les brasseurs de blanche acceptent le beau défi des levures sélectionnées et défient Louis Pasteur. Mais comme le blé est une céréale capricieuse qui réserve parfois des surprises acides, les brasseurs de blanche doivent gérer ces imprévus du mieux qu'ils peuvent en rectifiant le brassage avec des épices traditionnelles. Les connaissances

et les équipements modernes de brassage permettent un meilleur contrôle de l'aigrissement accidentel ou naturel de la blanche, ce qui contribue fortement à la croissance de sa popularité. La qualité et la popularité de la blanche résident dans la possibilité de retarder son vieillissement gustatif. Bien que, même sans infection bactérienne, le blé se flétrisse vite et surisse, l'utilisation d'équipements et d'un système de distribution modernes permettent d'offrir la blanche dans un état satisfaisant de fraîcheur, même transportée loin de l'usine. Lorsque Pierre Celis quitta la cuisine familiale pour vendre sa bière commercialement, avant l'ouverture de la brasserie De Kluis, il passa un contrat avec la brasserie De Keersmaeker (Mort Subite), spécialisée dans le brassage du lambic, pour lui préparer ses premières bières commerciales !

■ Fruit-lambic

Présentation visuelle : sa couleur varie en fonction du fruit utilisé : rose ou rougeâtre pour les fruits rouges, jaunâtre pour les pêches, abricots et bananes. Mousse généreuse qui a tendance à s'effondrer à cause de son acidité. Pétillement soutenu et généreux.

Alc./vol. : varie de 4,5 à 5,5 %.

Saveurs caractéristiques : Son nez varie en fonction du fruit utilisé. On note souvent néanmoins de la pomme, de la vanille et fréquemment du bois humide. En bouche, son sucré varie lui aussi en fonction de l'ajout de sucres et de l'âge du produit. Ce style ne s'affine pas et a plutôt tendance à se dégrader avec l'âge. Plutôt mince en bouche, ses saveurs acides sont habituellement faciles à percevoir, même si elles sont souvent dissimulées par le sucre. On remarque en outre l'absence ou la faible présence d'amertume. Lorsque cette dernière est présente, il s'agit d'un défaut d'entreposage ou d'élaboration du produit. Faible perception d'alcool. On peut à l'occasion confondre les saveurs aigres avec celles de l'alcool, mais ces bières ne sont jamais très alcoolisées.

Température de service : fraîche ou froide.

Verre de service : godet ou coupe.

Conditionnement idéal : en bouteille de type champagne. Le vert de la bouteille n'affecte pas le houblon suranné de cette bière.

Péremption : ne se conserve pas et doit impérativement être consommée dans les deux ou trois mois suivant son embouteillage, puisqu'elle se dégrade ensuite rapidement. Une fois dégradée, elle ne constitue pas une mauvaise bière pour autant et peut facilement convenir aux amateurs de bières tranchantes. Si elle porte tou-

jours les saveurs du fruit après avoir longuement vieilli, c'est qu'il ne s'agissait pas d'une fruit-lambic authentique.

À la table : servie légèrement refroidie, il s'agit d'un excellent apéritif. Les purs lambics s'associent difficilement

Saveurs en bouche

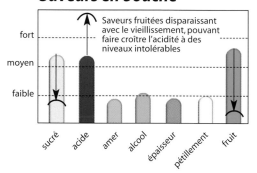

Saveurs fruitées disparaissant avec le vieillissement, pouvant faire croître l'acidité à des niveaux intolérables

fort
moyen
faible

sucré acide amer alcool épaisseur pétillement fruit

aux mets, mais conviennent aux salades et aux saucisses douces. En présence de fromages, ils affectionnent bien les chèvres frais alors que leur acidité respective s'annule pour faire jaillir le fruit de la bière.

* * *

Le fruit-lambic est un lambic dans lequel le brasseur ajoute des saveurs de fruits dans la bière afin de l'adoucir et de lui conférer une douceur d'équilibre. Il n'existe aucune réglementation sur l'utilisa-

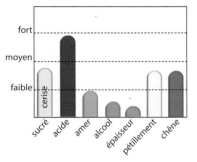

Bouche (Mort Subite Kriek)

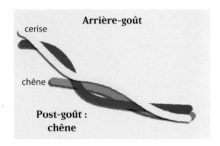

tion des fruits dans l'assemblage, ce qui permet aux brasseurs d'utiliser des fruits entiers, des concentrés, des sirops et même des essences artificielles. Un certain nombre de brasseurs profitent de ce moment pour ajouter également du sucre ou, à l'instar de certaines gueuzes, de la bière douce. Jusqu'à la révolution microbrassicole, les brasseurs utilisaient traditionnellement deux fruits rouges : des cerises (*kriek-lambic*) ou des framboises (*framboos-lambic*). Mais les cerises de Schaerbeek (un village au nord de Bruxelles) sont de plus en plus remplacées par d'autres variétés plus sucrées provenant maintenant d'Allemagne ou du Danemark. Plusieurs autres fruits se sont ajoutés. Avec la popularité croissante des bières de dégustation, certains ont simplement décidé d'explorer toutes les possibilités. Voilà comment on en est arrivé à trouver des mélanges divins comme ceux construits avec les pêches et les abricots. S'inspirant de ces bières séculaires, certains brasseurs plutôt traditionnelles décident d'ajouter des extraits de fruits à leurs infusions modernes.

La méthode traditionnelle de macération de fruits dans les lambics demande de quatre à huit mois, afin que la chair du fruit se désintègre lentement et que ses sucres puissent contribuer à une nouvelle fermentation. Les saveurs fruitées atteignent

leur sommet pendant les mois suivant la mise en marché du produit. Après plusieurs mois, les flaveurs du fruit s'amenuisent et disparaissent, laissant derrière des saveurs encore plus tranchantes et souvent désagréables. Il s'agit donc de bières conçues pour être dégustées jeunes, peu de temps après leur mise en bouteille. De nos jours, un nombre grandissant de brasseurs offrent à leurs clients des bières aromatisées aux fruits. Certains bistro-brasseries exécutent même l'assemblage au moment du service seulement, mais ce ne sont alors généralement pas des lambics. Une variation intéressante de ces produits est la Cranberry Lambic, de la Boston Beer Company des États-Unis, une bière légère à laquelle le brasseur a ajouté un jus d'airelles. ■

Analyse

MORT SUBITE KRIEK
Bouteille : 375 ml
Alc./vol. : 4,5 %
Péremption : dans 5 ans
Température : fraîche

Visuel

Robe rouge rubis, pétillement explosif de petites bulles, à la mousse généreuse mais fugace.

Nez

Dès le retrait du bouchon, ses flaveurs de cerise scintillent,

enrobées de bois humide aux notes de chêne humide.

Description

La framboise fait oublier avec beaucoup d'efficacité l'aigreur de la bière et la complexité qu'elle renferme. Nous pouvons facilement nous laisser berner par le fruit, alors que cette bière dissimule une profondeur aigre d'une grande finesse et tissée de complexités boisées et vanillées.

Analyse d'experts

Un consensus se dégage sur l'équilibre aigre-doux de cette bière.

MICHAEL JACKSON

« Une bière élégamment équilibrée, avec des notes crémeuses, amandées et de noyau de cerise, et une finale délicatement aigre. »

JAMES D. ROBERTSON

« Rouge cerise, peu carbonatée, arômes délicats de cerise sucrée, saveurs aigrettes de cerise, sucrée et tranchante en même temps, corps mince, bel équilibre ; finale légère et court arrière-goût. » ■

Les ales du Brabant   pale ale belge

Saveurs en bouche

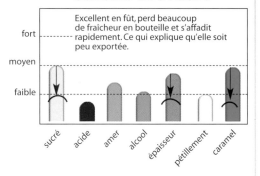

Présentation visuelle : couleur roux à brunâtre, avec une mousse moyenne qui tient bien.

Alc./vol. : varie de 5 à 6 %.

Saveurs caractéristiques : au nez, la douceur du malt et du caramel est manifeste. D'une texture veloutée en bouche, elle offre des saveurs sucrées qui dansent sur le caramel. On peut y reconnaître, à l'occasion, une timide amertume.

Température de service : légèrement refroidie ou froide.

Verre de service : coupe.

Conditionnement idéal : en fût, en canette ou en bouteille.

Péremption : ne s'affine pas, perd rapidement le charme de sa douceur et se dégrade ensuite plus ou moins rapidement en fonction des conditions d'entreposage. Style qui s'exporte difficilement, ce qui explique son absence à l'extérieur de la Belgique.

À la table : bière passe-partout à cause de sa douceur et de sa faible amertume. Ses saveurs de caramel ajoutent un éclat savoureux aux plats très épicés. Avec les fromages doux et crémeux (brie, cheddar jeune...), elle sait comment faire jaillir leur crème pour nous offrir des interprétations de crème caramel.

* * *

Le style pale ale est d'abord brassé en Belgique, surtout dans les Flandres, à cause de la popularité des bières anglaises après la révolution industrielle. En 1921, on propose d'abord des interprétations rehaussées de saccharine et de caramel. Sa particularité sucrée y est déjà. Cette qualité s'accroît au rythme de sa popularité après les deux guerres du XXe siècle, surtout que les brasseurs maintiennent une interprétation adaptée au goût des Belges : un peu plus forte en alcool (entre 5 et 6 % alc./vol.) et agrémentée de notes bien soutenues de caramel. Elle est vendue sous l'appellation pale ale, mais se distingue nettement des bières vendues sous cette dénomination à l'extérieur du pays.

Les maisons nous offrent habituellement une version de Noël étiquetée Christmas, un peu plus forte et renfermant quelquefois quelques épices douces, comme la cannelle, qui rapprochent alors cette bière du style scotch ale.

Bière populaire, la pale ale belge est le principal compétiteur des pils en fût. Notons que ses versions embouteillées offrent beaucoup moins d'intérêt. Trois grandes marques nationales se disputent le marché, surtout dans les Flandres : De Koninck, Palm, et Vieux temps. ■

Autres styles

La pils belge

Comme son nom l'indique, il s'agit d'une interprétation de la lager blonde douce et houblonnée du style

pilsener allemand ! La version généralement élaborée par les brasseries belges est un peu plus malté, comme l'exigent les papilles sucrées de ses consommateurs. L'amertume de son houblon, habituellement bien présente, est plus florale qu'amère lorsqu'on la compare aux versions allemandes. Les deux grands brasseurs belges de pils proposent deux versions passablement différentes. La Stella Artois penche du côté de la douceur en sortant du style premier et rejoint ainsi sa voisine Heineken dans le style lager blonde ou encore celui de la bière désinvolte européenne, alors que sa concurrente, la Maes Pils, offre pour sa part une amertume bien sentie. Plusieurs brasseries régionales offrent aussi de respectables pils. À notre avis, une des grandes pils belges, brassée par Duvel

Moortgat, est la Bel, néanmoins plutôt difficile à trouver en fût dans les débits.

La bière de table

En Belgique, on brasse toujours des bières de faible densité (titrant entre 1 et 3 % alc./vol.) que l'on sert aux repas et qui sont souvent offertes aux

enfants. Il ne s'agit pas à proprement parler de bières de dégustation, Mais il importe toutefois de mentionner leur existence puisqu'il s'agit des héritières directes des habitudes ancestrales de consommation de bière alors qu'elle était d'abord considérée comme un aliment. Son étiquetage la rend moins attrayante pour les véritables amateurs, mais elle offre une alternative saine aux bières sans alcool.

Les christmas

Pour la saison des célébrations chrétiennes, plusieurs brasseurs offrent une version renforcée de leurs bières

régulières qu'ils baptisent Christmas ou de Noël. Le seul dénominateur commun de ces produits est qu'ils reprennent une recette de la maison (habituellement leur bière-étendard) en lui ajoutant un peu plus d'alcool et souvent des épices. La tradition a pris naissance au début du XXe siècle alors qu'un brassin spécial était élaboré pour remercier les bons clients et les partenaires. La tradition se poursuit et ces marques sont également mises en marché pour le bonheur de tous.

Les déclinaisons épicées

L'utilisation d'épices de tout genre est une caractéristique fondamentale du brassage en Belgique. La majorité des

brasseries offre des versions anniversaires, pour souligner des événements, ou encore au profit d'un

groupe ou d'une fondation. On s'en donne alors à cœur joie dans l'utilisation plus ou moins généreuse d'épices. Il est impossible de regrouper ces bières dans des styles hermétiques. Que dieu soit loué ! Soulignons l'existence de la bière des grottes, le plus récent rêve de Pierre Celis. Elle est brassée par De Smedt, mieux connu pour sa marque Affligem. Cette bière brunâtre, titrant 6,5 % alc./vol., est rehaussée avec quelques épices exotiques, conditionnée selon la méthode champenoise et élevée pendant deux mois dans des caves de calcaire du Limbourg, près de Maastricht. Plutôt sèche et croustillante, elle offre des flaveurs complexes et sa finale s'étire longuement dans toute sa plénitude. Elle se situe quelque part entre les christmas, les scotch ales et les doubles. ■

Brasserie de Blaugies, mieux connue par sa marque La Moneuse

Analyse : Orval

Une bière culte

Bouteille : 330 ml
Alc./vol. : 6,9 % alc./vol.

Analyse verticale

*2 températures de service,
échantillons de la même caisse*

Péremption : dans 2 ans
Température : fraîche

Visuel

Robe rousse orangée et d'une mousse
semblant fragile, frivole.

Nez

L'intensité de son houblon, combiné à
la présence du malt, évoque au nez le
sapin.

Description

Veloutée en bouche, sa texture
soyeuse ne résiste pas à la vigueur de
son houblon qui transperce jusque
dans les derniers retranchements de
l'arrière-goût.

Péremption : dans 6 mois
Température : fraîche

Visuel

Robe abricot, mousse généreuse et
expansive qui colle bien à la paroi du
verre. Très pétillante.

Nez

L'explosion de son houblon au nez
évoque la résine.

Description

Elle surprend en bouche par son
pétillement qui lui donne une texture
veloutée vite dépassée par l'intensité
de son houblon. Les saveurs amères
de sa levure lui confèrent une complexité agréable et son arrière-goût
est nettement dominé par la danse de
l'amer de sa levure et de son houblon.

Péremption : dans 5 ans
Température : fraîche

Visuel

Robe orangée, mousse généreuse qui
colle bien au verre.

Nez

La fraîcheur de son houblon, que l'on
dirait fraîchement cueilli, embaume
l'air.

Description

En bouche, la rondeur sucrée de son
malt enveloppe l'amertume du houblon, mais celle de la levure vient en
renfort et transporte la fleur en surface. Vite en arrière-goût, l'amertume
domine, quoique la douceur soit continuellement présente.

Bouche (Orval, bouteille)

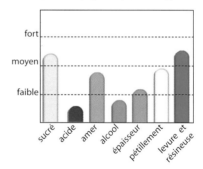

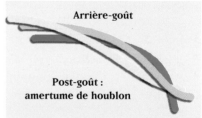

Arrière-goût

Post-goût :
amertume de houblon

Bouche (Orval, bouteille)

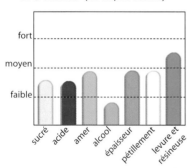

Bouche (Orval, bouteille)

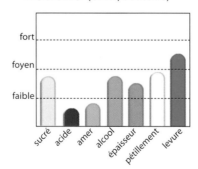

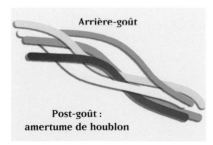

Arrière-goût

Post-goût :
amertume de houblon

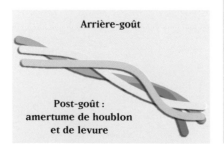

Arrière-goût

Post-goût :
amertume de houblon
et de levure

La fontaine Mathilde

d'où provient l'eau de
brassage de l'Orval

Analyse horizontale

Péremption : dans 2 ans
Température : froide

Visuel

La couleur est plus foncée (?!). Sa mousse onctueuse tient mieux et plus longtemps.

Nez

Son houblon est nettement plus présent, le malt l'est moins.

Description

Son amertume est plus mordante et domine jusqu'à la fin de l'arrière-goût alors que la levure se joint à elle pour amplifier la sensation à l'arrière de la langue.

Bouche (Orval, bouteille)

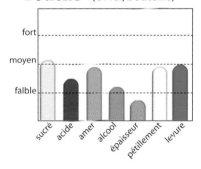

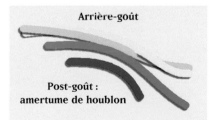

Arrière-goût

Post-goût :
amertume de houblon

Analyse d'experts

Voici une grande bière louangée par tous les experts. Son profil de saveurs évolutives et les multiples tournures qu'elle adopte en fonction de la température de service font de cette bière une boisson versatile pouvant servir d'apéritif, d'accompagnement de repas (notamment avec le saumon), de digestif ou même de boisson désaltérante.

Il est bien difficile de critiquer l'Orval. Ses saveurs primaires généreuses (surtout celles du houblon et de la levure) forment un tout très agréable pour ceux qui ont apprivoisé les saveurs amères. Nous pouvons facilement remarquer d'ailleurs le grand respect des spécialistes dans les appréciations qu'ils en font. Leur admiration transcende souvent leurs textes.

STEPHEN BEAUMONT

« Le houblonnage à froid de l'Orval produit une bière qui est à la fois apéritive et désaltérante lorsqu'elle est jeune, et plus développée et presque du sherry après cinq ans. J'aime cette bière autant lorsqu'elle est jeune, alors que la flamme sèche de son houblon est dans la force de l'âge et que la culture Brette [de brettanomyces] est la moins contrôlée et, plus tard, lorsque le sucre a pris la place et transforme les saveurs de l'Orval dans un tout plus complet et plus complexe. »

MICHAEL JACKSON

« L'arôme de sac de houblon provient de l'utilisation d'une levure semi-cultivée, brettanomyces, qui ajoute un corps franc et léger ainsi qu'une acidité rafraîchissante en finale. »

JAMES D. ROBERTSON

« Orange pâle, nez tranchant de houblon, saveurs intenses de houblon, finale intense de houblon doux, long arrière-goût, ample et puissant, une véritable gorgée d'une bonne bière. »

CHRISTIAN DEGLAS

« Pour les inconditionnels de l'amertume, elle est parfaite. Elle présente un solide houblonnage, sur un fond faiblement alcoolisé. » ■

Parmi les milliers de bières dans le monde, seules quelques-unes font preuve d'une complexité telle qu'elles constituent une bière à découvrir dans tous ses états. Ainsi que le fait un artiste de grand talent, l'Orval offre à nos papilles de spectaculaires démonstrations au fil de son affinage. Elle ne s'affine pas dans le sens qu'elle s'améliore, mais son affinage nous dévoile la versatilité de sa personnalité.

Czeske Budejovice

Royaume-Uni et Irlande

Lorsque nous évoquons une bière au Royaume-Uni, l'image qui se dessine spontanément dans notre esprit est un pub. On y sert des bières qui reçoivent un conditionnement particulier nommé cask. Comme il s'agit d'un protocole établi spécifiquement pour le service sur place, la véritable découverte de la bière britannique requiert une visite dans ce pays.

L e Royaume-Uni regroupe l'Angleterre, le pays de Galle, l'Irlande du Nord et l'Écosse. Nous y distinguons deux zones d'influence brassicole : l'Angleterre et l'Écosse. À l'ouest, l'Irlande propose également un joueur important sur la scène brassicole internationale : Guinness.

Jusqu'à la révolution industrielle, la bière est en Grande-Bretagne une activité domestique. Malgré le grand chambardement industriel, le brassage maison se poursuit et trace les premiers sentiers qui permettront aux Américains de s'y mettre à leur tour. Les premiers livres spécialisés portant sur la bière maison proviennent d'Angleterre, notamment ceux de Dave Line. Cette source originelle influence fortement les jeunes rêveurs des États-Unis, dont plusieurs deviendront les premiers leaders de la nouvelle révolution microbrassicole. En effet, l'essor phénoménal des

« La cuisine anglaise ? Si c'est froid, c'est de la soupe. Si c'est chaud, c'est de la bière. »

PROVERBE FRANÇAIS

microbrasseries en Amérique du Nord s'est fortement construit autour des techniques de brassage anglais. Soulignons que l'Angleterre nous a donné le premier auteur spécialisé dans la dégustation des bières, Michael Jackson, que nous avons déjà cité plus d'une fois.

L'avance industrielle

Berceau de la révolution industrielle, l'Angleterre voit plusieurs inventions techniques se développer ou se perfectionner. Ailleurs dans le monde, l'adoption de nouvelles technologies se fera des années, voire des décennies plus tard. L'Angleterre a un net avantage sur ses voisins.

Fermenteurs de la brasserie Young's dans le ciel de Londres

Le moteur à vapeur provoque le premier grand changement, transformant l'artisanat en industrie. Avec le tiers de la production manufacturière mondiale qui s'y déroule, le Royaume-Uni est alors l'atelier du monde. De 1831 à 1901, sa population grimpe de 16 à 37 millions. Imaginez le nombre de pintes additionnelles qu'il faut brasser pour étancher cette soif ! Cette croissance démographique favorise donc celle des brasseries qui disposent également du plus important marché international de l'époque : des colonies partout autour de la planète. On développe en Angleterre la technique de saccharification la plus efficace qui puisse être : dès l'empâtage, la transformation de l'amidon en sucre s'opère. Vingt minutes plus tard, le moût sucré apparaît. Par comparaison, le mode de décoction allemand requiert un minimum de quatre heures, le belge demande au moins une heure.

Malgré ce vent d'innovation qui a soufflé sur leur pays, les habitants du Royaume-Uni demeurent fortement attachés aux valeurs traditionnelles. Le brassage n'y échappe pas. Plusieurs particularités distinguent le brassage au Royaume-Uni de celui des autres pays : la dureté de l'eau de brassage, l'utilisation de houblons fécondés, l'emploi généralisé du sucre, la méthode 3 d'infusion à un seul palier, les bières conditionnées en cask et la rareté des lignes d'embouteillage.

L'eau de brassage du fleuve Burton est connue : le premier centre important d'exportation des pale ales y est situé. La grande popularité des bières de cette ville repose sur leur stabilité : elles tiennent la route plus longtemps. On sait que l'eau y joue un rôle déterminant, mais on ne peut expliquer pourquoi. Cette réputation incite naturellement plusieurs brasseurs à y river leurs cuves favorisant ainsi le développement d'un important centre brassicole.

On retrouve une eau semblable à celle de Burton à Tadcaster, dans le Yorkshire. Cette eau accueille également une importante région brassicole, mais on en parle moins. Pourquoi ? Notamment à cause des visionnaires tels que William Bass, un brasseur du long de Burton. Ce dernier profite du chemin de fer pour faire connaître ses bières à Londres puis, plus tard, il utilise le canal reliant Burton à la mer (donc à toutes les villes du monde) pour répandre ses idées brassicoles partout. Lorsque les instruments scientifiques sont en mesure de décortiquer la bière, on découvre que les sels de l'eau que contient sa bière ne cristallisent pas durant l'ébullition. Cette particularité favorise ainsi deux éléments importants du brassage. D'une part, elle procure un houblonnage plus constant. D'autre part, le sulfate de l'eau est en mesure d'extraire une plus grande proportion des résines amères du moût, et a moins besoin d'une grande quantité de la coûteuse fleur. Par comparaison, l'amérisation similaire d'une bière brassée avec les eaux plus douces de Londres en demande beaucoup plus. Les sels de Burton ou encore le gypse étant peu coûteux, il est maintenant possible de reproduire cette particularité partout dans le monde. Si Tadcaster avait été reliée à la mer avant Burton, nous parlerions maintenant de tadcastrisation de l'eau plutôt que de burtonisation.

Les brasseries britanniques se font une gloire d'employer l'orge Maris Otter, germée sur plancher, pour leurs infusions, mais c'est le

Roger Protz, auteur britannique qui a grandement contribué à la défense des ales conditionnées en cask.

Brasserie Cains, Liverpool. Au cœur du berceau de la révolution industrielle, les brasseries britanniques ont bénéficié des améliorations des méthodes de brassage. Elles ont également développé le système de brassage par gravité. Les matières premières sont hissées à l'étage supérieur de la brasserie et chaque étape se déroule en chaîne vers l'étage inférieur. Cette procédure occasionne la construction d'imposants immeubles brassicoles. De nos jours, les brasseries installées au sein de ces châteaux n'occupent qu'une faible proportion de l'espace disponible.

houblon qui distingue le plus ces brasseurs des autres. Partout ailleurs, on utilise la fleur vierge pour l'aromatisation de la bière. Au Royaume-Uni, la fleur fécondée, porteuse de graines, fait la loi dans le monde de la bière. En observant la couleur des graines, les brasseurs sont en mesure de déterminer si la cueillette a été faite au moment précis où la fleur est à son maximum afin d'assurer à la bière le développement de flaveurs typiques.

L'utilisation du sucre dans le brassage, si fortement décrié en Amérique du Nord et condamné au temple de la pureté des fermentations basses en Allemagne, est un élément important de la recette de la grande efficacité et de la rentabilité du brassage de l'ale en Angleterre. Comme cet ingrédient fait partie du patrimoine, il est accepté par les amateurs de bière. Pourtant, la majorité de ces ales titrent moins de 4 % alc./vol. La pro-

portion de sucre serait considérée comme une hérésie pour les bières allemandes.

Seules les grandes brasseries disposent d'équipements pour soutirer leurs bières en bouteille ou en canette. La majorité des bières étant destinées aux pubs, ce sont les systèmes de soutirage en fût ou en cask qui équipent les brasseries. Puisque seulement quelques-unes exportent leurs produits en bouteille, on trouve au Royaume-Uni la spécialisation de l'embouteillage par des usines indépendantes ou encore en sous-contrat avec des brasseries qui bénéficient des équipements nécessaires. Voilà une nouvelle façon de rentabiliser les équipements. Il est amusant de constater que plusieurs bières offertes en bouteille dans les nouvelles petites brasseries sont d'abord transportées par citerne à plusieurs centaines de kilomètres, pour ensuite revenir à leur brasserie

d'origine, pour être vendues aux touristes amateurs de bonnes bières.

Révolution microbrassicole

L'évolution du marché de la bière industrielle se dirige dans le même sens que le marché alimentaire : vers l'affadissement des saveurs. La couleur rousse typique demeure, surtout grâce aux sucres caramélisés, mais l'amertume disparaît subrepticement des bières britanniques. L'utilisation du gaz carbonique pour la carbonatation se généralise, puisqu'il est beaucoup plus facile et rapide de verser la bière de cette manière qu'avec une pompe manuelle. Bien que les brasseries anglaises soient les premières au monde à moderniser leur équipement, elles ne modernisent leur système de service en fût moderne (keg) que dans les années 1970, bien après les autres brasseurs. Ces améliorations donnent une saveur un peu plus aigre et plus croustillante à l'ale. Des journalistes de Manchester réagissent alors en fondant un groupe militant pour le maintien des casks (aussi nommés *firkins*) qu'ils considèrent comme l'unique façon de servir les véritables ales. Campaign for Real Ale, connu par l'acronyme

Salle de brassage traditionnelle de la brasserie Black Sheep

CAMRA, est ainsi fondée en 1971. CAMRA n'a pas empêché le développement des kegs, et nous retrouvons souvent deux versions de la même bière dans les pubs : servie en cask, et servie en keg. Notons que cette dernière n'est pas présentée comme une *false ale*; elle porte plutôt le nom de *smooth* ou *smoothy*, à cause de la facilité de son service. CAMRA encourage les bons styles, dénonce les mauvais types de service, organise des concours, des festivals et publie des informations, et des guides sur les meilleurs endroits pour boire. Au chapitre de

ses réalisations, on lui doit le maintien de la mention du pourcentage d'alcool sur les bouteilles, l'adoption de lois plus démocratiques pour l'obtention de permis de vente d'alcool et surtout l'acceptation du principe de la bière invitée dans les pubs des brasseurs nationaux, ce qu'on nomme en Angleterre le libre marché (*free trade*). Le concept de microbrasserie n'est pas présent au Royaume-Uni comme il l'est en Amérique du Nord, non plus que celui de brasserie artisanale comme il existe ailleurs. On y trouve des brasseries, tout simplement. Elles ne mesurent pas leur capacité de production en hectolitres ou en nombre de pintes versées dans les pubs, mais par le nombre de pubs où l'on peut trouver leurs produits.

Pubs libres ?

La révolution industrielle a chambardé le mode de fonctionnement des pubs en ce qui a trait à leur approvisionnement. Pour assurer leur croissance, les brasseries se portent acquéreurs de débits ou lancent leurs propres salons de service. On y sert exclusivement les bières de la brasserie propriétaire. Le système des maisons attachées se développe ainsi. On voit de moins en moins de maisons libres s'approvisionner où elles le désirent. De nos jours, Bass possède à elle seule une dizaine de milliers de public houses. Parmi les pubs qui lui sont attachés, certains sont gérés directement par la brasserie, d'autres sont loués. Certains réseaux de *free houses* encouragent plusieurs petites brasseries. Par exemple, J. D. Wetherspoon's, est présent partout au Royaume-Uni. Pubmaster opère de son côté plus de 2 000 pubs et offre plusieurs genres d'établissements pour des clientèles typiques, comme les pubs de quartier qui s'inspirent des habitudes des gens pour cibler

leur clientèle, ou comme les pubs destination, qui sont plutôt des restaurants. Le groupe Wolverhampton and Dudley Breweries contrôle plusieurs grandes brasseries (Banks's, Cameron's, Mansfield et Marston) et dispose ainsi d'un réseau important de pubs attachés. Sa façon d'inviter une bière produite par une petite brasserie tient compte de sa production. Ainsi, au lieu d'inviter la bière dans les pubs, elle invite le brasseur à utiliser ses équipements et propose ainsi, sur une base mensuelle, une bière invitée brassée chez elle.

Les géants

Le plus important brasseur anglais, le groupe Scottish & Newcastle, réunit Scottish Courage (la plus importante brasserie anglaise), Kronenbourg (le plus important brasseur français), et Alken-Maes (le deuxième brasseur belge). Scottish Courage gère ainsi sept brasseries (six au Royaume-Uni et une en Irlande). Les marques de la maison se déclinent en John Smith's, McEwan's, Courage, Newcastle Brown, Theakston's... Dans ces brasseries, nous dénichons certaines bières-phares classiques dont les McEwan's Scotch Ale et Newcastle Brown Ale. Le groupe Wolverhampton and Dudley Breweries possède aussi plusieurs brasseries. Fondé en 1890 et d'un naturel prédateur, il s'est fait plusieurs ennemis en achetant de petites brasseries traditionnelles. Ses *cask conditioned* sont soutirés à l'aide d'une pompe électrique. Loin d'être affectées par cette méthode de soutirage, les saveurs s'en trouvent mieux protégées. Comme cette méthode produit une mousse un peu plus onctueuse, la maison sert ses ales dans un verre d'une plus grande capacité afin de permettre son épanouissement, tout en respectant le service d'une pinte.

Brasseries anciennes et nouvelles

Il y a, dans chaque région du Royaume-Uni, des brasseries traditionnelles, certaines d'origines remontant plus ou moins directement au Moyen Âge. Parmi elles, de nouvelles petites institutions contribuent à leur manière au façonnement du paysage gustatif.

Abbey Brewery : fondée à Bath en 1997, elle gère néanmoins la plus ancienne auberge de cette ville, le Star. La complexité aromatique de la Bell Ringer y est à son meilleur.

Adnams : Sole Bay Brewery, mieux connue par ses marques Adnams, est une brasserie légendaire du *cask conditioned*. Bien avant la naissance de CAMRA, elle se dressait déjà fièrement contre la modernisation des techniques de conservation en fût. Elle est ainsi devenue une brasserie-culte dans la région.

Alcazar Brewing : fondée en 1999 par un Canadien, David Allen. Cette brasserie propose une bière

saisonnière tout à fait originale pour l'Angleterre, une porter titrant 5,5 % alc./vol. nommée Maple Magic. On y incorpore du sirop d'érable importé du Canada et on la présente comme une porter traditionnelle anglaise de saison à l'érable !

Bass : la maison a un des plus beaux musées de la bière au monde, à Burton, qui comporte une brasserie expérimentale servant ses produits dans le pub sur place. Le Triangle rouge de Bass fut la première marque de commerce enregistrée au monde.

Bathams : coquette brasserie fondée en 1882 qui se distingue par la générosité des saveurs qu'elle réussit à faire entrer dans chaque bière. Sa XXX titre 6,5 % et joue un concerto pour malt majeur, délicatement équilibré par les arômes très floraux du houblon.

Batemans : fondée en 1874. L'arrivée de CAMRA contribue au sauvetage de la brasserie à un moment opportun. La recette de la sublime Victory Ale est élaborée pour

célébrer la victoire de Bateman's contre les prédateurs qui voulaient acheter les actions des autres membres de la famille. Sa triple X (XXXB) constitue une pale ale classique. Bateman's est l'une des premières brasseries anglaises à sortir des sentiers traditionnels pour intégrer des fruits, de la vanille et de la réglisse dans ses recettes.

Black Sheep : Paul Theakston, qui dirige cette brasserie, fait partie de la cinquième génération d'une famille de brasseurs de Masham. Sa brasserie occupe l'ancienne Lightfoot, intégrée en 1919 par son grand-père à la brasserie T & R Theakston. Lorsque cette dernière est à son tour achetée par Scottish and Newcastle en 1988, Paul décide de quitter cette brasserie pour ouvrir la sienne dans les décombres laissés par son grand-père !

Fuller's : fondée en 1845 à Londres. Sa bière-étendard, la London Pride, jouit d'une excellente réputation. Construite sur une solide base de malt, cette marque dévoile une belle complexité aromatique de houblon. La 1845 Celebration Ale a d'abord été élaborée pour souligner le 150e anniversaire de l'association entre Fuller, Smith et Turner. Refermentée en bouteille, cette bière est rapidement devenue la plus vendue au Royaume-Uni dans son style. Elle titre un respectable 6,3 % alc./vol., faisant danser ses épices avec le malt et le houblon.

George Gale : son vin d'orge Prize Old Ale, élaboré spécifiquement pour l'exportation, reflète bien la préférence des Britanniques pour la consommation dans les pubs. Une bière refermentée, aux notes fruitées et épicées, onctueuse et chaleureuse dans la douceur de ses malts et de son alcool (9 % alc./vol.). Fidèle à ses racines, la maison exporte également une ale soyeuse, l'HSB (4,8 % alc./vol.) présentée en canette.

Greene King : brasserie fétiche, elle est adorée des amateurs de bonnes bières en Angleterre. Ses cuves de garde en chêne contribuent à sa réputation. L'Olde Suffolk est un assemblage de vieilles et de jeunes bières proposant un mariage de l'aigre et du malté. Mûrie pendant deux ans, elle subjugue avec ses notes fruitées de cerise délicieusement enrobées dans un corps onctueux soutenu par un respectable 12 % alc./vol.

Harvey's : une brasserie qui offre également certains de ses produits refermentées en bouteille, comme les Tom Paine strong bitter et pale ale.

Hook Norton : fondée au milieu du XIXᵉ siècle, toutes les ales de cette maison sont houblonnées à froid et se distinguent par leurs saveurs rafraîchissantes. La Old Hooky est à découvrir, une brown ale qui explose de saveurs de noisette.

Hop Back : située à Salisbury,

dans le Wiltshire, la brasserie Hop Back propose sa Thunderstorm, une des premières bières anglaises intégrant le blé.

Jennings (The Castle Brewery) : la qualité de ses bières en fait une invitée partout dans les pubs du pays. La signature typique des ses ales joue les thèmes des noix, des noisettes et des amandes.

Kings and Barnes (Badger brewery) : Kings and Barnes a de tout temps offert des bières refermentées en bouteille. Ses deux produits les plus connus sont la Festive et la Old Ale. La première présente une robe rousse, un corps tout en rondeur sur une base de malt caramel et une complexité de saveurs fruitées très désaltérante dans sa délicatesse.

La King and Barnes Old Ale interprète le mot *old* dans le sens de vieille tradition. Brune, elle offre des saveurs bien découpées de biscuits et de chocolat amer. Elle titre un traditionnel 4,5 %. Si le maïs est l'incarnation même du mal en Amérique du Nord, spécialement lorsque nous établissons un lien entre cette céréale et les grandes brasseries, dans le livre de recettes de Badger on en fait l'éloge passionné. Leur Cornucopia renferme en effet 40 % de maïs dans sa préparation. Ronde et veloutée, elle offre une texture soyeuse en bouche.

Lloyds Country Ales : à Ingleby, l'auberge John Thompson abrite les cuves de Lloyds Country Ales. Ce bistro-brasserie fait toutefois partie des nouvelles petites entreprises.

O'Hanlon's : à l'ombre des grandes brasseries londoniennes, quelques petites poussent ici et là, dont O'Hanlon's qui porte fièrement ses racines celtiques. Elle offre une superbe stout aux notes de chocolat et en propose également une au porto, sans oublier sa Myrica aromatisée au myrte des marais.

Le château écossais Traquair

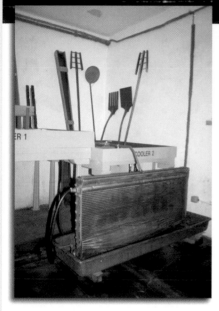

Le château Traquair, en Écosse, est la maison de la famille Stuart depuis le XVe siècle ! Le complexe comporte toutes les installations lui permettant d'être autonome, entre autres une brasserie. Celle-ci cesse de fonctionner au début du XXe siècle. Ses équipements artisanaux du XIXe siècle. comportent un refroidisseur Baudelot. Lorsque Peter Maxwell Stuart redécouvre l'installation en 1965, il la dépoussière et la remet en fonction. Elle opère maintenant sous la direction de sa fille Catherine. Il est possible de visiter le château pendant la saison estivale, une destination incontournable pour tout biérophile.

Oakham Ales : située à Peterborough, cette brasserie présente une bière de blé étonnante, puisqu'elle est très houblonnée ! Dès que le verre d'une White Dwarf s'approche du nez, le houblon dévoile qu'il s'agit d'une nouvelle venue pour les papilles.

Marston's : les bières fermentées dans les unions de Marston offrent en Angleterre une signature de fermentation singulière lorsqu'elles sont servies en cask. Elles se distinguent nettement des autres produits dans leurs catégories respectives. La brasserie affirme que, pour respecter les principes du brassage traditionnel des véritables pale ales qui ont pris naissance à Burton, il faut également utiliser la méthode traditionnelle de fermentation, les unions, méthode utilisée aussi par Bass jusque dans les années 1960.

Melbourn Brothers, All Saints Brewery : véritable musée vivant, cette brasserie utilise toujours une machine à vapeur pour ses opérations, et les rivets de la cuve-matière sont fixés depuis 1876. Après avoir été refroidi par le refroidisseur Baudelot, le moût est inoculé par les levures sauvages de l'air ambiant ! Le moût est ensuite fermenté dans des grandes cuves de bois pendant au moins un an. À la fin de sa période de garde, la bière est finalement aromatisée avec des fruits locaux : fraises ou abricots. En Belgique, ces produits porteraient avec raison le nom de lambics, mais en Angleterre on les appelle tout simplement de fermentation spontanée. Il s'agit véritablement d'une bière traditionnelle britannique, dont l'origine est de toute évidence antérieure aux ales.

Palmers : la petite brasserie de Bridport est en opération depuis 1794. La maison utilise elle aussi toujours un Baudelot pour le refroidissement de ses moûts. Très conservatrice, elle offre trois ales traditionnelles (bitter, best bitter et copper), et se limite à

une seule bière spéciale, la Golden pour la saison estivale.

Plassey : fondée en 1985 à Wrexham, elle brasse la Cwrw Tudno (cwrw est l'ancien nom de bière en gallois) et la Dragon's Breath, très amère et fruitée sur un fond bien malté. Elle propose également une version en bouteille (refermentée), la Fusilier, ronde, veloutée et bien marquée de son houblon aux notes fruitées.

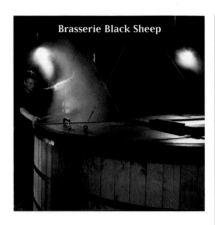

Brasserie Black Sheep

Ridley's : fondée par Thomas Dixon Ridley en 1842, la brasserie est toujours gérée par les descendants du fondateur. Les produits sont divisés en Cask Ales, Seasonal Ales et Bottle ales.

Ringwood : mère de plusieurs microbrasseries dans le monde, surtout en Amérique du Nord, et dont la levure trône fièrement sur un royaume international. Fondée par Peter Austin, qui apporte dans ses valises une levure de la défunte brasserie de Hull.

Samuel Smith, Old Brewery : administrée par la cinquième génération de la famille, et fondée en 1758, la Old Brewery est la plus ancienne brasserie du Yorkshire. Elle est aussi

La célèbre marque X

L'utilisation de la lettre « X », dans le baptême des marques de bière, est fréquente. Il s'agit du signe utilisé au Moyen Âge pour distinguer entre les différentes qualités des ales, alors que la meilleure portait quatre croix, traduites par la lettre X. Dans ce retour aux sources d'inspiration historique, les XXXX ou 4X se voient maintenant bonifiées jusqu'à 6X.

l'une des rares brasseries qui utilisent toujours la méthode traditionnelle de fermentation, les Yorkshire Square. Les levures employées sont les mêmes depuis le début du XXe siècle. Ses marques de commerce Samuel Smith offrent plusieurs bières-phares, notamment en regard de certaines marques américaines. Les Samuel Smith embouteillées sont plutôt rares en Angleterre. À découvrir : l'Imperial Stout, à 7 % alc./vol., noire, complexe, au nez fruité de prune, de mélasse, de brownies, de fruits cuits (raisin, prune, groseille), de chocolat mi-amer, de café et de rôti.

Shepherd Neame : la plus vieille brasserie d'Angleterre, fondée en 1698, et dont certains bâtiments datent du XIIIe siècle. Plusieurs de ses équipements — de véritables antiqui-

La *pint*

La mesure standard de service est la *pint* qui contient 0,568 litre. Pour un verre plus petit, il faut demander un demi (a half).

tés — sont toujours en opération. La Best Bitter est une bitter classique conditionnée en fût, alors que sa Spitfire est une rousse foncée développée en 1990, dont les notes bien senties de malt et d'amertume sont offertes en cask.

Wadworth : fondée en 1875, son imposante façade de style victorien témoigne de la glorieuse époque révolutionnaire industrielle, alors que la force de la vapeur venait d'être domestiquée. Le brassage par gravité y règne toujours. La maison maintient les méthodes et des recettes développées à l'époque de sa fondation. Sa 6X titre 4,6 %, et est offerte également en bouteille et en canette.

Woodforde : fondée en 1981 à Norwich, cette brasserie offre l'excellente Headcracker, une barley wine titrant 7 %, aux notes de prune et de whisky. Notons le concept des boîtes à bière que la maison offre à ses clients et qui s'apparente beaucoup aux viniers. Il s'agit en fait de véritables casks pour consommation à la maison, qui se révèlent bien mieux que les widgets.

Young's (The Ram Brewery) : la brasserie Young's de Londres est une ferme fondée en 1931 en pleine ville avec ses chevaux de trait, ses oies de garde, son paon et son bouc emblématiques. Elle brasse plus de deux douzaines de marques dont certaines sont exclusivement destinées à l'exportation en Amérique du Nord, comme la Oatmeal Stout. Parmi ses grandes réalisations, notons la Old Nick et la Double Chocolate Stout. Avec ses 7,2 % alc./vol., la Old Nick est présentée comme une barley wine très veloutée, aux flaveurs complexes qui évoquent le caramel, la poire et la banane, alors qu'une délicate touche de houblon équilibre ses saveurs douces et fruitées. La Double Chocolate est pour sa part une bière noire intense qui se démarque par ses

notes prononcées évoquant le chocolat. Espiègles, les brasseurs utilisent parcimonieusement du véritable chocolat dans sa préparation (dans la chaudière) ainsi que de l'essence de chocolat après sa filtration. Les brasseurs en ajoutent suffisamment pour souligner les saveurs évoquant la friandise du malt, mais de façon mesurée afin d'éviter que leur produit ne devienne une caricature.

L'Écosse

Grâce au développement d'instruments de mesure scientifiques, la taxation basée sur la force des bières se développe dans les années 1800. Cette taxe, additionnée aux coûts de production plus élevés, fait grimper de façon exponentielle le prix des différents types de bière. En Écosse, les trois styles traditionnels se sont ainsi vu affublés d'un surnom basé sur le coût d'achat d'un de leur baril. C'est ainsi qu'on trouve, faisant référence au shilling, la 60/- (l'équivalent de mild en Angleterre), la 70/- (l'équivalent de la bitter) et la 80/- (la best bitter anglaise). Ces noms deviennent éventuellement désuets et sont remplacés par *light*, *heavy* et *export*. La révolution du cask incite les brasseurs à reprendre les vieux noms en y ajoutant une nouvelle catégorie qui respecte la logique établie : la 90/-.

Les bières typiquement écossaises, consommées dans les pubs d'Écosse, offrent une variété plus douce que celles d'Angleterre. L'eau de brassage qu'on y trouve est plus douce et moins apte à retenir les saveurs amères du houblon. De surcroît cette plante n'y pousse que difficilement. Pour offrir une bière accessible, les brasseurs se résignent donc à en mettre moins. Le malt pousse au contraire facilement, et on en produit beaucoup. Les distillateurs l'utilisent pour la production de leur brandy de grains. Les brasseurs compensent le manque de houblon par une addition de malt. Cet ajout favorise le développement de bières plus fortes en alcool (c'est-à-dire autour de 5 % alc./vol. pour les bières communes). De plus, la fermentation se déroule à des températures intermédiaires, à mi-chemin entre la fermentation haute et la fermentation basse. Lorsqu'on examine les caractéristiques gustatives des bières écossaises, on constate la grande similitude avec les bières de garde et les märzenbier.

Brasseries

Belhaven : la plus importante brasserie indépendante d'Écosse brasse la délicieuse 80 shillings, incomparable en cask. Elle exporte aussi la Scottisch Ale et la St.Andrews.

Broughton : située à Biggar, près de la frontière avec l'Écosse, elle brasse la Oatmeal Stout, une bière ronde et veloutée, poivrée et aux notes de gingembre.

Caledonian : établie en 1869, elle est l'une des rares brasseries à

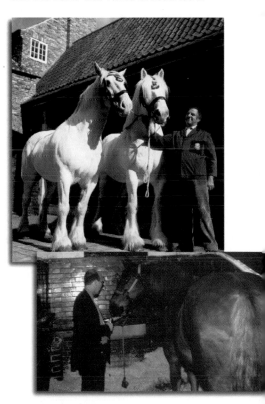

L'héritage équestre est encore très présent en Angleterre et la majorité des brasseries qui avaient une écurie au moment de l'arrivée des camions de livraison l'ont toujours et entretiennent les chevaux pour des événements spéciaux. En haut, brasserie Samuel Smith. En bas, brasserie Young's.

La bière aux fleurs de bruyère, la Fraoch, reflète le renouveau brassicole. La recette a été imaginée par un entrepreneur qui la fait brasser par une véritable brasserie, puis par une deuxième.

Cette bière « traditionnelle », de conception moderne, a connu plusieurs interprétations.

avoir survécu aux prises de contrôle par les géants commerciaux. Présentée comme un musée vivant, ses chaudières (*coppers*) ouvertes (c'est-à-dire sans cheminée) sont alimentées directement par le feu, contribuant ainsi à la caramélisation et à l'accroissement de la densité des produits. Après avoir servi pour la fermentation de leur bière, certains barils de bois sont maintenant utilisés par la distillerie William Grant and Sons (Glenfiddich) pour la production d'un whisky : l'Ale Cask Reserve. Caledonian présente entre autres les Deuchars IPA, Caledonian 80/- et la Golden Promise, une bière biologique. La salle de dégustation de la brasserie fait également office de pub et n'invite pas une mais bien plusieurs bières. Une demi-douzaine de bières y sont ainsi régulièrement offertes ainsi qu'une vingtaine de bières en cask de plusieurs petites brasseries voisines. Par ailleurs, la bière aromatisée aux fleurs de bruyère (Leann Fraoch) remonte à la nuit des temps, plus de 2 000 ans avant Jésus-Christ ! Le projet de recréer cette bière traditionnelle a fermenté dans la tête d'un vendeur de matériel pour le brassage

maison, Bruce Williams, qui s'est servi de la bonne vieille méthode essais et erreurs pour la mise au point d'une recette inspirée des temps anciens. Il réussit ensuite à la faire brasser par la **West Highland Brewery** en 1992. L'année suivante, la production de cette recette est transférée chez **Maclay and Co.** puis chez Craimill... **Maclay** (Thistle Brewery) : fondée en 1830 sous le nom James Maclay, Ale, Porter, Table and India Beer Brewer of Alloa, cette maison se distingue par la signature bien maltée et fruitée de ses produits. Elle propose également la très maltée et houblonnée Wallace IPA, une oat malt stout qui intègre de l'avoine maltée dans sa recette (et non des flocons d'avoine, comme il est d'usage), ce qui contribue au développement d'une texture plus veloutée.

Orkney Brewery : fondée en 1988, cette brasserie est probablement la seule au monde qui utilise occasionnellement de l'orge à quatre rangs. Sa bière la plus célèbre évoque le passé viking du IXe siècle : la Skullsplitter, titrant 8,5 % alc./vol., au nez qui évoque le raisin, onctueuse, sucrée et enjolivée de notes de porto.

Traquair House : sortie tout droit du XIXe siècle, la salle de brassage du Manoir Traquair est la plus ancienne maison à avoir continuellement été habitée en Écosse (depuis le XVIe siècle) et a été redécouverte par Peter Maxwell Stuart en 1965. Celui-ci a alors décidé de la dépoussiérer et de la remettre en marche telle quelle, utilisant un Baudelot pour le refroidissement du moût. La maison offre aujourd'hui deux grandes bières : la Traquair Scotch Ale et la sublime Jacobite, un produit inclassable.

L'Irlande

L'Irlande est synonyme de Guinness, mais d'autres brasseries s'y frayent un chemin plus ou moins laborieusement et scintillent dans l'ombre du géant. L'intérêt de ce pays transparaît dans le charme incomparable de ses pubs que l'on se doit de visiter afin de bien saisir leur caractère convivial et attachant. Deux grands styles de bières sont associés à l'Irlande : la dry stout et l'irish red. Deux grandes marques internationales coiffent ces styles : la Guinness et la Smithwick's, ces deux marques appartenant à la brasserie Guinness.

La bière traditionnelle porte en Irlande, selon les témoignages anciens qui nous conduisent au premier millénaire, le nom de cuirim ou curmi ou encore coirm. Comme on en consommait de grandes quantités pendant les festivals et les concerts, le mot est devenu synonyme de festival de musique. Carlow Brewery de Dublin, une petite brasserie de la nouvelle génération, fait revivre une ancienne recette de coirm, nommée la Curim Gold. Il s'agit d'une bière de blé complexe par ses nombreux malts et son blé. Elle offre également un pastiche de stout, qualifiée de celtique, l'O'hara's. Peut-être que le style celtique est aux stouts ce que le style bière-soda est aux pilseners ?

L'empire Guinness

Le succès mondial de la Guinness prouve qu'une très grande brasserie industrielle peut exister en brassant une bière qui offre du goût. La stout développée par Guinness est un phénomène unique. Il s'agit de la seule brasserie au monde qui a réussi à se développer en faisant une bière goûteuse pendant que ses compétiteurs affadissaient leurs produits. Encore de nos jours, la Guinness Pub Draught est perçue par plusieurs novices comme une bière trop forte.

Arthur Guinness fait l'acquisition d'une brasserie qui vient de fermer ses robinets en 1759. Dès 1800, il ne brasse que de la porter, le terme stout n'y est ajouté qu'en 1820. Bien connue à travers le monde, on commence à l'exporter dès 1825, avant que la compagnie devienne, en 1914, la plus importante brasserie au monde. La levure de la Guinness est la même depuis les années 1960. Soulignons qu'il s'agit d'une descendante directe de la souche mère. La marque Guinness est maintenant vendue dans plus de 150 pays et brassée dans plus d'une cinquantaine. Il en existe plusieurs recettes, ce qui permet de la personnaliser selon les préférences culturelles de la clientèle. Cependant, toutes ses variations peuvent être regroupées en trois catégories. D'abord, la Guinness en fût, titrant 4,1 % alc./vol, réputée comme étant l'originale, mais présente sur le marché que depuis 1961. Elle utilise un mélange d'azote et de gaz carbonique pour son soutirage, ce qui lui confère une mousse onctueuse. La recette ne change pas, peu importe où est exportée cette version. Elle est pasteurisée et il s'agit du même produit que celui mis en canette et en bouteille disposant du draught flow

system. Par ailleurs, la Guinness originale, dont la recette remonte au XVIIIe siècle, n'est offerte qu'en bouteille ou en canette. Il s'agit de la recette également brassée sous licence partout dans le monde. Enfin, la Guinness Foreign Extra Stout, titrant 8 % alc./vol., également brassée à Dublin, est une version conditionnée en bouteille. Un grand cru. Pour les pays tropicaux, la maison la propose titrant 7,5 % alc./vol. Il importe de noter que ces bières aigres sont pasteurisées afin de les stabiliser.

Guinness maintient un contrôle absolu sur les recettes produites à l'étranger en fournissant un extrait produit par la maison-mère à Dublin. De toute évidence, cette substance est issue de la fermentation lactique dans ses cuves de garde de bois. Cet extrait compose de 3 à 4 % du volume de chaque bouteille vendue, soit l'équivalent de leur contenu en alcool. Voilà pourquoi nous notons une différence importante entre la Guinness telle que brassée sous licence par Labatt, au Canada, aux notes aigrelettes faciles à percevoir, et sa version en fût ou celle nommée Pub Draught provenant de Dublin. Ces dernières sont des versions modernes tandis que Labatt brasse une version historiquement authentique.

IMPORTED BY GUINNESS BASS IMPORT CO., STAMFORD, CT. Brewed under licence by Labatt Breweries, Toronto, Canada and under the supervision and quality standards of Guinness Limited. Product of Canada.

Guinness brasse en Irlande, et exporte. La maison brasse également à l'extérieur de l'Irlande et accorde des droits de brassage de produits Guinness, qui sont à leur tour exportés. Bien difficile de s'y retrouver. Par exemple, cette bouteille vendue aux États-Unis met bien en évidence *St. James's Gate Dublin*, et la mention *Imported* sous la signature du fondateur. La contre-étiquette confirme l'origine étrangère du produit : Toronto, dans le pays voisin. Il n'en demeure pas moins qu'il s'agit d'une respectable version de la marque... De toutes les versions, celle qui est brassée en Irlande pour exportation en Belgique constitue une excellente... hybride des styles scotch ale double !

Multiples conditions de travail de la levure

Pendant que les Allemands se spécialisent dans le développement des méthodes de fermentation basse, pendant que les Belges développent des souches spécialisées de levures de fermentation haute, les Britanniques concentrent leurs efforts sur les conditions du déroulement de la fermentation. On découvre au Royaume-Uni une multitude de conditions offertes aux différentes levures pour exécuter leur boulot.

L'écumage, brasserie Young's

La mousse qui se produit pendant la fermentation a conduit au développement d'un nombre incroyable de techniques de gestion de la levure en Grande-Bretagne : l'écumage, le square de Yorkshire, l'union de Burton, le parachute, le dropping system et même le cylindro-conique !

L'écumage est un système simple d'élimination des mousses de la fermentation à l'aide d'un râteau dans des cuves munies de panneaux pouvant être retirés à différentes étapes de la fermentation. L'union de Burton élimine les mousses de levure par un col de cygne installé sur le dessus d'un tonneau. La mousse s'écoule par ruis-sellement et la partie liquide est pompée de nouveau dans les fûts. Il s'agit d'un système particulièrement coûteux, mais Marston maintient bien haut le flambeau de cette méthode. La brasserie a même investi, au début des années 1990, dans une salle de fermentation complètement neuve. Le *square* (carré) du Yorkshire se base sur le même principe que l'union de Burton, à cette différence près que les nombreux tonneaux sont remplacés par une grande cuve de fermentation qui, malgré son nom, est habituellement ronde ! Ce système est développé pour contrer la floculation trop hâtive de la levure qui cesse alors de fermenter. La cuve est divisée en deux sections superposées. La partie supérieure est un pont de levure (*barm deck, barm* signifiant levure de bière) alors que la partie inférieure est

Un des systèmes les plus spectaculaires. L'union de Burton de la ville de Burton Upon Trent. Seule la brasserie Marston poursuit la tradition selon laquelle la production d'une ale traditionnelle authentique doit également utiliser la méthode traditionnelle de fermentation. La levure est expulsée par le col en forme de cou de cygne et est ensuite drainée par gravité. La bière résiduelle s'écoule quant à elle dans une tuyauterie et retourne dans les fûts de fermentation.

remplie de moût. Entre les deux, un cylindre surélevé fait office de frontière. La fermentation pousse la mousse à travers l'orifice. Un système de tuyauterie permet à la bière de s'écouler dans la partie inférieure. La levure reste ainsi emprisonnée dans la chambre supérieure. Du moût en fermentation est régulièrement pompé du dessus du liquide afin

d'assurer une bonne diffusion de la levure et un réoxygénation. Lorsque la fermentation est complète, le cylindre est fermé par un couvercle. La partie inférieure devient ainsi une cuve de garde. Le parachute est tout simplement un système d'aspiration de la mousse. Un boyau suspendu par un réseau de fils circule autour de la cuve et y aspire la mousse. Le *dropping system* est une installation de cuves disposées en paliers de différentes hauteurs. Le moût est transféré par gravité dans une cuve en aval, laissant alors la mousse de levures dans la cuve supérieure. Du cylindro-conique, nous en avons parlé en page 35.

Le parachute, brasserie Cain's

Le rousing, brasserie Black Sheep

Les squares du Yorkshire, brasserie Samuel Smith

Casks et véritables ales

Dans un pays où les valeurs traditionnelles sont fortes, l'invention du système de soutirage de la bière en fût à l'aide de gaz carbonique est perçue comme une dénaturation de l'ale !

Les saveurs obtenues sont en effet différentes, plus croustillantes et plus stables. La mise au rancard des pompes manuelles qui aspirent la bière de façon mécanique procure une bière plus veloutée, mais également instable et fragile. Le lobby Campaign for Real Ale (CAMRA) est alors formé pour protéger les véritables ales, les bières traditionnelles anglaises. CAMRA n'affirme toutefois pas que les nouvelles ales constituent de fausses ales, nuance diplomatique oblige. Les particularités d'une ale conditionnée en cask sont les suivantes : le fût lui-même est d'une grande simplicité. L'ouverture de soutirage est disposée à sa base. Au moment de sa mise en perce, il est légèrement soulevé pour permettre l'écoulement de la bière. Pour assurer l'élimination de l'oxygène, on y ajoute, au moment du soutirage, un peu de sucre : la fermentation consomme l'oxygène. Une goupille de bois poreux assure l'élimination des gaz de fermentation (pour éviter que la bière ne devienne trop pétillante). Au pub, la bière est ensuite soutirée par simple aspiration. Dès qu'un verre est servi, l'espace vide est normalement remplacé par l'air, incluant de l'oxygène, contribuant dès lors au surissement du produit. Il est de plus en plus accepté d'ajouter une couverture d'azote, gaz qui reste sur le dessus du liquide. Plus lourd que l'air, il protège ainsi la bière de l'oxydation. Il s'agit d'une protection fragile et temporaire, car la vélocité du soutirage fait en sorte que de l'oxygène risque d'entrer en contact avec le liquide. Il est fortement recommandé de vider le cask la journée où il est mis en perce. Notons incidemment que ce type de bière reçoit également fréquemment une dose de houblon frais au moment du soutirage. Ce houblonnage à froid produit des saveurs très rafraîchissantes.

Les casks connaissent une popularité croissante parmi les amateurs de bières en Amérique du Nord. Il s'agit néanmoins d'un phénomène assez rare. Middle Age Brewing aux États-Unis semble être le plus important producteur de ce type de bière.

Cask Marque

CAMRA a joué un rôle déterminant dans la préservation des real ales. Un détail important lui a cependant échappé : le contrôle de la qualité. En effet, les *cask conditioned* ales sont un produit vivant d'une grande fragilité et demandent des soins attentifs. Les évaluateurs indépendants de Cask Marque visitent les pubs membres de façon anonyme et inattendue, deux fois le premier mois de l'obtention de la certification et deux fois par année (une fois l'hiver, une fois l'été) par la

suite. Les critères d'évaluation de Cask Marque comportent une vérification de la température, de la présentation visuelle, des arômes et du goût du produit. Cask Marque postule que la responsabilité de la qualité de service des casks échoit au détaillant et non à la brasserie qui produit les bières.

Le service parfait d'un cask

Les touristes ont souvent l'impression que les bières servies du cask sont chaudes, mais en fait elles sont fraîches. La température du produit au sortir du cask varie de 11 °C à 13 °C., soit la température habituelle d'une cave. Le défaut le plus fréquemment observé est qu'elles sont servies trop chaudes l'été et trop froides l'hiver. Lorsqu'un cask est percé, il doit idéalement être vidé de son contenu dans l'heure qui suit. Comme cette situation survient rarement, la norme acceptable est de deux jours. On reconnaît la dégradation du produit à son aigrissement ou à l'affadissement de ses saveurs. En général, plus le pub offre un choix considérable, moins la qualité est constante. Les problèmes sont également plus fréquents chez les pubs indépendants.

Des tavernes aux pubs

Sous l'Empire romain, 43 ans avant la naissance de Jésus-Christ, on rencontre déjà en Angleterre les premiers débits de boisson, les *tabernæ*. Ancêtres de nos tavernes, ils offrent aux visiteurs le gîte et le nécessaire pour se sustenter.

Les Romains abandonnent l'île devant les peuplades germaniques, les pirates Saxons et les Angles. Ces Vikings nomment leurs bières *öl*. Les Anglais l'écrivent comme ils le prononcent, ale, et les *tabernæ* deviennent ainsi des *ale houses*. Dans l'Angleterre du Moyen Âge, la préparation domestique de l'ale est, comme pour toutes les tâches ménagères, confiée à la femme de la maison. Les plus habiles d'entre elles méritent le titre d'*ale wife*, épouse de la bière, et certaines développent une réputation telle que les voisins s'y donnent

rendez-vous pour consommer la bière une fois qu'elle est prête. Au fond, on s'y rend beaucoup plus pour socialiser que pour boire, mais on y boit autant qu'on socialise… Les ale houses deviennent des *public houses*, puis des pubs. En 1393, le roi Richard II promulgue que les *publics houses* doivent annoncer leurs nouveaux brassins en accrochant un bâton ou une branche

Les pubs irlandais affichent une façade plus sobre que celle de leurs cousins anglais.

L'*ale wife*, ou épouse de la bière, est en charge du brassage et ouvre son salon aux visiteurs. Au fil du temps, ce salon est désigné *public house*, maintenant connu par l'abréviation pub.

au-dessus de l'entrée. Certains décident de sculpter le morceau de bois et développent éventuellement ces magnifiques enseignes surnommées joyaux des rues. On n'y inscrit jamais le mot pub ; on lui donne plutôt un nom noble, souvent inspiré de la royauté ou encore des animaux les plus populaires, les lions et chevaux. Le détaillant décore sobrement le salon afin que ses convives s'y

sentent chez eux. Maintenant, plus de 61 000 établissements accueillent chaque année, partout au pays, au-delà de 25 millions de clients, qui y boivent plus des trois quarts de la bière consommée. Durant le célèbre « 5 à 7 », il faut s'attendre à y rencontrer un microcosme complet du quartier environnant ; des individus de chaque classe sociale et de tous les styles (punk, rocker, straight) y viennent boire. Plus tard dans la soirée, les pubs se spécialisent et visent une clientèle beaucoup plus homogène. Une bière qui favorise la convivialité et la discussion par son goût est qualifiée de *good session beer*.

Feue Whitbread

Le système de distribution de la bière au Royaume-Uni se fait en réseau très fermé. Comme nous l'avons vu, les brasseries possèdent des pubs permettant la vente de leurs bières, mais l'importance accordée aux pubs peut les éloigner du brassage. Les brasseries deviennent, par la force des choses, des spécialistes de la restauration, de l'hébergement et même de la planification de voyages ! Voilà comment les administrateurs de Whitbread se sont éloignés de la mission originelle de la maison. Fondée en 1736 par Samuel Whitbread, la brasserie devient en 1750 la première

L'unité monétaire traditionnelle d'Écosse, le shilling (/-), est employée afin de classer les principaux types de bières.

brasserie industrielle d'Angleterre en 1750, mais ses services connexes remportent tellement de succès qu'elle abandonne rapidement ses activités de brassage. La Whitbread Hotel Company est ainsi devenue le plus important hôtelier du Royaume-Uni. La brasserie elle-même est passée aux mains d'Interbrew et le nom Whitbread est maintenant strictement associé aux loisirs et aux voyages.

En Écosse

Les styles de bière en Écosse sont semblables à ceux que nous retrouvons en Angleterre. Dans les pubs, nous identifions les trois équivalences des bières anglaises mild, bitter, best bitter ou strong, qui portent ici respectivement les noms : 60/-, 70/-, 80/-. Dans tous les cas, on pourrait les qualifier d'un peu moins houblonnées et d'un peu plus douces que leurs cousines anglaises.

Les bières invitées et les bières en keg suivent les mêmes principes qu'en Angleterre.

La bière ancestrale

Dans les petites brasseries indépendantes on élabore fréquemment une bière spéciale, souvent basée sur une recette ancienne.

Protocole dans les pubs

Le pub est au cœur de la culture britannique. Plus de 61 000 établissements accueillent plus de 25 millions de clients par année. Les trois quarts de la population le fréquentent plus ou moins régulièrement et plus du tiers s'y rend au moins une fois par semaine. Il n'existe pas de pub typique. Il faut se rappeler qu'à son origine, le pub est situé dans le salon du propriétaire de la maison et tient lieu d'endroit pour socialiser. Cette particularité est à la source d'un protocole unique régissant le comportement des clients.

Il n'y a pas de service aux tables. Le client doit se rendre au comptoir pour acheter ses consommations. Le comptoir constitue un lieu de convergence naturel de socialisation. Toute conversation amicale entre étrangers est normale et appropriée. Les groupes de trois personnes ou plus délèguent habituellement un ou deux représentants afin d'éviter la formation d'une ligne au bar. Le personnel mémorise facilement l'ordre d'arrivée de chaque client. N'importe quel endroit autour du comptoir est valide pour demander une consommation. Le contact visuel suffit pour confirmer sa position dans la ligne imaginaire. Il est fortement déconseillé d'attirer l'attention du personnel par des gestes prononcés, en frappant le comptoir avec ses mains ou par toute autre manifestation d'impatience. Il s'agit de brèches inacceptables dans le protocole. Il ne faut surtout pas s'aviser de tirer sur la clochette dont dispose la majorité des pubs. Cet instrument annonce le *last call* : il se formerait alors une ligne véritable, la seule qui soit socialement convenable. Ici, tous les clients sont égaux et chacun se comporte en conséquence. Toute démonstration de supériorité, surtout en ce qui concerne l'argent est déplacée et chaque membre d'un groupe paie une tournée.

Brevet américain nº 4 832 968

Les fausses pompes manuelles

Guinness a récemment développé un système d'azote pour la bouteille en verre destinée à la consommation immédiate (et non pour être transvasée dans un verre !). Elle dispose d'un dispositif semblable au widget, nommé ici rocket. Dès que l'on décapsule la bouteille, le spectacle de la mousse classique se forme directement dans la bouteille.

Le système a été adapté pour plusieurs autres types de bières. Les Tetley's, Boddingtons, Flower's, ou Belhaven, nous proposent toutes cette invention tout à fait moderne. La flaveur de métal que ce gaz procure à la bière n'est pas naturelle ; elle est tout au plus acceptable dans les bières comportant des grains tellement rôtis que l'évocation du métal est dissimulée dans le brûlé. Par ailleurs, comme nous l'avons vu, ce gaz n'est pas produit naturellement pendant les opérations de brassage

Le système est maintenant offert, pour consommation directement de la bouteille, très froide. Est-ce la démocratisation de la dégustation ou sa banalisation ? Les tests à l'aveugle démontrent que les différences de saveurs entre la bouteille et la canette sont insignifiantes.

et ne constitue pas un ingrédient de base du produit. Il s'agit tout simplement d'une astuce développée par les brasseurs pour imiter le soutirage en cask. L'azote est au conditionnement ce que l'ajout de sirop de framboise est à la bière au moment de son service : une dénaturation du produit.

L e brevet américain nº 4 832 968 recense les principes du conditionnement de la Guinness en canette, maintenant appliqués à un nombre grandissant de bières. Un réservoir de gaz est inséré dans la canette, moulé par soufflage à l'azote (*blow molded with nitrogen*) et percé par un rayon laser. Il est inséré dans la canette, qui est ensuite remplie avec de la bière carbonatée. Pendant la pasteurisation qui suit, le chauffage pousse de la bière dans le réservoir. Lors de l'ouverture, la dépressurisation force l'expulsion du mélange de gaz et de bière emprisonnée dans le réservoir, et sa vélocité sature ainsi rapidement le liquide. La mousse qui se forme provient du liquide qui s'échappe de cet orifice et non de la saturation de la bière au complet comme c'est le cas pour les bières en fût. En versant le tout dans un verre, on assiste à l'illusion que la bière est semblable à celle soutirée sous pression.

Développement de la mousse photographiée à 20 secondes d'intervalle. Le collet se forme dès que la bière est versée !

Principaux styles de bières dans les pubs

Le mot anglais *beer* désigne habituellement une bière blonde, douce, du type lager blonde. Les bières traditionnelles britanniques sont identifiées par les mots ale, mild ou bitter. S'il y a une région dans le monde où de grands styles sont précisément définis par rapport à leurs modalités de service, c'est bien au Royaume-Uni. Nous en distinguons plusieurs : à la pompe vivante (*cask conditioned*), à la pompe *smooth* (keg), en bouteille, en canette ou en PET, et à l'azote. Il s'agit là de protocoles de service et non de styles. À la pompe, l'ale de base est classée en trois degrés de densité : mild, bitter et best (ou strong). Les principales catégories de *cask conditioned* ale sont :

· **Mild,** titrant de 3 à 3, 5 % alc./vol.
· **Bitter,** titrant de 3,5 à 4 % alc./vol.
· **Best** ou **Special Bitter,** titrant entre 4 et 4, 5 % alc./vol.
· **Extra Special Bitter,** titrant aux environs de 4,5 à 5 % alc./vol.
· **Bière estivale,** titrant de 3,5 à 5 % alc./vol, blonde, renfermant souvent du miel.

Nous observons également de plus en plus la mention India pale ale, qui s'inscrit ni plus ni moins dans l'extrapolation de la logique mild-best.

Cette photographie illustre éloquemment la différence qu'on faisait entre l'ale et la porter en Angleterre au siècle dernier. La porter n'était pas alors considérée comme une ale.

Elle titre entre 5,5 et 6 % alc./vol. et est légèrement plus houblonnée.

Bière invitée

Dans les grands réseaux, on trouve de plus en plus fréquemment la Guinness en fût (voir page précédente). À l'exception de la Guinness, il n'existe pas de configuration précise pour les bières invitées. Dans les kegs, on voit les bières-sodas nationales de la maison ou des marques internationales, comme la Heineken ou la Stella Artois. Dans le réseau des pubs libres, dans plusieurs réseaux des brasseries indépendantes traditionnelles ou dans les petits réseaux appartenant aux nouvelles microbrasseries, les styles suivants sont fréquemment ajoutés à la liste des produits offerts :

· **Porter**
· **India pale ale**
· **Stout**
· **Bière saisonnière**

Par définition, la bière saisonnière est offerte quatre fois par année. Certains brasseurs n'offrent des bières saisonnières que l'été, d'autres que l'hiver, alors que quelques passionnés offrent des bières mensuelles. En hiver, on découvre fréquemment deux ou trois variations offertes simultanément. Les trois dénominations pour les styles hivernaux sont old ales, barley wines et winter warmers. Peu importe le mot retenu, le pourcentage d'alcool varie alors de 5 à 11 % alc./vol., un écart beaucoup trop considérable pour en déterminer un style. La seule constante est donc l'imagination du brasseur. ■

Famille des bitters conditionnées en cask, appelées aussi ales vivantes

Présentation visuelle : sa couleur varie de cuivré à roux. Elle offre une mousse légère et fugace qui ne tient pas longtemps. Peu pétillante, on n'observe pas chez elle de dégagement de gaz carbonique.
Alc./vol. : varie en fonction du style (voir plus haut).
Saveurs caractéristiques : au nez, les notes de pamplemousse sont classiques. On y remarque aussi du caramel et du houblon et, à l'occasion, du soufre (aussi connues sous le nom de saisissement de Burton, *Burton snatch*). Elle est plutôt mince en bouche (*mild*) ou moyenne (*best*), les saveurs douces du caramel dominant sont rapidement suivies de l'amertume de houblon. La rétro-olfaction de celui-ci est habituellement facile à percevoir. Le choix offert et la signature typique de chaque échantillon varient considérablement d'une brasserie à l'autre, et même d'un pub à l'autre.
Température de service : chambrée, à la température du cellier.
Péremption : aucun potentiel de vieillissement. Nous devons considérer ces bières comme du pain baguette

aussitôt le cask mis en perce ! L'idéal est de vider le cask immédiatement.

À la table : en fonction du menu qui est offert dans le pub ! Leur douceur fait de ces bières des accompagnatrices très souples de la majorité des repas.

***

La famille des bitters est apparue au début du XXᵉ siècle alors que la croissance des brasseries britanniques est axée sur la consommation dans les pubs. On développe ainsi

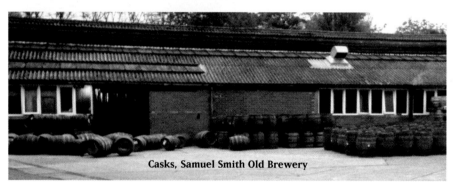

une bière qui doit facilement être vendue (*running beer*) dans les pubs appartenant à la brasserie. Conditionnées en cask, le houblonnage favorise la clarification et les rend plus amères, d'où leur appellation bitter. Leur affinement se déroule dans le fût pendant le transport ou chez le détaillant. Elles sont construites sur trois axes (malt, houblon et alcool). Bitter est un style national, brassé par la majorité des brasseries, comme c'est le cas pour la pils en Allemagne. ■

Saveurs en bouche

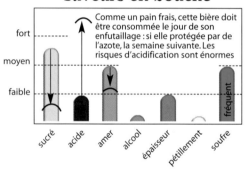

Comme un pain frais, cette bière doit être consommée le jour de son enfutaillage : si elle protégée par de l'azote, la semaine suivante. Les risques d'acidification sont énormes

fort — moyen — faible

sucré · acide · amer · alcool · épaisseur · pétillement · soufre · fréquent

Casks, Samuel Smith Old Brewery

Les pale ales

Présentation visuelle : variant de cuivré à roux. Son pétillement varie de faible à moyen (surtout pour les marques destinées à l'exportation) et sa mousse moyenne s'efface rapidement.

Alc./vol. : de 4,5 à 5 %.

Saveurs caractéristiques : au nez, ses notes retenues de caramel dominent le houblon aromatique. Texture mince et soyeuse qui enveloppe des saveurs douces-amères ou amères-douces variant en fonction de la température de service.

Température de service : de la cave, fraîche ou froide. Très versatile, ce type de bière offre autant de modulations que de températures de service. Plus elle est chambrée, plus elle est douce. Plus elle est froide, plus ses saveurs amères de houblon sont présentes. On servira froids les vieux échantillons afin de masquer leurs défauts.

Verre de service : godet ou chope.

Conditionnement idéal : par définition, il s'agit d'une bière embouteillée. Elle est pourtant également offerte en keg et en canette. Le contenant lui convenant le mieux est le keg, quoiqu'en Angleterre il soit préférable de la découvrir en cask. À l'extérieur du pays, la canette est idéale bien que la bouteille brune lui convienne bien.

Péremption : aucun potentiel de vieillissement. À boire le plus rapidement possible après sa sortie de la brasserie. Non réfrigérée, elle accuse des saveurs de carton après seulement six mois d'entreposage.

Saveurs en bouche

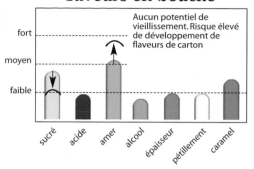

À la table : à la température du cellier, elle brille en accompagnement des viandes rouges, alors que les échantillons jeunes enrobent les plats épicés de leur caramel qui se mariera aussi fort bien avec les saucisses « viandeuses » ou épicées. Avec les fromages, les croûtes lavées à la saumure (salées) et les pâtes persillées (notamment le stilton) lui conviennent parfaitement. Avec elle, il est préférable d'éviter les fromages trop vieillis ou amers.

* * *

Le Petit Robert définit la pale-ale (avec trait d'union) comme une « bière anglaise blonde, [une] ale claire ». Pourtant, rares sont les pale ale d'origine qui arborent une robe blonde. La couleur de la pale ale varie de cuivré à roux. Nous devons toutefois souligner la justesse du Petit Robert au sujet de la caractéristique claire, faisant référence à sa brillance dénuée de particules dans le liquide. Cette bière prend en effet naissance durant les innovations de la révolution industrielle. Il faut se rappeler qu'à cette époque toutes les bières faites de malt d'orge offrent une robe brune (ni noire ni blonde), les nouvelles méthodes de maltage permettant un meilleur contrôle de la chaleur lors de l'assèchement du malt. Pendant qu'en Bohème l'eau très douce permet l'obtention d'un malt blond, l'eau plus minéralisée d'Angleterre produit un malt brunâtre. À l'instar de sa cousine bohémienne, désignée par sa ville

Des huîtres dans la bière ?

La bière offre une grande variété de combinaisons possibles pour l'accompagnement de repas. On ne s'est jamais questionné sur la pertinence de servir du pain aux repas et ne dit-on pas que la bière est du pain liquide ? Les deux aliments contiennent en effet des matières premières semblables. Le principal obstacle pour servir la bière aux repas est culturel. Les Britanniques choisissent leur bière de façon prosaïque pour l'accompagnement des mets. Certaines brasseries offrent donc des suggestions d'accompagnement sur l'étiquette en ajoutant un préfixe aux marques. Ainsi la Oyster Stout ne renferme pas d'huîtres. L'étiquette nous dit tout

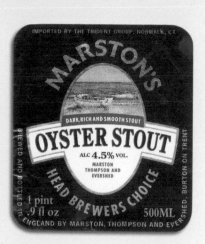

simplement que voici une boisson idéale pour accompagner les huîtres. Il en est ainsi pour la *curry beer* ou d'autres qui incluent des ingrédients saugrenus.

d'origine, le premier nom donné à cette ale pâle porte son lieu d'origine : ale de Burton. Si on avait appliqué la logique allemande, on l'aurait appelée burtoner. Alors que les copies extra-muros de la pilsener reprennent le nom Plzen (Pilsen) dans leur appellation, celles de Burton sont éventuellement nommées selon leur apparence visuelle : pale. À l'instar des bières blondes du continent, cette rousse des îles connaît une popularité grandissante grâce au développement du verre de service transparent. De plus, l'Angleterre est alors en pleine expansion colonialiste. Les nouveaux membres de l'empire s'abreuvant à la source originelle, ce style est exporté partout dans le monde. Utilisant la technique de saccharification la plus perfectionnée, l'infusion à un seul palier, cette bière est très compétitive sur le marché international et permet le développement de géants, tel Bass que nous connaissons aujourd'hui.

Lorsque le malt pale fait son apparition au XIVe siècle, il coûte plus cher à poids égal, mais donne un meilleur rendement pour la production de sucres fermentescibles. Cette découverte annonce le déclin de la porter telle qu'elle est alors connue, mais occasionne également de profondes modifications dans les recettes des ales pâles. Pour maintenir la couleur intacte, les brasseurs ajoutent du caramel au liquide. Cette pratique est toujours courante, mais de plus en plus remplacé par l'ajout de malt caramélisé. La proportion de sucre dans les recettes peut atteindre 20 % des matières fermentescibles.

La pale ale britannique inspire plusieurs brasseurs, ailleurs dans le monde, qui coiffent leurs bières du terme pale ale. Ces adaptations régionales offrent plusieurs variations du style. Il est possible de différencier les pale ales britanniques, écossaises, américaines et belges.

Au Royaume-Uni, le terme pale ale ne désigne généralement pas les bières soutirées en fût ; on dit souvent qu'il s'agit de la version embouteillée des bitters. Il est bien difficile de trouver des ressemblances entre les deux styles en Angleterre. L'alt de Düsseldorf ressemble bien plus à la pale ale que la bitter. Le style pale ale est traditionnellement destiné à l'exportation. Depuis la révolution microbrassicole, le volume de production de bières conditionnées en bouteille est à la hausse au Royaume-Uni, que ce soit pour les styles autochtones ou les styles importés.

Analyse

PEDIGREE
Bouteille : 500 ml
Alc./vol. : 4,5 %
Péremption : dans 1 an
Température : fraîche

Visuel

Robe cuivrée, effervescence moyenne et mousse timide et fugace, mais qui colle bien au verre.

Nez

Nous pouvons facilement reconnaître la présence de pamplemousse suivi de pomme douce.

Bouche (PEDIGREE, BOUTEILLE)

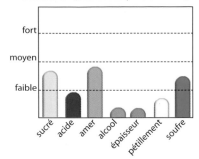

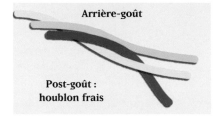

Arrière-goût

Post-goût : houblon frais

Description

Sa texture est plutôt mince, quoique soyeuse, aux délicates notes de caramel. En arrière-goût, on note une timide expression de soufre suivie du houblon.

Analyse d'experts

Remarquons les différences entre les auteurs. Manifestement, l'âge du produit et sa température de service ne sont pas les mêmes. Nonobstant ces divergences, constatons que la note de pomme est présente chaque fois. Si Michael Jackson ne souligne pas ici la note de soufre, il le fait cependant dans d'autres écrits. En tant que Britannique, il est très souvent exposé à cette signature typique ; son seuil de détection pour cette flaveur peut ainsi être plus élevé que celui de ses confrères nord-américains.

MICHAEL JACKSON

« Le système des unions de Burton, provoque une fermentation vivante, propre, produisant une bière d'une légère sécheresse de noix et un fruité subtil de pommes-dessert. »

STEPHEN BEAUMONT

« Une ale magnifique comportant la touche burtonienne classique de soufre, une qualité rafraîchissante plutôt que repoussante. [...] Elle offre une complexité agréable de houblon et de malt, accompagnée des notes un peu sèches de pomme, un soupçon de fumé et une longue finale rinçant le palais. » ■

Les pale ales azotées

aussi connues sous le nom de cream ales

Présentation visuelle : elle offre une couleur variant de cuivré à roux. Son pétillement spectaculaire à l'ouverture de la canette provient de l'azote saturant la bière. Nous pouvons clairement constater l'évolution de la couleur du produit et la séparation de la partie liquide de celle constituée d'une mousse onctueuse et peu persistante qui ne se soulève pas. **Alc./vol. :** varie de 4,5 à 5 %.
Saveurs caractéristiques : au nez, des notes de caramel doux dominent le houblon aromatique. Malgré le velouté de sa mousse et la sensation onctueuse que celle-ci procure en entrée de bouche, elle offre un corps

plutôt mince. Elle offre aussi des saveurs douces-amères ou amères-douces variant en fonction de la température de service. Plus elle est froide, plus elle est amère. On reconnaît facilement ses notes de métal causées par l'azote.

Saveurs en bouche

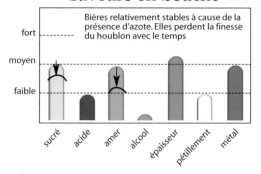

Bières relativement stables à cause de la présence d'azote. Elles perdent la finesse du houblon avec le temps

Température de service : froide selon les recommandations des manu-facturiers pour éviter le giclage, ce qui est en soi une contradiction puisque ces produits visent à imiter le débitage manuel à la température du cellier. Bass a récemment mis en marché une bière ne nécessitant pas le refroidissement pour son service, la Worthington's.

Verre de service : godet ou chope.

Conditionnement idéal : par définition, la canette.

Péremption : potentiel de vieillissement nul, mais elle se conserve néanmoins assez bien. Les saveurs métalliques masquent habituellement les défauts d'entreposage.

À la table : à son meilleur lorsque servie à la température du cellier pour l'accompagnement des viandes rouges. Les échantillons jeunes enrobent les plats épicés de leur caramel, tout comme les saucisses les plus « viandeuses » ou épicées. Elle se fait très flexible avec les fromages, et son azote sait mettre en valeur la plupart des styles. Il est toutefois préférable de lui éviter les fromages trop vieillis ou amers.

Comparaison entre la bouteille de gaz carbonique, la canette de gaz carbonique et la canette à l'azote.

Analyse

DOUBLE DIAMOND
Bouteille : 640 ml
Alc./vol. : 5 %
Péremption : dans 8 mois
Température : fraîche

Visuel

Couleur cuivrée, pétillement moyen, mousse fragile qui s'évanouit assez vite.

Nez

Nez de caramel et de notes bien définies de houblon.

Description

Plutôt mince et croustillante en bouche, on devine un velouté qui ne réussit jamais à envelopper l'intérieur

Bouche
(Double Diamond, bouteille)

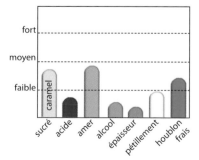

de notre bouche. Nous observons une légère aigreur sur la langue. L'amertume de houblon domine et s'exprime mieux après avoir avalé.

* * *

DOUBLE DIAMOND
Canette ordinaire : 500 ml
Alc./vol. : 5 %
Péremption : dans 5 mois
Température : fraîche

Visuel

Mousse onctueuse mais fugace.

Nez

Nez de caramel qui exprime quelques notes d'agrumes.

Description

Nous notons la présence de minéraux dissimulés derrière les saveurs retenues de soufre, ainsi qu'un croustillant de gaz carbonique qui se fait sentir lorsque nous ava-lons. La rondeur sucrée des céréales et du caramel enrobe efficacement le tout pour laisser l'amertume de houblon s'exprimer en fraîcheur désaltérante.

Bouche
(Double Diamond, canette)

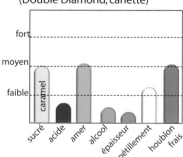

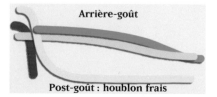

DOUBLE DIAMOND
Canette : Widget, 440 ml
Péremption : dans 6 mois
Température : fraîche

Visuel

Mousse onctueuse et invitante qui persiste longtemps.

Nez

Le nez dévoile des arômes de caramel très invitants.

Description

En bouche, son amertume est la mieux définie des trois versions. Cette

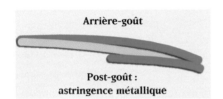

Arrière-goût

Post-goût :
astringence métallique

Bouche
(DOUBLE DIAMOND, WIDGET)

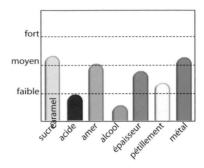

bière est timidement équilibrée de la douceur de son malt caramélisé et de sa consistance onctueuse, un peu huileuse. Le post-goût gâte un peu l'équilibre avec le dévoilement de l'amertume métallisée de son azote.

Analyse d'experts

Cette bière est rarement présentée comme une grande bière d'origine, et ne fait pas partie des répertoires des grandes bières de Jackson et Beaumont. Il s'agit néanmoins d'un bel exemple d'une excellente bière sans prétention, du style pale ale. Disponible à travers le monde, elle permet de comparer nos perceptions sensorielles. James D. Robertson en fait une description qui reflète bien ces différences possibles d'appréciation. Il y observe en effet des notes de rôti et d'alcool que je n'ai jamais été en mesure de noter :

« Ambre profond, nez élégant et riche de malt rôti sec ; amertume sèche de houblon en entrée de bouche ; finale sèche de houblon ; très long arrière-goût qui fait frontière avec l'amertume ; excellent équilibre, corps moyen, offre une sensation d'alcool élevé ; délicieuse. » ■

◼ Les IPA (India pale ale)

Présentation visuelle : robe variant de cuivré à roux, coiffée d'une mousse timide ou moyenne qui s'efface rapidement mais qui colle bien au verre. Peu pétillante, ses petites bulles s'extirpent paresseusement du liquide.
Alc./vol. : varie de 4,2 % à 6 %.
Saveurs caractéristiques : son nez champêtre exulte de houblon d'une grande fraîcheur. Le couple amertume/malt caramélisé est très évident dès l'entrée de bouche. Elle est plutôt mince et ses saveurs se détachent facilement du liquide.

Saveurs en bouche

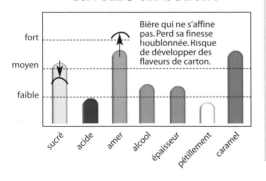

Bière qui ne s'affine pas. Perd sa finesse houblonnée. Risque de développer des flaveurs de carton.

Température de service : chambrée pour un équilibre de saveurs douces-amères, ou froide pour l'accentuation de son amertume.
Verre de service : godet ou chope.
Conditionnement idéal : en fût. La canette et la bouteille brune sont toutefois acceptables et protègent adéquatement la bière.
Péremption : ne s'affine pas et se dégrade rapidement, surtout si la température d'entreposage dépasse 25 °C.
À la table : à cause de son fort houblonnage, il s'agit d'une bière capricieuse. Son houblon doit être enveloppé dans le gras doux ou de noisette. Elle convient ainsi mieux aux croustilles, aux arachides et aux fro-

mages doux affinés dans la masse comme le cheddar jeune ainsi qu'aux saucisses douces. Dans tous les cas, les saveurs de caramel seront alors relevées, surtout si l'échantillon est jeune.

*   *   *

L'India pale ale (IPA) avait été conçue à son origine pour s'affiner pendant les longs voyages entre l'Angleterre et les colonies indiennes. Elle se caractérise par une force en alcool supérieure comparativement aux autres styles britanniques, c'est-à-dire entre 5,5 et 6 % alc./vol., et par un houblonnage plus généreux. La popularité de ce style diminue lorsque les colonies sont en mesure de brasser leurs propres bières mais, en Amérique du Nord, il connaît cependant aujourd'hui un regain de popularité. Nous pouvons distinguer trois principales interprétations du style. La britannique, qui est une bière plus houblonnée titrant de 5,5 % à 6 % alc./vol., l'américaine, qui se caractérise par un houblonnage amérisant d'une puissance élevée et qui titre habituellement autour de 7 % alc./vol., et la canadienne qui se distingue par un houblonnage intermédiaire et propose un équilibre entre un maltage caramélisé plus

généreux et un pourcentage d'alcool titrant de 5,5 à 7 % alc./vol. Un certain nombre de grandes brasseries nord-américaines utilisent la mention IPA sur des bières ayant fortement évolué depuis le début du siècle. Par exemple, la Keith's India Pale Ale, de la brasserie du même nom en Nouvelle-Écosse, est devenue une interprétation désinvolte et dénaturée du style original. Dans cette section, nous décrivons essentiellement l'IPA britannique.

Analyse

COBBOLD'S IPA
Bouteille : 500 ml
Alc./vol. : 4,2 %
Péremption : inconnue
Température : fraîche

Visuel

Robe cuivrée, coiffée d'une mousse moyenne qui tient bien.

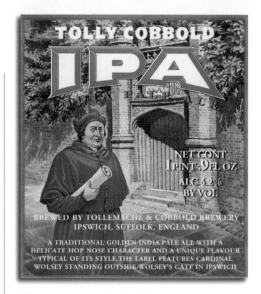

Nez

Les agrumes du houblon sont nettement en évidence, agrémentés de notes épicées, légèrement piquante.

Description

Plutôt mince en bouche quoique sa texture soit soyeuse. Nous pouvons observer une subtile complexité fruitée, survolée de la fraîcheur de son houblon à froid.

Analyse d'expert

MICHAEL JACKSON

« L'IPA se présente avec une mousse qui se tient très bien ; possède un bon arôme poivré de houblon anglais ; un corps léger et onctueux, avec une note bien définie de pommes et une sensation ferme de sécheresse en finale. On y retrouve une amertume traînante très savoureuse. » ■

La force de l'exportation

Dans un pays où le % alc./vol. d'une bière régulière est de 3,5 %, la mention Export est synonyme de bière plus forte en alcool, comme en témoigne cette étiquette de la Boddingtons Export. Il en est ainsi de plusieurs marques exportées. Ce que nous consommons dans nos pays, où ces bières sont importées, ne correspond habituellement pas à ce que les Britanniques consomment sur une base régulière.

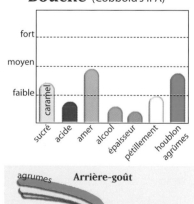

Bouche (Cobbold's IPA)

fort · moyen · faible · caramel

sucré · acide · amer · alcool · épaisseur · pétillement · houblon agrumes

agrumes · **Arrière-goût**

Post-goût : houblon frais · houblon frais

Les brown ales

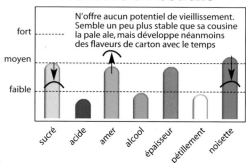

Saveurs en bouche

N'offre aucun potentiel de vieillissement. Semble un peu plus stable que sa cousine la pale ale, mais développe néanmoins des flaveurs de carton avec le temps

fort — moyen — faible

sucré · acide · amer · alcool · épaisseur · pétillement · noisette

Présentation visuelle : légèrement plus foncée que la pale ale, sa robe rouquine (pouvant être brune) est animée d'un pétillement moyen et surmontée d'une mousse fugace.

Alc./vol. : varie de 4 à 5 %.

Saveurs caractéristiques : au nez, on reconnaît facilement la noisette et les effluves délicates de houblon et de caramel. D'une texture ronde et soyeuse, elle présente une amertume moyenne due à son houblon.

Température de service : tempérée, fraîche ou froide. Plus elle est servie froide, plus elle met en relief ses saveurs amères.

Verre de service : godet ou chope.

Conditionnement idéal : en canette, quoique la bouteille transparente ne semble pas trop affecter la Newcastle.

Péremption : ne s'affine pas, et ses délicates saveurs de houblon sont plus facilement perceptibles lorsqu'elle est jeune.

À la table : on la mettra en valeur en la servant tempérée, avec les salades bien relevées (salade César, par exemple), les viandes rouges peu ou moyennement épicées, le bœuf en casserole et tous les types de saucisses, y compris les piquantes. Elle accompagne bien les fromages doux comme le cheddar jeune, les croûtes lavées (même les plus odoriférants), les croûtes fleuries et les chèvres. À l'exception des cheddars jeunes, il peut être difficile de l'associer aux fromages affinés dans la masse puisque ses notes de noisettes semblent soulever des conflits chez plusieurs de ces fromages et risquent de créer une distorsion de saveurs.

* * *

La brown ale est un style relativement récent. Les modèles contemporains débutent avec le lancement de la Newcastle Brown Ale, créée en 1927 dans le nord de l'Angleterre par le colonel Porter. Ce dernier utilise alors des malts légèrement torréfiés et caramélisés afin de concurrencer la pale ale, une ale douce légèrement sucrée, aux notes caractéristiques de noisette et de biscuit. Le terme brown ale est également utilisé dans le sud de l'Angleterre pour désigner une bière plus foncée, plus sucrée et moins alcoolisée. À l'origine connu essentiellement dans sa région de production, le style n'est pas imité ailleurs et constitue de ce fait un style régional. Son existence crée une certaine confusion parmi les amateurs.

Dans le souffle de la révolution microbrassicole, peu de brasseries se laissent tenter par l'aventure, et le marché international ne propose qu'une seule marque, la Newcastle. La traduction brune est impopulaire au point que même la grande Griffon, produite par la brasserie McAuslan à Montréal, porte en français le nom de rousse.

Analyse

NEWCASTLE BROWN ALE
Bouteille : transparente, 355 ml
Alc./vol. : 5 %
Péremption : dans 1 an
Température : fraîche

Visuel

Rousse, scintillante, au pétillement modeste et d'une mousse timide.

Nez

Constitué de malt, de cassonade et de noix.

Bouche (Newcastle, bouteille)

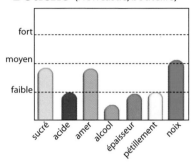

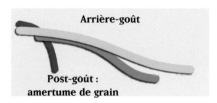

Arrière-goût

Post-goût :
amertume de grain

Description

Plutôt mince mais soyeuse en bouche, elle nous accueille avec une saveur sucrée qui s'estompe au profit d'une légère amertume de grain rôti accompagnée d'une timide acidité évoquant le cantaloup. Son arrière-goût est plutôt bref et se termine sur des notes de malt légèrement rôti.

Analyse d'experts

À juger l'écart entre les descriptions des experts, nous pourrions croire qu'ils n'ont pas dégusté le même produit. Cette bière souligne donc les sensibilités différentes des goûteurs. Les noix de Jackson sont probablement le malt de ses collègues. Le texte de Carl Hadler pourrait très bien décrire une pale ale, un style très proche de cette Newcastle Brown Ale.

MICHAEL JACKSON

« Cette bière offre une surprenante délicatesse noisettée, florale et vineuse. »

CARL HADLER

« Elle débute avec une saveur sucrée de malt : elle s'aiguise et devient plus sèche vers la finale alors que le malt est facilement perceptible tout au long. On remarque le houblon avec des notes d'amertume en finale. Malgré qu'en visuel elle semble plate, elle offre une sensation de pétillement en bouche. »

GILBERT DELOS

« Le corps est plutôt mince à l'attaque (un peu de lavasse), mais se développe ensuite en bouquet plus riche, plutôt malté, avec une pointe d'amertume et une finale plus fruitée, notamment de melon ou de courge. » ∎

Les barley wine

Présentation visuelle : robe rousse foncée, au pétillement moyen et coiffée d'une mousse moyenne, fugace, qui colle bien au verre.

Alc./vol. : de 6 à 12 %.

Saveurs caractéristiques : nez composite d'alcool et de caramel. Onctueuse en bouche, douce, souvent avec des notes bien senties de caramel. Le reste des caractéristiques englobe à peu près toutes les possibilités. De nos jours, le nom *winter warmer* est de plus en plus utilisé pour désigner ce style équivoque.

Température de service : fraîche, voire à la température de la pièce.

Verre de service : godet ou chope. La coupe convient bien aux plus nobles comme la Bass n° I ou la Old Nick.

Conditionnement idéal : la bouteille brune, à cause de sa noblesse, mais le fût est également excellent.

Péremption : bière qui s'affine en délicatesse si elle est maintenue dans des conditions idéales d'entreposage. Si la chaleur monte à plus de 30 °C, elle risque de développer des saveurs âcres de carton.

À la table : elle convient parfaitement aux plats épicés. Ses saveurs de caramel explosent, enveloppant les épices du réconfort de sa douceur. Servie à la température de la pièce, elle brille aussi au digestif et accompagne bien tous les types de saucisses. Bien que cette bière soit très généreuse avec la plupart des fromages, à cause de la combinaison possible de l'alcool et du caramel, elle se montre toutefois la plupart du temps de mauvaise compagnie pour la plupart des fromages de chèvre.

Saveurs en bouche

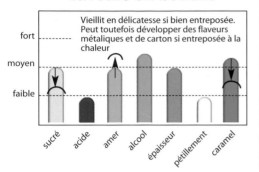

Vieillit en délicatesse si bien entreposée. Peut toutefois développer des flaveurs métalliques et de carton si entreposée à la chaleur

fort
moyen
faible

sucré · acide · amer · alcool · épaisseur · pétillement · caramel

* * *

La dénomination vin d'orge, que signifie en français barley wine, est très ancienne. Voici une ale qui dépasse les normes anglaises habituelles. Plusieurs des marques de ce style titrent ainsi à 6 % alc./vol. Il s'agit d'un style vaguement défini qui doit être envisagé comme synonyme de « bière forte » en gardant en tête qu'une bière ordinaire titre en Angleterre environ 3,5 % alc./vol. La barley wine de Samuel Smith, par exemple, est une blonde très maltée, la version Prize Old Ale offre une structure aigre, tandis que la Tally Ho d'Adnams est chocolatée. La version londonienne Old Nick a été choisie pour définir le style ici.

Analyse

OLD NICK
Bouteille : 500 ml
Alc./vol. : : 7,2 %
Péremption : non indiquée
Température : fraîche

Visuel

Belle robe rousse, dense et lumineuse, coiffée d'une mousse moyenne qui flotte sur un pétillement moyen-faible.

Nez

Les notes de toffee et d'alcool se combinent de façon élégante dans la formation de son bouquet.

Description

Très soyeuse en bouche, son amertume d'alcool est adoucie par son caramel légèrement chocolaté. Enfin, on peut observer chez elle quelques relents fruités en rétro-olfaction, notamment la banane.

Analyse d'experts

À notre grand étonnement, cette excellente bière ne figure pas dans la nomenclature des experts du monde de la bière. Cette constatation illustre bien deux choses : la nature subjective inhérente à la dégustation des bières et l'importance de la disponi-

Bouche (Old Nick, bouteille)

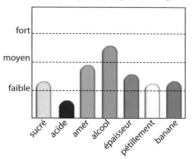

fort
moyen
faible

sucré · acide · amer · alcool · épaisseur · pétillement · banane

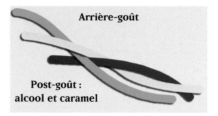

Arrière-goût

Post-goût :
alcool et caramel

bilité des marques. Certaines grandes marques, comme celle-ci, ne jouissent pas d'une importante distribution même dans leur pays d'origine. Seul **Michael Jackson** l'inscrit dans ses *500 Classic Brews* : « Cet exemple offre une bière aux notes de toffee, comportant des saveurs de liqueur de banane en finale. » ∎

Les porters et les stouts

Nous pourrions également baptiser cette famille *Harwooder*, du nom de son inventeur, Ralph Harwood, ou selon ses anciens noms, *threetrhreader* ou *entire butter*.

Le style de la bière stout est né de celui de la porter. Stout décrit un goût tandis que porter décrit un client ! De nos jours, là frontière entre plusieurs stouts et porters est indéfinie et est souvent déterminée par le conditionnement du produit, par son âge ou tout simplement par la température de son service. On ne se surprendra pas que la distinction entre le style porter et

le stout suscite de nombreux débats parmi les amateurs de bière. L'intensité et la nature de l'amertume (rôtie ou maltée) contribuent à la définition de ce qui devrait distinguer, toujours selon les débats en cours, l'une de l'autre. Mais à partir de quelle intensité une porter devient-elle une stout ? La démarcation entre les deux s'est perdue dans la noirceur du liquide, la seule certitude qui reste étant qu'une stout doit offrir d'intenses flaveurs rôties et une amertume bien sentie de houblon.

L'évolution de ces styles connaît trois phases distinctes : la naissance de la porter, la révolution industrielle et la révolution microbrassicole. Comme maintenant, trois principaux styles d'ale sont offerts dans les pubs anglais au début des années 1700. Souvent, l'une de ces ales est éventée, présente des saveurs suries et coûte alors moins cher. Une façon de dissimuler ces saveurs aigres est de mélanger deux bières plus fraîches avec le produit éventé, cette marque offrant ainsi un mélange des trois casks. Cet assemblage de trois filets (*butts*) de bières est appelé *entire* ou *entire butt*. Il intègre les caractéristiques de chacune des trois bières et devient la plus économique des bières de qualité. Bref, pour faire une entire de nos jours, il suffirait d'assembler un mélange de mild, de bitter et de best bitter, alors que l'une d'elles aurait suri ! Parions que ni CAMRA ni Casque n'endosseraient une telle procédure... Notons au passage l'analogie entre l'assemblage de ces bières et celui des aigres des Flandres provenant de l'autre côté de la mer du Nord.

Ralph Harwood, de la brasserie Bell, à Londres, réussit à développer une bière qui offre les caractéristiques gustatives de ce mélange. Il parvient surtout à convaincre sa clientèle, du moins les porteurs (porters) des marchés de Billings Gate, à Londres, d'où le nom du style de bière. Ajoutons que les porteurs des marchés de Covent Garden et Smithfield ainsi que ceux de la gare Victoria sont également souvent cités dans les documents d'archives. Hardwood sert sa version d'une seule pompe, simplifiant et accélérant ainsi son service, et maximisant aussi ses profits, n'en doutons point. À l'origine, il s'agit d'une bière plutôt forte en alcool. On estime

Cuves de fermentation du porter au XVIIIe siècle à Londres

en effet sa teneur originelle au-dessus de 7 % alc./vol., et elle offre par ailleurs des saveurs aigrelettes par la nature de sa fermentation, Pasteur n'étant bien entendu même pas encore né. La popularité de cette bière parmi les porteurs est telle qu'elle est rebaptisée en leur honneur. Pour la première et seule fois de son histoire, un style de bière est baptisé non pas par son origine géographique ni par ses caractéristiques de brassage ou ses flaveurs, mais par le profil de ses clients !

Si nous appliquons de façon rigoureuse l'interprétation historique, le porter doit offrir des notes aigrelettes. À cet égard, l'interprétation qu'en fait Samuel Smith avec sa Taddy Porter, pourrait bien s'en rapprocher. Mais n'y avait-il qu'un seul porter ? Il n'y a manifestement qu'une seule version originale, mais les imitations sont-elles conformes d'une région à l'autre ? Comme nous l'avons vu, cette version originale précède la révolution industrielle. Avec le temps, les assemblages sont devenus une façon rentable de récupérer les bières aigries. Toutefois, la rôtissoire inventée par Daniel Wheller, en 1817, permet aux brasseurs d'utiliser directement des malts torréfiés. La couleur des bières ainsi brassées devient plus foncée, et les saveurs

aigrelettes proviennent maintenant des malts plutôt que des vieilles ales. Le rôti constitue alors une nouvelle méthode moins coûteuse que l'utilisation du houblon pour dissimuler l'aigreur de la bière et permet au style d'évoluer. Ainsi, au XVIIIe siècle, les ales plus amères se voient ajouter le suffixe stout : stout brown ale, stout butt ale, stout porter... Le style porter connaît cependant un déclin dramatique au début du XXe siècle en Angleterre. Les restrictions imposées pour soutenir les efforts de guerre limitent la quantité de malt rôti et pousse les brasseurs anglais à développer une version moins houblonnée et plus sucrée qui devient la mild ale. Ces nouvelles mesures favorisent aussi la production de bières à plus faible densité d'alcool et d'amertume. Les bières produites ne sont plus vraiment de la stout, mais simplement une bitter. C'est de cette manière que les bières de la famille des bitters remplacent rapidement les stouts aux comptoirs des pubs en Angleterre, jusqu'à leur extinction en 1930.

En Irlande

Les matières premières coûtent très cher en Irlande, notamment le houblon qui doit être importé d'Angleterre. À l'époque, les taxes irlandaises sont prélevées sur le malt et le houblon, et non sur la densité du moût. Arthur Guinness remplace donc le malt rôti par de l'orge rôtie ! La forte présence de rôti relègue au deuxième plan l'importance du houblon. Les saveurs plus âcres et amères de ses porters lui procurent un caractère original. La plus célèbre brasserie de porter stout décide de retirer de ses étiquettes le terme porter. Le rationnement de guerre n'étant pas appliqué en Irlande, leur version stout n'est pas affectée par ces mesures. Alors que porters et stouts sont en perte de vitesse au Royaume-Uni, la stout devient la boisson nationale de l'Irlande.

Le porter est réintroduit aux États-Unis avec le développement des microbrasseries, qui proposent aujourd'hui une gamme d'interprétations personnelles des styles porter et stout. Comme nous l'avons dit, il est bien difficile d'établir des catégories claires et sans équivoque pour départager ces styles. La plupart du temps, les désignations sur les étiquettes ne sont qu'un faible indicateur de ce que le produit goûte vraiment, car l'univers des bières noires est rempli de nuances gustatives. La signature classique aux notes de rôti établit une hiérarchie entre le porter et le stout, mais d'autres variables ajoutent une grande complexité à chacune de ces deux interprétations, comme les autres céréales utilisées (par exemple, l'avoine ou le malt fumé), le pourcentage d'alcool, ainsi que les épices qu'on ajoute à l'occasion. Notons par ailleurs que la présence de grains rôtis fait pardonner beaucoup au produit, puisque le rôti offre un camouflage très efficace : nous observons rarement des défauts d'entreposage chez les noires. ■

Porter d'origine ?

Au royaume de la Pale Ale, dans la ville de Burton Upon Trent en Angleterre, deux brasseries offrent deux porters considérablement différentes. La Burton Porter présente une acidité bien sentie, mais subtile et complexe, de

fermentation qui enveloppe une amertume légèrement rôtie, une délicate saveur de caramel et de fumé, le tout survolé d'une fraîcheur de houblon de cuve de garde ! L'interprétation de la brasserie traditionnelle par excellence en ce qui a trait aux pale ales, Marston, offre des saveurs franches de torréfaction enjolivées de quelques notes de houblon et de caramel. La faible aigreur que l'on remarque pendant l'étalement est celle de la torréfaction.

■ Les porters britanniques

Présentation visuelle : robe noire, à la mousse fugace. Pétillement faible ou moyen.

Alc./vol. : varie de 4,5 à 6 %.

Saveurs caractéristiques : elle présente au nez des effluves modestes de torréfaction, accompagnées d'un parfum aigrelet aux notes lactiques. En bouche, sa texture varie de mince à moyenne, plutôt douce que sucrée, d'une aigreur faible et d'une amertume moyenne.

Température de service : tempérée ou même froide, ce qui la rend plus désaltérante.

Verre de service : godet ou chope.

Conditionnement idéal : en fût, en bouteille brune ou en canette. La bouteille transparente de la Samuel Smith Taddy Porter ne semble pas affecter négativement ses flaveurs à cause de la couleur foncée du produit.

Péremption : ne s'affine pas et risque plutôt de s'aigrir.

Saveurs en bouche

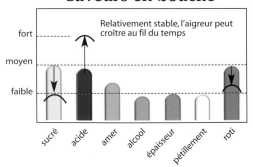

À la table : apéritif désaltérant lorsque consommé froid. Accompagne bien les salades dont la vinaigrette est aigre et convient bien aux saucisses douces ou légèrement épicées. Elle est aussi un complément idéal aux fromages à croûte fleurie frais, aux pâtes persillées ainsi que ceux à croûtes lavées. Enfin, elle peut également faire bonne figure au dessert, notamment avec les gâteaux au chocolat.

Analyse

TADDY PORTER

Bouteille : transparente, 500 ml

Alc./vol. : : 5 %

Péremption : aucune date indiquée

Température : fraîche

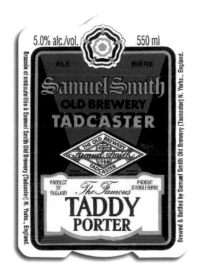

Visuel

Robe noire d'un pétillement moyen à la mousse incertaine ayant tendance à s'effondrer mais collant très bien à la paroi du verre.

Nez

Arômes de vanille et de caramel enrobé de rôti.

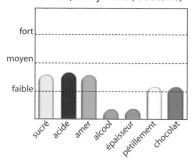

Bouche (Taddy Porter, bouteille)

Description

Plutôt mince en bouche, elle se distingue par une douceur veloutée sans vraiment être sucrée, complétée d'une légère torréfaction qui dissimule une timide aigreur lactique. Étant construite tout en nuances, ses saveurs s'expriment difficilement. Son arrière-goût, enfin, est plutôt court.

Analyse d'experts

Voici une bière qui fait consensus parmi les experts en ce qui a trait à ses notes de brûlé et de torréfaction. Notons les variations dans l'appréciation de son houblon et de son fumé, des caractéristiques plutôt fragiles dans la bière, et qui proviennent du fait que les auteurs n'ont pas dégusté un échantillon du même âge.

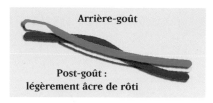

MICHAEL JACKSON

« Combine la sécheresse rôtie et grillée avec la rondeur du malt qui fait la signature des Samuel Smith. »

JAMES D. ROBERTSON

« Couleur rouge-brun foncé scintillante, une mousse généreuse brunâtre, arôme complexe et sec de fèves de café, saveurs riches propres de malt et de houblon et de moka à l'arrière plan ; délicieuse et satisfaisante, un arrière-goût de malt long et propre, une belle bière. »

BEVERAGE TESTING INSTITUTE

« Allures de café espresso. Arôme de malt brûlé sur le thème de fumé et de chocolat. Ouvre avec une sensation buccale onctueuse et ronde, dévoilant des notes de caramel brûlé et de mélasse qui se terminent sur un soupçon de sécheresse. Une porter généreuse et riche. » ∎

Maquette d'une brasserie pré-industrielle

Les stouts britanniques

Saveurs en bouche

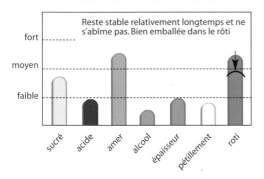

Reste stable relativement longtemps et ne s'abîme pas. Bien emballée dans le rôti

fort — — —

moyen — — —

faible — — —

sucré acide amer alcool épaisseur pétillement rôti

Présentation visuelle : elle est noire et offre une mousse crémeuse, généreuse, persistante, à l'exception des stouts impériales où la mousse se révèle plus fragile.

Alc./vol. : selon les variations de styles.

Saveurs caractéristiques : au nez, la générosité de ces bières présente des notes de rôti bien soutenues par un houblonnage généreux. On peut aussi y reconnaître l'arôme de café et souvent du chocolat. Plutôt mince en bouche, ses saveurs rôties et amères

de houblon sont facilement perceptibles. Nous pouvons noter à l'occasion des saveurs aigrelettes de torréfaction et, fréquemment, de réglisse et de mélasse.

Température de service : tempérée ou même froide, ce qui la rend alors plus désaltérante.

Verre de service : godet ou chope.

Conditionnement idéal : style flexible qui convient bien à tous les formats de conditionnement. Certains sous-styles, comme la stout impériale, brillent en bouteilles.

Péremption : à l'exception des stouts impériales, elles ne s'affinent pas. Elles subissent toutefois bien l'épreuve du temps et se dégradent lentement, même dans des conditions d'entreposage inadéquates.

À la table : comme pour le porter, il faut considérer cette bière comme un toast. Elle convient ainsi très bien à plusieurs types de mets, dont les fruits de mer. Plus elle est houblonnée, plus elle doit être réservée aux

saucisses douces ou mi-fortes. Avec les fromages, elle sait mettre en valeur la majorité des styles. Elle excelle particulièrement auprès des fromages persillés, malgré les risques de conflit d'amertume entre le houblon et le bleu. Le caractère rôti joue ici un rôle de catalyseur. Elle hésite avec les fromages de chèvre, surtout ceux à pâte fraîche. Au dessert, elle fait fureur avec le gâteau au chocolat, notamment le Forêt-Noire.

Variations

STOUT SÈCHE

La stout classique, telle que définie autour du modèle offert par Guinness : amertumes bien senties de rôti et de houblon suivies d'une finale sèche, dénuée de douceur ou de sucré.

MILK STOUT

Appelée stout sucrée, stout douce (*sweet stout*) ou cream stout.

L'ajout de lactose dans la bière adoucit les saveurs et confère au produit des notes chocolatées, moins amères et plus onctueuses en bouche. Nous pouvons observer à l'occasion des notes de caramel dans ce type de bière dont la texture varie considérablement d'une marque à l'autre. Toutefois, elle est généralement soyeuse et veloutée, et on y observe souvent des saveurs de mélasse.

L'AVOINE

L'intégration de l'avoine comme ingrédient dans la bière semble provenir de l'Écosse. L'avoine est douce et donne une texture plus crémeuse et soyeuse à la bière, tout en contribuant à la tenue de sa mousse. L'amertume de houblon ou de rôti peut varier considérablement, mais nous observons que la bière destinée au marché américain est plus amère, tandis que les celle réservée au marché européen l'est moins.

LA STOUT IMPÉRIALE
OU LA RUSSIAN IMPERIAL STOUT

Plus chaleureuse et corpulente en bouche que ses sœurs, elle joue aussi des notes plus évidentes de chocolat, à cause de la combinaison de son alcool et de son malt rôti. La stout impériale désignait à l'origine un conditionnement d'exportation semblable aux pale ales, à cette différence près qu'elle était plus alcoolisée, et était destinée à la cour impériale de Russie à Saint-Pétersbourg. Les quelques barils qui s'échappaient des navires en cours de route sont à l'origine du développement des bières noires de fermentation basse que nous identifions comme porters de la Baltique. Les versions modernes de la stout impériale titrent environ 8 % alc./vol. Plusieurs stouts des tropiques et certaines doubles de Belgique doivent aussi être inscrites dans cette catégorie.

AUTRES VARIATIONS

Des variations particulières du style stout intègrent d'autres caractéristiques : épices, fruits, café, cacao, chocolat, malts spéciaux... L'utilisation de malt fumé, inspiré de Bamberg ou d'Écosse, a aujourd'hui le vent dans les voiles. La complexité des stouts n'a pas de fin...

Analyse

GUINNESS PUB DRAUGHT
Canette : azotée, 440 ml
Alc./vol. : 4,2%
Péremption : dans 6 mois
Température : fraîche

Visuel

Le service de cette bière présente le spectacle hypnotisant de l'azote qui construit, bulle par bulle, une mousse envoûtante.

Nez

Nez intense de malt et de pain grillé.

Description

Filtrée, pasteurisée, d'une minceur incroyable en bouche, les saveurs rôties de la Guinness Pub draught et ses notes bien soutenues de houblon lui permettent de se distinguer. On remarque, au passage des gorgées qui s'évanouissent, une amertume de houblon qui danse avec le rôti.

Analyse d'experts

GILBERT DELOS

« En bouche, beaucoup de douceur et d'âcreté en même temps, sans exagération toutefois, avec de jolies notes torréfiées (café). L'amertume est perceptible, sans doute un peu moins que dans la Guinness servie à la pression [au Royaume-Uni]. Plus

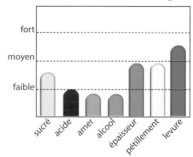

Bouche (Guinness Pub Draught)

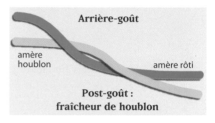

langoureuse qu'agressive. Finale longue, maltée, torréfiée. »

JAMES D. ROBERTSON

« Brun profond, foncé, arômes agréables de malt et de houblon, saveurs très sèches de houblon, corps moyen, finale de houblon de finition ; conditionnée en canette, elle semble plus mince que la version en bouteille ou en fût. » ∎

Les Scottish Ales

La Scottish Ale est l'équivalent bitter et pale ale du nord du Royaume-Uni. Bière rousse, au pétillement moyen et dont la mousse moyenne ou généreuse se tient bien. Elle titre un peu plus fort que sa voisine du sud, de 4,5 à 6 %. Elle offre des notes de caramel facilement perceptibles, habituellement suivies de houblon. Un peu plus ronde en bouche que ses cousines anglaises, elle se termine toutefois généralement par un arrière-goût plus court et plus sec. Entre-temps, en bouche, on peut aisément percevoir l'équilibre entre le malt caramélisé et le houblon qui caractérise le style. À l'instar des autres membres de sa famille, son conditionnement idéal est le fût, la canette ou la bouteille brune. Elle se dégrade rapidement et ne convient pas à l'affinage. Elle doit donc être conservée à une température froide. À la table, elle accompagne bien les viandes rouges. Les échantillons jeunes de ce produit enrobent les plats épicés de leur caramel. Les saucisses les plus viandeuses ou épicées sont aussi mises en valeur par le caramel. Avec les fromages, les croûtes lavées à la saumure (salées) et les pâtes persillées (notamment le stilton) lui conviennent parfaitement, mais il est préférable de lui éviter les fromages trop vieillis ou amers.

La wee heavy

Dans les grands styles internationaux, les scotch ales classiques sont définis en se basant sur les marques élaborées spécifiquement pour la Belgique. Ceux-ci sont donc répertoriés dans la partie portant sur la Belgique. Quelques petites brasseries élaborent cependant une bière plutôt forte en alcool qui se caractérise par des saveurs plus douces ou même aigrelettes, comme la Jacobite de Traquair.

Les irish red

La irish red ale se situe à mi-chemin, en termes de saveurs, entre les Scottish Ales et les pale ales. L'exemple typique de ce style est la Smithwick's, avec ses notes de caramel légèrement brûlé. Ailleurs dans le monde, et notamment aux États-Unis, l'inspiration de ce style se veut surtout un emprunt celtique à des fins de marketing puisque, sur les papilles, la plupart des bières qui portent cette appellation sont en fait des bières-sodas de couleur rousse.

Les ales estivales

La bière estivale se voulant plus désaltérante, elle représente aujour-

d'hui une tendance très populaire au Royaume-Uni. Le développement de ce style se dirige dans plusieurs directions, tant par rapport à l'amertume et à l'aigreur qu'à la couleur. Il s'agit donc, par la force des choses, d'un style indéfinissable et équivoque. Nous pouvons toutefois noter l'utilisation très répandue du blé et du miel dans ses recettes.

Les old ales

Old signifie vieux. Deux interprétations de l'appellation old ale sont donc possibles. La première propose qu'elle a longtemps vieilli et qu'elle est l'équivalent de la bière de garde en France. La deuxième affirme que le produit est issu de vieilles traditions, puisque

plusieurs vieilles ales sont également des barley wines. Parmi les bières de la nouvelle génération, elles sont plusieurs à nous offrir leur propre interprétation d'un style aux contours flous. Disons simplement qu'elle est habituellement plus foncée, conditionnée en bouteille, d'un pétillement généreux, qu'elle est aussi d'un goût complexe, très fruité, bien houblonné et d'une amertume moyenne.

Voyage aux pays des grandes bières

Autres pays européens

À côté des trois paradis de la bière que constituent l'Allemagne, la Belgique et le Royaume-Uni, existent des enclaves où la bière est fort populaire. Certaines nous offrent de grands styles, comme la France avec ses bières de garde (et son nouveau style, la cervoise), la République tchèque avec la svetle 12° et la cerné, la Scandinavie avec sa lager blonde forte en alcool, l'Autriche et ses bières ultra-maltées. D'autres pays sont tout simplement peuplés d'avides consommateurs, comme le Luxembourg. Notons que les trois premières grandes brasseries internationales prennent naissance dans ces pays limitrophes : Heineken au Pays-Bas, Carlsberg au Danemark et Guinness en Irlande. Fondées au cœur de marchés limités, ces brasseries ont vite établi des stratégies internationales de croissance.

FRANCE

Au pays des Gaulois et de la légendaire cervoise, le vin est roi depuis la conquête romaine. La bière demeure néanmoins une boisson populaire dans le nord du pays et offre une pierre d'assise solide lorsque la révolution microbrassicole frappe la France. Un style développé dans la région du Nord-Pas-de-Calais, la bière de garde, constitue l'un des plus grands styles de bière au monde. Les brasseries en créent plusieurs interprétations pour ainsi former une famille. Dans d'autres régions, notamment en Bretagne, plusieurs nouvelles brasseries proposent une bière peu ou pas houblonnée, comportant souvent du miel et des épices, et inspirées des livres d'histoire : des cervoises, quoi ! Ce mouvement contribue également à lever le voile sur une bière régionale, intégrée aux habitudes de consommation dans certains bistros parisiens : la bière de Paris. Dans ce paradis de la gastronomie, la bière rejoint l'art culinaire de deux façons : elle est de plus en plus invitée à la table comme boisson d'accompagnement et, à l'instar de la cuisine régionale, plusieurs nouvelles brasseries utilisent les épices du terroir pour donner un caractère à leurs décoctions.

À la fin du XIXe siècle, le paysage brassicole français est animé par des milliers de brasseries disséminées d'est en ouest et particulièrement dans le nord (de l'Alsace à la Bretagne, en passant par les Ardennes, la Lorraine, la Picardie...) où l'on brasse des bières de fermentation haute sans prétention. L'industrialisation du XXe siècle creuse une brèche profonde et concentre la production dans deux régions précises : l'Alsace, près de l'Allemagne, et le Nord-Pas-de-Calais, à proximité de la Belgique. Les brasseurs d'Alsace, déjà convertis aux fermentations basses et aux techniques industrielles, connaissent alors de fortes croissances. Profitant du développement du chemin de fer reliant Strasbourg à Paris, ils font connaître leurs lagers blondes. Le succès qu'elles remportent contribuent à la consolidation de l'industrie et à y faire naître les premiers géants brassicoles. Pour leur part, les brasseries du Nord hésitent à se convertir à la méthode allemande, s'industrialisent peu, et maintiennent un statut artisanal jusque dans les années 1950.

Alsace

L'Alsace verse dans les chopes françaises plus de la moitié des bières produites en France. Les géants y sont présents : **Heineken** (et ses marques Mutzig, 33 et Fischer) et **Scottish and Newcastle** avec la Kronenbourg et la 1664. On y rencontre également les grandes brasseries indépendantes **Schutzenberger** et **Meteor**. Leurs principales productions gravitent autour d'une version adoucie de la pilsener, que l'on identifie tout simplement par sa couleur : blonde. Les blondes alsaciennes offrent un profil gustatif semblable aux pils belges : un goût malté bien défini et une amertume délicate, légèrement plus faible que leurs cousines du nord. Les brasseries Meteor et Schutzenberger produisent des versions légèrement plus houblonnées. On peut voir également une version brune, de plus en plus nommée rousse du style viennois : une bière très douce, peu houblonnée, qui se démarque à l'occasion par ses notes retenues de caramel. Voilà les deux principales versions à la pompe des bistros de France. Dans ce pays, on commande une bière par sa couleur, une blonde ou une brune, ou encore par sa contenance, un demi, ce qui, en France, signifie un quart de litre, le demi représentant une demi-portion (la portion normale est de 500 ml).

La brasserie **Fischer** s'impose comme un leader des alcoomalt, avec la quintessence des bières-citronnades, qu'elles soient aromatisées au rhum (Kingston), à la vodka (Kriska) ou à la tequila (Desperados). Cette maison se distingue en outre par la reprise des marques Adelscott et la Dorelei, développées par la défunte Adelshoffen. Cette merveilleuse Adelscott Noire présente des notes de cerise qui complètent bien celles des malts noirs et fumés. La maison a également célébré le tournant du siècle de façon originale en utilisant de l'eau plusieurs fois millénaire. Deux cent cinquante mille ans, en fait ! Elle l'a dénichée dans un glacier du Groenland, découpée en blocs et transportée par conteneurs réfrigérés. Le président iconoclaste de la brasserie, Michel Debuyst, a également joué un rôle déterminant dans l'essor de la bière française grâce à ses interventions. Il a été en mesure de faire abolir la loi sur la pureté de la bière en Allemagne, ce qui a permis à de nombreux produits étrangers de pouvoir enfin s'offrir à l'Allemagne.

La brasserie **Schutzenberger,** un des trésors industriels alsaciens, a vite compris l'intérêt des accords entre la bière et les mets. Voilà pourquoi la maison s'associe régulièrement avec les grands chefs de la région pour la publication d'ouvrages ou l'organisation d'événements. Ses bières d'inspiration

Musée français de la brasserie, Saint-Nicolas-de-Port

bavaroise s'appellent Schutzenberger Pils, Patriator (une viennoise, quoique son nom évoque une scotch ale), Jubilator, une blonde subtilement houblonnée, la Cuivrée, une bière très veloutée développant un crescendo de malt titrant 8 % alc./vol. Notons aussi, parmi les bières de Schutzenberger, le produit distillé de Jubilator, une eau-de-vie nommée Fleur de Bière. L'autre trésor de la région, la brasserie **Meteor,** est fière de son statut de brasserie du village, à Hochfelden. Elle propose entre autres la sublime Mortimer, une bière au malt à whisky dont la rondeur de l'alcool et la douceur du malt enrobent agréablement le fumé, et une bière évoquant les célèbres monastiques, la Wendelinus.

Nord-Pas-de-Calais

Lors de la révolution industrielle, le paysage brassicole est coloré par des milliers de petites brasseries dont le rayon d'action dépasse parfois à peine dix kilomètres. Elles livrent leurs bières aux cafés, dans des fûts adaptés au débit de chacun. Jusque dans les années 1950, on achète la bière surtout dans les bistros, pour consommation sur place, mais aussi pour consommation à la maison. Le client apporte alors sa cruche, sa bouteille ou son vase pour le transport du précieux liquide ! Lorsque les bouteilles font leur entrée sur le marché, les brasseurs ajoutent le service de livraison à domicile. La bière la plus courante est une bière de table, brune, peu alcoolisée et rarement pasteurisée, ce qui fait qu'une lie se dépose souvent au fond du liquide. On élabore également une bière de ménage, dite petite bière, avec les drêches de celle-ci. Au café, on inscrit également au menu une bière de qualité inférieure nommée goudale, ainsi qu'une bière forte appelée brémart. On brasse aussi une

Duyck et Jenlain, l'invention d'un style

Robert Duyck (photo du haut) décide d'offrir une bière mise au point par son père Félix, la spéciale, conditionnée en bouteille. À cause de sa longue période de fermentation, elle est également nommée la vieille bière. Ses clients peuvent maintenant consommer à la maison la bière qu'ils s'offrent dans les estaminets. Elle ne porte aucune étiquette et est livrée comme le lait. Lorsque la surface des supermarchés s'agrandit vers la fin des années 1960, la demande pour les produits exotiques s'accroît également. On l'importe alors dans la région de Paris. Pour les besoins de l'étiquette, on la baptise selon les vieilles conventions, du nom de la ville où elle est produite. On modifie son appellation par un synonyme plus accrocheur : bière de garde. Son succès incite plusieurs petites brasseries de la région à nommer leur produit bière de garde. Sous l'administration de Raymond Duyck (photo du bas), la brasserie a connu une très forte croissance et la Jenlain peut à juste titre être considérée comme une bière-phare du style bière de garde rousse.

vin offre une qualité relativement stable. Sa teneur en alcool n'est pas déterminée par une législation, mais par les conditions météorologiques. On récolte, on écrase et on laisse fermenter. Énergivore, la fabrication de la bière requiert une longue procédure de gestion de températures. La contribution de l'industrie brassicole aux efforts de guerre est plus taxante. Les brasseurs diminuent leur consommation d'énergie en élaborant une bière de faible densité, l'ancêtre de la bière-soda, quoi ! Le marché brassicole en est irrémédiablement affecté. Un préjugé négatif teinte de plus en plus la bière. Les brasseurs implantent dans les années 1960 la fermentation basse, ce qui permet aux styles traditionnels de survivre jusqu'aux premiers balbutiements du renouveau brassicole. Les brasseurs du Nord utilisent le froid, surtout pour la fermentation de garde et le

bière de qualité supérieure stockée dans les caves les plus fraîches de la brasserie. Cette bière de conserve, aussi nommée bière double, bière de provision ou bière de garde, est réservée aux grandes occasions. Elle est issue des anciennes traditions des bières de mars destinées à être consommées pendant la saison estivale.

Comme pour toutes les régions brassicoles, la rationalisation qui suit le chambardement industriel condamne à la mort plusieurs brasseries. Les deux guerres qui frappent subséquemment le pays exercent également un impact négatif. À la recherche de métaux, l'armée allemande pille les brasseries comme elle l'avait fait en Belgique. Plusieurs brasseurs ne s'en relèvent pas. De son côté, le

conditionnement, afin de faciliter la dissolution du gaz carbonique dans la bière. Certains d'entre eux se convertissent à la fermentation basse, sans pour autant modifier les autres procédures de brassage ni surtout la provenance des matières premières. Solidaires, les brasseurs s'approvisionnent localement : ils utilisent des orges qui ont poussé dans les champs voisins et qui ont été maltées dans les malteries locales. Ils font de même pour les houblons. Cet ensemble de caractéristiques assure une signature du terroir dans le produit. La saccharification se fait en France par infusion à paliers, comme c'est le cas de plusieurs brasseries belges. La flamme crue de la cuisson contribue au développement d'une couleur rousse et de saveurs de caramel. Certains brasseurs utilisent

La fontaine de bière de la brasserie Schutzenberger qu'on ouvre durant les grandes festivités.

des levures de fermentation basse, mais les font s'activer à température haute ou intermédiaire.

Le maintien de ces traditions permet aux brasseries du Nord-Pas-de-Calais de développer des bières originales, uniques à leur région, et dont l'intérêt gustatif est aussi important que celui des bières belges, britanniques ou allemandes lors de la révolution microbrassicole. **Robert Duyck** a déjà tracé un premier sentier avec sa Jenlain, piste qui devient éventuellement un boulevard lorsque ses collègues empruntent le chemin du renouveau. Duyck offre la première bière spéciale en bouteille. Il choisit celle connue sous le nom de la vieille bière, à cause de sa longue période de fermentation mise au point par son père Félix dans les années 1920. Elle est inspirée des bières britanniques alors en vogue, mais est tout à fait originale par son utilisation des matières premières locales et par sa méthode traditionnelle d'élaboration. Duyck l'embouteille dans des bouteilles champenoises recyclées. Lorsqu'il lui ajoute une étiquette en 1969, il la baptise en l'honneur de sa ville et lui appose une dénomination de style inspirée de sa longue fermentation : bière de garde. Lorsque les premières épiceries à grande surface font leur apparition, une demande pour des produits inusités se manifeste. Duyck possédant déjà une bière répondant parfaitement aux besoins de ces nouveaux géants de l'industrie alimentaire, la Jenlain se fait ainsi connaître partout en France. Il s'ensuit une ascension impressionnante

Salle de brassage, brasserie La Choulette

pour la maison qui devient une inspiration et un modèle pour les autres brasseries régionales. Un style vient de naître, style devenu aujourd'hui une famille. Nous avons ainsi la bière de garde rousse (l'originale), la blonde et la Fraîche de l'Aunelle, quoique cette dernière pourrait aussi être classée comme bière de garde blonde légère. D'autres styles sont aussi développés par des brasseries voisines, notamment la brune lancée par **Castelain**.

Plusieurs petites brasseries régionales s'inspirent de l'exemple offert par Duyck afin de développer une gamme de bières de garde ou même pour se convertir exclusivement au style. Les meilleurs exemples nous sont offerts par **Castelain** (et ses Ch'ti), **Choulette, St-Sylvestre** (3 Monts), **Roubaix** (Septante-cinq), **Jeanne d'Arc** (Grain d'Orge), **Brasseurs de Gayant...** qui le rejoignent dans la mise au point de leurs bières de garde et proposent de nouvelles partitions. Une des bières de garde les plus connues pour sa qualité est la maintenant classique 3 Monts, bien qu'elle n'ait vu le jour qu'en 1985 ! À l'instar de la majorité des blondes du diable, elle est fabriquée

Bernard Lancelot, un pionnier de la renaissance du style cervoise en France.

exclusivement de Pilseners au malt. Le maître-brasseur Pierre Ricour jongle avec ses levures, utilisant une souche unique pour chacune de ses bières. Notons au passage sa bière des Templiers, une rousse s'inscrivant dans le style des monastiques brunes, également élaborée exclusivement avec du malt blond, la caramélisation ajoutant une belle couleur au précieux nectar dans la chaudière.

La brasserie Castelain offre pour sa part une étonnante triple qui constitue une excellente bière de garde blonde dans l'interprétation 3 Monts. Une bière blonde, ambrée et aux belles notes complexes de malt. Castelain offre également la première bière de garde brune, la Ch'ti brune, dont les saveurs se situent au confluent des brown ales, des porters de la Baltique et de la bière de garde rousse. La petite brasserie **Annoeullin**, fondée en 1905, présente sa bière de garde Pastor Ale, également fabriquée exclusivement de malt pâle. Elle produit également une interprétation originale de la bière de blé, l'Angelus, comportant 30 % de blé non malté. La

brasserie **Semeuse** élabore de son côté la bière de garde Réserve du Brasseur et la florale L'Épi de Facon qui flirte les blanches. La rustique brasserie **La Choulette**, à Hordain, fondée en 1885 et acquise en 1977 par Alain Dhaussy, opte elle aussi pour les bières de garde. La bière des Sans Culotte a connu bien des variations dans son existence. D'abord moulée au style blonde du diable, elle s'est développée pour rejoindre les bières de garde. La maison produit également les bières Aderbate et la Choulette ambrée, cette dernière se voulant une bière de garde typique. Deux autres grandes brasseries du Nord, appartenant maintenant à la même famille, élaborent une gamme d'interprétations : la brasserie **Grain d'orge** (avec l'excellente bière du même nom) et les **Brasseurs de Gayant** (produisant la Bière du Démon et la Abbaye de St Landelin). Certaines nouvelles petites brasseries, telles Thiriez à Esquelbecq et **Saint-Amand** (anciennement la Brasserie des amis réunis), produisent également leurs propres interprétations de la bière de garde, alors que le style d'abbaye jouit lui aussi d'une popularité croissante.

À l'ombre des brasseries populaires de la région et sortie d'un autre temps, se cache une brasserie imperméable à tous les bouleversements industriels et commerciaux. La brasserie **Theillier**, située dans la ville de Bavay, est attachée à une ferme datant de 1670. Elle met au point des bières uniques, jaillies de l'entre-deux guerres, utilisant dans une ambiance fermière les techniques scientifiques éprouvées. La maison se fait une fierté de brasser ses bières avec un seul malt, peu importe la coloration du produit fini. Elle utilise également un seul houblon dans ses recettes, quoique sa variété puisse être différente d'une marque à

l'autre. Ses bières ne sont pas pasteurisées et ne se gardent pas longtemps. Il faut donc se les procurer les plus jeunes possible et les consommer immédiatement. Son grand cru, La Bavaisienne, propose une robe ambrée, 7 % alc./vol. et un nectar de caramélisation dans la chaudière, rond et velouté aux notes de caramel légèrement brûlé mais agréablement enveloppé par son alcool. La Bavaisienne sort tout droit du livre de recettes du grand-père. C'est là sans doute l'une des bières les plus complexes offertes dans la région. Cette brasserie offre également une bière bock blonde titrant 3,3 % alc./vol. Sa bière de luxe, la Pax Romana, est une interprétation douce du style pils, titrant 4,6 % alc./vol.

Révolution microbrassicole

Depuis l'explosion de l'intérêt à l'égard des bières spéciales, la brasserie du **Pélican** produit une bière brune nommée Pelforth (à présent sous l'empire Heineken) qui se coiffe maintenant du titre de bière de dégustation. Bière fétiche des amateurs dans les années 1980,

Salle de brassage, brasserie Météor

elle présente maintenant une particularité d'intérêt mitigé. Cent cinquante nouvelles brasseries ont ouvert les robinets de leurs cuves partout au pays entre 1995 et 2000, capturant les papilles des amateurs avec des saveurs beaucoup plus généreuses. À l'instar des pays dont les traditions brassicoles se sont asservies au modèle de la bière blonde légère, les amateurs de bières français sont ouverts aux bières étrangères, notamment à celles en provenance de la Belgique et du Royaume-Uni. On découvre ainsi à plusieurs endroits en France une grande variété de bières internationales. Plusieurs nouvelles brasseries de la révolution microbrassicole utilisent des équipements d'origine britannique, mais élaborent souvent des bières d'inspiration belge, ce qui donne des interprétations absolument originales. Deux caractéristiques sont régulièrement développées par les brasseurs français : l'utilisation d'aromates ou de fruits locaux et l'intégration de produits associés au vin ou aux spiritueux (pensons à la bière au cognac, avec la XO Beer, au Calvados avec la Trinquette Blanche ainsi qu'au Marc de Gewürtz, intégrant des raisins de Gewürtztraminer).

Fidèles aux traditions autonomistes, les brasseurs bretons se sont regroupés au sein d'une association. En ce royaume du cidre, ils produisent des bières souvent très typées, inclassables. Soulignons la brasserie **Lancelot,** qui lance sa production avec une cervoise authentique à laquelle elle donne son patronyme. Elle se distingue également avec une bière constituée d'une céréale qu'elle cultive, le sarrasin (aussi connu sous le nom de blé noir). La célèbre céréale sert d'abord à nourrir ses abeilles pour la production de son miel, lequel est lui aussi destiné à sa cervoise ! La Telenn Du

ainsi produite offre une robe noire et un corps velouté. Les noms bretons souvent donnés à la bière font en outre résonner des symphonies agréables à entendre. Ainsi la brasserie **Sainte-Colombe** offre la Gwenva, du nom du paradis des Celtes, ainsi que la Diaouligs (le diable). Le cygne devient **An Alarc'h** pour la brasserie du même nom. La **Mor Braz** (grande mer) affirmait s'approvisionner directement de l'eau de

Imperméable aux contingences des temps modernes, la brasserie Theillier transmet son savoir de père en fils à Bavay, dans le nord de la France.

mer, au large de l'île de Groix. Un courant froid apporterait une eau particulièrement pure. Il en ressort une bière blonde titrant 6 % alc./vol. Riche en sodium, l'eau de mer constitue habituellement un obstacle à la fermentation. Le brasseur breton a mis au point un procédé qui permet de contourner cette difficulté. Elle utilise de l'eau normale, à laquelle elle ajoute des sels. Soulignons au passage l'excellence des bières de la brasserie artisanale du **Trégor,** qui se distinguent par une grande richesse de parfums.

Ailleurs en France, la brasserie alsacienne d'**Uberach** jongle avec les épices en créant plusieurs concertos.

Elle propose entre autres la Juliette qui se veut une bière aphrodisiaque intégrant des arômes de rose, de pêche, de gingembre et une herbe de la Guadeloupe, le bois bandé. La brasserie **des Cimes** honore les montagnes de la région avec l'Aiguille Blanche, le Bâton de Feu et la Yeti, une blonde du diable digne de l'inspiration Duvel, titrant 8 % alc./vol. Dans un département voisin, la brasserie **des Champs** offre des bières de Bourgogne refermentées au miel. Au sud, la bière des **Volcans d'Auvergne** se compose de genièvre, de coriandre et de cardamome. À Lyon, capitale gastronomique dont la porter était très prisée avant la révolution de la fermentation basse, les brasseries **Ninkasi** et **Chantecler** puisent également leur inspiration en Angleterre tout en intégrant dans certaines de leurs recettes la châtaigne, les figues ou le gingembre. **Bourganel** est fière de son côté de ses bières aux myrtilles et aux marrons de l'Ardèche. Dans la Méditerranée, la brasserie **Pietra**, première brasserie de l'histoire de la Corse, propose une blanche aromatisée aux herbes du maquis, la Colomba. Ces herbes de la célèbre île comprennent le thym, le romarin, la sarriette et l'origan. La brasserie **OC'Ale** (Tarn et Garonne), fondée en 1998, se positionne aux extrêmes du spectre avec une blanche et une noire. La blanche est une belle interprétation des classiques bières de blé belges, alors que la noire peut être considérée comme une porter de la Baltique, bien qu'elle soit très éloignée géographiquement de la région. À la brasserie qui porte le nom de la ville d'**Hotteterre,** en Normandie, un agriculteur d'orge de

brasserie cultive également des plantes aromatiques secrètes qu'il intègre à ses décoctions. À **Saint-Omer,** la brasserie du même nom offre entre autres une bière à la rhubarbe (bière des Hayettes) et une bière à la chicorée (bière des Cossettes). On trouve également en France une célèbre chaîne de cafés-brasseries sous la bannière **Les 3 Brasseurs.** Plusieurs villes (Roncq, Noyelles-Godault, Paris, Lille, Strasbourg et même Montréal) offrent des résultats très variés dans les interprétations qu'en font les brasseurs aux différents endroits.

Aromatisées à l'alcool

On rencontre en France un nombre de plus en plus élevé de bières assemblées avec différents alcools au moment du conditionnement. Cette pratique dénature la bière. Il s'agit néanmoins d'une façon pour les brasseries d'accroître leur marché.

Bières de garde rousses

Présentation visuelle : couleur variant de roux à brun pâle et d'un pétillement généreux soutenant une belle mousse qui s'agrippe bien à la paroi du verre.

Alc./vol. : varie de 6,5 à 8 %.

Saveurs caractéristiques : nez qui évoque le caramel, la réglisse et l'alcool. Elle offre une rondeur moyenne en bouche qui exprime d'abord les saveurs douces de son malt et ensuite son amertume aux notes de réglisse et, souvent, de houblon.

Température de service : tempérée ou froide.

Verre de service : coupe.

Conditionnement idéal : une bouteille particulière caractérise la majorité des bières de garde, de verre brun et muselée, ce qui ennoblit son service. Duyck utilise toujours la classique bouteille verte de type champagne de 750 ml qui peut convenir à la Jenlain. Elle est toutefois mieux protégée dans la canette et la bouteille brune.

Péremption : malgré son nom, elle ne s'affine pas. Elle maintient toutefois bien ses saveurs dans de bonnes conditions d'entreposage.

À la table : servi tempéré ou même à la température de la pièce, ce style remplace bien les vins rouges au repas. Convient parfaitement aux viandes rouges grillées, rôties ou en sauce, son malt et sa réglisse agissant comme liant des saveurs. Cette flexi-

bilité se retrouve également avec les saucisses. Courtisant les fromages, ses plus grandes réussites tissent une romance avec les croûtes lavées et les fromages doux affinés dans la masse.

* * *

Les bières de garde représentent maintenant une importante famille dans le monde de la bière. Elles se déclinent en trois styles principaux : blondes, rousses et brunes. Certaines brasseries brassent également des dénominations monastiques inspirées des célèbres bières d'abbaye belges, mais portant une signature originale aux notes de caramel.

Saveurs en bouche

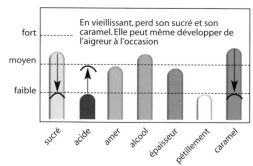

Analyse

JENLAIN
Bouteille: 330 ml
Alc./vol. : 6,5 %
Péremption : dans 2 ans
Température : fraîche

Visuel

Belle robe auburn, moussante à souhait, invitante.

Nez

Nez somptueux de caramel aux demi-notes de chêne, d'anis, de menthe et de vanille.

Bouche (Jenlain, bouteille)

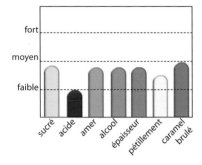

fort

moyen

faible

sucré · acide · amer · alcool · épaisseur · pétillement · caramel brûlé

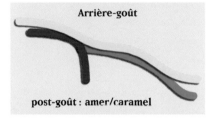

Arrière-goût

post-goût : amer/caramel

Description

D'une texture soyeuse en bouche malgré une minceur discrète, elle dévoile dans sa finale une amertume de caramel brûlé.

Analyse d'experts

Lorsque nous comparons les analyses, nous pourrions croire que nous ne dégustons pas le même produit ! Le seul dénominateur commun est la finale sèche, qui n'est pourtant pas une caractéristique du produit que nous avons échantillonné lors de la rédaction de cet ouvrage ! Est-ce que ces différences s'expliquent par la nature artisanale du brassage, de l'âge du produit ou encore de nos seuils de perception différents ? Toutes ces options expliquent en fait pourquoi les textes diffèrent. Il n'en demeure pas moins que la Jenlain constitue toujours une bière-phare dans le monde de la bière, un phare flottant dont la position dérive au fil des vents et du courant de nos papilles.

MICHAEL JACKSON

« Elle forme une mousse abondante au service et offre une couleur rousse profonde. Elle débute sur une note

---

Autres styles français

Bière de mars

Inspirée par le Beaujolais nouveau, cette campagne met la bière en valeur pendant une période traditionnellement creuse de l'année. Les seuls paramètres sont qu'elle doit être rousse et moyennement alcoolisée. L'utilisation d'herbes semble populaire chez les petites brasseries.

Bière de Noël

La bière de Noël respecte habituellement la tradition flamande, c'est-à-dire une version plus alcoolisée d'une marque maison.

Bière au malt fumé

Le goût de fumé est inhérent à l'opération d'assèchement du malt. La brasserie Adelshoffen a l'idée d'intégrer le malt fumé à sa recette, lui permettant du même souffle d'intégrer une authenticité écossaise à son produit. L'Adelscott est née. Le grand succès qu'elle remporte stimule d'autres brasseries à s'en inspirer, comme la Mortimer et la Raftman, au Québec. Les versions pales offrent des saveurs plus sucrées aux notes timides de caramel.

La cervoise

Le style blanche d'inspiration belge constitue une base sur laquelle on ajoute des fruits, des épices ou du miel. Il s'agit d'interprétations des cervoises anciennes. Impossible d'emprisonner la famille dans une description précise, les variations de saveurs étant trop importantes. La principale différence entre la cervoise moderne et l'ancienne est l'absence de fermentation spontanée.

La bière de Paris

L'ancienne brasserie Record, reprise par Heineken, continue d'offrir sa bière soutirée en fût. Cette rousse titre 6,8 % alc./vol. Elle est simplement annoncée comme spéciale pression. Cette perle rare, destinée aux clients habitués, se laisse maintenant découvrir par un nombre grandissant d'amateurs.

sirupeuse et développe des saveurs orangées, épicées, sèches en finale. »

JAMES D. ROBERTSON

« Rousse ambrée, arômes et saveurs de malt somptueux, corps moyen, onctueuse, passablement sèche en finale et arrière-goût. »

JOSH LEVENTHAL

« Une bière de garde classique, de fermentation haute et de couleur roux ambré à l'arôme complexe mêlant des notes maltées, épicées et fruitées. » ■

Salle de brassage, brasserie Monceau

Bières de garde blondes

Présentation visuelle : robe variant de blonde à cuivrée, pétillement généreux soutenant une belle mousse qui s'agrippe bien à la paroi du verre.

Alc./vol. : varie de 7,5 à 9 %.

Saveurs caractéristiques : flaveurs

qui exultent de la douceur de malt enrobant l'onctuosité de l'alcool. Très velouté en bouche, cette bière offre rarement une grande complexité. Il s'agit probablement du style le plus efficace dans la simplicité de sa dominante d'alcool et de malt. Quelques rares marques offrent une amertume de houblon.

Température de service : tempérée ou froide, alors que l'amertume de son alcool est mise en relief.

Verre de service : chope.

Conditionnement idéal : en fût ou en bouteille brune.

Péremption : malgré son nom, elle ne s'affine pas. Elle maintient toutefois la bonté de ses saveurs pendant longtemps dans des conditions idéales d'entreposage.

À la table : la simplicité de ce style de malt et d'alcool en fait une bière passe-partout efficace. Elle remplace bien le vin blanc dans ses accords avec les viandes blanches et les fruits de mer et fait sensation avec les moules. Elle sait aussi tirer parti de tous les genres de saucisses. Avec les fromages,

les explosions les plus jouissives se déroulent avec les bûchettes de chèvre ou les chèvres à croûte fleurie. Elle peut également nous donner de grandes sensations avec les fromages affinés dans la masse ainsi qu'avec les croûtes lavées.

* * *

Les bières de garde de couleur pâle semblent avoir été développées après leurs sœurs rousses. La marque la plus connue internationalement est sans aucun doute la 3 Monts de la brasserie St-Sylvestre, mise au point en 1985. Plusieurs autres brasseries artisanales de la région lancent également une bière de garde blonde. Ce n'est qu'en 1994 que la maison responsable de l'introduction de la famille bière de garde, la brasserie Duyck, propose sa propre interprétation avec la Sebourg, de-venue par la suite la Jenlain blonde.

Analyse

3 MONTS

Bouteille : muselée, 750 ml

Alc./vol. : 8 %

Péremption : dans 2 ans

Température : fraîche

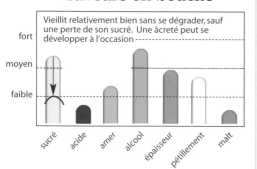

Visuel

Bière dorée, lumineuse et coiffée d'une mousse moyenne, évanescente.

Saveurs en bouche

Vieillit relativement bien sans se dégrader, sauf une perte de son sucré. Une âcreté peut se développer à l'occasion

fort
moyen
faible

sucré acide amer alcool épaisseur pétillement malt

Bouche (3 Monts, bouteille)

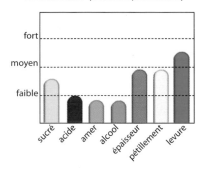

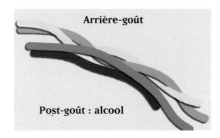

Arrière-goût

Post-goût : alcool

Nez

D'un nez boisé, on sent encore le liège de son bouchon, alors que des notes vanillées font transiter cette flaveur vers son alcool.

Description

Alcool réconfortant qui donne une belle amplitude et une texture soyeuse. L'amertume s'exprime délicatement, en retenue, afin de laisser le boisé et le vanillé se manifester en arrière-goût.

Analyse d'experts

En tant que bière aux saveurs évolutives, nous ne nous étonnerons pas de la grande différence entre les perceptions sensorielles des auteurs l'ayant commentée. Le seul point en commun entre tous les textes descriptifs demeure la présence d'alcool, dans la mesure où le terme vineux, utilisé par les anglophones, fait référence à l'alcool. Cette nuance soulève l'existence de nombreux mots pour désigner des concepts semblables et le besoin d'une terminologie de la dégustation des bières.

STEPHEN BEAUMONT

« Certainement l'une des bières les plus complexes que le nord de la France offre, 3 Monts offre une fragrance fruitée au nez et des notes de dates séchées et de figues en bouche, accompagnées de houblon boisé doux et d'une finale chaleureuse, vineuse. »

MICHAEL JACKSON

« Une bière très vivante, vineuse, fruitée (pommes-dessert ?), aux notes de levure et une finale sèche, vigoureuse et longue. »

JOSH LEVENTHAL

« Elle est jaune doré, légèrement trouble du fait de l'unique filtration qu'elle a subie, sèche et houblonnée. » ∎

SUISSE

L a Suisse comporte deux principaux groupes linguistiques divisés géographiquement par la Sarine et la frontière imaginaire de la barrière de Röstis : les germanophones se concentrent à l'est, tandis que les francophones voisinent la France. Jusqu'à la révolution microbrassicole, l'héritage brassicole est exclusivement empreint de l'influence allemande. Le XXᵉ siècle est ainsi emprisonné dans le développement d'un cartel de la bière qui impose le style international de la bière blonde douce. Après la dissolution du cartel en 1990, **Feldschlösschen** (appartenant à **Carlsberg** depuis 2000) y règne en maître, détenant environ 45 % du marché. **Heineken** (incluant le groupe local qu'elle possède,

BIÈRE BLONDE NON FILTRÉE À FERMENTATION HAUTE

LA MEULE

BRASSERIE DES FRANCHES-MONTAGNES

Calanda-Haldengut) se contente pour sa part d'environ 17 % du marché, alors qu'une trentaine de brasseries régionales se partagent le reste.

Du côté alémanique, les nouvelles brasseries reproduisent tout simplement sur une petite échelle les bières traditionnelles des pays voisins de langue allemande. Les francophones, de leur côté, observent dans toutes les directions. Cette ouverture sur le monde permet à des distributeurs comme Amstein d'importer de partout les différents styles, proposant aux amateurs la découverte de la richesse internationale. L'inspira-tion jaillit sur les nouvelles brasseries et stimule les différentes interprétations des styles classiques. Ainsi, les nouveaux micro-brasseurs romands témoignent d'une imagination débridée. Dans ce désert de douceur, une bière scintille néan-moins au firmament des bières spé-ciales. Jusqu'à la révolution de la bière de dégustation, elle est la bière la plus forte au monde, brassée une fois par année, à la saint Nicolas : la Samichlaus de la brasserie **Hürlimann**. Sa haute notoriété parmi les amateurs de grandes bières ne suf-fit pas à justifier son brassage une fois l'an et la maison cède sa production à la Privatbrauerei autrichienne **Schloss Eggenberg** qui fabrique maintenant cette bière fétiche.

Il subsiste en Suisse alémanique une trentaine de brasseries familiales indépendantes qui desservent en général leur clientèle dans un rayon de 10 à 30 kilomètres. Leurs lagers sont en général peu spectaculaires, mais bien construites, c'est-à-dire dans la rigueur classique des ger-manophones. Un style fort populaire en Autriche y fait également une montée, la Zwickelbier, une lager blonde non filtrée et non pasteurisée, semblable aux Kellerbier de la Bavière. Nous pouvons néanmoins noter une influence saugrenue parmi les brasseurs alémaniques. Par exem-ple, **Wädi-Bräu**, près de Zurich, pro-pose sa bière au chanvre, la Hanf, ainsi qu'une bière complexe compor-tant sept céréales, la Seventinus. **La brasserie Locher d'Appenzell** élabore la Castégna, une bière aux châtaignes, et la Holzfass vieillie en fût. Son produit le plus connu en Amérique est la Swiss Mountain Lager, mais elle fa-brique également la Hanfblüte, une bière au chanvre. Notons aussi la Fleur d'abeille de la brasserie **Egger**, une bière au miel bien veloutée. La microbrasserie **Bäre-Bräu** de Berne offre pour sa part sa classique Bernensis, une pale ale très fruitée faisant généreusement usage de houblons nord-américains, comme pour sa Hopfenbombe, une lager rousse faisant grimper l'amer-tume de houblon cascade à 53 IBU.

En Suisse romande, plusieurs microbrasseries sont issues de la génération des brasseurs maison. Leurs propriétaires ont appris leur métier dans des casseroles de cuisine. Une des plus créatives et plus aventurières d'entre elles est sans aucun doute la **Brasserie des Franches-Montagnes** (BFM), installée depuis 1997 dans la petite ville de Saignelégier, dans le Jura. Elle fabrique de grands crus : la Salamandre (5,5 % alc./vol.), une blanche aux flaveurs d'épices, de miel et de levures ; la Mandragore (8 % alc./vol.), une bière d'épeautre noire, ronde en bouche, d'une belle amer-tume relevée d'arômes fumés et fruités, la Meule (6 % alc./vol.) blonde, aux plantes aromatiques et la Torpille (7,5 % alc./vol.), une brune aux notes de malt, d'épices, de houblon et de caramel. La brasserie **Artisanale de Fribourg** se démarque avec sa célèbre Old Cat, une stout douce et fruitée, et sa Barbeblanche aux notes délicatement épicées. Les **Faiseurs de Bière,** près de Lausanne, proposent entre autres la Sido's Porter, une bière à l'avoine et à la robe noire, d'une texture veloutée. La brasserie **Sierrvoise,** de Sierre, offre une imperial stout bien cons-truite. Celle-ci a incidemment décroché le premier prix à l'Eurobière de Strasbourg en 1999. La brasserie **Boxer** propose l'Hacienda, une lager au chanvre, alors que la brasserie arti-sanale Brasserie de la côte, dans le vil-lage d'Eysins, expérimente des mariages inédits avec des cépages de raisins locaux.

Bières au chanvre

La bière au chanvre, une originalité suisse, est habituellement construite sur une recette de lager blonde. Une tolérance existe dans ce pays où la culture et la vente de chanvre sont autorisées si l'usage de cette sub-stance n'est pas destiné à des fins « stupéfiantes ». Légalement, cela signifie un taux maximal de THC. En Suisse alémanique, traditionnelle-ment plus tolérante en la matière, les premières boutiques de chanvre ouvrent en même temps que la révo-lution microbrassicole. Ils vendent des produits à base de chanvre (tisanes, cosmétiques, textiles...) et du matériel pour la culture hydroponique. D'abord une mode, l'effet de nouveauté de la bière au chanvre s'est un peu estompé avec les années, surtout qu'il s'agit plus souvent qu'autrement d'un appauvrissement du goût plutôt que d'un enrichissement. Dans cette bière, on remplace le houblon par le chanvre qui procure des saveurs plus lourdes, doucereuses et déséquilibrées (car dénuées de l'amertume, si faible soit-elle, du houblon). Wädi-Bräu a été parmi les premiers brasseurs à pro-duire une bière au chanvre avec sa Hanf, proposant ensuite une Lady-Hanf sur base de Weizen. Après l'Hacienda de Boxer et la Hanfblüten de Locher, l'une des dernières venues est la Spéciale ambrée de Seeland-Bräu, de la ville de Nidau où, en rem-placement des houblons aromatiques, le dosage se fait plus en finesse et donne un résultat intéres-sant. Comme partout ailleurs dans le monde, la popularité de ce genre de concoction est forte, surtout chez les brasseurs maison.

AUTRICHE

Le style Viennois
ou lager rousse

L'Autrichien Anton Dreher a joué un rôle déterminant dans le développement de la fermentation basse. La brasserie où il a exécuté ses recherches sur ce type de fermentation existe toujours à **Schwechat**. Elle offre entre autres la Schwechater Hopfenperle, à mi-chemin entre le style helle et pilsener, aux saveurs franches de malt et bien houblonnée. Elle est fidèle aux traditions autrichiennes, plutôt orientées vers les bières douces, mais elle souffre de la réputation d'être une bière d'ouvriers. Nous sommes en mesure d'identifier trois originalités autrichiennes : les bières ultra-maltées, les non-filtrées (*Zwicklbier*), et les bières saisonnières aux herbes (*Herbstbier*).

Les bières ultra-maltées constituent un style absolument unique à l'Autriche. Ce type de bière est blond, d'un pétillement moyen, au nez soutenu de malt d'un corps velouté très onctueux et la présence de houblon n'équilibre que rarement la douceur de son malt. Les bières ultra-maltées sont habituellement noyées dans la céréale et très longues en bouche. Voilà des bières de déjeuner parfaites. Si nous devions couronner les bières les plus maltées au monde, il nous faudrait considérer les marques suivantes : l'excellente Otta-kringer de Vienne, qui fait l'éloge du malt sucré, la Goldfassl, alors que son houblon très présent est complètement dissimulé derrière son malt. Pour sa part, **Eggenberger** pousse le caractère malté à la frontière du sirop avec sa Hopfenkönig dont nous pouvons néanmoins identifier le houblon qui équilibre quelque peu ses saveurs.

On trouve en Autriche un proto-cole de service qui constitue, à la rigueur, un style. Il s'agit du service des bières traditionnelles non filtrées, les Zwicklbier. Elles se présentent dans plusieurs styles, mais les plus connues sont des blondes de fermentation basse, l'équivalent des Kellerbier d'Allemagne. Le mot Zwicklbier est le nom de la pièce de monnaie qui servait à ouvrir le petit robinet du keg afin de goûter à la bière pendant son affinage. Les Zwicklbier doivent être consommées jeunes. Soulignons parmi elles la Baumgartner Zwicklbier, aux arômes d'herbes et d'épices, bien enjolivées par leur levure, et la Zwicklbier de **Schwechater,** une lager blonde classique, bien maltée et délicatement houblonnée. On découvre également une spécialité automnale, la bière aux herbes (Herbstbier). Il s'agit souvent d'une version d'une bière maison. On trouve ainsi des herbstbier dans plusieurs styles (hell, dunkel, weizen) Notons enfin la version généreusement houblonnée et brassée par l'une des plus estimées parmi les amateurs, Stiegl Herbst-Gold.

Dans cette région géographique frontalière de la Bavière et de la République tchèque, il est étonnant de constater que la majorité des brasseries houblonnent moins leurs décoctions. La majorité d'entre elles offrent une bière rouquine de style viennois, étiquetée märzenbier, leur inspiration originale du pays voisin. Nous ne pouvons toutefois pas nous fier à cette mention pour nous orienter dans notre choix. La grande marque nationale, **Gösser,** par exemple, offre une märzen blonde. D'autres grands styles de bière sont présents au menu comme les helles, pils et

Elle porte le nom d'une ville célèbre mais on la rencontre rarement. Ce style est développé par Anton Dreher et Gabriel Sedlmayr, entre 1840 et 1860, en se basant sur la pratique du brassage d'hiver. Il s'agit de toute évidence de la première véritable lager ou bière de fermentation froide, l'ancêtre des lagers blondes actuelles. Ce style connaît un déclin important au profit de la pilsener et de la lager blonde, introduites peu de temps après. Ce sont les mouvements d'immigrants viennois et bavarois vers le sud des État-Unis (le Texas surtout) et le Mexique qui contribuent au maintien du style en Amérique du Nord. Les Mexicains attribuent son introduction à Santiago Graf, un immigrant viennois des années 1880, qui s'y réfugie après l'effondrement de l'empire austro-hongrois. D'autres immigrants l'imitent. Le style connaît un regain de popularité plus ou moins soutenu pendant la révolution microbrassicole. Ses saveurs moins relevées que ses consœurs de fermentation haute, telle la pale, ale la rendent moins populaire auprès des amateurs de sensations fortes. Pour le style, on peut l'inscrire dans la catégorie générique des lagers rousses. Elle voisine alors les märzen et les irish red.

weizen. On y trouve de rares bocks comme l'excellente **Eggenberger Urbock**, la bière la plus forte du pays. Les choix les plus goûteux se rencontrent dans les régions frontalières allemandes et tchèques. Par ailleurs, on voit deux abbayes brassantes en Autriche : la **Augustinerbräu Kloster Mülln** et la **Stiftsbrauerei Schlägl**.

Le visionnaire Gerard Adriaan Heineken

Constatant le potentiel qu'offre la nouvelle bière blonde de fermentation basse et les possibilités de commerce international du port d'Amsterdam, Gerard Adriaan Heineken achète, à 22 ans, la petite brasserie Hooiberg en 1864. Un des ses coups d'éclat survient au lende

main de la levée de la prohibition aux États-Unis. Un bateau chargé de sa bière mouille en effet dans les eaux internationales près de la côte américaine, prêt à humecter le gosier des festivaliers le jour même où la loi est amendée. Disposant d'unités de production à plusieurs endroits dans le monde, la maison est en mesure de produire même en temps de guerre et peut traverser les périodes plus difficiles. La compagnie opère maintenant plus de cent dix brasseries dans plus de cinquante pays et accorde également des licences de brassage à certains brasseurs. Les marques vendues en Amérique du Nord sont néanmoins toutes brassées en Hollande où les principes de brassage élaborés par le fondateur n'ont pas changé : une véritable lager ne peut être élaborée en moins de soixante jours. Pour plusieurs de ses compétiteurs, une longue maturation signifie vingt et un jours, alors que la moyenne n'est que de quatorze jours. Après avoir suivi pendant un temps l'évolution normale des bières industrielles en utilisant des adjuvants dans ses recettes, Heineken n'utilise plus maintenant que du malt d'orge.

Malgré l'image étroitement associée à sa bière blonde, Heineken propose également une brune (la Special Dark) et d'autres bières saisonnières. Elle participe également aux célébrations du bok avec sa propre interprétation, la Tarwebok (*tarwe* signifie blé) qui se démarque avec ses 7 % alc./vol., sa texture soyeuse et ses notes de cerises et de pruneaux, le tout enveloppé dans une belle complexité. Heineken brasse aussi les marques Amstel et Murphy's. En dépit de toutes les bonnes intentions de la maison, elle continue d'utiliser une bouteille qui favorise la dégradation de son produit ! Lorsqu'elle a choisi la bouteille verte, elle ne connaissait pas les effets destructeurs des rayons lumineux. Après, il était trop tard ! En effet, plusieurs clients ont spontanément associé cette couleur à la qualité supérieure ou encore aimaient cette saveur particulière de dégradation de houblon.

PAYS-BAS

Le géant Heineken fait de l'ombre aux petites brasseries du pays. On y rencontre pourtant plusieurs microbrasseries qui offrent de superbes bières de dégustation, très veloutées et riches de flaveurs somptueuses. Plusieurs s'efforcent de brasser de superbes pilseners d'origine, comme si elles voulaient prouver que la Hollande peut élaborer une pils meilleure que celle du géant.

La Hollande se distingue avec une bière de festivité qui résiste à toute catégorisation : la bok. Le mot bok semblable à celui qui est utilisé pour identifier deux autres styles (bavarois et français), ne désigne pas ici un type mais plutôt une saison de fabrication, l'automne. Ces bières sortent de l'ordinaire dans le sens qu'elles diffèrent de ce que la maison élabore habituellement. Aucun paramètre de fabrication ou de saveurs ne peut être retenu pour en définir un archétype. Il s'agit d'une bière de festivité, tout simplement. Les flaveurs les plus souvent interprétées sont les notes de caramel enrobées d'un pourcentage d'alcool supérieur, variant de 7 à 9 % alc./vol., alors que l'utilisation des épices est fréquente. L'arrivée de la bockbier est soulignée depuis 1977 par un festival qui en porte le nom.

La ville de la bière, en Hollande, est sans aucun doute Maastricht, coincée entre l'Allemagne et la Belgique. On y découvre de belles interprétations de la dortmunder, notamment la très maltée Maltezer titrant 6,5 % alc./vol., et une superbe blanche de la tradition belge, Wieckse Witte, bien épicée de coriandre et d'orange, et relevée de houblons floraux. On y voit aussi des lagers blondes plus houblonnées et moins sucrées portant également la mention Dort, évoquant la ville presque voisine de Dortmund, en Allemagne.

Une des lagers blondes les plus connues est Grolsch, une bière-phare du style. En Hollande, Grolsch était encore livrée par le laitier au milieu du XXe siècle ! En outre, parmi les petites brasseries hollandaises qui se démarquent, souvent par le biais de fermentations basses, Gulpener produit des bières fort populaires, tandis qu'à l'exportation la marque Christoffel, fondée en 1986, offre de

belles interprétations du style pilsener. Une des rares bières de fermentation haute qu'on trouve aux Pays-Bas est brassée sous la supervision de l'abbaye trappiste de Koningshoven, mieux connue par sa marque La Trappe. La maison de prières a abandonné en 1999 le label d'authentification Authentic Trapist Product (n'existant qu'en langue anglaise) lorsqu'elle a donné le contrat de fabrication de ses bières à la brasserie Bavaria. Elle peut néanmoins continuer de dire qu'il s'agit de bières trappistes - sans le label ! Cette brasserie est la première à avoir utilisé le terme quadruple pour désigner une bière, clin d'œil aux traditions de brassage monastique du Moyen Âge.

SCANDINAVIE

Al'exception du Danemark, la tendance prohibitionniste qui a subsisté jusqu'à récemment a considérablement limité le marché de la bière en Scandinavie. Toutefois, la mer Baltique a vu des bateaux de la flotte britannique y transporter des bières noires en direction de la Russie impériale. L'influence anglaise y est donc bien présente par les styles porter et stout. Ces deux dernières terminologies sont d'ailleurs de plus en plus utilisées par les brasseries de la nouvelle génération. Les jeunes traditions brassicoles inspirées de la Bavière y côtoient les traditions pré-pasteuriennes. Ces dernières, originales, appliquent des méthodes centenaires de brassage, indépendantes de celles que l'on rencontre sur le continent ou au Royaume-Uni. Dans ces pays, la bière est étroitement

associée à l'alcoolisme et aux beuveries. Le style moderne typiquement scandinave est la bière blonde de style lager, mais plus forte en alcool qu'ailleurs, titrant souvent jusqu'à 10 % alc./vol. Des bières douces, faciles à boire, mais qui saoulent plus vite. On y trouve également une autre bière forte de fermentation basse et rousse, la bock. À l'exportation, son image souffre d'être offerte en canette. Perçue comme une qualité parmi les connaisseurs, la canette projette une image populiste chez le consommateur moyen.

Le géant Carlsberg

Fondée en 1847 et leader de la fermentation basse, Carlsberg est présente partout dans le monde, bien qu'elle éprouve des difficultés à se faire une niche en Amérique du Nord. Alors qu'il est à l'emploi de son père, J.C. Jacobsen assiste à l'arrivée des

On trouve, aux Pays-Bas, des styles traditionnels de très haute qualité, semblables à ceux des pays voisins, l'Allemagne et la Belgique. Il s'agit de styles autochtones plutôt que d'inspirations. L'ombre d'Heineken fait en sorte que les amateurs de bières de dégustation habitant à l'extérieur du pays ont moins accès à ces produits.

bières de fermentation basse de la Bavière et constate le potentiel qu'elles offrent. Dès lors, il est habité de visions internationales. Il est hanté par le désir de faire une bière à un haut degré de perfection. Sa brasserie ouvre ses portes en 1847 et installe des équipements industriels pour pomper l'eau (dès 1849) et pour la mécanisation de toutes les étapes du brassage (en 1866). Il est l'un des premiers à créer un laboratoire au sein d'une brasserie, y regroupant tous les instruments scientifiques disponibles pouvant l'aider. Il embauche Hansen pour diriger les recherches sur la bière. Ce centre de recherche de Carlsberg est ainsi opérationnel depuis 1875. L'île de Gotland (signifiant bonne terre), en Suède, abrite une importante communauté de brasseurs maison qui semble être rivé au Moyen Âge par l'importance de sa production. La gotlandsdricka, son style autochtone, est traditionnellement servie en deux versions : non fermentée (du véritable pain liquide) ou fermentée. Véritable protocole de brassage, on en découvre des plus ou moins sucrées, des plus ou moins amères, des aigres ou des épicées... Une douzaine de brasseries commerciales en produisent maintenant.

Le plus important brasseur suédois, Pripp, se distingue avec ses bières fortes dans les styles porter et barley wine, dont une superbe bière de grand cru s'affinant avec les années, la Carnegie Porter. La Finlande est le seul pays scandinave à offrir une variété intéressante de bières de fermentation haute. Les influences britannique et belge sont particulièrement présentes chez les nouvelles brasseries. Notons que la fameuse Koff Porter, ronde en bouche et aux notes chocolatées et légèrement brûlées de malt, vient de la grande brasserie Helsinki. On y sent une forte influence de bières indigènes comme le sahti. La révolution microbrassicole a vu naître sa commercialisation, d'abord par la brasserie Lammin. Depuis, une demi-douzaine de microbrasseries offrent leurs propres interprétations. Elles vendent souvent le moût non fermenté aux brasseurs maison. Comme pour la gotlandsdricka, il s'agit d'une méthode plutôt que d'un style. Le sahti constitue à cet égard une véritable famille comportant plusieurs types. La tendance commerciale est d'en produire une version plus alcoolisée (autour de

Saccharomyces carlsbergensis et spécificité scandinave

La brasserie Carlsberg a joué un rôle déterminant dans le perfectionnement de la fermentation basse. C'est son chef de laboratoire, Emil Hansen, qui isole la première souche de levure de fermentation basse de l'histoire. On a d'ailleurs longtemps nommé les levures de fermentation basse saccharomyces carlsbergensis, devenues saccharomyces uvarum (uvarum désignant sa forme ovoïdale).

L'originalité scandinave dans le monde de la bière est le style lager blonde forte. Elle présente tous les attributs visuels de la lager blonde de base. En bouche elle se caractérise par des saveurs sucrées qui évoquent le bonbon et son goût d'alcool se drape souvent de flaveurs métalliques. Les plus fortes d'entre elles, souvent élaborées pour les fêtes chrétiennes de Noël et de Pâques, s'inscrivent dans le style double bock. Elles sont toutes moins houblonnées que leurs inspi-

rations originelles et un peu plus veloutées, mais pas nécessairement aux franches saveurs de malt comme leurs cousines Heineken et Stella Artois. L'emploi du mot light (légère) désigne la couleur, comme en témoigne la Gambrinus Light qui titre 10 % alc./vol...

Les styles étiquetés à l'anglaise comme la Double Brown Stout, identifiée comme étant une porter et titrant en fait 8 % alc./vol., sont élaborés en fermentation basse, ce qui ne les empêche pas d'offrir une grande complexité de saveurs. Elles se situent dans la constellation de styles réunissant les doubles, quadruples et scotch ale belges. Les traditions danoises offrent également deux versions de la bière de Noël. Une bière de haute densité mais peu fermentée, donc très sucrée, et destinée aux enfants. Les adultes de leur côté s'offrent une rousse de fermentation basse, Jule Brug (brassin de Noël).

8 % alc./vol.). Nous pouvons parfois en trouver conditionné en cask, une nouveauté inspirée des anciennes traditions anglaises. Quatre brasseries se partagent le marché finlandais, Hartwall, Olvi, PUP et Sinebrychoff. Elles offrent toutes des bières de fermentation basse. La plus ancienne d'entre elles, Sinebrychoff, est maintenant associée à Carlsberg et offre entre autres les marques Koff et Karhu.

LUXEMBOURG

Les traditions brassicoles du grand duché du Luxembourg sont moulées sur les pratiques allemandes. La plupart de ses bières s'inscrivent dans un continuum du style des pilseners d'interprétation allemande bien qu'elles soient généralement moins houblonnées. On y rencontre également des bières rousses s'inspirant des bocks et des dunkels. Les géants brassicoles de ce marché se nomment Bofferding (avec sa marque Henri Funck) et Diekirch, alors que d'autres brasseries plus petites comme Simon et Battin, tirent bien leur épingle du jeu. Plutôt qu'un grand producteur de bières, le Luxembourg est surtout un paradis de la consommation de l'or blond avec une moyenne nationale de 115 litres par personne par année.

MÉDITERRANÉE

Baignés par le soleil et la mer, les pays méditerranéens offrent surtout des bières blondes légères de fermentation basse, soif oblige. Du côté du renouveau brassicole, l'influence belge est de plus en plus présente, surtout au chapitre des bières importées. La vente des bières de blé épicées à la coriandre et aux agrumes sont également en progression. On note en Toscane (Italie), région traditionnelle de la culture de l'épeautre, des versions qui évoquent les blanches d'inspiration allemande, mais utilisant de l'épeautre plutôt que du blé.

Les lagers blondes fortes

Saveurs en bouche

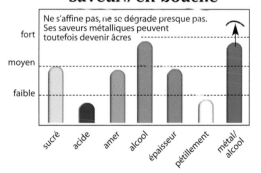

Ne s'affine pas, ne se dégrade presque pas. Ses saveurs métalliques peuvent toutefois devenir âcres

fort / moyen / faible

sucré · acide · amer · alcool · épaisseur · pétillement · métal/alcool

Présentation visuelle : variant de blonde à cuivrée, scintillante, pétillement moyen et dont la mousse est moyenne et fugace.

Alc./vol. : varie de 7 à 10 %.

Saveurs caractéristiques : nez de malt classique des lagers blondes, soutenu par l'alcool facilement perceptible. Ronde et veloutée en bouche, elle enveloppe l'onctuosité de ses céréales et de son alcool. Le houblon souvent présent se dissimule un peu et ne s'exprime habituellement qu'en arrière-goût.

Température de service : tempérée ou froide.

Verre de service : chope ou godet.

Conditionnement idéal : la canette ou la bouteille brune. Quelques échantillons parfois habillés d'un verre vert semblent résister plus longtemps aux coups de soleil, mais rendent éventuellement les armes.

Péremption : le style ne s'affine pas. Il peut néanmoins être conservé plusieurs mois sans se dégrader si les conditions d'entreposage sont adéquates.

À la table : la domination du malt et de l'alcool en fait une bière passe-partout efficace qui remplace facilement le vin blanc avec les viandes blanches et les fruits de mer. Elle excelle aussi avec les moules et sait se faire valoir avec tous les genres de saucisses. Avec les fromages, des explosions de goût s'expriment dans ses accords avec les bûchettes de chèvre ou les chèvres à croûte fleurie. Elle convient également très bien aux fromages affinés dans la masse.

Analyse

GIRAF STRONG
Canette : 500 ml
Alc./vol. : 7,1 %
Péremption : dans 8 mois
Température : froide

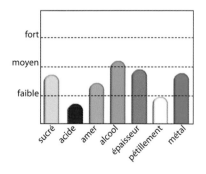

Visuel

Blonde dorée, mousse fugace qui tient difficilement au verre.

Nez

Le bouquet de malt et d'alcool saute au nez.

Description

Présence onctueuse et veloutée en bouche. L'alcool évoque les bières de garde, mais celui-ci est accompagné de notes de métal. ■

Bouche (Giraf Strong, canette)

fort / moyen / faible

sucré · acide · amer · alcool · épaisseur · pétillement · métal

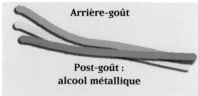

Arrière-goût

Post-goût : alcool métallique

Animation à l'U'Fleku

Europe slave

Avec le démantèlement du régime communiste, la révolution brassicole dans ces pays est teintée à la fois d'une grande incertitude et d'une reprise du temps perdu dans la course industrielle. Modernisation et rationalisation sont les mots à l'ordre du jour. La bière qu'on y brassait pendant le communisme souffre d'une image négative. Dans l'ancien système politique, les brasseries n'étaient pas en compétition entres elles. Elles servaient le peuple et ses besoins de boire, tout simplement. Le relâchement était ainsi souvent au rendez-vous.

Alors que sous le communisme la bière produite à un endroit pouvait être destinée à l'autre bout du pays, les nouvelles frontières imposent une nouvelle logique de vente et de distribution. Les brasseries doivent ainsi regarder à l'Ouest pour vendre leurs produits ou même leur actif. Elles sont donc particulièrement vulnérables face aux géants internationaux. Ceux-ci disposent déjà non seulement des capitaux, mais également d'un savoir-faire dans la mise en marché de la bière dans le monde.

Dans l'Europe de l'Est, la fermentation basse est solidement implantée et pave le chemin de l'avenir, c'est-à-dire le développement et l'amélioration des bières de soif. Il y a peu de chances qu'on y voie apparaître à court ou à moyen terme de grandes bières de dégustation sauf, exceptionnellement, chez les petites brasseries qui bourgeonnent dans les enclaves touristiques. Les pays avec un port sur la mer Baltique (Pologne, Lituanie, Estonie, Russie, Lettonie, Danemark, Finlande et Suède) subissent deux influences majeures : britannique, pour les importations, et allemande quant au matériel de brassage et de fermentation. La Baltique favorise également les exportations du Royaume-Uni vers l'Est, où les bières noires y sont très prisées. Nous pouvons définir deux tendances de la bière noire : la stout impériale et la porter (de fermentation basse), nommée par les amateurs porter de la Baltique. Toutefois, aucune bière ne porte ces noms dans ces pays. À l'occasion, nous voyons le terme porter sur les étiquettes. Le style porter de la Baltique regroupe la convergence de deux évolutions brassicoles. D'une part l'influence britannique, pour le nom et la couleur, et d'autre part l'influence bavaroise en ce qui concerne le type de fermentation. Il s'agit de bières brunes, peu houblonnées et de fermentation basse qu'on appelle, dans leur pays d'origine, porter, Schwarts, dira...

RÉPUBLIQUE TCHÈQUE

L'a République tchèque est un paradis de la bière, surtout à cause de la quantité incroyable qu'on y consomme. Dans ce pays, elle se nomme pivo, du mot *pit*, signifiant boire. S'il est un pays où le pléonasme « boire de la bière » prend tout son sens, c'est bien ici. Voici le plus important pays consommateur au monde. La consommation moyenne de bière y est de cent soixante et un litres par personne par année, soit une bouteille par jour, tous les âges confondus. Il occupe également le deuxième rang pour la consommation dans les pubs, derrière le Royaume-Uni. Comme dit ce proverbe tchèque, « il est possible de vérifier la qualité d'une bière avec une seule gorgée, mais il est préférable de vérifier rigoureusement. »

À l'exception des légendaires Pilsener Urquell et Budvar (marque Czechvar en Amérique du Nord), la République tchèque produit une kyrielle d'interprétations de lagers blondes, quelquefois rousses, dont les nuances gustatives jonglent avec les subtilités de l'amertume et du beurre de caramel. On y trouve également des pivos noires. À l'instar du pain fraîchement sorti du four, la richesse aromatique de ces bières est à son maximum dans les jours qui suivent leur soutirage. Pour bien goûter la délicatesse des saveurs maltées aux timides notes de caramel délicatement houblonnées, il faut les consommer en fût, le jour du perçage. En d'autres mots, il faut se rendre sur place !

> *« Le gouvernement qui augmentera le prix de la bière ne durera pas plus longtemps que la prochaine récolte de prunes. »*
>
> DISCOURS TCHÈQUE

Révolution industrielle

Jusqu'au XVIIIᵉ siècle, le rôle de la brasserie est de préparer des moûts. Ceux-ci sont ensuite enfutaillés et souvent consommés immédiatement, goûtant alors comme du véritable pain liquide. La fermentation se fait dans les tonneaux, dans l'entrepôt, ou lorsque rendus chez l'acheteur. L'arrivée de la fermentation basse et des besoins techniques spécialisés révolutionne le rôle de la brasserie qui doit désormais intégrer la fermentation à ses opérations : les investissements requis incitent les

Brasserie Pilsener Urquell

brasseries à s'associer. La première consolidation des brasseries tchèques est donc dictée par les besoins de la fermentation, et non par souci capitaliste. En d'autres mots, les brasseries ne se convertissent pas à la fermenta-

révolution industrielle. Dans l'ombre de ce bouleversement, de petites brasseries ancestrales se relèvent, et de nouvelles institutions sont fondées, notamment des bistro-brasseries.

Brasserie Budejovicky Budvar

tion basse : elles l'adoptent automatiquement ! Elles creusent alors des salles de fermentation sous la brasserie. De nos jours, toutes les brasseries tchèques n'élaborent que des bières de fermentation basse; la fermentation haute y est complètement absente. Cette transformation coïncide également avec l'intégration du maltage aux opérations de la brasserie. C'est dans ce contexte que la brasserie de Plzen (Pilsen) invente la première bière blonde de l'histoire.

Le XXe siècle est une période sombre pour les brasseries du pays. Trois grands événements déstabilisent l'industrie : les deux guerres mondiales et la période communiste. Les guerres sont présentées comme des périodes funestes, tandis que la prise de contrôle des brasseries par le régime communiste est colorée de gris. À cause du hiatus que représente le XXe siècle, on pourrait dire que l'industrie brassicole poursuit sa consolidation débutée lors de la

Bistro-brasseries de Prague

On rencontre à Prague plusieurs bistro-brasseries qui méritent l'attention de l'amateur de bonnes bières. Leurs bières sont rarement filtrées et présentent de nettes saveurs de levure.

U'Fleku : brasserie légendaire au passé glorieux, ce bistro-restaurant-brasserie se vante d'être la plus vieille brasserie toujours en opération dans le monde. Elle est fondée en 1499, sept ans après le voyage inaugural de Christophe Colomb en Amérique, mais l'architecture de l'édifice actuel remonte toutefois aux années 1700. L'endroit est animé par des musiciens qui rappellent les bierhallen de la Bavière. On y sert une seule bière, une brune de fermentation basse, que nous pouvons classer dans les porters de la Baltique. U'Fleku utilise des fûts de fermentation traditionnelle de chêne. Sa bière se distingue par ses notes légèrement rôties, somptueusement enrobées dans le caramel et par une texture soyeuse.

Le **Klasterni Restaurace a Pivovar** est l'un des endroits les plus pittoresques de la région et une nouveauté post-communiste avec sa bière d'abbaye de Stratov (Saint-Thomas) située près du château de Prague. Un groupe laïc loue maintenant l'édifice pour fins de brassage et de restauration. Notons que les moines eux-mêmes y ont brassé jusqu'à l'arrivée des communistes.

La majorité des brasseries tchèques produisent également leurs propres malts. Elles intègrent souvent les deux principaux types de maltage : sur tambour et sur plancher. Les petites brasseries ne procèdent qu'au maltage sur plancher. Cette particularité contribue à la richesse des nuances maltées entre les différentes marques, produisant cette texture veloutée ainsi que des notes de beurre de caramel d'une grande finesse.

Matières premières

Les eaux bohémiennes sont généralement très douces. Les huiles essentielles se dissolvent mieux dans le moût, permettant ainsi un houblonnage plus généreux, sans développer d'âcreté. La région de Zatec, Saaz en allemand, offre des conditions climatiques idéales pour sa culture. Le houblon qui y est cultivé a la réputation d'être de la plus haute finesse; il est à la bière ce que le cabernet sauvignon est au bordeaux. Même Anheuser-Busch, aux États-Unis, en importe pour sa Budweiser ! La méthode de brassage typique des brasseurs de la République tchèque est la décoction à deux paliers. Par comparaison, leurs voisins allemands optent pour trois paliers. La fermentation principal, basss, se déroule dans des bacs ouverts peu profonds, tandis que la fermentation de garde affine la bière dans des réservoirs. Les cuves ouvertes sont relativement petites, contenant généralement moins de 20 000 litres. On postule que les flaveurs de la bière sont ainsi protégées contre l'effet d'évaporation du gaz carbonique. Plus les cuves sont profondes, plus le trajet des bulles vers la surface transporte les flaveurs à l'extérieur de la bière. Le Czech Research Institute for Malting and Brewing est très actif dans la sélection et le perfectionnement des levures de fermentation basse. Le choix varié de ces levures contribue au développement de personnalités aux nuances singulières.

AUTRES PAYS DE L'EST

La Hongrie possède également un héritage brassicole important. Elle fait d'ailleurs partie de l'alliance avec l'Autriche lors de la révolution industrielle. Un de ses leaders, l'Autrichien Anton Dreher, s'y installe. Sa brasserie, Kobanya, est d'abord reprise par ses fils, ensuite par le gouvernement communiste et, depuis quelques années, par le géant hollandais Heineken. La bière nationale polonaise portant le nom de la brasserie « archi-ducale » Zywiec, fondée en 1856 par Charles Ferdinand Hasbourg, est elle aussi sous l'empire Heineken depuis 1998.

SLOVAQUIE

L'industrie brassicole slovaque souffre de l'ombre de son ancien partenaire politique, la République tchèque. De plus, un peu comme en France, le vin y est roi. À l'instar de son voisin occidental, on y brasse un grand style de bière que nous pourrions classer dans le style pilsener, qui est considéré comme étant politiquement incorrect dans ce pays. Le deuxième grand style de la Slovaquie est une bière brune, douce et chocolatée, du style dunkel.

Les brasseries élaborent généralement leurs propres malts, ce qui leur procure des configurations de saveurs uniques. Plusieurs brasseries ont été fondées sous le régime communiste, dont la célèbre **Topvar**, à Topolcany, dans les années 1960. L'unité moderne de maltage provient d'anciennes traditions et produit deux types de maltage : l'un sur caisson et l'autre sur plancher. Le retourneur à palettes du malteur sur caisson est spectaculaire lorsqu'il est en action. Nous devinons que les espions du régime de l'Est ne visitaient pas les brasseries de l'Ouest à la belle époque. Ils auraient alors découvert la méthode plus simple du retourneur Saladin. Les bières de Topvar sont à l'image des autres produits slovaques, délicatement maltées, généreusement et subtilement houblonnées.

L'impressionnant retourneur de malt de la brasserie Topvar

Wenceslas

Wenceslas IV est roi de Bohème et empereur germanique au XVe siècle. Il interdit la vente de boutures de houblon hors frontière ! Toute personne trouvée coupable est exécutée. Un homonyme l'a précédé. Au XIIIe siècle, celui-ci avait convaincu le pape de lever l'interdiction de brassage en Bohème. Il se mérita ainsi le surnom de « bon roi Wenceslas ». Le patron de la Bohème, Wenceslas lui aussi, est né au Xe siècle. Assassiné par son frère, il devient un héros et un martyr. Une place dans le centre-ville de Prague porte son nom.

La controverse Budweiser
Un bon coup de marketing de la brasserie bohémienne

La marque américaine Budweiser, d'Anheuser-Busch, est la bière la plus vendue au monde. Son nom s'inspire de la ville tchèque Ceské Budejovice — en allemand Budweiser — une bière brassée dans cette ville en porte également le nom. Cette double utilisation du même nom est source de confusion chez les amateurs. Il s'agit de bières différentes dont le seul véritable point en commun se limite au nom.

Dès sa fondation en 1265, l'ancêtre de la bière qui devint par la suite Budvar (il s'agit alors d'une bière de blé) est célèbre pour ses qualités et sa stabilité. La brasserie connaît plusieurs expansions. En 1895, elle embauche Antonín Holecek, deuxième brasseur de la Brasserie des citoyens de Plzen (Plzensky Prazdroj ou Pilsner). La bière blonde créée sous sa gouverne connaît vite une grande popularité et est exportée à l'extérieur du pays. D'abord C. Budejovicich, elle devient par la suite C. Budejovice (C. pour Ceské, signifiant tchèque). La première marque de commerce enregistrée par la maison, en 1911, montre une femme tenant trois chopes de bière dans chacune de ses mains, mais aucun nom n'apparaît sur l'étiquette. La marque Cesky Budejovicky granát (Budweiser Granatbier) est enregistrée en 1922, puis Budweiser Bier en 1925 et Budbräu en 1934. Budvar, qui devient sa principale marque de commerce, est finalement enregistrée en 1930. Notons que la brasserie américaine Anheuser-Busch utilise de son côté le nom Budweiser depuis 1876. Le slogan de la maison tchèque, « la Budweiser originale », n'est pas donc véridique historiquement parlant, même si elle peut le prétendre géographiquement,

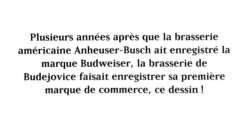

comme toutes les autres brasseries de cette ville. Ceské Budejovice avait aussi exporté sa Budweiser dans plusieurs pays d'Europe bien avant le géant américain.

La controverse entre ces deux marques porte non seulement sur le mot Budweiser, mais également sur ses variations, dont la célèbre Bud. Dans cette rivalité, Budejovice profite légitimement de son combat contre le géant et son statut de victime lui procure une visibilité unique au sein de la presse internationale. Si la Budweiser d'Anheuser-Busch n'existait pas, on n'en ferait pas tout un plat. Il s'agit d'une excellente bière, mais sa véritable valeur est métaphorique. La brasserie vend d'ailleurs maintenant cette bière sous le nom de Czechvar avec beaucoup de succès. On a tendance à la classer dans le style pilsener tchèque (une dénomination invraisemblable, voir texte à la page 74), mais elle est nettement moins houblonnée que sa rivale bohémienne. Elle offre des saveurs plus sucrées, bien agrémentées de demi-notes de caramel. Son profil gustatif se situe à mi-chemin entre la Pilsener Urquell et la Bitburger allemande. On pourrait baptiser ce style budweiser, si nous appliquions la même logique que pour la Pilsener Urquell !

Plusieurs années après que la brasserie américaine Anheuser-Busch ait enregistré la marque Budweiser, la brasserie de Budejovice faisait enregistrer sa première marque de commerce, ce dessin !

La mère de toutes les bières blondes

La Plzensky Prazdroj (Pilsener Urquell)

Au moment de la découverte de la bière blonde, la Bohème est sous administration autrichienne, alors une puissance mondiale. L'Allemagne, telle que nous la connaissons aujourd'hui, n'existe pas, même si, dans toute cette région, la langue de communication est l'allemand. En 1839, plusieurs brasseurs bourgeois de Plzen s'associent afin de fonder une brasserie devant utiliser la meilleure technologie disponible et produire la meilleure bière au monde. L'architecte embauché, Martin Stelzer, parcourt le continent européen et revient avec des plans précis, et accompagné d'un maître-brasseur bavarois qui connaît les secrets de la fermentation basse, Josef Groll. Ensemble, ils développent les équipements et les méthodes de brassage inspirés des notions acquises à Copenhague, Munich et Vienne. L'eau douce de la ville produit un malt blond qui, par conséquent, donne la première bière blonde. Le houblonnage sur le moût produit permet en outre au houblon de ne plus être dissimulé sous la lourdeur des malts foncés. Cette découverte coïncide avec la généralisation du service dans des verres transparents, permettant aux consommateurs de comparer l'apparence des produits. La bière de Groll est plus claire et plus scintillante. Le succès rapide conquiert les pays voisins. En 1870 la marque est exportée dans les grandes capitales européennes et, en 1913, Plzensky Prazdroj est la plus importante brasserie d'Europe avant que sa progression ne se heurte l'année suivante au mur de la Première Guerre mondiale.

Plusieurs améliorations ont été apportées aux équipements depuis la fin du communisme : la mise au rancart des cuves de fermentation en bois, l'abandon de trois souches de levures et le délaissement du maltage sur plancher. Une demi-douzaine de cuves de fermentation en chêne, localisées dans un souterrain creusé sous la brasserie, sont toujours utilisées pour fin de comparaison avec celles fermentées dans les cuves d'acier inoxydable. La dégustation de ces bières fermentées dans la cave fait d'ailleurs partie de la visite offerte aux touristes. La similitude entre les saveurs leurs produits ordinaires est convaincante.

Toutefois, l'utilisation de la bouteille en verre de couleur vert pour l'exportation de la Plzensky Prazdroj reflète une absence de respect pour l'intégrité du produit. Sa signature typique pour un grand nombre d'amateurs novice est la mouffette. Elle ne demeure une grande bière que lorsqu'elle nous est présentée dans un contenant la protégeant adéquatement : la bouteille brune, la canette ou le fût. Malgré le fait que la bière blonde soit née en Bohème et qu'elle soit devenue le principal style consommé sur la planète, aucune brasserie ne fait référence à cette révolution dans l'information qu'elles publient, sauf Pilsener Urquell, bien entendu.

La brasserie Pilsener Urquell a remplacé ses traditionnelles cuves de fermentation de chêne au profit de cuves en acier inoxydable. Devant le tollé des traditionalistes, la maison a décidé de garder six foudres dans lesquels on fait fermenter des échantillons de comparaison. Les visiteurs peuvent goûter, côte à côte, les deux versions du même produit. Les résultats sont convaincants !

Le plus ancien pub au monde

L'U'Fleku à Prague, le plus ancien pub au monde, a la réputation justifiée d'être devenu un attrape-touriste : la pivo y coûte deux fois plus cher que dans les pubs avoisinants. L'ambiance unique qu'on retrouve dans ce musée vivant et l'expérience de boire dans ce qui demeure le plus ancien pub au monde, mérite amplement les sous additionnels que nous considérons alors comme un droit d'entrée. D'autant plus que le double du prix des pubs avoisinants signifie souvent le prix de n'importe quel pub en Amérique du Nord !

On ne sert qu'une seule bière à l'U'Fleku. Inutile de commander. Les garçons se promènent de salle en salle en transportant des plateaux de verres qu'ils servent à la demande. Ils notent sur un bout de papier le nombre de verres servis et le client paye à la caisse à sa sortie.

■ Classification slave

La contribution et l'influence de la Bohème au brassage se sont dispersées dans l'ascendant germanique. À l'extérieur du pays, le principal style mis en valeur est nommé pilsener, retrouvant ainsi l'influence réelle et déterminante de la Pilsener Urquell. Mais, en République tchèque, le mot lui-même est une marque de commerce et ne définit pas un style. Il s'agit d'une svetle 12°. Le style pilsener est présent en Allemagne.

La bière de Plzen (Pilsen), et surtout sa réputation, en font un produit très en demande au-delà des frontières du pays. À défaut de pouvoir l'importer, on tente de fabriquer une bière semblable que l'on coiffe d'un nom évoquant cette inspiration. Trois noms sont retenus : bohemia, pilsener et pils. Aux États-Unis et au Canada anglais, l'appellation bohemia est privilégiée, mais s'applique surtout à des désinvoltes. Quant au style, le seul lien qui lui

reste avec la bière d'inspiration est sa couleur. On n'y retrouve que très rarement la finesse explosive et champêtre du houblon. Les brasseurs nord-américains produisent ainsi une désinvolte blonde, douce et peu houblonnée. Dans les pays d'Europe, c'est plutôt le mot pilsener (en Allemagne) et sa déclinaison pils (en Belgique) qui sont utilisés. Puisque pilsener signifie « qui vient de Pilsen (Plzen) », ce terme devrait normalement désigner uniquement les bières brassées dans la ville de Pilsen. Il ne faut pas s'aviser de dire aux représentants de Ceske Budejovice que la Budvar (ou encore Czechvar) est une pilsener ! Mais comment alors classer les bières du pays que tous les amateurs européens et américains désignent comme des pilseners ?

La majorité des bières sont classées en utilisant deux variables : leur densité primitive (affichée en degré) et leur couleur. Le degré représente la quantité de sucre dilué dans le moût avant la fermentation, selon l'échelle Balling. On trouve ensuite trois références de couleur : *svetle* pour les blondes, *tmavé* pour les rousses et *cerné* pour les noires.

Styles principaux

svetle 10° : bière pâle; environ 3 % alc./vol., style ressemblant à la Pilsener Urquell mais moins houblonnée et maltée.

svetle 12° : bière pâle ; environ

Mots-clés

Pivo :	bière
Pivovar :	brasserie
Cerné :	noire
Hostinec :	pub
Lezak :	lager
Lahvovy :	en bouteille
Pivnice :	pub
Psenicne :	blé
Rezané :	moitié blonde, moitié brune (en fût)
Svetle :	blonde
Tmavé :	foncé
Tocene :	en fût

4,5 % alc./vol., style de la Pilsener Urquell.

tmavé : bière foncée (roux-brunâtre), style qui ressemble à la dunkel allemande.

cerné : noire ; qualifie un style souvent reconnu à l'extérieur du pays comme porter de la Baltique.

svetle 14° : quelques bières annoncent 14°, soit l'équivalent d'environ 6 % alc./vol. Elles s'inscrivent dans la nouvelle tendance de produire des bières plus fortes.

* * *

Les bières 12° sont habituellement plus houblonnées que les 10°, mais certaines 10° sont plus houblonnées que les 12°. Le dosage varie considérablement d'une brasserie à l'autre. Les tmaves (brunes) sont généralement beaucoup moins houblonnées que les svetle (blondes). Leurs nuances gustatives se jouent sur des notes plus ou moins complexes de torréfaction, surtout celles de la noisette et des biscuits. Les cerné (noires) sont également moins houblonnées. On reconnaît souvent la douceur de cassonade et de mélasse dans une texture beaucoup plus veloutée. On voit également apparaître, ici et là, des weizen inspirées de ce que fait l'état voisin, la Bavière.

Bière-phare ?

Dans le style pilsener, nous devons constater que rares sont les autres bières qui ressemblent à la Pilsener Urquell, même en République tchèque. La Pilsener Urquell est l'une des bières les plus houblonnées et maltées du pays. Dans son pays natal, seules quelques marques lui ressemblent : la Bohemia Regent, légèrement sucrée, délicatement houblonnée, la Krusovice de la brasserie royale Rudolf II de Rakovnik, la Jezek Bronze de Sodovkarna Jihlava, ronde en bouche avec son houblon floral suivi d'une amertume bien sentie et

joyeusement équilibrée de son malt, la Radegast Lobkowicz, un peu moins maltée, la Samson, un peu moins houblonnée, et la Staropramen, aussi houblonnée mais un peu plus soyeuse.

Dans les versions qui s'inscrivent plutôt selon l'interprétation allemande, moins maltées et plus sèches, on trouve la Platan, la Starobrno, la Velkopopovicky Kozel et la Budvar.

S'inscrivant à proximité du style lager blonde (voir en page 71), les versions tchèques offrent des nuances sur des demi-notes de diacétyle, surtout chez les versions en fût. Toutefois, plusieurs de ces marques sont exportées et perdent cette signature pendant le transport. Mentionnons les produits suivants : Bernard, aux délicates notes de malt ; Branik, subtilement houblonnée et très rafraîchissante ; Broucek, l'éloge du diacétyle, huileuse, au beurre de caramel ; Klaster, plutôt veloutée et alcoolisée ; Velkopopovicky Kozel, bien maltée, un peu sucrée et fruitée ; Velvet, une bière douce et veloutée, sans oublier les Gambrinus et Primus, de Pilsener Urquell.

Tmave et Cerné

Les bières foncées de ce style (variant de roux-brunâtre à brun-noir) s'apparentent aux dunkel ou aux porters de la Baltique.

Si nous acceptons le principe d'utiliser la langue d'origine dans la dénomination d'une famille ou d'un style, comme nous le faisons pour l'ale (mot anglais) et la lager (mot allemand), nous devons retenir svetle 12° pour désigner ce qui est traditionnellement nommé pilsener tchèque. D'ailleurs, en République tchèque, on ne dit pas pilsner mais Plzensky.

Complexe au nez, elle offre des notes de céréales, de caramel et de fumé. On remarque en bouche des notes de café et de chocolat ainsi que des demi-notes de caramel. Les marques de référence sont la Black Regent, une bière-phare chargée de flaveurs de malt noir, aux notes de mélasse, douce en bouche avec un long étalement, la Lobkowicz Baron aux notes de noix, boisées, avec un soupçon fumé et une finale houblonnée, la Purkmistr (de Pilsener Urquell), même si elle est étiquetée tmavé. Presque noire, on peut noter chez elle des reflets corail, un nez complexe de whisky et de mélasse délicatement relevé de fumé. Très soyeuse en bouche, ses arômes s'enrichissent alors de chocolat et de cassonade. Un grand cru. Ajoutons à ces marques la Staropramen Dark, très maltée avec quelques notes de rôti, la Vratislav Dark, ronde et sucrée, ainsi que la Primator veloutée, aux notes fumées.

Les autres styles

L'utilisation de blé pour l'élaboration d'interprétations de la Weisse propose le premier nouveau style tchèque depuis des lunes : la Gambrinus Bilé, une heffe weizen produite par Pilsener Urquell, offre des esters de banane moins prononcés que ceux de ses sœurs de Bavière plus aigrelettes, mais l'échantillon était peut-être trop vieux. On trouve également, chez quelques petits bistro-brasseries, l'expérimentation de styles d'inspiration anglaise dont la sèche irish stout Kelt, l'une des rares bières de ce style de la République tchèque, sinon la seule. ■

Svetle 12°

Souvent nommée pilsener d'origine ou bohémienne

Présentation visuelle : robe blonde-cuivrée scintillante, au pétillement moyen, coiffée d'une mousse moyenne qui colle bien à la paroi du verre.

Alc./vol. : varie de 4 à 5 %.

Saveurs caractéristiques : texture veloutée, moyennement sucrée, présentant des notes de malt facilement perceptibles et une belle amertume de houblon variant de moyenne à forte. Finale peu sucrée.

Température de service : froide.

Verre de service : chope.

Conditionnement idéal : en fût ou en canette. Les bouteilles accroissent en effet le risque de développer des saveurs de mouffette ou de carton.

Péremption : elle perd assez rapidement sa finesse. Une fois affadie, ses saveurs restent stables longtemps si elle est conservée au froid.

À la table : servie froide, elle est un apéritif incomparable. Elle accompagne bien les entrées douces ou sucrées. Servie fraîche, elle accompagne dignement les viandes douces, en sauce et peu épicées. Elle accompagne également bien les saucisses douces, moyennes ou gras-ses. Les fromages à privilégier sont les pâtes molles à croûte fleurie, très doux et jeunes, les croûtes fleuries à pâte persillée (jeunes) et les cheddars doux. Le succès de l'accord réside dans l'enrobage onctueux de la crème autour du houblon de la bière. Les croûtes salées peuvent également avoir du succès si la bière est servie à la température de la pièce. La difficulté de marier ce style réside dans l'accord parfois difficile avec son amertume florale. Il est d'ailleurs plus facile de lui trouver un complément contraire que de l'associer à un semblable.

*   *   *

Saveurs en bouche

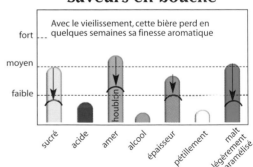

Ces bières construites sur des saveurs primaires importantes perdent rapidement leur fraîcheur. Le même principe s'applique aux légumes et aux herbes. La situation idéale est ainsi de les découvrir sur place, servie en fût. On s'en lasse alors difficilement.

Analyse

PILSENER URQUELL
Comparaison entre les versions en bouteille et en canette.

Bouteille : verte, 330 ml
Alc./vol. : 4,4 %
Péremption : non connue
Température : froide
Cette bouteille a été prise volontairement sur une tablette, au même titre qu'un client habituel, et consommée le même jour.

Visuel

Robe cuivrée, d'une mousse moyenne qui colle bien au verre.

Nez

L'odeur de mouffette explose. La petite bestiole est heureuse de sortir de sa prison ! Elle nous offre des câlins odoriférants pour nous exprimer sa joie.

Description

En bouche, on reconnaît le malt aux délicates notes de caramel, mais le petit mammifère est trop heureux et s'exprime toujours. Le souvenir amer du houblon est devenu d'une âcreté

Bouche (Pilsener Urquell, bouteille)

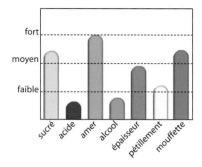

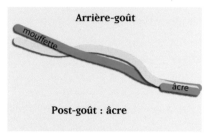

Arrière-goût

Post-goût : âcre

mordante qui insiste pour nous accompagner jusque dans les retranchements les plus profonds de l'arrière-goût.

Canette : 500 ml
Alc./vol. : 4,4 %
Péremption : non connue
Température : froide

Nez

Nez généreux de malt aux notes de caramel vite enrichies du parfum floral de son houblon.

Description

D'abord douce en bouche, son malt constitue la base sur laquelle s'exprime jovialement le houblon intense qui sautille sur nos papilles. L'arrière-goût offre une belle valse de malt, de caramel et d'amertume de houblon qui rend cette bière très désaltérante.

Bouche (Pilsener Urquell, canette)

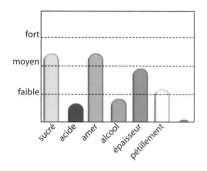

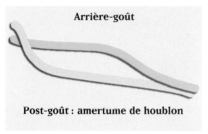

Arrière-goût

Post-goût : amertume de houblon

Analyse d'experts

De toute évidence, les auteurs n'ont pas eu la malchance de déguster une bière dégradée. En fait, la majorité des experts ne dénoncent qu'indirectement les marques qui utilisent les bouteilles vertes. Ils soulignent simplement les dangers de ce type de contenant, mais ils ne décrivent jamais dans leurs ouvrages des dégustations de bière dégradée.

MICHAEL JACKSON
« Le fameux houblon bohémien saaz donne des arômes épicés floraux et une finale amère ; le tout autant réputé malt moravien lui procure un équilibre de douceur. »

JAMES D. ROBERTSON
« Or fauve brillant, mousse moyenne, arômes de houblon appétissants, saveurs équilibrées de malt et de houblon, rafraîchissante et satisfaisante, long arrière-goût soyeux et de houblon à sec. » ■

CZECHVAR
OU BUDWEISER BUDVAR
Bouteille : brune 500 ml
Alc./vol. : 5 %
Péremption : dans 6 mois
Température : froide

Visuel

D'un blonde cuivré et d'un pétillement moyen, sa mousse généreuse ne tient pas.

Nez

Elle dévoile des arômes de houblon d'une grande finesse et est ainsi très invitante. Cette qualité disparaît toutefois assez rapidement dès que le liquide est en bouche.

Description

D'une texture soyeuse, elle étend un voile subtil de caramel partout en bouche. L'amertume du houblon s'exprime ensuite, en retenue, tenant la main du malt. Celui-ci vient compléter les saveurs en finale. On pourrait la classer à mi-chemin entre la Pilsener Urquell et les pilseners allemandes.

Analyse d'experts

Ce qui est frappant dans toutes les descriptions suivantes est l'utilisation de mots qui se réfèrent aux ingrédients : malts et houblons. On note l'absence de complexité et de fruité. La finesse de cette bière de fermentation basse est reconnue, mais les auteurs disposent d'un vocabulaire considérablement réduit lorsque les caractéristiques essentielles d'une bière se retrouvent dans les ingrédients de base. La notion d'équilibre est alors plus importante que dans les bières de fermentation haute.

STEPHEN BEAUMONT

« Budvar est une bière délicate qui ne supporterait pas facilement les rigueurs des transports intercontinentaux. Elle serait, j'en suis convaincu, une bonne bière, mais certainement pas la boisson glorieuse qu'elle est lorsqu'elle est très savoureuse, fraîchement soutirée en République tchèque. »

MICHAEL JACKSON.

« Alors que les pilseners [du nord du pays] mettent l'emphase sur le houblon, leurs rivales similaires du sud de la ville brassicole de Budweis ont tendance à pencher vers une légèreté et un malté onctueux. [...] Les bières Budweiser tchèques offrent des saveurs en général plus prononcées que leur homonyme américaine, mais pas tellement plus alcoolisées. »

JAMES D. ROBERTSON

« Or fauve, arôme sec de malt dissimulant le houblon en deuxième plan ; saveurs crémeuses de malt en attaque, suivie du houblon ; la finale

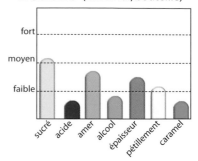

Bouche (Czechvar, bouteille)

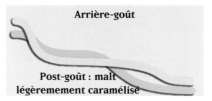

Arrière-goût

Post-goût : malt légèrement caramélisé

est plus houblonnée et offre quelques notes de sel ; long arrière-goût dominé par le malt. »

GILBERT DELOS

« Le nez est malté sans exagération. En bouche, ce sont les saveurs aromatiques qui dominent, le houblonnage ne se faisant sentir que d'une façon discrète, à la grande différence de l'autre bière tchèque bien connue [Pilsener Urquell], beaucoup plus amère. Ici, c'est l'équilibre qui domine avec une belle réussite entre les saveurs maltées et une pointe d'amertume, ronde et longue en bouche. » ∎

Les porters de la Baltique ou cernés

Saveurs en bouche

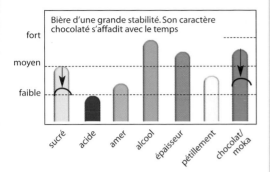

Bière d'une grande stabilité. Son caractère chocolaté s'affadit avec le temps

Sur les papilles, ce style ressemble beaucoup aux doubles et aux scotch ales. La fermentation basse contribue à lui conférer des saveurs plus moelleuses, mais la teneur en alcool de ses cousines de fermentation haute (double et scotch ale), établit un pont de proximité entre eux. Elle est toutefois dénuée de flaveurs fruitées.

Présentation visuelle : varie du brun ambré au brun foncé. Pétillement moyen, coiffée d'une mousse généreuse, épaisse et durable.
Alc./vol. : varie de 6,5 à 8 %.
Saveurs caractéristiques : au nez, elle diffuse des arômes de malt chocolaté et de chocolat. Elle est douce et veloutée en bouche. On reconnaît facilement sont alcool. Timide amertume de torréfaction et d'alcool.
Température de service : froide, tempérée ou à la température de la pièce.
Verre de service : chope.
Conditionnement idéal : en fût, en canette ou en bouteille.
Péremption : ne s'affine pas, mais ses saveurs restent stables pendant une longue période si conservée adéquatement.
À la table : Convient très bien aux plats épicés. Sa douceur enrobe le piquant d'un baume sucré. Accompagne bien tous les types de saucisse. Auprès

des fromages, son caractère sucré en fait une bière passe-partout et elle est une des rares à exceller auprès des bleus.

* * *

SAKU ESTONIAN PORTER
Bouteille : 500 ml
Alc./vol. : 7 %
Péremption : inconnue
Température : fraîche

Visuel

Belle mousse crémeuse, aux teintes de beige, coiffant une bière brune aux reflets de corail.

Nez

Arômes de café moka avec des notes subtiles de chocolat. Très invitant.

Description

Rondeur veloutée en bouche qui nous enveloppe très agréablement. Ses notes de chocolat s'enrobent d'une délicate torréfaction. ■

Bouche (Saku, bouteille)

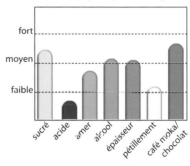

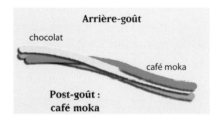

Arrière-goût

chocolat

café moka

**Post-goût :
café moka**

Voyage aux pays des grandes bières

Amérique du Nord
États-Unis

Ce pays est construit sur des valeurs de liberté et de démocratie. Il a offert l'hospitalité aux personnes provenant des quatre coins du monde, notamment, au XIXe siècle, plus de quatre millions d'Allemands qui apportent avec eux le secret de la bière blonde et, détail non négligeable, deviennent vite une clientèle importante. Pays de contrastes et de diversité, des différences profondes marquent les régions où se regroupent idées et cultures particulières. La révolution microbrassicole reflète bien cette diversité.

A u royaume du capitalisme, les microbrasseurs optent souvent pour le système de brassage le plus efficace : l'infusion britannique à un seul palier. En utilisant cette méthode de brassage, en y appliquant des recettes belges ou allemandes, plusieurs microbrasseurs développent des styles uniques. De plus, la culture américaine associe souvent la qualité à la quantité. En vertu de ce principe, l'accroissement de la qualité des bières se traduit pour plusieurs par l'ajout dans leurs recettes d'une proportion plus importante de houblon, l'ingrédient le plus coûteux. Certaines brasseries font, de l'overdose de houblon, un grand art !

Pensons ici au Brutal Bitter (L'amère brutal) de la brasserie iconoclaste **Rogue**, sur la côte du Pacifique en Oregon, à la Arogant Bastard Ale de **Stone Brewing** en Californie, « détestée par plusieurs, aimée par quelques-uns » (*Hated by many, loved by few*), ou au bistro-brasserie **Odell's** et à ses pale ales et porter coupe-gorge (Cutthroat Porter et Cutthroat Pale Ale). La brasserie **Grant** de l'État de Washington offre pour sa part une stout qui fait monter l'amertume à 100 IBU. On appelle les amateurs de l'amertume procurée par la fleur,

hopheads (têtes de houblon). On fait du goût une épreuve psychologique, un rituel de provocation. Les papilles américaines développent une tolérance plus élevée au goût prononcé, accentuant ainsi l'écart entre ces nouveaux princes de la bière et les bières insipides des géants industriels. Le même principe s'applique aux autres caractéristiques de la bière. Ainsi, pour faire une heffe weizen meilleure que celle des Allemands, on ajoute une proportion plus importante de malt de blé, comme le fait la brasserie **Pyramid** dans l'État de Washington. Les Bavarois utilisent une proportion 50/50 tandis que l'amélioration américaine utilise 60 % de malt de blé. Il est impressionnant de constater le nombre de malts différents qui peuvent entrer dans la composition des recettes de pale ale et d'IPA, régulièrement plus de sept variétés.

La capitale des bières à forte teneur en alcool est de toute évidence là où les hivers sont les plus longs et froids, l'Alaska. Au Great Bear Brewpub de Wasilla, en Alaska, la triple porte le nom explosif de TNT. Mais c'est dans l'est qu'on fait sauter la frontière de la fermentation alcoolique classique. On la croyait aux environ de 14 % alc./vol., la voici maintenant à plus de 24 % alc./vol., un saut prodigieux ! On doit cette révolution de la fermentation à la brasserie **Boston Beer Company** avec sa Sam Adams Utopias MMII. Offerte en bouteille numérotée, elle se vend une centaine de dollars américains. Elle est souvent reconnue comme le porto de la bière, mais en bien plus cher. Elle éclipse la mesure que venait d'établir la brasserie **Dogfish Head** de Pennsylvanie avec sa World Wide Stout, titrant 18 % alc./vol.

Des noms originaux et humoristiques

L'imagination des microbrasseurs américains est imprégnée d'un beau sens de l'humour et de l'autodérision. **Cambridge Brewing** offre une bière noire qualifiée d'eau sale (*Dirty Water*) et, du nom de la rivière qui coule dans la ville, la Charles River Porter Robust, signifiant très rôti et

très amer . La normale d'abbaye (*Abbey Normal*) fait elle aussi sourire : elle est en fait inspirée des doubles et se démarque par son fruité de figue, de raisin et de pruneau. La triple titre pour sa part 5,1 % alc./vol., une triple légère, quoi !

Les inspirations historiques et géographiques s'entremêlent et fournissent souvent de délicieuses perles. La brasserie **John Harvard** de

Boston, par exemple, affirme baser ses recettes sur nul autre que William Shakespeare, consignées dans un livre que John Harvard aurait rédigé en 1637 ! Si nous considérons le choix offert par la maison, nous déduisons que John Harvard était un visionnaire hors du commun pour sa connaissance des bières non existantes à son époque, à commencer par l'All American Light Lager (ni les lagers,

ni les lights, ni surtout le concept d'All American n'existaient en 1637 !) et la Pilgrim's Porter (la porter a été inventée une centaine d'années après l'arrivée des Pères pèlerins en Amérique). Ces anachronismes ne doivent toutefois pas porter ombrage à l'excellente John Harvard's Pale Ale offerte par la maison. Elle la propose sous deux conditionnements différents, notamment le cask. La dégustation des deux versions côte à côte est une expérience pédagogique essentielle sur le chemin de l'apprentissage du goût. La brasserie **Yards** de Philadelphie propose de son côté une pale ale classique qui porte le nom de Belgian Saison ! Elle offre également sa Trubbel de Yards, dont elle situe le style entre une double et une triple. Avec ses saveurs sucrées, sa robe brune et son alcool à 9 % alc./vol., elle se situe plutôt entre les doubles et les quadruples, n'offrant aucune caractéristique d'une triple.

La **Wynkoop Brewing Cie,** le premier bistro-brasserie du Colorado, fondé en 1988, produit pour sa part une bière classique allemande au... chili, la Patty's Chile Beer (quel rang occupe l'Allemagne dans la production mondiale de ce condiment ?). La Red Wolf de **Michelob** est vendue comme une bock de style américain, mais on y voit plutôt une bock qui goûte moins que ces produits de Bavière. La **Great Lakes Brewing,** de Cleveland en Ohio, est fidèle à la loi de la pureté allemande, mais ne brasse que des bières d'influence britannique. Dans ce monde où l'imagination repousse les frontières de la fiction, nous devons souligner l'ingéniosité et l'honnêteté de la **Capital Brewery Company** qui décrit ainsi sa Wisconsin Amber : *loosely based on Vienna style,* qui se traduit par « vaguement basé sur le style viennois ».

Au bon endroit, au bon moment

Alan Pugsley et Fred Fonsley

Lorsque la révolution microbrassicole frappe les États-Unis, la demande pour une expertise croît rapidement. Un des fournisseurs d'équipements britanniques, Ringwood, est sollicité par les entrepreneurs américains. La maison offre un système facile à utiliser et d'une grande efficacité : l'infusion traditionnelle à un seul palier, une levure performante et fiable s'activant dans des fermenteurs ouverts ! En d'autres mots, un systèmes des plus abordables. Le premier conseiller de la maison constate le potentiel immense de ce marché et s'installe sur la côte est, à Kennebunk. À cause de ses faibles coûts de capitalisation, les équipements de brassage britannique remportent un grand succès parmi les nouveaux investisseurs. Innovateurs, ils ne se limitent pas à leur utilisation traditionnelle. Plusieurs optent pour le brassage de bières belges et allemandes et, ce faisant, inventent de nouvelles partitions, des styles tout à fait originaux. Dans ce pays où on associe quantité à qualité, on ne s'étonne pas de constater que, pour améliorer une bière, on doive ajouter des doses plus importantes de l'ingrédient le plus coûteux : le houblon, créant, du même coup, de nouveaux styles de bière.

Le monde selon l'oncle Sam

Le pouvoir d'achat du marché américain influence le développement ou la renaissance de styles qui deviennent alors des classiques. Charles Finkles, président fondateur de Merchant du Vin, par exemple, a construit un petit empire sur cette idée. Se basant sur les écrits de Michael Jackson, plusieurs petites brasseries et associations de brasseurs-maison ont documenté les styles en définissant des caractéristiques plus ou moins mesurables. Plusieurs de ces caractéristiques sont présentées comme des styles d'origine, mais il est souvent difficile de trouver, dans les pays d'origine, des bières qui correspondent parfaitement à ces définitions. *God bless America !*

La révolution microbrassicole

Après la prohibition, le XXe siècle voit le nombre de brasseries décliner dramatiquement. Dans les années 1950, il ne reste qu'une centaine de brasseries aux États-Unis. Le creux de la vague survient dans les années 1970, alors qu'une cinquantaine seulement subsistent. La grande majorité offre des variations inspirées des lagers blondes. On trouve deux grandes interprétations classées en lager et en ale. La catégorisation ne se base pas sur une technique de fermentation. Les premières sont les plus douces, tandis que les deuxièmes sont les plus amères. Entre les deux, on retrouve le style cream ale et, exceptionnellement, des porters ou des irish red. L'importation plus ou moins exotique offre des classiques telles que Watney's, Bass, Guinness et Heineken. Les bières canadiennes jouissent d'une belle réputation pour l'intensité de leurs saveurs, un cran au-dessus de la désinvolture. La canadienne Moosehead est fort populaire aux États-Unis. La logique des grandes

brasseries s'appuie toutefois sur les résultats d'études de marché. Ces études indiquent que moins une bière est goûteuse, plus elle plaît à un grand nombre d'individus. Une étrange guerre contre trop de saveurs éclate. Dans ce mouvement, on voit apparaître les light, puis les dry et enfin les ice. Dans leurs réclames, les grandes brasseries clament que leurs bières s'améliorent parce qu'elles goûtent moins ! Elles encouragent leurs clients à abandonner leurs marques de luxe au profit de dénominations allégées. Cette logique suicidaire des géants contribue à la diminution de la consommation de la bière : si elles goûtent quelque chose, c'est qu'il y a un problème ! Finalement, les consommateurs se lassent de ces bières-sodas qui ne goûtent rien... On

oublie qu'une minorité de clients aiment les bières qui offrent des saveurs. Certains d'entre eux se liguent contre le fast food et proposent des produits près du terroir. On se lasse du café instantané, et les chaînes de bistros servant du café fraîchement torréfié poussent comme des champi-

gnons. Le nombre de consommateurs souhaitant plus de saveurs est assez important pour faire vivre de petites brasseries, assez pour qu'on importe des bières d'outre-mer. Les conditions sont réunies pour qu'ex-plose la révolution microbrassicole.

La révolution microbrassicole nord-américaine est unique en son genre. En Europe, cette révolution puise ses origines dans l'héritage culturel des bières traditionnelles ; on peut qualifier ce mouvement de sauvegarde du patrimoine. Mais à l'ouest de l'océan Atlantique, il s'agit plutôt de la découverte et de l'exploitation du potentiel insoupçonné du monde du brassage de la bière. On s'invente un patrimoine ! Ce mouvement américain fait figure de déclaration d'indépendance à l'égard des

géants brassicoles. La quintessence de cette attitude est confirmée par **Rogue** qui se présente comme la révolution pour l'indépendance du brassage (*The Revolution for Brewing Independence*) et pointe du doigt les méchantes grandes brasseries industrielles. La maison mise à fond sur

l'image du petit contre les géants : « À la gauche de l'ennui et à la droite de l'irresponsabilité, la nation Rogue est au centre de la célébration du mois de la bière américaine. » Elle frappe fort dans sa prose lorsqu'elle dénonce les grandes brasseries nationales qui brassent une bière fade, élaborée chimiquement (*chemically created product*). Toutes les bières, y compris celles de Rogue, sont cependant le résultat de réactions chimiques ! Il y a des silences qui pèsent plus lourd que d'autres... Cette contradiction étant soulignée, il importe de constater que la maison remplit ses promesses dans la production de bières généreuses, éclectiques et rarement caricaturales. Cette révolution s'accompagne de l'arrivée de bières de partout dans le monde. Nous avons vu l'influence que Merchant du Vin a exercé sur le développement de styles. D'autres importateurs ont aussi contribué à offrir des modèles, comme Vanberg & DeWulf, de Cooperstown dans l'État de New York, qui a importé des produits classiques de petites brasseries belges. Le succès de leur entreprise a mené à la création aux États-Unis d'une brasserie authentique belge, **Ommegang.**

Brasseries anciennes

À l'ombre des géants, quelques brasseries régionales proposent, au moment de la révolution microbrassicole, des produits plus goûteux, dont **Leinenhugel, Matt Brewing** et **Yuengling,** qui profitent de la vague pour y surfer à leur tour. Jacob Leinenkugel, un immigrant allemand, ouvre sa première brasserie dans le Wisconsin en 1866, près des camps de bûcherons. Il brasse naturellement une bière pour étancher la soif de ces derniers. Ensuite, face aux perturbations de la révolution microbrassicole, plusieurs styles populaires sont lancés, la bière au blé et au miel (Honey weiss) ou la noire crémeuse (Creamy dark). La **Matt Brewing Company,** localisée à Utica et dont la fondation remonte à 1885, a changé plusieurs fois de nom pour maintenant porter celui de son fondateur allemand (Matt). La plus ancienne brasserie new-yorkaise en opération a elle aussi profité de la révolution microbrassicole pour développer des produits traditionnels « nouvelle génération ». Sa pale ale constitue un excellent modèle intermédiaire entre les grandes marques anglaises et les nouvelles interprétations très houblonnées américaines.

La plus ancienne brasserie américaine, la **Eagle Brewery,** est fondée en 1829 par l'immigrant allemand David Yuengling à Pottsville, une région minière de la Pennsylvanie. Il mise sur la fermentation basse qu'il emporte dans ses valises. À l'image des celliers d'entreposage bavarois, il creuse des tunnels dans les collines de Pottsville. Mais la maison survit difficilement à la prohibition jusqu'en 1976. Inspiré par l'histoire de Anchor Steam Brewery, Yuengling met alors en marché un mélange de porter et d'ale nommé Black and Tan. Elle redessine ses étiquettes en leur donnant un look nostalgique et augmente le prix de ses bières, notamment lorsqu'elle est « exportée » dans les états voisins. L'héritage historique associée à cette marque lui procure une image haut de gamme justifiant une prise de profit pertinente. Les ventes grimpent alors en flèche.

Pionniers

À l'avant-garde du brassage, il faut souligner la **Anchor Steam Brewery,** de San Francisco, qui ouvre ses portes dès 1965. D'autres pionniers défrichent les sentiers de cette éclosion, comme **Sierra Nevada,** en Californie, **Grant,** dans le Washington, **Stoudt's,** en Pennsylvanie et **Brigdeport,** en Oregon.

La brasserie Sierra Nevada est fondée en 1981 à Chicho par les brasseurs-maison, Ken Grossman et Paul Camusi. Dès sa création, elle s'impose comme le leader du houblonnage de finition juste-à-la-limite-du-coupe-gorge. La Big Foot, une barley wine titrant 12,5 % alc./vol., a longtemps été la bière la plus forte des États-Unis. Bert Grant, Canadien d'origine écossaise, s'installe de son côté dans l'État de Washington après

Des biergardens devenus grands

P endant qu'en Allemagne les jardins de bières conservent leur ambiance champêtre strictement basée sur la dimension horticole du concept jardin, les Allemands-Américains y ajoutent de l'animation, des jeux et, éventuellement, des manèges. La frontière entre le biergarden et le parc d'attraction est franchie quand la brasserie Miller installe une montagne russe dans son jardin. Au chapitre des jardins

devenus grands, il faut souligner celui de la brasserie Anheuser-Busch, à Tampa Bay en Floride. On peut toujours y déguster gratuitement les bières de luxe de la marque Michelob.

Brewing de Philadelphie se spécialise dans les bières refermentées en bouteille, sans se limiter aux styles classiques de la Belgique. La prémisse de ce choix permet aux propriétaires d'affirmer que leurs bières s'améliorent avec l'âge, ce qui n'est pourtant pas toujours le cas. Leurs Abbey Double et Abbey Triple représentent de belles interprétations des styles d'inspiration. La maison offre également une scotch bien sucrée et fumée, une India pale ale généreusement houblonnée, une double bock, également refermentée en bouteille, Anniversary, brassée une fois l'an à l'occasion de l'anniversaire de la brasserie. Lors de l'ouverture de ses fûts en 1986, **Bridgeport Brewing,** était un modeste bistro-brasserie installé dans une ancienne manufacture de corde du parc industriel de Portland, en Oregon. Il a joué un rôle important dans ma propre découverte de la bière de dégustation, alors que je participais à un congrès dans cette ville. Je découvrais la BridgePort Ale et n'avais aucun point de comparaison me permettant de reconnaître sa qualité. Elle était différente, faite par une petite brasserie, donc excellente à mes papilles. En 1995, BridgePort est achetée par **Gambrinus Company** du Texas, qui a su lui faire profiter de son expertise de marketing.

Fritz Maytag, le précurseur

Fritz Maytag étudie le japonais à San Francisco lorsqu'il apprend, en 1965, que la brasserie qui produit sa bière préférée fermera bientôt ses portes. La révolution microbrassicole n'est pas encore amorcée, mais Maytag est un passionné. Il achète la brasserie et continue de l'opérer comme il l'a connue pendant une dizaine d'années. Ne produisant qu'en fût, sa bière est distribuée de façon limitée. Dix ans plus tard, il se procure de rutilants équipements de brassage en cuivre, démé-

avoir travaillé comme chimiste au sein de la brasserie **O'Keefe** et collaboré à l'implantation d'une usine de transformation du houblon dans la vallée de Yakima. Son histoire suit la trame des brasseurs-maison qui abreuvent tous leurs amis. Il fonde la brasserie **Yakima Brewing and**

Malting Company en 1982, met l'accent sur le houblonnage et baptise ses bières saugrenues du terme scotch ale puisqu'elles elles sont élaborées par un Écossais d'origine. Sa imperial stout fait exploser le IBUmètre avec ses 100 unités ! Par ailleurs, dès sa fondation en 1987, la **Stoudt's**

L'étonnante brasserie Rogue et aperçu (ci-bas) de sa salle de brassage

nage ses installations, dépoussière une recette de la fin du XIXe siècle et invente une nouvelle bière. À l'époque, la popularité des fermentations basses gagne la ville, mais il est impossible d'en fabriquer à cause du manque de glace. Le brasseur utilise néanmoins des levures de fermentation basse dans de vastes cuves peu profondes (deux pieds tout au plus, 600 cm), afin d'éviter que la levure ne monte trop haut ! Aucune période de garde ou de refroidissement n'est prévue au calendrier : la demande est forte, la bière passe directement aux casks. Lorsque le fût est mis en perce, une vapeur de gaz carbonique en jaillit. Cette vapeur (*steam*) qui donne son nom à la Anchor Steam. Pionnier de la révolution brassicole, mais également leader de la contre-révolution, Maytag pasteurise ses produits ! Cette pratique est pointée du doigt par les puristes qui répètent le laïus de plusieurs microbrasseurs : la pasteurisation fait perdre du goût à la bière. Malheureusement, le réseau de distribution étant plutôt mal développé, il expose les produits non pasteurisés à des risques encore pires. Pour préserver les saveurs de ses rejetons, Maytag offre cette garantie de moindre mal.

Bières d'étiquettes

Le marché considérable des États-Unis a permis le développement d'empires de bières microbrassées d'étiquettes, c'est-à-dire de marques brassées dans les équipements des autres. Les meilleurs exemples sont les **Boston Beer Company** (Samuel Adams), **Brooklin Brewery** et **Pete's Wicked.** Les dénonciations des puristes sont aussi véhémentes que les profits engendrés par les gestionnaires de ces brasseries fantômes. L'ombre du purisme assombrit le prestige de ces maisons, ce qui n'a rien à voir avec ce que les marques

proposent aux papilles. Il est possible de brasser d'excellentes bières d'étiquettes qui surpassent les produits des brasseries hôtes, comme en témoigne un grand nombre des bières offertes sous la marque Sam's Adams.

Bistro-brasseries

Les États-Unis sont le paradis des bistro-brasseries et des restaurants-brasseries dont le nombre est en croissance continuelle. Comme pour les paradis de la bière en Europe, il faut se rendre sur place pour constater la grande latitude que se donnent les brasseurs dans leur interprétation des styles classiques. Cette attitude donne quelques bijoux nationaux qui font renaître des styles oubliés, comme le porter, mais en les redéfinissant sous une signature tout à fait moderne. Ainsi, quelques bistro-brasseries brassent en utilisant des concentrés de moût (*malt extract*). Il est possible de faire de grandes bières avec ces sirops, dans la mesure où la reconstitution du moût respecte des normes élevées, exigeant souvent autant d'énergie que le brassage intégral.

Les restaurants-brasseries ont développé l'art de l'accord entre les mets et les bières, non sans raison, et suggèrent habituellement des plats avec chacune des bières. **Alcatraz Brewing** de San Francisco, par exemple, offre l'ambiance de la célèbre île dans ses franchises un peu partout aux États-Unis. Le cadre unique de cette ville fétiche des hippies contribue à faire apprécier leurs bières conditionnées en cask. De leur côté, la chaîne d'auberges et de restaurants **McMenamins,** sur la côte Ouest, mise sur l'ambiance champêtre. D'autres franchises portent le nom de **Tied House,** clin d'œil au système de distribution exclusif aboli lors de la prohibition. Ces maisons attachées brassent leurs propres bières et ne sont liées qu'à leur propre production.

Des incontournables

À Baltimore, il faut visiter le **Sisson's Brewpub** pour ses bières conditionnées en cask et bien équilibrées. À ce bistro-brasserie, on sait conjuguer malt et houblon pour en faire des symphonies. À Boston, **Tremont Brewery** (anciennement Atlantic Coast), nous propose la Tremont Ale, une pale ale ne pouvant trahir son pays d'adoption avec la morsure de son houblon. On trouve quelques bistro-brasseries à New York. Notons la Double Ice Bock de la **Southampton Public House,** une bière onctueuse, sucrée et aux notes d'abricot, qui fait monter l'alcool à 18 % alc./vol.

Le **Vermont Pub and Brewery,** dans l'État du même nom, est pour sa part un rendez-vous incontournable. Ses recettes sont développées par un passionné, Gregory Noonan, qui trace les sentiers sinueux d'imagination brassicole. La Wee Heavy, par exemple, subit une méthode de brassage excentrique. Le premier moût d'un premier brassin est d'abord caramélisé pendant l'ébullition, puis réservé. Le moût obtenu du rinçage de la drêche est, quant à lui, utilisé pour l'empâtage d'un deuxième moût, et les deux sont réunis pour la cuisson finale. La Smoked Porter de la maison attire les amateurs d'aussi loin que Montréal. **Golden Pacific,** ouvert en 1997 à Berkeley, offre une classique pale ale américaine, la Golden Gate Amber Ale (présentée comme une american amber ale), maltée et bien houblonnée. La maison ose également des fermentations basses comme en témoigne la Golden Bear Bohemian Lager. Elle affirme qu'il s'agit de la première bière de fermentation basse microbrassée en Californie depuis 1981. Il ne faut surtout pas oublier de rendre visite aux pionnières du mouvement microbrassicole que sont la **Boulder Creek Brewing Company,**

Sierra Nevada Brewing et **Anchor Steam Brewery.**

Villes paradisiaques

Considérant les bières importées, les bières microbrassées et les bistro-brasseries que nous pouvons y trouver, certains endroits des États-Unis offrent la plus grande variété de bières au monde et constituent des destinations paradisiaques pour l'amateur de bière ou encore offre un prétexte pour allonger un séjour. Soulignons les villes de Boston (Massachusetts), Philadelphie (Pennsylvanie), Baltimore (Maryland), Washington (D.C.), Austin (Texas), Chicago (Illinois), San Francisco (Californie), Portland (Oregon), Seattle (Washington) et Anchorage (Alaska).

Denver est la capitale mondiale du brassage maison, et le gourou de ce type d'élaboration, Charlie Papazian, y a fondé des niches rentables et influentes sur le marché américain. On y trouve une cinquantaine de bistro-brasseries ou de microbrasseries, sans compter les bars spécialisés en bières importées et spéciales ! Notons l'**Avery Brewing** et sa sainte trinité de bières fortes : l'Hog Heaven Barlywine, la Reverend Quadruple et la Salvation.

Seattle offre un choix de bistro-brasseries qui, de toute évidence, font l'éloge du houblon cultivé à leurs portes. Découvrons au passage deux petites brasseries devenues importantes : la charmante **Redhook** dont l'unité de production dans la ville conserve son charme originel. L'usine construite en banlieue, près du royaume de Bill Gates, évoque les restaurants thématiques classiques des États-Unis.

Par ailleurs, la terre nordique de l'Alaska semble être devenue la capitale du chauffage d'hiver (winter warmer), et est manifestement la

capitale du vin d'orge (barley wine). On y croise pas moins d'une douzaine de bistro-brasseries et une multitude d'interprétations de bières fortes en alcool, des marques iconoclastes. Le thème préféré des brasseurs semble être celui du malt rôti. Le barley est offert dans toutes ses déclinaisons : plus ou moins épicé, vieilli en cellier, ou houblonné à froid, et pas une année ne passe sans son festival. Notons les Old Gander Barley Wine du **Snow Goose Pub-Restaurant,** à Anchorage, et les Big Bully Barley Wine, Extreme Stout et Bog Scotch Ale du **Cusack's Brewpub.** L'**Alaskan Brewing Company,** fondée par des amateurs de plein air, brasse des marques portant fièrement le costume de ces sports. Cette brasserie propose un porter fumé d'une grande réputation partout en Amérique du Nord, dont trois des quatre malts (cristal, Munich et chocolat) sont fumés au-dessus d'un feu d'aune, le même qu'on utilise pour donner les saveurs délicates au saumon. Elle ajoute ces malts fumés à plusieurs autres recettes.

Petite brasserie richissime de Boston

Boston est un des chefs-lieux de l'indépendance américaine et la brasserie qui reflète le plus fidèlement cet esprit d'indépendance est sans aucun doute la **Boston Beer Company.** Comme elle ne brasse pas elle-même ses bières, elle est la cible de nombreuses attaques de puristes des saveurs. Sur les papilles, si nous ne tenons pas compte de la pureté originelle de la brasserie, nous constatons pourtant un souci de qualité et d'authenticité. Descendant d'une lignée de brasseurs, Jim Koch n'hérite pas d'une brasserie familiale ; il en fonde plutôt une nouvelle. Il ne s'embarrasse pas non plus de se procurer une seule cuve. Il contracte plutôt, en 1985, avec la **Pittsburgh Brewing Co.** pour le brassage de la Samuel Adams Boston Lager. Notons au passage le paradoxe typiquement américain : au temps du célèbre patriote, la lager n'existait pas encore. Qui plus est, sa lager blonde offre la signature classique estérifiée des fermentations hautes. Koch développe des recettes sans compromis pour chacun des styles qu'il décide de produire. Prolifique, il développe plus d'une douzaine de recettes qu'il fait brasser un peu partout dans son pays natal : Cincinnati, Pittsburgh, Portland, Rochester, New York, Lehigh Valley.

Il acquiert néanmoins une brasserie historique, à Boston, qu'il utilise pour mettre au point des recettes, mais surtout parce que la popularité de ses bières suscite une grande demande de la part des consommateurs qui souhaitent visiter sa brasserie ! La maison opère également un bistro-brasserie à Philadelphie, le Samuel Adams Brew-Pub. Soulignons par ailleurs que Samuel Adams est l'une des rares brasseries qui indique des dates de fraîcheur sur ses produits.

Inspirations internationales

Parti du néant gustatif établi par les géants industriels, la nouvelle génération de petites brasseries développe de nouveaux produits en puisant dans toutes les influences brassicoles. Que privilégient-elles ? Nous pouvons facilement identifier trois grandes influences, la plus importante étant la méthode britannique, la deuxième allemande et la troisième belge. On aperçoit à l'occasion quelques touches françaises. L'influence autochtone (*tesguino*) est à toutes fins utiles absente, mais nous pouvons observer ici et là l'inspiration tchèque. Il n'y a rien de plus atypique qu'une bière microbrassée aux États-Unis.

Inspiration belge

Les brasseries qui offrent des bières d'inspiration belge jouissent d'une image prestigieuse. Elles font des bières plus fortes en alcool et plus goûteuses. L'utilisation du sucre candi, de la coriandre, de l'écorce d'orange et des épices est généreuse. Peu importe le style belge brassé (double, triple...), le nom du pays figure sur l'étiquette ! En règle générale, la bière d'inspiration belge

est la plus forte en alcool ou la plus épicée de la maison. Il suffit souvent qu'une bière soit forte ou épicée pour se mériter la qualification *Belgian Style*. La **New Belgium Brewing Company,** de Fort Collins au Colorado, a été fondée par Jeff Lebesch, un cyclotouriste rapportant d'un voyage en Belgique de la levure. Cette brasserie nous offre des styles classiques comme l'Abbey et la Trippel, ainsi que des bières aigrelettes comme la copie de la Rodenbach nommée La Folie, ainsi qu'une bière brune aromatisée aux framboises et une saison. Lebesch utilise pour la fermentation de cette spécialité des foudres de bois en provenance des vignobles de la vallée Napa, en Californie. Son inspiration la plus originale est sans aucun doute la 1554, présentée comme une bière noire (zwartbier) typique de Bruxelles (*Brussels Style Black Ale*) !

Par ailleurs, une brasserie authentiquement belge est située dans l'État de New York : **Ommegang.** Elle a été fondée à l'origine par un consortium regroupant les brasseries belges De Smetd, Dubuisson, et Duvel-Moortgat, ainsi que par leur importateur De Woolfe (Don Feinberg et Wendy Littelfield). La bière qui porte le nom de la maison est inspirée des doubles et offre une robe rousse dense, coiffée de la célèbre mousse à la Duvel, aux saveurs complexes tissées dans la douceur et l'alcool. Les notes de miel, de caramel et de sucre à la crème y dansent en enlaçant la réglisse et le chocolat. La Ommegang est une bière monastique brune ou rousse, dont la classification perd tout son sens ici. L'Hennepin évoque de son côté la mémoire du missionnaire belge qui a découvert les chutes du Niagara. Elle est inspirée des bières de saison de Belgique, mais avec des saveurs plus douces et plus onctueuses, en faisant, si l'on veut,

est aussi plus mince que le modèle original, ce qui met en relief ses épices. L'Allagash Double Ale offre une double d'une telle complexité de saveurs de noisettes, torréfiées, caramélisées, rôties et vanillées qu'elle fait rougir de timidité les doubles originales de la Belgique, plutôt portées vers des notes de chocolat, de caramel et d'alcool. La maison offre également des produits de luxe, strictement embouteillés dans des bouteilles de 750 ml. L'Allagash Dubbel Reserve avance des saveurs complexes aux notes pralinées de chocolat, tandis que l'Allagash Tripel Reserve, très onctueuse, fruitée et herbeuse porte une signature saugrenue de banane. De plus en plus de bistro-brasseries présentent leur interprétation des doubles et des triples. Ces deux mots semblent jouir de la même notoriété que dans la langue française. Les évocations d'abbaye sont également de plus en plus fréquentes dans l'information données aux consommateurs.

une monastique blonde. La Rare Vos nous tend pour sa part une robe cuivrée et des saveurs épicées aux notes de noisettes enrobées dans une texture ronde et veloutée. Présentée comme une ale du Brabant, elle est un éloge à la marque Vieux Temps.

La petite brasserie **Allagash** de Portland, dans le Maine, est un exemple classique d'infusion à un seul palier, mais qui produit des bières d'inspiration belge. Sa blanche, l'Allagash White Beer, est une interprétation libre de la bière belge comme seuls les Américains peuvent le faire. Aigrelette, on y devine le blé, mais elle est dénuée de la texture soyeuse classique des blanches. Elle

Un choix abondant, mais…

Un pub typique où l'on attire le consommateur avec un choix incroyable de bières en fût. L'amateur devrait se méfier des bières servies dans un établissement semblable. On y rencontre un nombre déraisonnable de bières périmées. Plusieurs consommateurs associent toutefois goût différent à meilleur goût, de telle sorte que certains défauts sont perçus comme des qualités ! Ce type d'établissement offre par ailleurs une occasion unique de se familiariser avec les défauts que peuvent présenter les bières en fût.

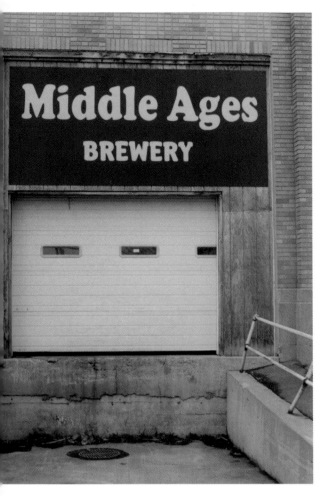

Inspiration allemande

L'influence allemande sur les bistro-brasseries américaines est considérable, surtout en ce qui a trait aux interprétations des styles heffe weizen et kölsch. Cette dernière offre l'avantage de légitimer l'utilisation d'un système de fermentation haute pour l'élaboration d'une bière blonde douce. Comme les écarts de saveurs sont importants, même en Allemagne, à peu près n'importe quelle bière blonde de fermentation haute peut être classée kölsh ailleurs qu'en Allemagne. Les fermentations basses ne jouissent pas du même prestige que les fermentations hautes sur les papilles des amateurs de saveurs. La **Great Beer Company** de Los Angeles nous le dit clairement lorsqu'elle présente sa Blonde d'Hollywood, une combinaison de la saveur riche des ales et de la douceur délicate des lagers, la brasserie affirmant qu'elle est inspirée des kölsch allemandes. En fait le terme kölsh ennoblit la bière blonde qui est inéluctablement associée aux bières désinvoltes.

Au Maryland deux micro-brasseries se spécialisent dans les styles allemands. D'abord, la **Ellicott Mills Brewing,** mieux connue par la marque Allpenhof, en brasse des versions américanisées, c'est-à-dire plus douces. Notons néanmoins que sa Walkabout Wheat lager se dit d'inspiration australienne. **Baltimore Brewing Co.** de son côté est plus fidèle aux styles d'origine. Elle brasse les marques de commerce Groen, du nom de son maître-brasseur d'origine hollandaise, Theo de Groen. Ce dernier offrait une ligne complète de bières traditionnelles bavaroises : märzen, dunkles, pils, weizen, une Altfest onctueuse titrant 7 % alc./vol. et surtout une savoureuse bière fumée d'influence hambergeoise nommée tout simplement Rauchbock. Au Tennessee, dans les villes de Memphis et Nashville, le restaurant-brasserie **Boscos** se distingue par un choix incroyable de cask conditionned beers, et par l'interprétation qu'il rend de la steinbier, nommée Flaming Stone et présentée comme la bière de pierre authentique d'Amérique du Nord. La maison utilise la technique allemande de la pierre chauffée directement sur un feu de bois pour aromatiser ses moûts. À Chicago, le **Weinkeller Products** pousse de son côté l'audace à offrir une berliner weisse élaborée avec une culture bactérienne lactique. Il propose également une étonnante Dusseldorfer Dopplebock. Dans le même esprit audacieux, Greg Noonan, du **Vermont pub and Brewery,** s'inspire également de la technique de fermentation berliner weisse pour sa bière portant le même nom qu'une bière belge, Forbidden Fruit. **Left Hand and Tabernash** propose, sous la marque de commerce Tabernash, une série de bières allemandes : weiss, kristall, dunkel weiss, pilsner, maibock et Oktoberfest. La plus importante micro-brasserie inspirée de l'Allemagne est la **Thomas Kemper Brewery** de Seattle. Sa mielleuse Bad Goat Bock est ravissante. Sa succulente Weizen Berry (aux framboises) compose une nouvelle partition sur une base de weizen, tout comme sa classique Half Tone Weizen, en l'honneur du premier camion de livraison des fûts.

Inspiration britannique

Les influences belge et allemande constituent des curiosités plutôt exceptionnelles au pays de l'Oncle Sam, puisque la principale influence que subissent ses brasseurs vient de la Grande-Bretagne. Toutefois, un seul style témoigne plus ou moins fidèlement de cette influence, celui des bières conditionnées en cask. La majorité des autres types qui utilisent les mêmes noms qu'en Angleterre sont des styles tout à fait originaux. Dans la majorité des cas, nous devons nous attendre à une généreuse présence du houblon. Les brasseurs de l'Ouest ont tendance à houblonner sans mesure, tandis que ceux de l'Est houblonnent généreusement tout en tentant de préserver l'équilibre fragile avec la douceur du malt. Entre ces deux extrêmes, les variations sont considérables.

Une des plus authentiques copies des bières britanniques vient de la

Middle Ages Brewing Co., de Syracuse, dans l'État de New York. Middle Ages Brewing est l'une des plus importantes brasseries de bières conditionnées en cask aux États-Unis. Dans ses pratiques de brassage, elle utilise régulièrement l'écume de fermentation d'une bière pour en inoculer une prochaine. Elle s'inspire naturellement du roi Arthur dans les noms donnés à ses rejetons : Holy Grail Pale Ale, Grail Ale.. Son salon de dégustation — un comptoir dans les bureaux administratifs de la compagnie — offre ses versions cask en dégustation les jeudis et vendredis. La **Victory Brewery,** de la Pennsylvanie, sert pour sa part des saveurs impeccables qui jaillissent de la plupart de ses bouteilles. Victory, qui doit son nom à la victoire des administrateurs dans l'obtention des permis nécessaires pour ouvrir leur brasserie, utilise un système versatile leur permettant de faire de l'infusion anglaise ou belge ainsi que de la décoction allemande.

Inspiration française

L'influence des bières de garde se fait timidement sentir, notamment à la brasserie **Heavyweight** qui nous propose sa propre bière de garde. Comme celles-ci se distinguent par des notes poivrées (!), elle ajoute naturellement une pincée de poivre à ses recettes.

Brasseries « atypiques-typiques »

Au travers de ces déclarations d'indépendance microbrassicole, nous avons déjà rencontré Anchor Steam Brewery connue pour son avant-gardisme et Rogue pour son insolence… D'autres brasseries modèles tissent la grande toile éclectique américaine. La brasserie **Magic Hat,** au Vermont, jongle avec les ingrédients et les épices dans son

exécution de plusieurs styles classiques. Contrairement à la tendance populaire d'offrir de généreux dosages, la brasserie développe une grande dextérité en regard des nuances gustatives. Sa mise en marché est de son côté original et coloré. L'attitude de la maison joue allègrement sur les joies de la consommation d'alcool, comme en témoigne cette description de leur bière étendard : « Le résultat d'une exhortation mystique et d'étranges présages célestes. La première ale de Bob est l'évocation des éléments que la nature offre pour ces moments de liberté spirituelle lorsque nous abandonnons l'artifice. » (*The result of mystical exhortation and strange portents in the sky. Bob's First Ale, our flagship ale is conjured forth from the fundamental elements of nature intended for those moments of spiritual freedom when artifice is finally abandoned.*).

La **Dogfish Head Craft Brewery** opère pour sa part deux brasseries, dont l'une est un bistro-brasserie situé à Rehoboth Beach, au Delaware. Elle y brasse sans inhibition toutes les idées qui perturbent l'existence de ses propriétaires. Lorsqu'une recette fait rigoler leur gosier, ils la brassent alors sur une plus grande échelle dans l'unité de production. Voilà comment cette brasserie a mis au point sa fameuse **World Wide Stout,** titrant 18 % alc./vol. Elle est brassée en utilisant six souches différentes de levure et requiert plus de sept mois de fermentation avant d'atteindre ce pourcentage impressionnant, et nécessite une garde additionnelle de six mois avant d'être mise en marché. Inutile de préciser qu'il s'agit d'un produit rare, même aux États-Unis. Nous pouvons nous consoler avec ses autres produits comme la Raison D'Être, un hybride double scotch ale rouge des Flandres titrant 8 % alc./vol., ou encore renaître avec l'Immort Ale, une bière complexe titrant 11 % alc./vol. qui dévoile la somptuosité de son malt fumé à la tourbe et fermenté en deux étapes, d'abord à l'aide d'une levure de fermentation haute classique et ensuite à l'aide d'une levure à champagne. L'Immort Ale intègre dans sa recette des baies de genièvre, de la vanille et du sirop d'érable, et requiert une garde de deux mois dans des foudres de chêne. La stout à la chicorée demeure un autre choix charmant ou encore la India Brown Ale (!?) à 7,2 % alc./vol., un hybride de scotch ale, de IPA et de pale ale américaine, qui doit sa signature particulière à la cassonade caramélisée entrant dans sa composition, la faisant mordre profondément à l'arrière de la langue.

L'imagination des brasseurs voyage également dans le temps, à la recherche de la Sikaru, avec la Midas Touch Golden Elixir qu'on dit élaborée à l'aide des résidus du fond des vases à boire trouvés dans la tombe du roi Midas. Outre l'orge, on y intègre du raisin blanc muscat, du miel et du safran. Elle se situe à la jonction de la bière, du vin et de l'hydromel ! À Portland, en Oregon, **Hair of the Dog** trône haut avec les styles qu'elle élève à des hauteurs vertigineuses. La brasserie est en effet un véritable virtuose du brassage. En se basant sur les écrits d'un auteur de la ville, Fred Eckhardt, elle crée de nouveaux styles. La Adambier, par exemple, est inspirée d'un style allemand disparu. D'après ses créateurs, il s'agit d'une bière ayant été brassée à Dortmund, en Allemagne. Cette bière chevauche les quadruples et les doubles, elle est noire, riche et intense,

elle nous enveloppe de ses 10 % alc./vol. qui dissimulent bien sa grande amertume (presque impossible). La Fred est à l'image de son inspiration originelle, l'auteur Eckhardt, et de l'effort pour incorporer toute la planète dans un style. Elle nous envahit de ses dix variétés de houblon, de son 10 % alc./vol. et de son amertume généreuse.

Géants déguisés en petits

Les grandes brasseries américaines s'intéressent au marché des bières spécialisées pour plusieurs motifs. D'abord, elles peuvent ainsi contrôler un espace dans les points de vente encore plus importants, ensuite elles peuvent démontrer qu'elles font preuve d'un esprit politiquement correct, sans oublier toutefois qu'il s'agit effectivement d'une source de revenus. Pour se manifester, plusieurs options s'offrent à ces

grandes brasseries : s'associer avec une ou plusieurs microbrasseries, développer leurs propres marques en calquant leur image sur celle d'une microbrasserie, importer des marques, acheter une microbrasserie... **Coors** brasse ainsi une blanche et une irish red, la fameuse George Killians, tandis que **Miller** tente sa chance avec l'achat de la brasserie Celis, au Texas, sans succès véritable. **Anheuser-Busch** développe sa propre ligne de produits spécialisés sous la marque de commerce Michelob. Elle fait ainsi naître la très respectable Michelob heffe weizen, qui laisse glisser presque à contrecœur des notes subtiles de houblon. Le meilleur coup de Anheuser Busch est sans aucun doute son association avec deux microbrasseries prestigieuses de l'Ouest : **Redhook,** de Seattle, et **Widmer Brothers,** de Portland.

L'héritage de la prohibition

Dès le XVIIIe siècle, on déplore les problèmes de plus en plus importants liés à l'abus d'alcool et le rituel de porter des toasts dans les tavernes et les saloons conduit à des beuveries incontrôlées ! Les mouvements de tempérance se forment afin de sauver l'âme des consommateurs. Ils visent d'abord la source du mal, les débits de boisson, puis élargissent à la consommation d'alcool tout court. Les ligues de tempérance contribuent ainsi, sans le savoir, au développement des grandes brasseries : ils font monter les coûts d'achat des permis d'alcool. Les brasseries offrent alors aux détaillants de payer leurs frais en échange d'approvisionnement exclusif. Lorsque la prohibition est déclarée, les grandes brasseries disposent d'immobilisations importantes et peuvent vendre leur avoir. La prohibition autorise néanmoins les brasseries à vendre de la bière sans alcool, et plusieurs tonneaux reçoivent « accidentellement » des bières comportant de l'alcool. Des brasseries clandestines se forment. On estime que la production annuelle de bière domestique pendant la prohibition est légèrement inférieure à celle des brasseries commerciales avant celle-ci ! Ces marchés parallèles produisent des conséquences dévastatrices. Ils favorisent le crime organisé pour le contrôle de la distribution et de la vente. La corruption gagne les autorités gouvernementales, notamment la police. À la fin des années 1920, à Chicago, on estime à 400 le nombre de morts annuelles liées à la guerre pour le contrôle de l'alcool clandestin. L'importante perte de revenus des taxes, combinée au krach de la bourse en 1929, est à la source de l'annulation du 21e amendement. Les lois votées pour mettre fin à la prohibition prévoient des garanties favorisant la sobriété. On interdit le système de maisons attachées ainsi même la vente de bière dont la teneur en alcool dépasse 6 % alc./vol., notamment les États de la « ceinture biblique » (au sud). Même lorsqu'elles sont autorisées à le faire, plusieurs brasseries n'inscrivent pas

(1) D'après le chef du service fédéral de la santé publique, les femmes enceintes ne devraient pas consommer de boissons alcoolisées à cause des risques de malformations à la naissance.

(2) La consommation de boissons alcoolisées diminue vos capacités de conduire un véhicule automobile ou d'opérer de la machinerie et peut occasionner des problèmes de santé.

que l'indication du pourcentage d'alcool sur les étiquettes. Ce n'est qu'en 1994 que le législateur autorise l'inscription de ce pourcentage (sans le rendre obligatoire), après une plainte déposée par la Brasserie Coors. Le chef du service fédéral de la santé publique oblige les brasseries à inscrire un texte expliquant les risques associés à la consommation d'alcool. Toutefois, la mention de la teneur en alcool relève de la juridiction de chaque État et plusieurs l'interdisent toujours. Dans la majorité des autres, la mention est optionnelle ! Certains États interdisent le pourcentage d'alcool ! À l'instar d'un grand nombre de brasseries dans le monde, nous constatons que, si aucune loi ne les y oblige, elles ont tendance à divulguer le moins d'information possible sur le contenu de leurs produits. L'autorité fédérale nous prévient des dangers de la consommation abusive, mais laisse optionnelle la divulgation de l'ampleur de ces dangers. Une dizaine d'États seulement s'y prêtent : Arkansas, Californie, Colorado, Kansas, Massachusetts, Minnesota, Missouri, Montana, Oklahoma et Oregon.

Les styles désinvoltes des géants

Par un phénomène unique de polarisation, c'est aux États-Unis que l'écart est le plus grand entre la moins goûteuse et la plus goûteuse des bières. À un extrême, c'est la douceur d'une eau à peine alcoolisée tandis qu'à l'autre, c'est l'amertume poussée à son zénith.
Les géants offrent plusieurs déclinaisons sur un même thème : des bières désinvoltes ou des bières-sodas. Elles visent à désaltérer ou, pour paraphraser Jackson, à placer le moins d'obstacles possible entre les gorgées et l'ivresse.

Le champion de la désinvolture est sans aucun doute la brasserie Miller, qui a réussi à inventer une bière tellement vide de son essence qu'elle est transparente comme de l'eau de source. On ne l'appelle plus bière, mais alcoomalt. Dans cet univers de la légèreté, plusieurs créneaux ont été développés en fonction des marchés visés. On trouve les six grandes familles de bières suivantes : bière de luxe (!?), bière bon marché, bière hypo-calorique, bière sèche, bière de glace, et bière à saouler. La marque Budweiser nous donne un bon exemple de cette stratification du marché avec Bud Light, Bud Ice et Bud Ice Light. Un nouveau marché s'est également développé, celui des limonades alcoolisées sur une base de moût de malt fermenté. On découvre ici les boissons claires comme la Bacardi Silver, parfumée au rhum Bacardi et aux agrumes, ainsi que les Twist Shandy et autres cocktails à la bière auxquels nous ne nous attarderons pas. Il est à noter que ces classifications ne sont pas mutuellement exclusives. Il serait possible d'étiqueter une bière « malt liquor ice dry de luxe » !

Bières de luxe

Les bières dites de luxe sont les bières étendard : Budweiser, Michelob, Miller High Life... Elles sont majoritairement brassées avec des matières amylacées substitutives afin de rentabiliser les opérations. Il faut ici définir « de luxe » comme étant la marque habituellement la plus dispendieuse d'une brasserie (et non pas nécessairement celle qui coûte le plus cher à produire). Une version des bières de luxe, imitant les lagers blondes, porte à l'occasion le nom de cream ale.

Bières à bon marché

Les bières à bon marché ont été développées pour les petits budgets. On utilise habituellement pour leur fabrication une proportion plus élevée de substitutifs. Leurs saveurs ressemblent néanmoins à celles des bières de luxe. On leur a volontairement donné une image prolétaire.

Bières hypocaloriques (light)

Le peuple américain possède la moyenne d'embonpoint la plus élevée sur cette planète, même si les salles d'exercice et le culte du corps parfait y sont très valorisés. Une bière a donc été développée pour la clientèle soucieuse de son corps. Le plus amusant, ici, est de faire un parallèle entre les calories consommées et les grands styles de bières qui ne portent pas la mention light sur leur étiquette. La Guinness Pub Draught par exemple peut très bien être considérée comme une bière light. Pourtant, un grand nombre de consommateurs pensent au contraire qu'elle fait grossir.

Bières sèches (dry)

Il est amusant (encore une fois) de constater qu'une boisson peut être sèche. Ces bières répondent à la logique de l'opinion négative qu'expriment certains consommateurs à l'égard de son arrière-goût. En améliorant les techniques de fermentation et en diminuant le houblonnage, on a réussi à produire une bière dont le goût s'efface complètement dès que nous l'avalons ! Il importe ici de souligner le fait que plusieurs bières portant la mention dry offrent néanmoins un arrière-goût et que, à l'inverse, plusieurs bières humides n'offrent aucun arrière-goût.

Bières de glace (ice)

La mise au point des bières de glace vise le même objectif que celui des dry, mais y en associant l'image d'un produit désaltérant. À son origine, une procédure des plus sophistiquées filtrait la bière au travers de la glace concassée. De nos jours, le mot ne veut plus rien dire.

Bières à saouler (malt liquor)

On a beau vanter les vertus de la consommation modérée et responsable, sensibiliser les consommateurs aux dangers de l'abus d'alcool sur leur santé, il n'en demeure pas moins qu'il y a des gens qui aiment boire pour le seul plaisir de vivre les effets de l'ivresse. Certains choisissent certes des bières de dégustation mais, plusieurs ne veulent pas s'embêter des détours du goût, ni perdre leur temps. Ils souhaitent des effets d'alcool immédiats. Les grandes brasseries ont donc mis au point une bière parfaite pour eux, à peu près toujours offerte en grand format. Une seule bouteille suffit pour permettre à son consommateur de communiquer avec les esprits supérieurs ! De toutes les boissons alcoolisées en vente sur le marché, ce type offre le meilleur rapport qualité-prix pour s'enivrer.

Les alcoomalt

La logique évolutive industrielle nous propose des bières-sodas presque dénuées de saveurs. En d'autres mots,

on brasse de la bière pour ceux qui n'aiment pas la bière ! Voilà comment on arrive à enlever à la bière son goût et lui en donner d'autres qui vont plaire à ceux et celles qui, autrement, ne l'aimeraient pas . Que doit faire le brasseur lorsqu'il souhaite ensuite ajouter du goût à ses produits ? Retourner aux traditions et ajouter plus de houblon, ou des malts spécialisés ? Prendre une telle décision constituerait un aveu coupable, et peu sont en mesure de reconnaître une telle responsabilité. Heineken, aux Pays-Bas l'a timidement (quoique discrètement) fait en abolissant les succédanés de malt dans sa bière. Molson, au Canada, l'a fait avec la

même attitude en produisant la Rickard's Red, mais en prenant bien soin de dissimuler le plus possible le nom de la maison lors de son lancement. D'autres brasseurs ajoutent bêtement des aromates empruntés aux sodas ou aux spiritueux. Reines de la dénaturation, voilà bien les premières bières transgéniques ! En général, elles ne portent pas le nom de bière, mais simplement la mention boisson de malt ou limonade alcoolisée.

Bières sans alcool

Il s'agit de bières peu fermentées ou encore desquelles on a retiré l'alcool. Une belle alternative pour le chauffeur désigné.

Les principaux styles microbrassés

Il existe de nombreuses interprétations de styles aux États-Unis. Souvent flamboyantes ou saugrenues, quelquefois somptueuses, ces bières reflètent l'imagination des brasseurs. Elles traduisent le principe fondamental de la liberté fondamentale de ce peuple.

Prenons par exemple, **Left Hand and Tabernash Brewing Company,** dont nous avons déjà parlé, et qui propose la Juju Ginger Ale, le gingembre remplaçant le houblon dans la recette.

Sauf pour les brasseries d'inspiration géographique précise (Allemagne, Angleterre et Belgique), nous pouvons retrouver dans l'ensemble des microbrasseries et bistro-brasseries qui vendent leurs produits, la présence des grands thèmes stylistiques suivants : la blonde traditionnelle, la pale ale (américaine), la IPA, la bière de saison (quatre en fait), la bière de blé, la stout ou la porter et la bière d'inspiration belge. Il est possible d'établir les grandes tendances, et par conséquent, des fiches techniques, pour les pale ales, les IPA, les porters et les stouts. Les descriptions sont présentées aux pages 222 et suivantes.

Blonde traditionnelle

La blonde traditionnelle s'adresse aux buveurs conservateurs qui hésitent à humecter leurs lèvres des nectars racés proposés par la maison. En fait, il s'agit souvent de la seule bière blonde qu'elles offrent, car cette couleur est définitivement associée aux grandes brasseries. Par voie de conséquence, les bières spéciales doivent nécessairement offrir un look différent ! L'utilisation de la dénomination kölsch est fréquente, indépendamment de ce qu'elle goûte. Elle regorge toutefois habituellement d'esters et de douceur maltée.

Bière de blé

Deux dénominations se partagent les horizons des bières de blé :

l'heffe weizen et l'american wheat. Nous devons noter, pour cette dernière, la mention généralisée du mot American sur la présentation des produits. Autrement, aucune tendance ne différencie l'une de l'autre. L'intégration du blé dans le brassage est difficile et cela se reflète dans les résultats atteints. Les variations sont considérables entre les différentes marques, et même au sein de la même marque ! La bière de blé titre habituellement entre 4 et 5,5 % alc./vol.

Bières de saison

La différence entre les saisons est significative dans le nord de l'Amérique et présente un sujet de conversation quotidien inépuisable. On comprendra qu'elle constitue également une source inépuisable d'inspiration parmi les brasseurs. Il est ainsi impossible de décrire des archétypes de bières de saison. Nous pouvons néanmoins observer les tendances suivantes : présence de coriandre et de blé pour l'été, épices et dose additionnelle d'alcool pour l'automne, alcool renforcé pour l'hiver et sirop d'érable pour le printemps. Chaque saison a sa bière, mais permet surtout au brasseur de s'en donner à cœur joie dans sa façon de briser la monotonie du quotidien. Impossible de préciser une tendance générale de la bière saison, sauf peut-être celle de l'utilisation des épices. Les résultats sont aussi très inégaux. Cela fait partie du plaisir de leur découverte !

D'inspiration belge

Les bières belges bousculent l'imagination des Américains qui les élèvent habituellement au plus haut degré de la hiérarchie brassicole. La Confédération des brasseurs des Belgique (maintenant l'Union de brasseurs belges) a défait la brasserie Coors en cours pour interdire l'utilisation du

Pale ale vs IPA
Porter vs Stout

Avant le grand chambardement de la plus importante révolution brassicole (l'arrivée des bières blondes de fermentation basse), deux grands types de bières étaient offerts aux Américains : les (pale) ales et les porters et stouts. Dans les documents historiques, nous voyons fréquemment annoncé « Ales and Porters » ou encore « Ales and Stouts ». Le mot ale est constamment utilisé tandis que les mots porter et stout se partagent l'affiche. Le mot porter désignant un consommateur et stout une saveur, il est vraisemblable que, dans les deux cas, on identifiait tout simplement une bière noire. Cette confusion existe encore de nos jours entre ces deux dénominations !

La révolution microbrassicole reflète les valeurs fondamentales de ces nouveaux brasseurs qui interprètent selon leurs propres opinions ces deux grands styles. La déclinaison pale ale s'enrichit de la dénomination India pale ale (IPA), sorti des livres d'histoire.

Les grandes questions existentielles pour les amateurs sont de déterminer quelle différence il y a entre la pale ale et l'IPA ainsi qu'entre la porter et la stout ? Une question de dosage tout simplement. Pour les premières, l'intensité du houblon et de l'alcool ; pour les deuxièmes, l'intensité du houblon et de la torréfaction.

qualificatif belge sur un de ses produits, leur bière n'étant pas fabriquée en Belgique. Cela n'empêche pas les plus petites brasseries de le faire (les impacts financiers ne sont pas les mêmes), ou d'ajouter le suffixe style au qualificatif Belgium. Comment définir une bière américaine de style belge ? Elle comporte probablement beaucoup d'épices. Voilà le seul dénominateur presque commun de

Dates de fabrication, de péremption
et autres informations

Les critères d'attribution des dates de péremption sur les différentes bières sont laissés à la discrétion du brasseur qui décide comme bon lui semble. Il tient alors compte de deux contingences : la durée de fraîcheur du produit et la gestion des retours d'inventaire (à cause de produits périmés selon la date qu'il a lui-même inscrit). Aucune bière, même cent ans passé la date de sa péremption, ne constitue une menace pour la santé ! Ainsi, un brasseur qui ne voudrait pas se compliquer l'existence avec la gestion des retours d'inventaire n'aurait qu'à inscrire une date très lointaine ou même, lorsque la législation le permet, un code de production plutôt qu'une date. Un nombre grandissant de bières exportées ont des dates de péremption de plus en plus lointaines : nous avons déjà vu dix ans pour une lager blonde !

Dans le monde de la bière, l'âge du produit est pourtant beaucoup plus important que sa péremption. L'évolution des saveurs d'une bière et l'appréciation de sa qualité dépendent surtout du goûteur et de ses préférences. Un brasseur nord-américain qui vivait une situation financière difficile s'est sorti du pétrin en modifiant les dates de

péremption sur ses bouteilles. Il les fixa à six mois au lieu de trois.

On rencontre aux États-Unis — et de plus en plus dans les pays slaves — des brasseurs qui inscrivent les dates d'embouteillage de leurs bières. Dans le souci de bien informer ses clients, Rogue pousse le zèle jusqu'à imprimer également le degré plato (la densité du moût avant fermentation), les unités d'amertume (IBU pour International Bitterness Unit), la teneur en acides alpha (AA) responsable de l'amertume, et le degré de coloration du produit (L pour Lovibond).

ces bières. Sous les papilles, elles se distinguent habituellement nettement de la tendance générale des autres produits de la maison car elles expriment surtout les fantasmes du brasseur. Chacune offre ses propres particularités gustatives et mérite amplement un tour des États-Unis pour les découvrir toutes. Il faut prévoir un voyage de plusieurs mois.

Les pale ales et India pale ales (IPA)

Le style vedette de la révolution microbrassicole aux États-Unis est sans aucun doute le style pale ale. Mis à part la couleur rousse, il se distingue nettement de son inspiration d'origine britannique. La pale ale britannique est construite sur une base de bitter, une bière relativement douce, destinée à une consommation immédiate dans les pubs. La pale ale américaine, de son côté, se veut une déclaration d'indépendance à l'égard des bières blondes et insipides du mass market. Ici, on vend la différence et, pour plusieurs, différence égale qualité.

Les brasseurs s'adressent à une clientèle bien ciblée qui accorde une valeur très grande à cette originalité : il est alors bien compréhensible qu'ils insistent sur cette différence. Par ailleurs, aux États-Unis, on associe généralement qualité à quantité. Au restaurant, les assiettes sont bien garnies, et les Beer Garden sont devenus des parcs d'amusement. Il en est ainsi de la bouteille que l'on souhaite de qualité supérieure : bien garnie à l'intérieur. À cela s'ajoute la véritable valeur mesurable de l'ingrédient le plus coûteux dans la bière, le houblon, que l'on nomme d'ailleurs l'or vert. Il est ainsi facile d'associer la qualité à cet ingrédient coûteux que nous ajoutons généreusement. Les amoureux de la fleur verte sont affectueusement surnommés têtes de houblon (*hophead*). Les États-Unis sont également un grand producteur de houblon, notamment en Oregon et dans Washington. Fiers patriotes, ils font grand usage de la variété indigène Cascade. D'une grande souplesse, celle-ci permet l'attribution d'amertume et d'arômes. On la reconnaît facilement dans les bières à cause de ses notes d'agrumes, surtout

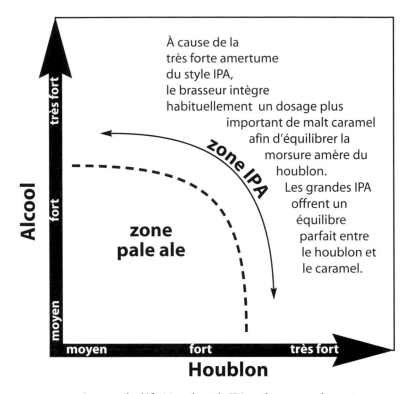

Progression des styles
pale ales et India pale ales américaines

À cause de la très forte amertume du style IPA, le brasseur intègre habituellement un dosage plus important de malt caramel afin d'équilibrer la morsure amère du houblon. Les grandes IPA offrent un équilibre parfait entre le houblon et le caramel.

zone IPA

zone pale ale

Alcool — très fort, fort, moyen

Houblon — moyen, fort, très fort

La zone de définition du style IPA est beaucoup plus vaste que celle du style pale ale.

le citron. L'efficacité est également reconnue une grande qualité dans ce pays, et l'atténuation des moûts est habituellement plus importante qu'en Angleterre, ce qui donne une bière plus mince, moins sucrée.

Ces paramètres étant définis, constatons que plusieurs marques s'affichant IPA offrent des saveurs de pale ale et vice versa. Voilà des principes du marketing en pleine action ! Nonobstant les nuances d'intensité, les brasseurs annoncent souvent

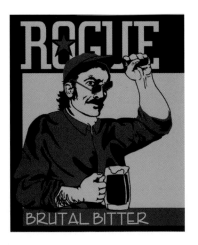

leurs intentions dans le nom qu'ils accordent à leurs bières. Pensons aux sublimes Brutal Bitter de la brasserie Rogue et Alimony ale de Buffalo Bill. Les recettes de ces infusions sont souvent interprétées à la mode saisonnière. L'automne et l'hiver, on y ajoute des épices ou des fruits pour brasser une version plus piquante et plus alcoolisée. Le printemps et l'été, on opte pour le blé et le miel afin d'offrir des bières plus douces et plus légères.

Les pale ales

Les IPA

Saveurs en bouche

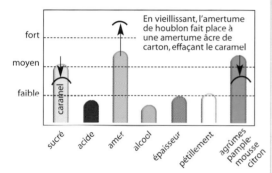

En vieillissant, l'amertume de houblon fait place à une amertume âcre de carton, effaçant le caramel

Présentation visuelle : robe rousse au pétillement moyen, coiffée d'une mousse moyenne, souvent fugace.

Alc./vol. : pale ale, de 4,5 à 5 %, IPA, de 4,5 à 7 %.

Saveurs caractéristiques pale ale : nez explosif de houblon aux notes d'agrumes, surtout le citron et le pamplemousse, accompagnées d'un soupçon de caramel. Corps mince, amertume de houblon bien tranchante. L'arrière-goût se fait longtemps l'écho du houblon.

Saveurs caractéristiques IPA : nez agréable de houblon et de caramel. On peut reconnaître en deuxième plan les agrumes bien présents. Corps moyen dont le caramel appose con-

tinuellement son effet agréable d'enrobage de l'amertume.

Température de service : tablette, tempérée ou froide.

Verre de service : godet ou chope.

Conditionnement idéal : le fût, la bouteille brune ou la canette.

Péremption : ne s'affinent pas et se dégradent rapidement, surtout si elles sont entreposées à une température supérieure à 25 °C. On rencontre souvent des notes de carton dans ces types de bière.

À la table : servies froides, elles sont d'excellents apéritifs. À cause de leur amertume, leurs compléments alimentaires doivent être doux (voire sucrés), gras, grillés ou rôtis. Les aliments aigres sont à éviter. Les saucisses douces ou grasses leur conviennent bien. Du côté des fromages, les pâtes affinées dans la masse (jeunes et doux), les cheddars de chèvre et les croûtes lavées sont leurs meilleurs amis. Très allergiques aux fromages persillés, ils peuvent alors provoquer une amertume inconsolable.

Saveurs en bouche

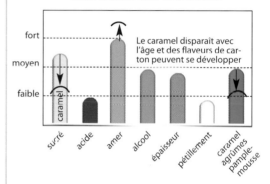

Le caramel disparaît avec l'âge et des flaveurs de carton peuvent se développer

Analyse

SIERRA NEVADA PALE ALE
Bouteille : 355 ml
Alc./vol. : 5,3 %
Péremption : non indiquée
Température : fraîche

Bouche (Sierra Nevada PA, bout.)

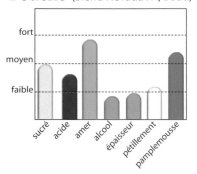

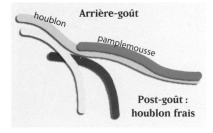

Arrière-goût

houblon

pamplemousse

Post-goût : houblon frais

Visuel

Rousse-abricot, coiffée d'une belle mousse onctueuse qui tient bien.

Nez

Bouquet explosif sur le thème des agrumes : pamplemousse et citron.

Description

Les saveurs d'agrumes se confirment rapidement dès l'entrée en bouche. Le pamplemousse domine et mord de son amertume bien sentie l'arrière de la langue. Très longue en bouche.

Analyse d'experts

Remarquons la précision de plusieurs auteurs sur la présence du houblon cascade, un classique des bières américaines. Il est intéressant de constater ici l'association que Jackson fait entre le citrique, et non pas le houblon, mais la levure. Soulignons au passage que le caractère citronné des bières belges est habituellement occasionnée par la levure ou, de plus en plus souvent, par la coriandre. Ces hypothèses soulèvent une dimension très intéressante du rôle des experts.

Nous nous entendons (presque) tous pour identifier le citron dans cette bière. Sur les papilles, c'est ce qui compte. Lorsque nous cherchons les sources de cette flaveur, trois principales origines peuvent légitimement l'expliquer : le houblon, les épices ou la fermentation (quoique nous puissions aussi constater la présence d'un quartier de citron sur le verre au moment du service). Être en mesure d'identifier la nature d'une flaveur dans un verre est à la portée de tous. Être en mesure d'en identifier la source précise est l'apanage des personnes qui possèdent également un bagage de brasseur. Il existe effectivement des nuances subtiles qui distinguent les trois origines citriques de la bière avant son service. Il n'y a aucune subtilité toutefois dans la présence d'un morceau de citron sur le verre au moment du service.

MICHAEL JACKSON

« La Pale Ale offre simultanément le floral du houblon cascade et le sublime fruité citrique de sa levure dans son bouquet. Elle est élégamment équilibrée, offrant une personnalité propre et fraîche. »

STEPHEN BEAUMONT

« La bière maintenant fétiche Sierra Nevada Pale Ale possède un caractère agréablement rafraîchissant par l'utilisation judicieuse du houblon nord-américain cascade et de suffisamment de malt pour équilibrer l'amertume. La bière qui en résulte est quelque peu citrique, même un peu pamplemousse et d'une douceur florale, se terminant sur une finale sèche agréable. »

JAMES D. ROBERTSON

« Ambre profond, épice complexe du houblon cascade et du malt qui procurent une impression demi-sec : saveurs riches et veloutées de malt et de houblon, le houblon étant plus fort en finale, arrière-goût très long, une bière délicieuse. »

JOSH LEVENTHAL

« La Sierra Nevada Pale Ale de couleur ambre intense, est une ale claire et remarquable. »

Analyse

Créée en 1975, cette bière annonce l'arrivée du houblonnage généreux dans les interprétations américaines des pale ales. On peut la considérer comme à la frontière entre le style pale ale et IPA. Plusieurs petites brasseries ont par la suite poussé la frontière du houblonnage amer à des intensités inégalées dans l'évolution de la bière. La Liberty Ale est demeurée relativement retenue dans ses élans et est devenue un classique de l'univers de la bière. Classée dans le style IPA par Beaumont, et american ale par Jackson, elle reflète bien cette difficulté de classification des bières de la révolution microbrassicole.

LIBERTY ALE
Bouteille : 650 ml
Alc./vol. : 5,9 %
Péremption : dans 7 mois
Température : fraîche
La bière explose de houblon dès que nous décapsulons la bouteille. Sa mousse plutôt fugace coiffe une robe rousse voilée de ses protéines. Son nez intense de houblon est vite adouci par des notes de caramel en bouche. Au fil des gorgées, nous observons l'expression de saveurs d'agrumes qui font danser le citron et le pamplemousse. L'arrière-goût

dévoile une légère aigreur d'agrumes vite effacée au profit d'une amertume de houblon bien sentie.

Bouche (Liberty Ale, bouteille)

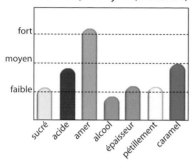

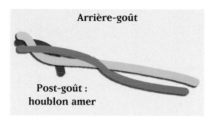

Arrière-goût

**Post-goût :
houblon amer**

Analyse d'experts

STEPHEN BEAUMONT

« Le houblon entier qui est utilisé dans la création de la Liberty Ale peut être détecté même auprès des nez les plus distraits. Mais contrairement aux nombreuses autres bières lourdes de houblon, cette ale offre plus que seulement de l'amertume. Des notes de pêche et d'abricot se mélangent avec le fruité citrique du houblon dans les arômes, une sensation de plénitude en bouche débute de façon sucrée et fruitée, et s'amérise graduellement dans les saveurs pour se terminer par un long assèchement aux notes d'épices de houblon. »

MICHAEL JACKSON

« Elle est amplement aromatique, dans un bouquet complexe et rond. Son corps est étonnamment léger, mais velouté et huileux. Elle développe au palais des flaveurs propres, appétissantes, évoquant le gin, le

Accréditation de style et évaluation

Tout peut être matière à faire des affaires, y compris offrir aux brasseurs des occasions pour l'obtention de médailles. Celles-ci seront toujours utiles pour pousser les clients potentiels à découvrir les produits de la maison. Le financement nécessaire au déroulement de ces concours est défrayé par les brasseries elles-mêmes sous forme de frais d'inscription. Seules celles qui acceptent de payer ces frais peuvent inscrire leurs bières. Le concept de « meilleure bière au monde parce qu'elle a gagné telle ou telle compétition » doit ainsi être nuancé. Plusieurs grandes bières n'éprouvent pas le besoin de s'inscrirent à ces concours. Imaginez Bono de U2 participant à un concours de chanteur !

La philosophie se divise entre deux grandes écoles : les qualités du brasseur et le plaisir que la bière procure. Ni l'une ni l'autre ne garantissent des produits de qualité supérieure pour le consommateur. Les bières évaluées ne sont pas achetées par les organisateurs dans un point de vente quelconque : elles sont acheminées bien emballées, au meilleur de leur forme, par les brasseurs eux-mêmes ! Mais peu importe ces nuances, l'effort de définition des styles par ces différents concours offre des balises importantes que

nous avons consultées dans le cadre de la rédaction de cet ouvrage. Au-delà des dizaines de variations de styles qu'ils proposent (frais d'inscription oblige), les informations qu'ils offrent gratuitement s'avèrent une source précieuse de développement de nos capacités de goûteur :
http://www.beertown.org
http://www.tastings.com

Par ailleurs, il existe des sites Internet — dénués de tout intérêt commercial — d'amateurs avertis offrant leurs propres évaluations. Il s'agit également de précieuses sources d'information pour l'amateur motivé :
http://www.ratebeer.com
http://www.beeradvocate.com

zeste de citron et se termine sèchement comme du Martini. »

JAMES D. ROBERTSON

« Ambre foncé, des arômes de malt et de houblon généreux ; complexe en

bouche, combinant plusieurs types de malt, de houblon, d'épices, d'agrumes et d'abricot ; très savoureuse et très longue. » ■

Les porters et les stouts

Lorsque nous achetons une bière étiquetée porter ou stout aux États-Unis, la seule chose qui soit garantie est sa couleur foncée. En ce qui concerne les saveurs, plusieurs porters offrent le même profil que plusieurs stouts et vice versa. Comment alors définir leur style respectif ? Si nous adoptons le principe de l'évolution historique des styles, nous constatons que le porter est antérieur à la stout. Les méthodes anciennes de torréfaction ne permettaient pas l'obtention d'un grain très rôti. La porter devrait ainsi offrir des saveurs moins rôties. Dans leurs pays d'origine, on houblonnait peu ou prou. La porter devrait alors être moins houblonnée. Finalement, les méthodes de fermentation et de gestion de la levure sont plutôt récentes. À son origine, la porter était un mélange de trois bières, dont l'une était aigrie.

En vertu de ces paramètres, la logique nous incite à définir la porter comme étant relativement plus douce que la stout. On devrait même considérer une légère aigreur comme une de ses qualités. Si la légère acidité était autrefois manifestement occasionnée par la fermentation, nous constatons que certains malts rôtis confèrent maintenant une aigreur de brûlé. Soulignons finalement que le mot stout, signifiant amer, était d'abord utilisé pour qualifier certaines porters, la stout porter. Appliqué à la révolution microbrassicole aux États-Unis, nous devons ajouter un facteur d'amplification des caractéristiques souhaitées de chaque style. Ainsi la porter américaine ressemble beaucoup plus à une stout irlandaise. Quant à la stout américaine, elle porte souvent l'intensité des amertumes à des degrés jamais vus auparavant dans le monde brassicole.

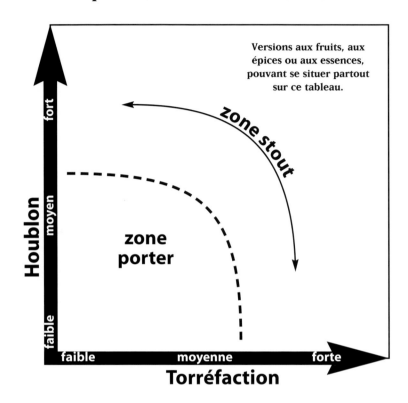

Progression des styles
porters et stouts américaines

Versions aux fruits, aux épices ou aux essences, pouvant se situer partout sur ce tableau.

zone stout

zone porter

Houblon — fort / moyen / faible

Torréfaction — faible / moyenne / forte

La zone du style stout est beaucoup plus vaste que celle du style porter. À cela s'ajoute la possibilité d'ajouter des fruits, des épices ou même des essences et de créer ainsi une multitude d'interprétations possibles.

Les malts torréfiés doivent être considérés de la même façon que le chocolat. Lorsqu'ils sont adoucis avec du lactose ou des malts caramélisés, les flaveurs de chocolat sont rehaussés et les bières développent alors des flaveurs de café moka. Souvent, les brasseurs coiffent ces bières adoucies du titre cream porter ou cream stout. Soulignons incidemment que l'utilisation du mot cream ne garantit pas un adoucissement. Il peut tout simplement faire référence au collet de mousse de la boisson. Un nombre grandissant de brasseurs sculptent des bières originales avec des épices ou des essences originales, la vanille par exemple. Plus les saveurs de rôti sont présentes dans le produit, plus la bière est tolérante dans l'enrobage qu'elle accorde à ces ingrédients saugrenus.

Les porters

Les stouts

Saveurs en bouche

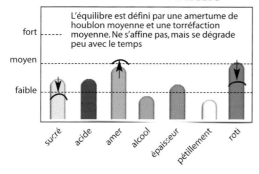

L'équilibre est défini par une amertume de houblon moyenne et une torréfaction moyenne. Ne s'affine pas, mais se dégrade peu avec le temps

fort — moyen — faible

sucré · acide · amer · alcool · épaisseur · pétillement · roti

Saveurs en bouche

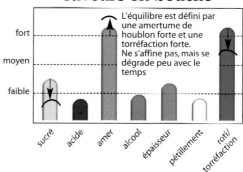

L'équilibre est défini par une amertume de houblon forte et une torréfaction forte. Ne s'affine pas, mais se dégrade peu avec le temps

fort — moyen — faible

sucré · acide · amer · alcool · épaisseur · pétillement · roti/torréfaction

Présentation visuelle : robe noire coiffée d'une mousse onctueuse, brunâtre, persistante.

Alc./vol. : varie de 4 à 6 % — certaines versions peuvent titrer plus de 10 %.

Saveurs caractéristiques : nez intense de torréfaction évoquant le moka et le grain rôti. On peut à l'occasion y observer la présence de houblon floral. Bières veloutées en bouche, leurs saveurs se transportent rapidement vers l'arrière de la langue sur des notes de torréfaction. La porter est habituellement dénuée d'amertume de houblon tandis que la stout en regorge.

Température de service : tempérée ou légèrement refroidie.

Verre de service : godet ou chope.

Conditionnement idéal : le fût, la bouteille ou la canette. Les versions à l'azote gagnent en popularité.

Péremption : ne s'affinent pas, mais se conservent relativement facilement même dans des conditions d'entreposage difficiles.

À la table : il faut considérer ces bières comme un toast rôti. Elles conviennent ainsi très bien à plusieurs types de mets, incluant les fruits de mer et tous les types de saucisses. Elles savent mettre en valeur la majorité des fromages, surtout les fromages affinés dans la masse (le cheddar, l'emmental ou le gouda), mais on leur évitera les fromages de chèvre, surtout ceux à pâte fraîche.

* * *

La seule variable relativement stable pour déterminer la frontière entre la stout et la porter est définie par l'intensité de l'amertume de houblon. Plus le houblon est présent, plus le style est une stout.

On brasse généralement plus d'une seule version de la stout ou de la porter. L'utilisation des malts fumés est fréquente. La signature commune de ces bières comporte la couleur noire et les saveurs rôties. L'amertume du houblon ainsi que la teneur en alcool varient considérablement, la porter d'un brasseur étant souvent la stout de l'autre, et vice versa. Les interprétations sont donc infinies ! Il serait possible de consacrer un ouvrage complet sur toutes les bières qui portent ces dénominations tout en créant plus d'une douzaine de sous-classifications distinctes.

Les styles stout et porter sont extrêmement flexibles. Contrairement aux fermentations basses plus subtiles, leur robustesse leur permet des variables incroyables tant dans le pourcentage d'alcool, les sucres résiduels et la texture que dans les IBU. La porter tolère facilement l'ajout d'épices, de sucres, de fruits et de malts de toutes sortes, dont le malt fumé qui semble de plus en plus populaire. À l'instar des pale ales et des IPA, l'interprétation américaine comporte un houblonnage plus soutenu. En résumé, on ne peut pas définir un archétype américain de porter ou de stout.

Analyse

PERFECT PORTER
Bouteille : 355 ml
Alc./vol. : 4 %
Péremption : non indiquée
Température : fraîche

Visuel

Brune-noire coiffée d'une généreuse mousse beige persistante.

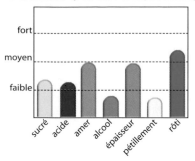

Bouche (Perfect Porter, bouteille)

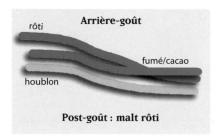

Arrière-goût

Post-goût : malt rôti

Nez

Nez complexe. Le cacao éperonne, puis, ce sont les notes de noix de la torréfaction qui exultent. Enfin, on reconnaît la délicate fumée.

Description

Bière ronde, veloutée et généreuse d'une complexité sur le thème rôti. On semble découvrir du houblon à l'arrière-plan, mais il reste toujours posté en sentinelle, sans jamais prendre le dessus. On peut noter, en portant attention, quelques timides sensations aigres de torréfaction. Bière très agréable à boire. Dans une perspective de porter moderne. Elle porte de toute évidence bien son nom !

Analyse d'experts

Avec cette explosion de torréfaction, on ne peut pas la manquer. Jackson note toutefois la présence de poudre de cacao. Notons également qu'il qualifie la rondeur de merveilleuse, tandis que Robertson demeure neutre en utilisant les mots « corps moyen ».

MICHAEL JACKSON

« Cette bière est d'une merveilleuse rondeur, dans son corps et dans ses saveurs. Elle offre des flaveurs suggérant la poudre de cacao, les noix rôties et une note de tourbe fumée. »

JAMES D. ROBERTSON

« Brun foncé, mousse brune, riches arômes de malt torréfié, enrichis d'un soupçon de fumée, corps moyen, d'intensité intermédiaire, veloutée, brillante et rafraîchissante, arrière-goût très long. »

* * *

OLD RASPUTIN
Bouteille : 355 ml
Alc./vol. : 8,9 %
Péremption : non indiquée
Température : fraîche

Visuel

Corps noir intense, presque opaque, coiffée d'une mousse beige, onctueuse, relativement fugace mais qui laisse une belle empreinte sur le verre.

Nez

Ça explose de rôti, bien soutenu par l'alcool qui fait pénétrer les odeurs profondément dans les narines.

Description

Généreuse dans son exubérance de saveurs rôties, saupoudrées de quelques notes de chocolat et bien enrobée dans une texture veloutée. L'amertume du houblon, bien dissimulée dans l'alcool et le rôti, s'exprime en finale.

Bouche (Old Rasputin, bouteille)

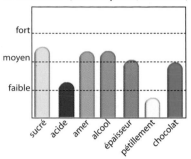

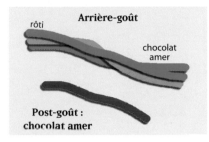

Arrière-goût

rôti

chocolat amer

**Post-goût :
chocolat amer**

Analyse d'experts

Notons la différence d'alcool entre l'échantillon que nous avons dégusté et celui qu'a goûté Beaumont. Cette seule variation, fréquente dans les bières artisanales, peut expliquer les différences de saveurs perçues par la même personne lors de deux dégustations différentes.

STEPHEN BEAUMONT

« La Rasputin est en fait une grande bière offrant un merveilleux équilibre entre le fruité, le rôti et 9,2 % alc./vol., et un profil de saveurs qui coule sans couture d'un début sucré jusqu'à la finale amère-rôtie. »

MICHAEL JACKSON

« Saveurs riches, aux notes de beurre, de toffee, de rhum. » ■

La petite bière de George Washington

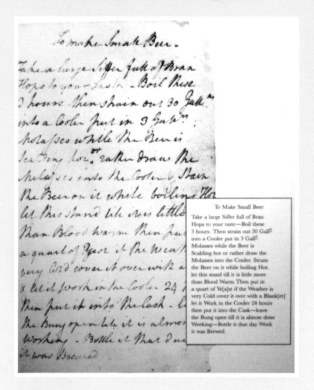

> To Make Small Beer
> Take a large Siffer full of Bran Hops to your taste—Boil these 3 hours. Then strain out 30 Gall[s] into a Cooler put in 3 Gall[s] Molasses while the Beer is Scalding hot or rather draw the Molasses into the Cooler. Strain the Beer on it while boiling Hot. let this stand till it is little more than Blood Warm Then put in a quart of Ye[a]st if the Weather is very Cold cover it over with a Blank[et] let it Work in the Cooler 24 hours then put it into the Cask—leave the Bung open till it is almost done Working—Bottle it that day Week it was Brewed.

Le président des États-Unis, George Washington, brassait sa bière à une époque où le brassage domestique était une pratique courante. Les ingrédients utilisés ainsi que la procédure témoignent de la simplicité du brassage à l'époque.

Pour faire de la petite bière

« Prendre une large casserole remplie de son. Houblonner au goût. Faire bouillir pendant trois heures. Filtrer ensuite 30 gall dans une glacière, ajouter 3 gall de mélasse pendant que la bière est en ébullition ou encore ajouter la mélasse dans la glacière. Filtrer la bière au-dessus de la mélasse alors qu'elle bouille. Laisser reposer jusqu'au moment où la température est celle du sang (température du corps). Ajouter ensuite une pinte de levure si la température est très froide. Couvrir avec une couverture et laisser travailler dans la glacière pendant 24 heures, puis verser dans le cask — laisser la bonde ouverte jusqu'à ce que le travail soit presque complété — embouteiller alors cette journée de la semaine. »

Voyage aux pays des grandes bières

Amérique du Nord
Canada

Au moment où l'invention du moteur à vapeur provoque la révolution industrielle en Angleterre, où Eberhart Busch aux États-Unis profite au maximum de ces développements technologiques pour établir les bases de ce qui deviendra la plus importante brasserie au monde, et où le regroupement des brasseurs de Plentz en Bohème met au point la première bière blonde, le dominion du Canada est en pleine crise politique. Les choses n'ont pas tellement changé depuis.

Brasserie Granite, une des premières microbrasseries au Canada

S'il fallait couronner l'endroit où les barrières sont les plus efficaces pour entraver la libre circulation des bières sur son territoire, le Canada serait roi. En effet, il n'y existe pas un marché de la bière, mais bien dix marchés différents. Ces divisions limitent considérablement la croissance des géants et constituent encore de nos jours un obstacle majeur pour les petites brasseries. Aussi paradoxal que cela puisse paraître, il est beaucoup plus facile d'importer des bières d'un pays étranger que de la province voisine. Ce phénomène a ralenti le développement des grandes brasseries industrielles canadiennes et les a rendues extrêmement vulnérables aux prises de contrôle sur le marché international. Si le géant **Molson** a retrouvé son indépendance après un bref séjour parmi les Australiens, **Labatt** fait pour sa part maintenant partie du groupe belge Interbrew. Avant cet achat, les bières belges circulaient difficilement au Canada. Les Leffe, Hoegaarden et Belle-Vue entrent aujourd'hui par la grande porte, soutenues par un service professionnel.

Fondé en 1786, à Montréal, Molson est la plus ancienne brasserie toujours en opération en Amérique du Nord, mais aussi la plus lente à se diversifier sur le marché de la bière de dégustation. Ses ententes internationales avec Heineken et Corona font d'elle une brasserie spécialisée dans le style de bière désinvolte. Parmi les marques qu'elle brasse, Molson dessine parfois une version plus colorée d'un style désinvolte, comme c'est le cas avec la Rickard's Red, que l'on peut ennoblir en disant d'elle qu'il s'agit d'une irish red ou encore d'une bière appartenant au style viennois. Une des raisons qui justifie ce pastiche de bière de dégustation, de la part de Molson, est la demande formulée par les clients, notamment dans les débits de boisson. On peut dire de la Rickard's Red qu'elle est fidèle à ses racines désinvoltes. Il n'en a pas toujours été ainsi :

Tom Digustini et David Bruce-Thomas, de la Horseshoe Bay Brewing

nos grands-parents parlent encore des bières brunes de la maison qui, d'après leur description, étaient de toute évidence des pale ales.

Derrière Labatt et Molson, deux brasseries régionales marchent sur leurs pas : **Sleeman** en Ontario et **Moosehead** au Nouveau-Brunswick. La brasserie ontarienne, ressuscitée par un des héritiers de la famille qui avait fondé la compagnie, fait preuve d'un sens du marketing en précisant brasser une recette notée dans le carnet de notes de l'aïeul et en affirmant que leurs bières comportent essentiellement du malt, du houblon et de la levure. Mais toutes les bières du monde suivent cette recette ! Sleeman propose ses produits dans une bouteille transparente, affirmant que dans les années 1850 les bouteilles étaient transparentes. Notons toutefois ce détail amusant : le livre de recettes de l'aïeul a été écrit en 1834, soit une dizaine d'années avant l'invention de la première bière blonde, et la révolution « bouteille » s'amorce surtout au XXe siècle, après l'invention des techniques modernes ! Sleeman a judicieusement permis à sa marque fétiche de grandir au Canada en achetant de petites brasseries, telles que **Seigneuriale** au Québec, et **Okanagan** et **Shaftebury** en

Colombie-Britannique. Sleeman ne brasse pas vraiment de bières de dégustation au sens noble du terme, mais certains de ses produits offrent néanmoins une plus grande qualité que beaucoup d'autres marques. La Honey Brown, par exemple, est bien

meilleure que bien des bières de microbrasseries. De son côté, **Moosehead** brasse une seule bière très populaire portant le nom de la maison, une lager blonde légèrement plus houblonnée que les désinvoltes des géants. Elle a longtemps été plus populaire aux États-Unis qu'au Canada. Restée indépendante, la maison amorce sa croissance au tournant du XXIe siècle en investissant dans la microbrasserie d'un incorruptible : **McAuslan** à Montréal.

Nous ne pouvons pas parler véritablement de développement de styles originaux au Canada, sauf peut-être pour les bières à l'érable. La sève d'érable renferme un sucre hautement fermentescible et très coûteux à produire. Plusieurs expériences ont été tentées avec plus ou moins de succès, car la finesse des saveurs de

Les bistro-brasseries

À l'instar des États-Unis, les petites brasseries qui ont créé une bière pour consommation sur place connaissent une grande popularité. Il s'agit d'un endroit idéal pour découvrir des bières exceptionnelles. Elles jouissent en principe de conditions idéales de dégustation, car elles devraient normalement

être dénuées de saveurs quinquenaires, principale source des défauts de la bière. Rares sont les bistro-brasseries qui vendent des bières conditionnées en cask, comme nous en trouvons partout au Royaume-Uni. Mais le Clock Tower de la capitale, Ottawa, offre des cask conditionned d'une grande finesse qui n'ont rien à envier à leurs cousines d'outre-Atlantique.

Brewster's, Saskatoon

l'arbre disparaît habituellement avec la fermentation. La tentative la mieux réussie pour la transmission des saveurs d'érable au produit final était celle de la défunte brasserie Beaucebroue. Leur recette a par la suite été reprise par la ferme-brasserie **Schoune,** mais sa trop grande ressemblance avec le sirop d'érable divise les amateurs. Trop sucrée pour être considérée par certains comme une bière, d'autres y voient justement l'invention d'une bière typiquement québécoise. La plus belle réussite de la bière à l'érable est sans aucun doute la Tord-Vis, des brasseurs **R.J.** Elle est présentée comme une bière de saison, une version originale de la bière de mars quoi ! Sleeman nous propose également une bière à l'érable sous la marque Upper Canada où l'érable est toutefois plus facile à identifier sur l'étiquette que dans les saveurs.

On voit apparaître dans plusieurs petites microbrasseries des bières au chanvre. Elles connaissent une popularité par l'image qu'elles projettent, mais il ne s'agit pas vraiment en soi d'un style de bière. La majorité des producteurs utilisent une recette de base pale ale pour y inclure ensuite

du chanvre. On reconnaît facilement la signature citronnée et la texture légèrement râpeuse du chanvre dans le produit. Le chanvre ne contient aucun THC, et est surtout utilisé pour le pouvoir d'attention que suscite son feuillage. Le résultat n'est pas égal. La Hemp Lager de la **Whistler Brewing,** par exemple, n'arrive pas à la cheville de la Chanvre rouge de la brasserie **Le Chaudron,** à Montréal, qui a plutôt choisi de marier les saveurs citronnées du chanvre avec celles de caramel d'un malt spécialisé. L'**Ambassador Brewing,** en Ontario, dissimule quant à elle ses saveurs dans l'alcool pour sa Hemp Ale. À côté de ces bières de chanvre, un des joyaux de la révolution microbrassicole canadienne a pris naissance en 1988, à Halifax en Nouvelle-Écosse, avec l'ouverture de la **Granite Brewery.** On y élabore les classiques déclinaisons d'influence britannique, avec un dosage un peu plus soutenu de houblon : la best bitter, la best bitter special, une IPA, une stout. La bière populaire de la maison, un peu moins houblonnée, ouvre les portes du monde des bières spéciales aux nouveaux venus : la Peculiar.

Parmi les rares microbrasseries à l'extérieur de l'Allemagne qui s'aventurent dans le créneau de la fermentation basse, il faut souligner l'excellence de **Brick Brewing,** en Ontario. Elle a même obtenu les droits de brassage de la monastique

Andech Spezial Hell lager. Elle produit par ailleurs une des meilleures bocks, qui n'a absolument rien à envier à ses cousines bavaroises. La petite brasserie **Creemore,** située dans la coquette ville du même nom, a pour sa part réinventé la lager blonde qui jouit d'une réputation enviable dans sa province. Elle se démarque par des saveurs sucrées prononcées qui évoquent le malt et rappelle avec beaucoup de panache les somptueuses lagers blondes autrichiennes comme l'Ottrakringer. **Niagara Falls Brewing** est située là où les Américains ont perdu leur dernière bataille contre les Britanniques : à Lundy's Lane. La maison présente une eisbock qui n'a pas grand chose en commun sous les papilles avec son inspiration allemande, sauf peut-être son alcool. Mais quelle belle réussite de pain aux bananes dans ses flaveurs ! Cette brasserie produit également une pale ale d'inspiration anglaise, la Gristone, merveilleuse en fût, mais qui ne tient pas la route en bouteille. La quintessence anglaise nous est offerte par la brasserie qui honore celui qui a battu Napoléon sur des buttes au sud de Bruxelles, le général Wellington. La **Wellington County Brewery** nous propose l'Arkell Best Bitter, très florale, houblonnée à souhait et agrémentée de notes de noisettes, puis sa sublime Duke Strong Lager, généreusement maltée, la Iron Duke Porter et sa magnifique stout impériale.

Le temple des bières bavaroises se trouve dans un bistro-brasserie au cœur de Toronto, la ville reine, le **Denison's Brewing Co.** Son maître brasseur Michael Hancok reproduit la famille princière au complet : la Royal Dunkel, la Bavarian Hell Weizen, la Märzen, la Bock et la Pils. Notons que le Prince Luitpold de Bavière s'est personnellement impliqué dans la construction de la brasserie et dans

Brasserie Labatt, Montréal

propose, quant à elle, une bière de fermentation spontanée contrôlée par l'utilisation de levures sauvages cultivées (apprivoisées ?) pour l'élaboration de sa Kriek. **Cranóg Ales** sculpte pour sa part des ornements celtiques et produit des bières certifiées biologiques sans compromis, d'inspiration britannique : la Bitter, Red Branch Ale et Back Hand of God Stout. Dans cette région du pays, les bières inspirées de Bohème portent souvent le qualificatif de bohemian, et non de pilsner, ce qui reflète plus justement l'inspiration originale. C'est ce que fait la **Fat Cat Brewery** avec une excellente Original Bohemian Pilsener et, aux pompes voisines, une porter baptisée Pompous Pompador et une India pale ale appelée Fat Head.

Brasserie Kingston, Ontario

l'élaboration des recettes. Quelques gorgées et nous nous transportons en Bavière ! Un autre bistro-brasserie incontour-nable à Toronto, le **Granite II,** qui exécute à son tour ses propres interprétations des bières développées par son aîné. Nous ne pouvons passer sous silence le **Clock Tower Brewery,** dans la capitale nationale, Ottawa, un des pubs favoris de l'auteur qui le fréquente régulièrement, ce qui lui permet de tremper ses papilles dans le livre de ses souvenirs de voyage en Angleterre ; il y infuse de magnifiques cask conditionned ales anglaises authentiques. Par ailleurs, la **Big Rock Brewery,** un des leaders de la microbrasserie au Canada et fondée par Ed McNalley qui sest inspiré de Maytag à San Francisco, a d'abord

présenté sa propre interprétation de la bière rousse irlandaise, en 1984, mais gonflée d'alcool, la merveilleuse Mc Nally's Extra Irish Ale. Ed Mc Nalley a par la suite élaboré plusieurs autres recettes, diluant les grands styles britanniques, mais aucune n'a égalé l'Irish Ale qui demeure un classique inclassable flirtant les doublebocks, et ce, même s'il s'agit d'une bière de fermentation haute.

Nous trouvons aussi en Colombie-Britannique les grandes influences brassicoles européennes, dont notamment quelques notes inspirées des bières aigres de Belgique, au bistro-brasserie **Sailor Hägar's** Brew Pub de Vancouver, qui offre une blanche bien épicée, la Belgian-style Wit. La **Storm Brewing Limited**

Voir analyse de la Mc Nally's Extra Ale en page 238.

Amérique du Nord
Québec

Le premier intendant de la Nouvelle-France, Jean Talon, fonde en 1669 une brasserie dans la ville de Québec qui compte alors à peine 1 000 habitants. Il obéit ainsi aux instructions reçues de Colbert, un des principaux ministres de Louis XIV. La brasserie est située loin des maisons et poursuit de nombreux objectifs dont celui de combattre l'ivrognerie ! Talon souhaite également favoriser le développement économique de Québec avec l'exportation de la bière vers les Antilles.

Édifice de la brasserie de Jean Talon

Il est toujours possible de visiter ses vestiges dans la ville de Québec.

Malgré la bonne réputation de cette bière, les colons préfèrent consommer leurs bières maison, appelées le bouillon, beaucoup moins coûteuses. Aussi la brasserie ne survit-elle qu'à peine cinq ans. De nos jours, la majorité des grands styles internationaux de bière sont élaborés au Québec : de la fermentation haute à la fermentation basse en passant par quelques exemples de fermentation spontanée dont on ne sait pas toujours si elle est le résultat d'une action délibérée du brasseur ou simplement une habile récupération d'un accident de parcours.

La brasserie la plus originale, autant sous l'aspect économique que par son approche de la bière, est une coopérative de brassage dans la ville de Québec, connue par sa marque de commerce **La Barberie**. Elle se spécialise dans le brassage personnalisé et son système de brassage permet d'élaborer des recettes faites sur mesure pour ses clients. Il s'agit probablement de la brasserie qui brasse le plus grand nombre de marques de bières réellement différentes au monde ! Parmi ses bières populaires qui figurent souvent au menu du salon de dégustation, elle propose une version originale du style blanche, la Blanche aux agrumes qui explose de notes citronnées. La maison semble toutefois s'être spécialisée dans les bières noires avec ses centaines de versions de stout et de porter. L'un des pionniers de la microbrasserie jongle habilement avec les interprétations d'inspiration britannique dans le quartier universitaire de Lennoxville en Estrie. Le **Golden Lion** produit la quintessence de styles typiquement anglais dans toute la finesse houblonnée que ces infusions peuvent offrir. Dans la région bucolique de Charlevoix, on découvre la **microbrasserie Charlevoix,** animée par un amoureux de la transformation de l'eau et qui a laissé un emploi fort rémunérateur pour se consacrer à sa passion. Frédéric Tremblay y jongle avec les grands styles de bières internationales pour leur donner de nouvelles configurations. Il en est ainsi de sa Huitième jour, inspirée des blondes du diable et des triples, titrant à 10 % alc./vol., et insufflée de la vie de levures à champagne. Il en résulte une explosion prodigieuse de flaveurs d'orange et de houblon.

Le véritable succès commercial de brassage au Québec est de toute évidence celui des **Brasseurs du Nord,** brasserie située à quelques kilomètres au nord de Montréal. À l'aide d'un prêt, trois jeunes étudiants qui finançaient leurs études en vendant leurs bières maison décident de tenter la grande aventure. La décision de Laura Urtnowski et de Bernard et Jean Morin coïncide avec l'amorce de la révolution microbrassicole. Ils présentent une bière rousse, passablement sucrée et qui porte le nom de Boréale. À ses débuts, cette bière porte des caractéristiques qui sont considérées comme des défauts majeurs dans les grandes bières commerciales, notamment la présence soutenue et imprévisible de beurre de caramel, ou diacétyle dans le langage spécialisé. Pourtant, c'est justement ce qui fait tout son charme sur les papilles des amateurs assoiffés de découvertes. La maison a considérablement grandi par la suite et a

Success story made in Québec

Lorsque le premier brassin a complété son cycle de fermentation, les Brasseurs du

Laura Urtnowsky, cofondatrice

Nord embarquent quatre fûts dans la vieille Subaru familiale d'un des actionnaires et partent à la recherche d'un premier client ! Aucune sollicitation n'a encore été faite, mais un après-midi suffira pour convaincre quatre bars de

Montréal de se procurer cette nouvelle bière brune. De nouveaux clients s'ajoutent à la liste. La demande pour le produit explose, forçant la maison à embouteiller pour la consommation à la maison. Le même principe de « vente sur livraison non sollicitée » est appliqué. La demande croît plus vite qu'on ne peut produire. Les dirigeants amorcent alors un premier agrandissement, puis un deuxième, et ainsi de suite. Après la création d'une bière blonde, on appellera l'originale une rousse et la nouvelle une blonde. Le mot rousse devint alors synonyme de bière spéciale, au Québec.

stabilisé les saveurs de ses produits. La Boréale noire offre le meilleur de la maison avec ses notes douces de caramel qui soutiennent une belle torréfaction, le tout enveloppée de la fraîcheur du houblon. Une rare stout

qui est à son meilleur servie froide. Dans un autre ordre d'idées, la première consolidation de microbrasseries au Québec s'est opérée avec la fusion des Brasseurs de l'Anse, des brasseurs GMT et du Cheval Blanc, devenus **R.J.** Première microbrasserie nord-américaine à brasser sous licence des bières de microbrasseries européennes, la Chouffe blonde et la Barbar, elle est aussi une des rares microbrasseries à offrir une authentique viennoise, la Belle Gueule originale. Lorsque son houblonnage est à son meilleur et fraîchement sortie de l'usine, voilà une grande bière de soif. Dans sa

La microbrasserie La Barberie de la ville de Québec est probablement la brasserie offrant le plus vaste choix de bières au monde. Elle conçoit des recettes sur mesure pour chacun de ses clients. Elle en a ainsi développé plus de deux cents, qu'elle brasse encore régulièrement !

« Les bières à Charlebois »

Fin connaisseur de bières, le chanteur Robert Charlebois se porte acquéreur d'actions d'Unibroue. La compagnie jouit ainsi d'une publicité inouïe : La grande visibilité offerte par les médias à l'égard du sympathique rockeur contribue à faire connaître les produits et engendre une grande demande. Ses interventions ont rejailli sur l'ensemble des microbrassies. Pour plusieurs, toute bière non conventionnelle est « une bière à Charlebois ».

gamme Cheval Blanc, la maison R.J. présente de jolies bières de saison, notamment, pour l'hiver, la Sainte-Paix.

S'il fallait choisir la plus virtuose des brasseries nord-américaines, **McAuslan** figurerait en haut de liste. Utilisant un système identique à plusieurs autres microbrasseries, le Original Peter Austin Brick Kettle Brewing SystemTM, la maison offre d'excellents produits. La première marque mise en marché, la St-Ambroise Pale Ale, est, lorsque consommée dans ses deux premiers mois d'existence et chambrée, une des meilleures bières au monde dans sa catégorie. Sa version en fût est inégalable. Inspirée par la popularité croissante des stouts à l'avoine, la brasserie McAuslan a également mis au point une recette qui dépasse toutes les attentes, avec la St-Ambroise noire, décorée de plusieurs médailles dans des compétitions internationales.

Après avoir fondé **Unibroue,** André Dion choisit judicieusement l'expertise et le savoir-faire d'une brasserie belge pour lui permettre de se spécialiser dans un secteur offrant les meilleures marges de profit. Il mise également sur l'originalité de la fermentation en bouteille pour assurer une durée de vie plus longue à ses produits. La merveilleuse Maudite de la maison s'est manifestement inspirée de la famille des bières de l'abbaye de Chimay. On peut la situer à mi-chemin entre la Chimay rouge et la Chimay Grande Réserve. Unibroue innove à l'occasion en tentant des grands crus, comme la Raftman et la Quelque Chose. Plusieurs autres marques s'inscrivent dans le style blonde du diable et la plus réussie est sans aucun doute la Fin du Monde, surtout lorsque nous avons la chance de la déguster fraîchement sortie de l'usine.

À l'ombre des grandes microbrasseries le **Chaudron,** au cœur de Montréal, se spécialise dans les styles britanniques d'interprétation est-américaine. Elle offre deux grands crus : la Cobra, une sublime India pale ale, et la Chanvre rouge, une pale ale épicée au chanvre.

Plusieurs bistro-brasseries essaiment ici et là dans les grandes villes du Québec, également dans des régions réputées conservatrices. Les propriétaires brasseurs se transforment en éducateurs pour enseigner la dégustation de bière aux citoyens. Du côté de Montréal, nous trouvons deux mini-brasseries, grandes par les bières exceptionnelles qu'elles produisent : **Dieu du Ciel !** et **l'Amère à Boire.** Leurs bières sont en effet le témoignage passionné de brasseurs. Le premier bistro-brasserie se spécialise dans les bières de fermentation haute, tandis que le second opte pour les bières de fermentation basse, notamment celles de styles provenant de la République tchèque. La Charbonnière de Dieu du Ciel ! s'inscrit ainsi dans la grande lignée des bières fumées inspirées de Bamberg. Son maître brasseur, Jean-François Gravel, jongle en virtuose avec les ingrédients pour la composi-

Rares sont les maisons qui s'aventurent sur les sentiers de la fermentation basse. L'Amère à boire à Montréal le fait, et nous offre entre autres une excellente svetle 12°, la Cerna Hora. La maison propose également de sublimes *casks conditionned*

tion de ses œuvres. La Cerna Hora, créée par Grégoire Roussel de l'Amère à boire, utilise pour sa part une levure empruntée à la brasserie du même nom en Moravie. Elle offre un raccourci intéressant pour ceux qui désirent savourer des pivos typiquement tchèques en terre d'Amérique. Ces deux derniers proposent de surcroît d'excellentes interprétations d'ales conditionnées en cask.

Les brasseries régionales essaiment aux quatre coins du territoire. L'un des pionniers, les **Bières de la Nouvelle-France**, mise sur le développement de bières de terroir. Rares sont les brasseurs qui bûchent dans la cuve-matière avec autant d'acharnement que Marc Lessard. Ce dernier a bossé à la sueur de sa chope afin d'assurer la mise au point de bières intégrant des céréales indigènes tels l'épeautre et le sarrasin. La blonde d'épeautre, par exemple, n'a rien à envier aux grandes kristall weizen allemandes. Lessard se distingue également pour avoir mis au point une bière sans gluten, la Messagère. Dans la même région, les **Frères Houblon** proposent une version saugrenue de la blanche, la blanche de Trois-Rivières. Un peu à l'ouest, à Joliette, Carl Dufour de l'**Alchimiste** s'est fait chantre de la libre interprétation de grands styles, l'idée étant de s'en inspirer mais non de s'y emprisonner. Il développe ainsi des bières racées qui se distinguent par leur équilibre.

En se dirigeant vers les vieux continents, le Belge Bruno Baekelmans de la brasserie **Breughel** fait revivre les souvenirs de sa Flandre natale, notamment une blanche, une double et une brune des Flandres à Saint-Germain de Kamouraska. De l'autre côté du fleuve, nous trouvons la microbrasserie Charlevoix, dont nous avons déjà parlé. En poursuivant vers le nord, nous rencontrons

L'équipe de Dieu du Ciel ! à Montréal : Stéphane Ostiguy, Patricia Lirette, Jean-François Gravel. Dieu du Ciel ! s'amuse à jongler avec tout le spectre des saveurs pouvant être produites dans la famille des fermentations hautes en faisant jouer différents types de levures. Les résultats donnent plusieurs partitions des mêmes bières, exécutées par des virtuoses de la complexité des flaveurs. La découverte de ces nuances exige des visites fréquentes, notamment pour la Charbonnière.

Helen Bounsal et Peter Mc Auslan

Il est toujours difficile de porter un jugement sur la qualité d'un brasseur, entre autres à cause de l'utilisation d'équipements différents. La grande popularité du système britannique d'infusion à un seul palier connu sous le nom de Ringwood (voir l'encadré sur Alan Pugsley en page 206), permet de comparer des brasseurs entre eux. Lorsque nous considérons l'excellence des bières produites par la microbrasserie McAuslan, sous la direction du maître brasseur Helen Bounsal, nous devons constater que la maison a réussi à élever la qualité potentielle dudit système à son degré le plus élevé.

Michel Jodoin et les **brasseurs de l'Anse** dans le bucolique village de L'Anse-Saint-Jean sur le fjord du Saguenay, à quelques pagaies des troupeaux de belugas. La **Voie maltée**, de la ville de Saguenay, brasse des bières généreuses et chaleureuses à l'image des copropriétaires Carl Tremblay et Daniel Giguère.

Dans la Vieille capitale, outre la Barberie, le bistro-brasserie l'**Inox** honore le goût du terroir. Malgré la nécessité de brasser des bières dites grand public, le brasseur Pierre Turgeon se fait également plaisir en proposant des bières de saison originales. La Montagnaise mérite une visite. Brassée l'automne, elle rend hommage à la Basse-Côte-Nord, avec son miel et ses ingrédients autochtones, la chicoutée et le thé du Labrador.

Au Nord de Montréal, l'aventure s'amorce sur le thème italien avec la Mona Lisa, préparée par **Express Broue**. Après sa naissance de la côte droite d'une bière désinvolte, la belle du Musée du Louvre possède maintenant ses propres recettes déclinées en blonde et en rousse. À Saint-Jovite, Serge Vidal honore la mémoire de notre saint patron, en baptisant son établissement **Saint-Arnould**. Le pub attenant, véritable temple des collectionneurs de bouteilles anciennes, nous plonge dans l'univers de nos grands-parents. On y brasse une excellente triple, la bière de l'Évesque. Sur la montagne voisine, **la Diable** repose aux pieds du mont Tremblant. Dans ce Disneyland des centres de ski, les bières de l'établissement offrent des gorgées d'authenticité rafraîchissantes. Plus au nord, à Mont-Laurier, le sympathique Jonathan Sabourin de la microbrasserie **du Lièvre** a développé une bière inspirée, à base de carottes !

En Montérégie et dans les Cantons de l'Est, la **ferme-brasserie Schoune** s'inspire de la Belgique avec des interprétations éclectiques sur le thème de l'aigreur. À quelques pommes de là, à **Saint-Antoine-Abbé**, Gérald Hénault met à l'honneur le miel dans ses décoctions mousseuses. De son côté, **le Bilboquet** de Saint-Hyacinthe mise sur une hiérarchie d'intensités qui respecte la logique des néophytes. Plus la couleur de la bière est foncée, plus elle est goûteuse. Près du doyen des microbrasseries du Québec, **le Golden Lion** du quartier Lennoxville de Sherbrooke, deux bistro-brasseries-restaurants taquinent nos papilles à Magog: **le Memphré** et ses bières de libre interprétation de l'oncle Serge, et le **Lady of the Lake,** qui peoduit avec beaucoup d'adresse des produits populaires.

Dans la ville de Montréal, un franchisé de la chaîne française **Les 3 Brasseurs** offre ses recettes classiques au cœur de la ville. Deux gorgées plus haut, nous retrouvons l'excellent Amère à boire. À quelques pas à l'est, le plus ancien bistro-brasserie de la métropole, **le Cheval Blanc** continue son œuvre au gré des interprétations qu'en donnent les différents brasseurs qui y travaille. L'un des nouveaux venus, **le Réservoir** s'est mérité une réputation enviable parmi les connaisseurs avec ses interprétations de deux bières de blé: une weissen et une blanche. Le **Sergent Recruteur,** sur la rue Saint-Laurent, maîtrise le conditionnement en cask et nous en offre d'excellentes interprétations. Le bistro-brasserie **Brutopia**, situé au centre de la ville, puise son inspiration dans les interprétations nord-américaines des bières britanniques. Son India pale ale mérite de faire connaissance avec nos papilles.

Au Québec, on brasse souvent un style inspiré des bières traditionnelles des années 1950, alors que la révolution des saveurs était déjà en route vers les bières-sodas. Il s'agit de bières de fermentation haute, bien houblonnées et portant des noms inspirés du patrimoine, comme la Frontenac et la Bolduc, que l'on pourrait catégoriser comme des ales blondes. D'autres produits, comme la Boréale dorée, s'inscrivent bien dans cette catégorie.

* * *

Analyse

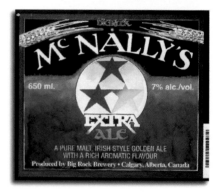

Elle est présentée comme une irish ale, mais elle n'a rien en commun avec les bières rousses d'Irlande. Irlandaise par son créateur, cette grande bière canadienne offre une interprétation haut de gamme.

MC NALLY'S EXTRA ALE
Bouteille : 650 ml
Alc./vol. : 7 %
Péremption : dans 6 mois
Température : fraîche

Visuel

Rouquine qui offre une mousse évanescente au-dessus de ses petites bulles.

Nez

Le malt explose, soutenu par la légèreté de son alcool.

Description

Plutôt mince en bouche, la texture soyeuse de son caramel enrobe un fruité délicat qui évoque le pruneau. Nous observons un léger croustillant de gaz carbonique lorsque nous ava-

Bouche (Mc Nally's Extra Ale, bout.)

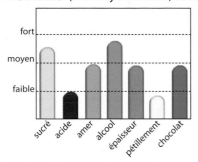

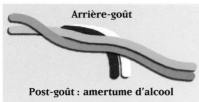

Arrière-goût

Post-goût : amertume d'alcool

lons. L'arrière-goût se distingue par une danse entre l'alcool et le caramel. En finale, une aigreur de gaz carbonique se manifeste.

Analyse d'experts

Le caractère malté et houblonné de cette bière fait consensus parmi les spécialistes. Michael Jackson et James D. Robertson identifient dans leur échantillon des notes de beurre et de malt rôti nous portant à croire qu'ils ont probablement goûté une bière fraîchement sortie de l'usine.

MICHAEL JACKSON

« Son Extra offre les flaveurs typiques des Irish ales, mais elle est plus forte que la majorité. Sa couleur est d'un rouge-ambré scintillant; possède des arômes floraux et une richesse matée fraîche évoquant le pain au raisin rôti, beurré. »

JAMES D. ROBERTSON

« Ambre profond, nez agréable de malt rôti qui vient vers nous ; délicieuses saveurs riches de malt ; finale retenue de houblon, arrière-goût de malt long qui présente des soupçons de caramel et de beurre. »

STEPHEN BEAUMONT

« Une belle ale forte offrant des arômes riches de caramel enrobant les pommes, complexe, corps de prunes. » ■

Les ales blondes

La majorité des microbrasseries offrent une bière intermédiaire. Plusieurs personnes souhaitent découvrir des bières spéciales une gorgée à la fois, lentement, en ne bousculant pas trop leurs convictions. En règle générale, la maison offre une bière dont les saveurs se rapprochent à une gorgée des bières désinvoltes industrielles. Il s'agit d'une interprétation qui se rapproche des bières de dégustation. On y reconnaît facilement la présence du houblon, surtout en fleur, mais dont l'amertume est délicatement apposée sur la langue. On peut l'appeler ale blonde.

Présentation visuelle : variant de blond à cuivré avec une mousse généreuse qui tient bien et une robe souvent voilée par les protéines.

Alc./vol. : varie de 5 à 6 %.

Saveurs caractéristiques : nez de houblon enrobé de notes douces évoquant souvent le caramel ou les biscuits à l'avoine. Légère douceur en bouche, complétée par une amertume bien définie.

Température de service : légèrement refroidie ou froide.

Verre de service : chope ou coupe.

Conditionnement idéal : le fût, la bouteille brune ou la canette.

Péremption : ne s'affine pas et se dégrade rapidement si elle n'est pas entreposée dans des conditions idéales.

À la table : servie froide, il s'agit d'un très bon choix pour l'apéritif et en accompagnement de crudités. Servie tempérée, elle fait bonne figure auprès des saucisses douces ou moyennement épicées. Avec les fromages, elle affectionne les pâtes affinées dans la masse, à l'exception des versions fumées. Elle aime bien les bleus ainsi que les fromages de chèvre à croûte fleurie.

* * *

Analyse

LA BOLDUC
Bouteille : brune, 650 ml
Alc./vol. : 5 %
Péremption : non indiquée
Température : froide

Parmi les ales blondes, certaines évoquent le bon vieux temps. Une des bières qui soulève de grands soupirs de nostalgie est la bière Dow, du temps où elle était fabriquée à Québec, par la brasserie Boswell. Une bière d'une grande réputation. D'après les témoignages des plus vieux d'entre nous, il y a une grande ressemblance entre La Bolduc et la Dow du temps de Boswell.

Visuel

Robe légèrement cuivrée, coiffée d'une mousse moyenne qui tient bien.

Bouche (La Bolduc, bouteille)

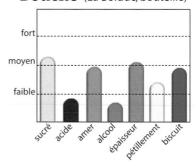

Arrière-goût

Post-goût : amertume de houblon

Nez

Nez complexe qui évoque le biscuit à l'avoine, derrière lequel nous reconnaissons des notes de petits pois en conserve et de fruits.

Description

D'une rondeur moyenne, ses saveurs de malt et de houblon semblent sculptées dans des gestes bruts qui donnent une légère sensation de piquant. La danse du malt et du houblon se poursuit dans un arrière-goût long et onctueux. Très désaltérante. ■

 ## St-Ambroise pale ale - analyses verticale et horizontale

Cette grande bière illustre bien les effets du vieillissement et de la température de service sur les bières de style pale ale et India pale ale. Tous les échantillons proviennent de la même caisse, fraîchement soutirés la semaine précédente : bouteille brune, 341 ml, 5 % alc./vol.

APRÈS DEUX SEMAINES

Froide

Mousse onctueuse qui tient bien. Nez caramel doux, aux effluves de mangue. Les céréales roulent sur un nid de houblon ! Un houblon indolent s'amuse avec une levure fringante et ingénieuse. Une St-Ambroise fraîche est si agréable ! Excellente.

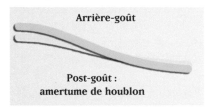

Fraîche

Mousse généreuse qui colle bien. Fraîche, le houblon explose ! Le malt prend un rôle de second plan. En fait, ici, l'amertume et le sucré sont bien découpés. La différence entre la boire chambrée ou froide vient de la démarcation entre les deux goûts (plus froide) ou la fusion (chambrée). La meilleure.

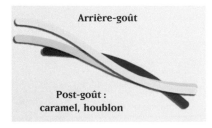

APRÈS TROIS MOIS

Froide

Mousse mince et fine. Nez timide qui dévoile quelques notes de caramel sur un fond bien senti d'agrumes. Saveurs veloutées quoique discrètes, son amertume est franche et nette.

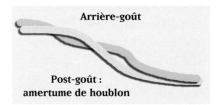

Fraîche

Mousse onctueuse. Nez expressif dévoilant des notes sucrées de caramel. Au goût, elle semble casser : on la sent à la jonction de l'amertume et de l'âcreté. Elle donne ici l'impression d'un sur-houblonnage !

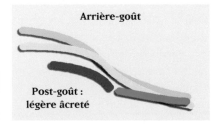

APRÈS SIX MOIS

Froide

À cette température, on ne sent pratiquement rien ! L'amertume est tranchante. Plus permissive qu'à la température chambrée, elle joue sur une ligne unique d'amertume, désagréable, qui laisse en bouche un goût agressant de houblon suranné.

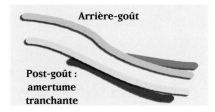

Fraîche

Nez puissant d'agrumes d'où ressort une fine amertume fleurie, sertie d'une madérisation de carton mouillé. Le caramel se fond doucement dans une épice sèche (thym). Comme elle est unidimensionnelle en bouche, son âge avancé l'amène vers l'âcreté. C'est son problème ici : la finesse n'y est plus ! L'amertume s'affadit.

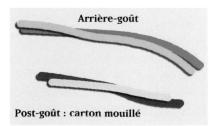

Voyage aux pays
des grandes bières

Ailleurs dans le monde

La principale caractéristique du marché mondial, au début du XXIᵉ siècle, est l'aboutissement de cette évolution amorcée une centaine d'années auparavant : des prises de contrôle par des géants financiers d'une ampleur encore jamais vue. Le marché n'est plus local ni continental, mais bien planétaire. Pendant ce temps, les petites brasseries tentent d'acquérir, elles aussi, leur part des marchés régionaux ou nationaux en brassant quelquefois des bières moins goûteuses.

Depuis la révolution industrielle, quelques marques européennes se disputent la planète, surtout Heineken et Carlsberg, alors que des marques américaines comme Budweiser et belge comme Stella Artois se positionnent maintenant sur le marché international. À l'extérieur de l'Europe de l'Ouest et de l'Amérique du Nord, les brasseries fabriquent également des boissons douces et distribuent des eaux embouteillées, ce qui en dit long sur leur véritable mission. Leurs mots-clés se résument à trois mots : « boisson douce, bière et stout » (*soft drinks, beer and stout*). Notons au passage la distinction entre les mots bière et stout. Sauf exception, le schéma est d'offrir quatre principaux styles de bières : deux blondes et deux noires. Dans chaque style, le choix se compose d'une bière locale, et d'une bière importée. Du côté des blondes, la bière locale est généralement de fermentation basse, légère et peu houblonnée. La bière importée est en fait une marque internationale, elle aussi de fermentation basse, légère et peu houblonnée, et est souvent brassée dans le pays même ou dans un pays voisin. Ces bières offrent peu d'intérêt sur le plan de la dégustation; elles représentent autant de façons de distraire la soif sans trop interférer avec le fonctionnement des papilles. Les saveurs de ces bières varient toutefois sensiblement d'un pays à l'autre. Il est facile de le constater lors de dégustations horizontales. Nous trouvons à l'occasion des marques plus fortement alcoolisées comme la thaïlandaise Singha Lager Draft, non pasteurisée, titrant 6 % alc./vol., et sa sœur du Sri Lanka, la Asiri lager à 7,5 % alc./vol. Le même principe s'applique aux bières foncées qui sont identifiées comme des stouts peu importe ce qu'elles goûtent. Elles renferment souvent un pourcentage d'alcool supérieur, et plusieurs s'inscrivent mieux dans les styles quadruple, scotch ale ou double. Guinness, fréquemment élaborée localement, est la marque de référence la plus connue. Elle est habituellement une version plus alcoolisée de ce que l'on appelle stout.

Par ailleurs, dans les pays à haute densité de population ou ayant des relations commerciales développées avec l'Europe et les États-Unis, nous remarquons l'émergence de petites brasseries ou bistro-brasseries fondées par des passionnés qui ont découvert la variété de bières qu'on y brasse et qui s'en donnent à cœur joie dans leur pays (surtout au Japon, en Australie et en Nouvelle-Zélande).

Vitraux Grüber,
Musée français de la brasserie,
Saint-Nicolas-de-Port

Les blondes internationales
Désinvolte, bière-soda, bière anémique, lager blonde douce

Les désinvoltes sont à la bière ce que le musak est à la musique, en ce sens que leur intensité est réduite. Les désinvoltes ne dérangent pas trop le goût, et les perceptions sensorielles qu'elles procurent sont à la frontière de l'infraliminal, c'est-à-dire d'une intensité inférieure au seuil de conscience de l'organisme. Elles sont élaborées pour être servies froides, ce qui dissimule les défauts d'entreposage qui surviennent fréquemment dans leur cas. Nous ne dégustons pas ces bières, nous les buvons, tout simplement. Elles deviennent intéressantes dans une perspective éducative pendant les dégustations à l'aveugle puisqu'elles recèlent des nuances que nous pouvons facilement identifier. Nos papilles sont très sensibles, elles se fatiguent rapidement et ne sont plus en mesure de percevoir les différences des désinvoltes après un court laps de temps. En d'autres mots, on se lasse vite. Nous pouvons les regrouper en trois sous-catégories : influence européenne, nord-américaine et tropicale.

Lager blonde	Désinvolte blonde	Légère blonde
INFLUENCE EUROPÉENNE	INFLUENCE AMÉRICAINE	INFLUENCE TROPICALE
Heineken, Stella Artois, Carlsberg Signature franche de malt, houblonnage varié	**Budweiser, Coors, Molson Export** Signature fréquente de maïs, peu houblonnée	**Corona, véritables dry** Absence de saveurs, présence fréquente de défauts en post-goût

La stout tropicale

La stout tropicale offre un pourcentage d'alcool élevé. Au-delà de cette caractéristique, nous trouvons plusieurs marques portant l'appellation stout, mais dont le profil gustatif les rapproche des bières foncées et plus fortement alcoolisées produites en Belgique. Il ne s'agit donc pas d'un véritable style, mais plutôt d'une façon de l'interpréter.

L'influence coloniale britannique se fait sentir dans plusieurs pays tropicaux ou moyen-orientaux. Elle a laissé dans son sillage la bière noire, fort populaire parmi les autochtones et les Noirs (notamment dans les Antilles). Elles sont mises en marché comme des boissons désaltérantes et leur étiquette reflète prosaïquement cette finalité. Certaines, telles la Lion Stout du Sri Lanka ou la Dragon's Stout de la Jamaïque, réservent toutefois de belles surprises gustatives et un rapport qualité-prix souvent imbattable à l'importation.

Analyse

Une bière jamaïcaine qui confond les sceptiques. Elle est coiffée du style stout, mais il faut ici considérer ce mot comme synonyme de noir, car cette bière s'inscrit dans la lignée des doubles et des scotch ales belges.

DRAGON STOUT
Bouteille : brune, 330 ml
Alc./vol. : 7,5 %
Péremption : non indiquée
Température : fraîche

Bouche (Dragon Stout, bouteille)

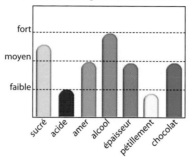

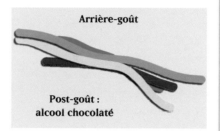

Arrière-goût

Post-goût : alcool chocolaté

Robe noire coiffée d'une mousse fugace. Nez complexe chocolaté empreint de caramel fondu et d'alcool qui enrobent le tout. D'une rondeur moyenne en bouche, elle offre une texture soyeuse et veloutée. La saveur de chocolat enrobe le caramel fondu alors qu'une note aigrelette équilibre le duo pour rendre cette bière désaltérante. L'arrière-goût est dominé par l'alcool qui exprime alors sa timide amertume. •

La **Lion Stout**, titrant 8 % alc./vol., que nous retrouvons au Sri Lanka se présente dans son pays d'origine sous sa forme conditionnée en cask. Elle n'a de stout que le nom, car elle évoque beaucoup plus les doubles ou les scotch ales telles qu'elles sont vendues en Belgique.

AUSTRALIE ET NOUVELLE-ZÉLANDE

L'Australie meuble les rêves de voyage de plusieurs amateurs de bière. Non pas que le pays soit une incontournable destination bière, mais parce qu'il ferait certainement très bon y boire une bière, n'importe laquelle, même l'insipide lager blonde de Foster. Avant la révolution microbrassicole, dans les années 1970, cette marque jouit même de la réputation d'être parmi les meilleures au monde ! À l'instar de ses consœurs, elle doit sa légèreté à l'emploi de sucre de canne comme succédané du malt. De nos jours, les géants australiens Castle-Maine, Fourex et Foster's, brassent des lagers blondes dénuées de saveurs et ne lésinent pas sur les appellations traditionnelles. La Victoria Bitter, par exemple, est une fermentation basse plutôt houblonnée et présentant un voile discret d'amertume. La relation

qu'entretiennent les Australiens avec la bière est empreinte d'affection comme en témoigne les sobriquets qu'ils utilisent pour la nommer affectueusement : *frosty* (givrée), *tinny* (la petite), *tube, amber fluid, amber nectar, neck oil* (huile de cou), *singing syrup* (sirop à chanter), *brewery broth* (bouillon de brasserie)... Bien avant la révolution microbrassicole, deux brasseries s'y distinguent par des produits origin-aux : Coopers et Cascade. La première est bien populaire parmi les brasseurs maison pour ses concentrés de moût. Située dans la ville d'Adélaïde, l'ori-ginalité de sa marque Sparkling Ale lui mérite dans certains ouvrages un style propre : l'ale pétillante d'Adélaïde (Adélaïde sparkling ale). Elle est surnommée sugar beer, à cause de l'ajout de sucre lors de sa fermentation en bouteille. Le succès de la maison se mesure à l'ouverture de nouvelles brasseries dans la même ville. Un style est ainsi véritablement en train de naître. Ces sparkling ales peuvent être considérées comme des versions originales et légères des monastiques blondes. La signature typique de cette bière est son fort houblonnage et son fruité, notam-ment construit sur des notes de pomme, de poire et de banane. De son côté, la plus ancienne brasserie australienne, Cascade, offre depuis peu une bière de luxe millésimée, l'Ale de la première moisson, élaborée avec du houblon fraîchement cueilli et produite une fois par année. La révolution microbrassicole n'a pas épargné l'Australie. Nous y rencon-trons plusieurs petites entreprises : Lion Brewery, Wig and Pent, Bell's Pub... Leurs principales inspirations font renaître les styles anciens, provenant de la mère-patrie : bitter, porter, stout et cask sont maintenant à l'honneur en Australie. La Nouvelle-Zélande connaît elle aussi la révolu-tion micro-brassicole. Près d'une cen-taine de microbrasseries ont ouvert leurs portes en moins de dix ans, alors que seulement trois compagnies offraient leurs produits auparavant. On y retrouve la majorité des styles importés d'Europe, mais les plus fréquents sont l'interprétation de styles d'origine britannique.

Analyse

COOPERS SPARKLING ALE
Bouteille : brune, 375 ml
Alc./vol. : 5,8 %
Péremption : non indiquée
Température : fraîche

Visuel

Mousse généreuse au-dessus d'une robe très voilée d'un jaune brunâtre.

Nez

Au nez, elle présente un bouquet fruité sur des notes de pomme verte et de poire.

Description

Plutôt mince en bouche, l'amertume de sa levure est ainsi en mesure de s'exprimer dans toute son ingénuité. La Coppers Sparkling Ale est plutôt timide dans l'expression de ses saveurs. Elle nous laisse sur un

arrière-goût discret évo-quant le souvenir de la poire.

Analyse d'experts

Le caractère fruité de cette bière est également souligné par Michael Jackson et Josh Leventhal. De son côté, James D. Robertson identifie la forte présence des saveurs primaires de malt et de houblon. On se demande s'il a dégustée la même bière que nous !

MICHAEL JACKSON
« Sa Sparkling Ale (qui, avec son dépôt de levure, peut, dans les faits, être très voilée) offrait jusqu'à environ 1980, une coloration bronze roux. Elle offre maintenant une coloration dorée. Elle est désaltérante, fruitée (avec des notes de pomme, de poire et particulièrement de banane), et sèche avec une longue finale. »

JOSH LEVENTHAL
« Malgré son aspect très trouble en conditionnement en bouteille, il s'agit d'une pale ale au goût fruité. »

JAMES D. ROBERTSON
« Or voilé, arôme franc de houblon, saveur mordante de houblon et finale maltée; arrière-goût long combinant le malt et le houblon. » ■

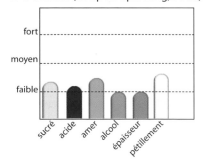

Bouche (Coopers Sparkling, bout.)

fort

moyen

faible

sucré acide amer alcool épaisseur pétillement

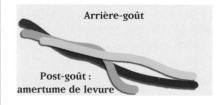

Arrière-goût

Post-goût :
amertume de levure

Voyage aux pays des grandes bières

Bières indigènes pré-industrielles

La bière est aussi ancienne que la civilisation. L'évolution des peuples n'a pas suivi la même trajectoire et il existe des régions qui perpétuent des traditions pré-industrielles.

Des chercheurs dépoussièrent des recettes anciennes et font revivre des traditions qu'on croyait perdues. Un certain nombre de brasseries affichent des dates sur leurs étiquettes qui remontent à cette époque. Mais leur équipement et leur cahier de charges ont été considérablement modifiés depuis. Il est aussi amusant d'observer les recherches que certains entrepreneurs font pour recréer industriellement des recettes pharaoniques.

Si nous souhaitons goûter aux bières préhistoriques, il suffit de se rendre dans une jungle et de goûter. Lorsque nous examinons les descriptions de saveurs qu'en font les auteurs, nous déduisons que de nos jours, les bières les plus connues, qui s'en approchent semblent être les fermentations spontanées.

Scandinavie

On trouve en Scandinavie trois bières ancestrales semblables : le sahti en Finlande, les bières fermières de la Suède et de la Norvège ainsi que la bière dite des Vikings, la gotlands-

dricka de Suède. La plus connue des trois est le sahti, commercialisé sur une petite échelle. En Finlande, le sahti est traditionnellement fabriqué dans un petit bâtiment servant également de sauna. Les brasseries utilisent du malt d'orge fumé, à cause de la méthode rustique de leur tradition. Dans le sahti, l'avoine et le seigle sont fréquemment utilisés. Le genévrier joue un rôle important dans la fabrication de cette bière. Ses baies aromatisent tandis que ses branches forment un lit filtrant et aromatisant. Le moût est fréquemment mis à fermenter sans être préalablement stérilisé, favorisant le développement de saveurs aigres. L'ajout de miel pour

en accroître la densité fait en sorte que la boisson peut souvent titrer jusqu'à 12 % alc./vol. Traditionnellement, la bière est consommée directement du fût, jeune. Elle présente donc des saveurs sucrées et aigrelettes. On y rencontre fréquemment des flaveurs fruitées dont celles de la banane. La gotlandsdricka signifie la boisson de Gotland et est produite dans l'île de Gotland en utilisant un malt fumé, du genièvre, du seigle

---

Le dolo, bière africaine de sorgho

(source : Olivier Leguay
http://www.leguay.net/olivier)

Bière indigène finlandaise : le sahti

Malt d'orge fumé, avoine et seigle sont fréquemment utilisés
pour la préparation du moût. Des baies de genévrier aromatisent
le moût tandis que ses branches forment un lit filtrant et aromatisant.

Le moût est habituellement mis à fermenter sans être stérilisé.
L'ajout de miel pour en accroître la densité fait en sorte que
la boisson atteint souvent 12 % alc./vol.

Le sahti est traditionnellement consommé jeune, directement du fût.

et du blé. Le produit est bu vers la fin de la fermentation. Plusieurs versions incluent du miel pouvant faire monter l'alcool à 12 % alc./vol.

Lituanie : le keptinis alus (bière cuite)

Cette bière est fabriquée de seigle grossièrement moulu, de malt d'avoine et d'orge. Le tout est mélangé à de l'eau et de la paille de manière à former une pâte solide, alors pétrie avec du sel. Les pains sont cuits jusqu'à ce qu'ils soient croustillants et sont ensuite émiettés. On mélange ces croûtes à de l'eau, on y ajoute du hou-

blon et des bourgeons de tilleul. Le moût est filtré à travers un tissu de laine ou de lin, puis transféré dans un fût de bois ou d'acier. On procède traditionnellement à une fermentation spontanée, mais on ajoute des levures de plus en plus souvent. Après la fermentation principale, on transfère dans un nouveau fût, duquel on sert directement la bière.

Russie : le kvass

En Russie, cette boisson n'est pas considérée comme une bière. Le kvass, mot signifiant « levain », est une forme primitive de boisson de grains dont les

recettes sont variées. Plusieurs types de céréales peuvent être utilisés. Le kvass est aromatisé d'herbes, d'épices ou de fruits, donnant une boisson aigre-douce, aux notes de noix, de pain, et d'épices qui s'acidifie avec le temps. Elle est consommée surtout l'été pour désaltérer. La distribution traditionnelle du kvass se fait en camion-citerne. Les gens viennent s'approvisionner directement d'un robinet alors que le camion visite les différents quartiers des villes. Cette tradition subsiste quoiqu'elle se fasse de plus en plus rare.

BIÈRE INDIGÈNE D'AFRIQUE

L'orge pousse difficilement en Afrique et les bières produites localement ne supportent pas la comparaison avec les produits originaux. Toutefois, on trouve des terres propices à la culture de l'orge au Kenya et en Afrique du Sud. La majorité des bières populaires africaines sont héritées des empires coloniaux européens, ce qui fait qu'on y rencontre surtout de la lager blonde. Dans tous les cas, il s'agit de versions allégées. Les marques les plus populaires sont Heineken, Carlsberg, Heinninger (d'Allemagne), 33 et Stella Artois. Depuis quelques années, la South African Breweries (SAB) est très active sur le marché international dans l'acquisition de brasseries. Pilsner Urquell, par exemple, fait maintenant partie de son empire.

Le dolo, le pompé... sont les bières traditionnelles africaines à base de sorgho (gros mil). Les peuples africains en brassent depuis la préhistoire. Dans ces petits groupes, leur préparation fait partie des responsabilités féminines, mais elles sont également élaborées commercialement dans certains pays africains depuis le début du siècle. Un des plus importants producteurs est le National Sorghum Breweries, en Afrique du Sud. Notons qu'au Nigeria, pays qui interdit la culture de l'orge, la Guinness est fabriquée de ce gros mil. Le marché du sorgho est faible, notamment à cause de l'influence de la religion musulmane, et il est surtout consommé au sein de la population noire. Le sorgho est trempé pendant un ou deux jours. On le laisse germer jusqu'à ce que les radicelles atteignent de 3 à 5 cm. On répand alors les grains sur le sol pour les assécher. Le sorgho est ensuite pulvérisé pour en faire une substance farineuse qu'on mélange à l'eau. On fait cuire cette maïsche de 30 à 60 minutes, et on la laisse refroidir à l'air libre pendant la nuit. Le lendemain, on ajoute au mélange de l'eau et des grains crus avant de le cuire à nouveau de 2 à 7 heures. On laisse refroidir une fois de plus pendant la nuit. On transfère le tout dans les cuves de fermentation, on y ajoute une fois de plus du malt de sorgho afin de favoriser la fermentation par des levures sauvages. Pendant cette fermentation, on peut rajouter des grains pour rehausser la saveur et on l'aromatise avec des plantes, dont la palme. Le cinquième jour, on sert la bière même si elle n'a pas complété son cycle de fermentation. La consommation du sorgo artisanal s'accompagne souvent de rituels solennels.

Le sorgho est brun-rosé, non houblonné, d'une saveur surette aux notes lactiques et d'une texture épaisse, puisqu'elle renferme des résidus de grains. Dans sa version industrielle, son surissement est assuré par l'utilisation d'une produc-

BIÈRE INDIGÈNE D'AMÉRIQUE LATINE

Pendant que l'Électeur de Bavière jongle avec la formulation de la célèbre loi de la pureté de la bière, et au moment où la cuve-matière est rivée au sol de l'U'Fleku à Prague, l'Empire inca vit, lui, les derniers moments de son existence. Sa société est bien organisée, ne connaît pas de famine ni les pauvres conditions sanitaires qui règnent alors en Europe. Elle est toutefois illettrée, ne possède pas d'arme à feu et, surtout, n'est pas immunisée contre les maladies contagieuses des vieux continents. Ainsi, les effets dévastateurs de la variole ont décimé la population inca et permis à un conquistador de prendre possession de l'Empire avec seulement trente soldats ! Si ce drame n'avait pas eu lieu, la bière de maïs chicha serait probablement devenue un produit de fabrication industrielle et une boisson fort populaire partout en Amérique.

De nos jours, un certain nombre d'amateurs de bière ont plutôt tendance à associer l'utilisation du maïs à une intervention diabolique, car c'est l'ingrédient substitutif par excellence des grandes brasseries.

La chicha est toujours brassée sous une forme ou une autre parmi certains peuples autochtones de l'Amérique centrale et de l'Amérique du Sud. Elle porte plusieurs noms : *aqa* dans les hautes Andes, *kusa* en Aymara, or des Aqllakuna. Les Espagnols la baptisent *chicha*, du mot *chichal*, signifiant salive. Il fait référence à la technique de mastication des grains afin de stimuler la fermentation. Après la conquête espagnole, sa production est interdite par l'église et le brassage indigène sur une grande échelle disparaît. Il renaît de nos jours au sein de pratiques artisanales. En général, peu de chicha est brassée de la salive (*muko*) des

La chicha

source : Joyce Pierce

femmes à cause de la procédure excessivement laborieuse. On a vite compris que l'emploi d'une partie du brassin antérieur accomplit le même travail. La chicha est souvent consommée alors que la fermentation n'est pas encore complétée. Faible en alcool, elle offre des saveurs sucrées, mais lorsqu'elle est consommée après fermentation complète, elle est plus sèche et plus alcoolisée. Comme elle fermente de façon naturelle, des lactobacillus sont présents et développent des saveurs aigres. Au service, elle est habituellement agrémentée d'épices ou de fruits.

Traditionnellement, le brassage de la chicha est exécuté par les femmes, nommées les Aqllakuna. Les bières élaborées pour la cour ou pour offrande aux dieux requièrent la salive des Mamakunas, les vierges du soleil. Au palais du lac Titicaca, au Pérou, ces dernières sont au service des moines. Pour la préparation, on fait d'abord sécher le maïs, puis on le transforme en farine. On humidifie cette farine et on fabrique des

boulettes. Celles-ci sont mâchées afin de les imbiber de salive. En dernière phase de mastication, elles sont pressées contre le palais. Cet aplanissement favorise un séchage plus rapide au soleil. Ce muko est ensuite dilué dans de l'eau chaude, et laissé à refroidir pendant environ une heure. On retient la partie liquide (*upi*) avec des cuillères et on la verse dans un autre bassin (*wirki*). Le maïs résiduel est dilué une nouvelle fois, l'eau retirée est ajoutée au mélange. On laisse reposer pendant une journée. La fermentation s'amorce. Le troisième jour, l'upi est transvidé dans une casserole pour être porté à ébullition pendant la nuit afin que la déesse du maïs, Mamasara, puisse donner sa force à la bière. Après l'ébullition, des épices sont ajoutées (clous de girofle, anis, cannelle, menthe, fenouil...). En saison, ce sont des fraises qu'on ajoute pour faire de la frutillada, le graal de la bière, selon l'historien Alan Eames.

La version des Andes de la chicha, la tsjetsja, s'inspire manifestement des vierges du soleil, mais le vétérinaire Frank Vandemaele témoigne, en 1950, de son dégoût pour ce rituel équatorien : « Au centre du village, assises autour d'une cruche en grès, de vieilles femmes édentées placent des grains de maïs dans leur bouche. [...] Après avoir mâché pendant une longue période, elles crachent le gruau dégoûtant dans la cruche. De l'eau est par la suite ajoutée et on laisse cette soupe fermenter quelques jours. Voilà comment la bière locale, la tsetsja, est brassée, un régal pour les ouvriers qui reviennent des travaux dans les champs et les montagnes. »

La chicha présente une robe opalescente et offre des saveurs aigrelettes sur des notes acétiques de cidre. Sa couleur varie en fonction des grains utilisés (et non de leur torréfaction). La complexité du goût de la chicha varie selon les épices ajoutées au service. L'arrivée d'un nouveau brassin dans les commerces est annoncée par le drapeau de la chicha, le aqa llantu, un bâton orné de fleurs, de rubans et de feuilles de maïs.

Les peuples de l'Amazonie élaborent une bière nommée masato produite à partir de graines de caroube, de racines de manioc ou de quinoa, de fruits, et de légumes variés. Comme en ce qui concerne la chicha, la procédure de brassage du masato implique l'activation de la fermentation par la mastication de certains ingrédients.

Brésil : *la princesse noire Xingu*

Une bière inspirée d'un peuple autochtone a motivé Alan Eames à créer une bière à partir à la fois de ses connaissances et de son imagination. Voilà une bière à contrat exécutée par plusieurs brasseries au fil de promesses non tenues ou de contrats non renouvelés. La version originale de la Xingu fait appel à l'imagination de la brasserie qui improvise la caramélisation et le rôtissage des malts Sul Americano. La Xingu se distingue par des flaveurs brûlées de réglisse et d'épices, le tout bien enrobé par un corps onctueux. Ses plus récentes versions présentent un produit plus mince en bouche, un peu aigrelet, se rapprochant d'une interprétation d'une porter traditionnelle qui s'inscrit dans les mêmes partitions que la Taddy Porter.

Mexique : *le tesguino et le colonche*

Le tesguino est une bière d'origine aztèque faite de maïs, la plus importante culture céréalière du Mexique. Le processus de sa fabrication est relativement simple : on fait sécher le maïs, on le mélange à l'eau, puis on le fait fermenter. Pour sa part, le colonche est fabriqué avec de l'opuntia, le fruit séché d'un cactus appelé le nopal.

BIÈRE INDIGÈNE D'ASIE

Plus de 500 brasseries se partagent le marché en très forte croissance de la Chine, un des principaux pays producteurs de bière au monde. La majorité des brasseries desservent toutefois un marché local. La bière nationale la plus exportée, la Tsingtao, offre un houblonnage étonnant et, lorsque consommée fraîchement sortie de l'usine, constitue une très bonne pilsener. Le kuei hua chen chiew est obtenu à l'aide de riz malté mélangé à de l'eau et parfumé d'herbes aromatiques. C'était traditionnellement une boisson réservée à la famille impériale, mais on le produit industriellement depuis les années 1950.

Les styles de bières occidentales ne sont apparus au Japon qu'au XVIIIe siècle. Cela n'a pas empêché un brasseur japonais d'offrir la première bière dénuée de saveur de l'histoire du Japon : la Sapporo Dry. On trouve au Japon un nombre grandissant de petites brasseries. Ainsi, à l'ombre des grandes brasseries japonaises Sapporo, Kirin, Asahi et Suntory, plus de 200 microbrasseries, nommées là-bas jibiru exécutent maintenant les plus grands styles européens, qu'ils soient

Bière indigène japonaise ou chinoise : le saké

Le saké est une véritable bière de riz. L'amidon que le grain renferme est fermentescible et ne nécessite donc pas d'être malté avant son utilisation dans la cuve-matière. La procédure comporte un trempage et un empâtage d'une grande simplicité. Des levures spécialisées ont également été sélectionnées.

allemands, belges ou britanniques.

Le saké est la boisson alcoolisée traditionnelle japonaise à base de riz. On fait d'abord cuire le riz à la vapeur, on ajoute de l'eau puis on fait fermenter le mélange en utilisant plusieurs types de levures et d'enzymes. Une deuxième fermentation est ensuite provoquée en rajoutant du riz. On filtre le tout et on laisse affiner pendant six mois avant de soutirer en bouteille. Le saké offre des saveurs douces qui évoquent le madère. On le consomme réchauffé ou à la température de la pièce et est traditionnellement servi au début du repas.

Arnould de Metz.

Vitrail exposé au Musée de la bière de Stenay

Bibliographie sélective

Beaumont, Stephen, *A Taste for Beer*, Toronto, Macmillan, 1995.

Beaumont, Stephen, *Premium Beer Guide*, Toronto, Denise Schon Books, 2000.

Beaumont, Stephen, *The Great Canadian Beer Guide*, Toronto, Mac Arthur and cie, 2001

Colin, Jean-Claude, Deglas, Christian et Sparmont, Jean-Paul, *L'ABCdaire de la Bière*, Éditions Flammarion, 1998.

Deglas, Christian, *Le goût de la bière belge*, Braine-L'Alleud, J.-M. Collet, 1996.

Delos, Gilbert, *Les Bières du monde*, Paris, Hatier, 1993.

Jackson, Michael, *La Bière, Bières et Brasseries du monde entier*, Bruxelles, Glénat-Bénélux, 1990.

Jackson, Michael, *The New World Guide to Beer*, Philadelphie, Dunning Press, 1988.

Jackson, Michael, *Great Beer Guide, 500 Classic Brews*, Dorling Kindersley, New York, 2000.

Lemoine, Serge et Marchand, Bernard, *Les peintres et la bière*, Somogy, Paris, 1999.

Leventhal, Josh, *Bières du monde*, Black Dog & Leventhal Publishers, New York, 1999.

Robertson, James D, *The Beer-taster's Log*, Storey Publishing, Pownal, 1996.

De l'auteur Mario D'Eer

Le Guide de la bonne bière, Éditions du Trécarré, Québec, 1991.

Le Papillomètre, le Carnet de la dégustation des bières, Éditions Bièremag, Chambly, 1997.

Ales, lagers et lambics : la bière, Bièremag/Trécarré, 1998.

L'Agenda 1999 de la bière, Éditions du Trécarré, Ville Saint-Laurent, 1998.

Épousailles bières et fromages, Éditions du Trécarré, Ville Saint-Laurent, 2000.

404 bières à déguster , en collaboration avec Geoffroy, Alain, Éditions du Trécarré, 2000

Carnet bière, Éditions du Trécarré, 2001

Carnet fromage, Éditions du Trécarré, 2001

404 bières à déguster 2e édition, en collaboration avec Geoffroy, Alain, Éditions du Trécarré, 2001

Bière philosophale, Éditions du Trécarré, 2001

Site Internet de l'auteur

http://www.mariodeer.com

Dix sites Internet essentiels

Les meilleurs sites Internet portant sur la bière dans la francophonie, choisis pour la qualité et la variété de l'information.

http://www.bieremag.ca (le plus important site, et portail, portant sur la bière dans la francophonie)

http://www.bieremag.com (des collections très collorées)

http://www.biereetsante.com (le nom dit tout)

http://www.bieresetmonde.com (très divertissant)

http://www.pbb.be (Parti des buveurs de bière, Belgique)

http://www.amis.biere.org (association française)

http://www.infobiere.net (actualités de la bière, vues du nord de la France)

http://www.lachope.com (amateurs mordus du nord de la France)

http://www.biere.org (Monsieur bière ; une boutique débordante d'informations)

http://www.geocities.com/brouepub (bistros-brasseries du Québec et des environs)

Cet ouvrage a été composé en Matrix corps 11/13 et achevé d'imprimer au
Canada en mars 2005 sur les presses de Quebecor World Lebonfon, Val-d'Or.